Kohlhammer

Edition Management
Herausgegeben von
Georg Schreyögg (†) und Jörg Sydow

Jörg Sydow, Stephan Duschek, Timo Braun

Management interorganisationaler Beziehungen

Netzwerke – Cluster – Allianzen

2., erweiterte und aktualisierte Auflage

Verlag W. Kohlhammer

2., erweiterte und aktualisierte Auflage 2025

Alle Rechte vorbehalten
© W. Kohlhammer GmbH, Stuttgart
Gesamtherstellung:
W. Kohlhammer GmbH, Heßbrühlstr. 69, 70565 Stuttgart
produktsicherheit@kohlhammer.de

Print:
ISBN 978-3-17-043936-8

E-Book-Formate:
pdf: ISBN 978-3-17-043937-5
epub: ISBN 978-3-17-043938-2

Für den Inhalt abgedruckter oder verlinkter Websites ist ausschließlich der jeweilige Betreiber verantwortlich. Die W. Kohlhammer GmbH hat keinen Einfluss auf die verknüpften Seiten und übernimmt hierfür keinerlei Haftung.

Inhaltsverzeichnis

Reihenvorwort 9

Vorwort 11

Teil 1 Einführung und Grundlagen 13

1   Zum Begriff des Managements: Praktiken 17
    1.1   Management als Funktion 17
    1.2   Management als Institution 21
    1.3   Managementpraktiken 23

2   Interorganisationale Beziehungen: Qualitäten 29
    2.1   Richtungen von Interorganisationsbeziehungen:
         Vertikal, horizontal, lateral 30
    2.2   Geschäftsbeziehungen als soziale Beziehungen:
         Verschiedene Schichten 35
    2.3   Interorganisationsbeziehungen in Markt, Netzwerk
         und Hierarchie 39

3   Management interorganisationaler Beziehungen: Ebenen 45
    3.1   Individuum und Gruppe 46
    3.2   Organisation, Netzwerk und Cluster 50
    3.3   Organisationales Feld und Gesellschaft 56

4   Individuelles und organisationales Handeln in
    interorganisationalen Beziehungen: Verhaltensweisen 62
    4.1   Kooperatives und extraproduktives Verhalten 65
    4.2   Führung in interorganisationalen Beziehungen 70
    4.3   Kommunikation in interorganisationalen Beziehungen 73

Teil 2 Formen interorganisationaler Beziehungen 76

5   Marktbeziehungen 77
    5.1   Vom Kaufvertrag zum Tauschgeschäft 80
    5.2   Märkte als Netzwerke? 86

6	Netzwerkbeziehungen		89
	6.1	Kollusion und Kartell	89
	6.2	Verbund und Verband	96
	6.3	Lizenzierung und Franchising	99
	6.4	Subunternehmerschaft, Arbeitsgemeinschaft und Konsortium	105
	6.5	Strategische Allianzen und Joint Ventures	109
	6.6	Sektorenübergreifende Multistakeholder-Partnerschaften	115
7	Hierarchiebeziehungen		118
	7.1	Vertragskonzern, Eingliederungskonzern und faktischer Konzern	119
	7.2	Stammhauskonzern, Management- und Finanzholding	121

Teil 3 Entwicklung interorganisationaler Beziehungen 124

8	Historische Vorläufer der Netzwerkform		126
	8.1	Am Anfang steht der Markt – oder doch nicht?	127
	8.2	Vom Markt zum Netzwerk in der historischen Betrachtung	132
	8.3	Netzwerke als Form der Primärorganisation	142
9	Unternehmensnetzwerke – Netzwerkunternehmen		152
	9.1	Wege der Netzwerkbildung: Quasi-Internalisierung und Quasi-Externalisierung	152
	9.2	Netzwerkentwicklung: Über Phasen und Persistenzen	155
	9.3	Konzern als Netzwerk – Netzwerk als Konzern?	165
10	Netzwerkbeziehungen im Angesicht von Digitalisierung und Nachhaltigkeit		169
	10.1	Interorganisationale Projekte und die Digitale Transformation	169
	10.2	Netzwerkförmige Plattformen und Geschäftsmodelle	172
	10.3	Interorganisationale Beziehungen als Schlüssel zur sozialen und ökologischen Transformation?	175

Teil 4 Management interorganisationaler Netzwerke 180

11	Netzwerkmanagement		182
	11.1	Managementpraktiken der Selektion und der Allokation	185
	11.2	Managementpraktiken der Regulation und der Evaluation	193
	11.3	Management von Spannungsverhältnissen in Netzwerken	197
12	Netzwerkentwicklung und Netzwerkmanagement		201
	12.1	Zum Verhältnis von Netzwerkentwicklung und Netzwerkmanagement	202
	12.2	Reflexive Netzwerkentwicklung und reflexives Grenzmanagement	211

	12.3	Netzwerkentwicklungs- und -managementkompetenzen......	216

13 Netzwerkmanagement und Clusterentwicklung 221
- 13.1 Netzwerkmanagement im regionalen Cluster 222
- 13.2 Clustermanagement im organisationalen Feld 226
- 13.3 Netzwerkcluster und Clusterallianzen 232

Teil 5 Ausblick und Perspektiven 238

14 Theorien des Managements interorganisationaler Beziehungen? 239
- 14.1 Ökonomische Ansätze 239
- 14.2 Interorganisationsansätze 245
- 14.3 Methodische Anforderungen 252

15 Noch nicht am Ende: Ungelöste und unerforschte Probleme des Managements interorganisationaler Beziehungen............. 255

Literaturverzeichnis 260

Stichwortverzeichnis, Firmen- und Netzwerkverzeichnis 295

Reihenvorwort

Die Reihe »Edition Management« hat zum Ziel, qualitativ hochwertige Lehrbücher zu publizieren, die gut lesbare Einführungen in die klassischen und neueren Gebiete der Managementwissenschaft bieten und sich als unmittelbare Arbeitsgrundlage von thematisch entsprechenden Lehrmodulen im Studium eignen. Hauptzielgruppe sind Studierende der Betriebswirtschaftslehre, aber auch Studierende von Nachbardisziplinen (z. B. Soziologie, Psychologie, Politologie oder Wirtschaftsgeographie) dürften aufgrund des transdisziplinären Charakters von Managementwissen von der Lektüre profitieren.

Die Lehrbücher sind so ausgelegt, dass sie die Darstellung der bewährten theoretischen Grundlagen mit den jüngeren Entwicklungen des jeweiligen Forschungsgebietes integrieren. Beispiele aus vielen Unternehmen und Bereichen (Branchen, Regionen) illustrieren die zentralen Themen und stellen den Bezug zur praktischen Anwendung her. Die thematische Struktur der »Edition Management« orientiert sich an den Managementfunktionen, d. h. an Planung, Organisation, Führung, Human Ressourcen und Kontrolle. Daneben werden Bücher zu Querschnittsthemen aus dem Gebiet des Managements publiziert, wie zum Beispiel interorganisationale Beziehungen und Netzwerke, Ethik und soziale Verantwortung oder Wissensmanagement. Die Bücher sind in Umfang und Struktur direkt auf die Anforderungen der Modulstruktur ausgerichtet, wie sie heute in fast allen Studiengängen Verwendung findet; sie sollen in ihrem Zuschnitt sowohl die Vorlesung als auch die Übung abdecken.

Die »Edition Management« steht in der Tradition des Instituts für Management der Freien Universität Berlin, das mit seinen Publikationen das Gesicht der Managementforschung im deutschsprachigen Raum stark mitgeprägt hat.

Georg Schreyögg (†) und Jörg Sydow

Vorwort

Geschäftsbeziehungen, Allianzen, Wertketten, Cluster, Supply Chains, Netzwerke – wie auch immer die Ausprägungen interorganisationaler Beziehungen heißen mögen, sie müssen allesamt gemanagt werden. Dabei unterscheidet sich das Management *inter*organisationaler Beziehungen signifikant vom Management *in* Organisationen, das bislang im Zentrum von Managementforschung und -ausbildung stand, und zwar gleichgültig ob im disziplinären Kontext von Betriebswirtschaftslehre, Arbeits- und Organisationspsychologie, Organisations- und Wirtschaftssoziologie oder Regionalwissenschaften.

An Studierende dieser Fachrichtungen richtet sich denn auch dieser Band. Er lenkt den Blick auf eben jenes organisationsübergreifende Management. Dazu wird, ausgehend vom traditionellen Verständnis von Management in Organisationen, eine organisations- und netzwerktheoretisch informierte Konzeption entwickelt. Diese stellt vor allem auf die Qualitäten von Interorganisationsbeziehungen sowie auf Managementpraktiken ab, die diese Qualitäten schaffen, umgekehrt aber auch von ihnen in ihrer Wirkung beeinflusst sind. Entsprechende Formen marktlicher, netzwerkförmiger und hierarchischer Beziehungsorganisation werden, oft anhand von praktischen Beispielen (z. B. *Dell*, *StarAlliance*, *OpTecBB*), vorgestellt und in ihren Problemen wie praktischen Lösungsansätzen beleuchtet. Zu diesem Zweck wird eine Prozessperspektive auf das Management interorganisationaler Beziehungen eingenommen, die das Managementhandeln fokussiert, gleichwohl aber die Bedeutung von Strukturen – sowohl der einzelnen Organisation oder des Organisationsverbundes als auch von organisationalen Feldern in Branchen und Regionen – nicht außer Acht lässt. Um eine allgemeine Prozessperspektive auf das Management interorganisationaler Beziehungen zu entwickeln, wird ganz bewusst nur am Rande auf die vielfältigen Theorien eingegangen, die ein Management interorganisationaler Beziehungen jeweils spezifisch beleuchten können.

Von klassischen Managementlehrbüchern unterscheidet sich der vorliegende Band nicht nur aufgrund seiner Fokussierung auf das organisationsübergreifende Management. Hinzu kommt, dass der Forschungsstand zum Management interorganisationaler Beziehungen zurzeit noch stark vorläufig ist. In der Konsequenz betraten wir mit einigen der in der ersten Auflage dieses Bandes angesprochenen Themen für ein Lehrbuch Neuland (z. B. das Verhältnis von Netzwerkentwicklung und Netzwerkmanagement oder das Verhältnis von Netzwerk- und Clustermanagement betreffend). In dieser zweiten Auflage können viele dieser Themen als deutlich besser erforscht gelten. Zudem konnten wir mit sektorenübergreifenden

Partnerschaften, digitaler Transformation, Nachhaltigkeit, Plattformen und Resilienz weitere aktuelle Themen aufgreifen. Zudem haben wir größeren Wert daraufgelegt, auch das individuelle Verhalten von Managerinnen und Managern zu berücksichtigen. Der Band war und ist insofern nicht nur Lehrbuch, sondern auch ein umfassender Überblick zu einem dynamischen Forschungsprogramm, das weltweit an Bedeutung gewonnen hat und wohl angesichts der in der Managementpraxis zu beobachtenden Entwicklungen noch weiter gewinnen wird!

Gerade wegen dieser Dynamik waren wir bei der Erstellung des Bandes nicht nur auf langjährige Erfahrungen in Lehrveranstaltungen am Fachbereich Wirtschaftswissenschaft der Freien Universität Berlin und auch an der wirtschafts- und sozialwissenschaftlichen Fakultät der Helmut-Schmidt-Universität Hamburg zur Thematik der Unternehmenskooperation und -vernetzung angewiesen, sondern auch auf vielfältige institutionelle und personelle Unterstützung. Als erste Institution ist hier das Institut für Management der Freien Universität zu nennen, an dem wir über viele Jahre intensiv zusammengearbeitet haben und dabei von zahlreichen Kollegen und Kolleginnen nicht nur des Lehrstuhls für Unternehmenskooperation unterstützt wurden. Hinzu kommt unser gemeinsames Engagement an dem von der Deutschen Forschungsgemeinschaft von 2005 bis 2014 geförderten Graduiertenkolleg »Pfade organisatorischer Prozesse« (https://www.wiwiss.fu-berlin.de/forschung/pfadkolleg/index.html), das unseren Blick auf die Bedeutung einer zugleich prozessualen und historischen Sicht auf Management geschärft hat. Personelle Unterstützung erfuhren wir am Institut für Management insb. von Leonard Dobusch, Frank Lerch und Blagoy Blagoev. Seitens der Helmut-Schmidt-Universität unterstützten uns Christan Gärtner und Aricha Okute. Bei der Entstehung der zweiten Auflage konnte darüber hinaus auf Unterstützung der Universität Kassel zurückgegriffen werden, wo die Neuauflage als fester Bestandteil der universitären Lehre verankert ist. Zudem danken wir Miriam Wilhelm, Professorin für Sustainable Supply Chain Management an der Wirtschaftsuniversität Wien. Nicht zuletzt aber wollen wir Günther Ortmann von der Helmut-Schmidt-Universität Dank zollen, mit dem wir seit vielen Jahren eine intensive Arbeitsbeziehung unterhalten und der uns auch hier wieder mit vielerlei Rat zur Seite stand.

Dieses Lehrbuch wird durch ein Internetangebot ergänzt, das sich nicht nur die Teilnehmerinnen und Teilnehmer unserer Lehrveranstaltungen richtet, sondern auch an alle anderen Leser, die sich weitergehend mit dem Management interorganisationaler Beziehungen beschäftigen möchten. Wir bieten hier unter anderem Lernfragen und -aufgaben, aktualisierte Literaturhinweise und Praxisbeispiele sowie, per E-mail, die Möglichkeit zur Interaktion mit uns Autoren an. Das Angebot ist zugänglich über:

http://uni-kassel.de/go/MIB

Berlin-Dahlem, Hamburg und Kassel
im Oktober 2024   Jörg Sydow, Stephan Duschek und Timo Braun

Teil 1 Einführung und Grundlagen

Management findet bekanntermaßen in allererster Linie in Organisationen statt: in privaten Unternehmen ebenso wie in öffentlichen Krankenhäusern und Bildungseinrichtungen, in Verbänden (z. B. Gewerkschaften) ebenso wie in Regierungs- und Nicht-Regierungsorganisationen. Folglich geht es nicht nur um die Führung von Unternehmen, sondern durchaus auch von anderen Typen von Organisationen. Die Bedeutung des Managements *in und von* Organisationen wird klassisch mit der Formulierung einer Steuerung durch die »sichtbare Hand« (visible hand) zum Ausdruck gebracht und damit der Steuerung durch die »unsichtbare Hand« (invisible hand) im Markt gegenübergestellt (Chandler 1977). Lange Zeit kannte die Ökonomie, und dies gilt auch für die Betriebswirtschaftslehre, im Kern keine anderen Organisationsformen ökonomischer Aktivitäten als Organisationen einerseits und Märkte andererseits. Heute ist allerdings zweierlei klar: *Erstens* hat sich neben Organisation und Markt mit der Kooperation oder dem Netzwerk eine dritte Organisationsform ökonomischer Aktivitäten etabliert. Welchen Begriff man zur Kennzeichnung dieser dritten Organisationsform auch wählt, sie ist durch Beziehungen, genauer Interorganisationsbeziehungen, gekennzeichnet. *Zweitens* hört Management nicht an den Grenzen von Organisationen, welchen Typus auch immer, auf. Deutlich wird dies nicht nur in der verbreiteten Redeweise von »managed markets«, sondern besonders auch beim Management von Allianzen, Kooperationen, Netzwerken und Supply Chains, von Public Private Partnerships und regionalen Clustern sowie von Bündnissen und Verbünden, um nur einige zu steuernde Interorganisationsformen beim Namen zu nennen. Und infolge der Tatsache, dass man es in der heutigen Wirtschaft nicht nur mit einer vermehrten Kooperation, sondern auch mit zunehmender Konzentration (durch Mergers & Acquisitions) zu tun hat, gewinnt zudem auch das Management von Konzernen an Bedeutung. Dies, obwohl umstritten ist, ob der Konzern nun eine Organisation ist oder aus mehreren Organisationen besteht; nur im letztgenannten Fall wäre er unter das Management *inter*organisationaler Beziehungen zu subsumieren. Nicht zuletzt stehen interorganisationale Beziehungen in den vergangenen Jahren zunehmend im Lichte des öffentlichen Interesses, weil ihnen das Potenzial beigemessen wird, zu den Lösungen für die großen Herausforderungen unserer Zeit beizutragen. Dies betrifft sowohl die Digitalisierung von Organisationen und Wertschöpfungsketten als auch die Herausforderungen einer Transformation hin zu einem nachhaltigeren Wirtschaften. In beiden Bereichen gelangen sowohl einzelne Organisationen als auch Märkte an ihre Grenzen, wohingegen gemeinschaftliches, interorganisationales Handeln die Chance eröffnet, komplementäre Ressourcen und Kompetenzen zu bündeln, wobei zu berücksichtigen ist, dass die Komplementarität von Ressourcen nicht per se gegeben ist, sondern ggf. auch mit Partnern im Sinne eines »prospective resourcing« (Deken et al. 2018) hergestellt werden kann. Das Prinzip der partnerschaftlichen Zusammenarbeit ist sogar in die 17 Ziele für eine nachhaltige Entwicklung der United Nations aufgenommen worden.

Beim Management interorganisationaler Beziehungen geht es im engeren Sinne um die Steuerung von *einzelnen* Geschäftsbeziehungen zu Kunden und Lieferanten, zunehmend aber auch zu Wettbewerbern. Dies gilt vor allem im Forschungs- und Entwicklungsbereich, wo die Zusammenarbeit mit Wettbewerbern im sog. »vorwettbewerblichen Raum« für manche Unternehmen, nicht zuletzt unter dem Stichwort »open innovation« (Chesborough 2003), zur Selbstverständlichkeit geworden ist. Daneben geht es auch um die Gestaltung von einzelnen, oft politisch aufgeladenen Beziehungen zu Organisationen wie Verbänden oder Regierungs- und Nicht-Regierungsorganisationen. Immer häufiger geht es allerdings nicht nur um einzelne, dyadische Interorganisationsbeziehungen, sondern um das Management *komplexer Netzwerke* von Organisationen. Man denke etwa an die vor mehr als einem Vierteljahrhundert um die *Lufthansa, Air Canada, United Airlines, SAS Scandinavian Airlines und Thai Airways* gebildete *StarAlliance*, die aktuell fast dreißig Mitglieder aufweist (vgl. Annac Göv 2020, S. 822 f.). Man denke aber auch an das regionale Cluster von mittlerweile über 300 Organisationen, vor allem kleinerer und mittlerer Unternehmen sowie größerer Forschungseinrichtungen, das sich unter der Bezeichnung »Optische Technologien Berlin-Brandenburg« (*OpTecBB*) im Feld optischer Technologien in der Region Berlin-Brandenburg wieder entwickelt (vgl. dazu Sydow/Lerch 2007, Lerch 2009). Mitunter tragen solche überbetrieblichen, genauer interorganisationalen Kooperationen und Netzwerke gar zu einer Entwicklung ganzer Branchen bei und können sogar in das gesellschaftliche Zusammenleben hineinwirken. Ein prominentes Beispiel dafür ist die aktuell an Fahrt gewinnende Mobilitätswende, bei der mehrere Automobilhersteller, Tankstellenbetreiber, Stromerzeuger und -lieferanten wie auch staatliche Einrichtungen und Behörden gemeinsam an einer zukunftsfähigen Ladeinfrastruktur und bestenfalls SmartGrids arbeiten, die ein intelligentes Management von elektrischen Ladeprozessen ermöglichen (vgl. dazu z. B. Bohn/Braun 2021).

Das Management interorganisationaler Beziehungen wird in der Wirtschaft, wie derartige Beispiele zeigen, nicht nur bedeutungsvoller; auch seine Form hat sich grundlegend gewandelt. Insbesondere ist das Management interorganisationaler Beziehungen *reflexiver* geworden, d. h. Manager und Managerinnen bzw. ganze Organisationen sind sich zunehmend der Notwendigkeit bewusst, die Voraussetzungen und Folgen ihres diesbezüglichen Handelns genauer beobachten und analysieren zu müssen (vgl. z. B. Duschek/Gärtner 2011). Ganz grundlegend geht es dabei zunächst einmal darum, die Unterschiedlichkeit zu einem Management *in und von* Organisationen zu begreifen. Zur Steigerung dieser Reflexivität hat sicherlich auch die Managementforschung und -lehre einen, wenn auch vielleicht bescheidenen Beitrag geleistet, indem sie dieses Thema verstärkt aufgreift.[1] Manager und Managerinnen, aber auch Politiker und Politikerinnen sind sich vor allem aufgrund ihrer eigenen Praxis zunehmend der Tatsache bewusst geworden, dass Märkte, Netzwerke, Cluster etc. gemanagt werden (müssen) und dass dies, zumindest in großen Teilen, ein anderes Managen erfordert als das der klassischen – im Kern hierarchischen – Organisation. Worin aber genau liegen diese Besonderheiten, auf die der Scheinwerfer der Reflexivität leuchten sollte? Ist es mit dem schlichten Hinweis getan, dass in interorganisationalen Beziehungen die (sichtbar) ordnende Hand der Hierarchie versagt und sich Koordinationsbemühungen zwar durchaus auf Macht stützen können und nicht auf Vertrauen verlassen müssen, diese Macht aber anders als durch hierarchische Unterstellungsverhältnisse legitimiert sein muss? Wie aber sieht das in Konzernen aus, die – je nach Führungskonzeption – nicht nur als eine Organisation, sondern auch als ein Ensemble von Organisationen gefasst werden können? Bleibt hier nicht doch hierarchische Koordination vollständig wirksam? Welche Aufgaben sind überhaupt beim Management interorganisationaler Beziehungen wahrzunehmen? Und wie genau können diese von wem wahrgenommen werden?

Bevor wir uns der Beantwortung dieser komplexen Fragen widmen können, gilt es für das Management interorganisationaler Beziehungen zunächst, begriffliche Grundlagenarbeit zu leisten. Das betrifft naheliegend zunächst den Begriff des Managements, sodann den der interorganisationalen Beziehungen. Statt wie üblich beim Management bloß auf Funktionen abzustellen, wird allerdings der Blick auf Management*praktiken* und damit auf Funktionswahrnehmung gelenkt. Damit soll nicht nur eine funktionale Vereinfachung vermieden, sondern der Akzent daraufgelegt werden, dass sich (auch) Management durch praktisches, wiederkehrendes Tun auszeichnet. Im Zusammenhang mit der Klärung des Begriffs der interorganisationalen Beziehungen wird deutlich werden, dass es vor allem um Beziehungs*qualitäten* geht. Das ist mit der Diskussion um die Möglichkeiten und Grenzen hierarchischen Durchgriffs bereits angesprochen worden, geht aber deutlich darüber hinaus. Dem Management interorganisationaler Beziehungen wird schließlich im Kontext der *Mehrebenenproblematik* nachgegangen. Selbst wenn es um das Management auch nur einer bestimmten Interorganisationsbeziehung geht, muss diese im (Makro-)Kontext anderer Beziehungen (beispielsweise in einem Netzwerk oder in einem organisationalen Feld wie einer Branche bzw. Region) gesehen werden. Gleichzeitig muss mitgedacht werden, dass das Management interorganisationaler Beziehungen

---

1 So sind beispielsweise Allianzen und Netzwerke zu einem der drei wichtigsten Themen des strategischen Managements gereift. Im Marketing ist das Management von Geschäftsbeziehungen seit den frühen Arbeiten von Håkansson (z. B. 1982) ein zentrales Thema (vgl. auch Bruhn 2009; Weiber et al. 2022). Das internationale Management ist ebenfalls seit einiger Zeit von der Idee angetan, die Bedeutung von internen und externen Beziehungen bei Internationalisierungsbestrebungen zu akzentuieren (vgl. z. B. Renz 1998). Auch in anderen betriebswirtschaftlichen Funktionsbereichen wie Personal, Produktion und sogar Finanzierung finden interorganisationale Beziehungen zunehmend Aufmerksamkeit (vgl. Sydow/Möllering 2015; Duschek 2010).

auf einer Mikroebene letztlich auf Individuen – eben Manager und Managerinnen – angewiesen ist, die durch ihr konkretes Handeln einer bestimmten Beziehung bzw. Beziehungsqualität wiederkehrend zum Leben verhelfen.

1 Zum Begriff des Managements: Praktiken

»To manage« stammt vom italienischen »maneggiare« (an der Hand führen), was vom lateinischen Begriff »manus« (Hand) stammt. Es schwingt aber auch das lateinische »mansionem agere« (das Haus – für den Eigentümer – bestellen) mit (vgl. Staehle 1999, S. 71). Dieser ursprünglich im Begriff enthaltene, durchaus auf das praktische Tun gerichtete Begriffsinhalt ist ebenso wie der Bezug zur Herrschaft mit der Herausbildung der Managementwissenschaft verloren gegangen. In das Zentrum des Interesses rückten, ein Stück weit losgelöst vom praktischen Handeln bzw. Verhalten, sog. Managementfunktionen und Managementinstitutionen. Erst jüngst findet unter dem Begriff der Managementpraktiken eine Rückbesinnung auf das praktische Handeln bzw. Tun statt; gerade auch im Zusammenhang mit dem Management interorganisationaler Beziehungen, wo – ebenso wie im Management von Organisationen – auch die Herrschaftsfrage immer mitzuführen ist.

1.1 Management als Funktion

Die nicht zuletzt von den Ingenieuren Frederick W. Taylor (1911) und Henri Fayol (1916) begründete Managementwissenschaft hat sich zunächst unter anderem einer Beschreibung und Systematisierung der Managementaufgaben bzw. -funktionen angenommen (vgl. dazu Staehle 1999, S. 27 f.). Nach Fayol (1916) umfasst Management bzw. die »opérations administrative« folgende fünf Funktionen:

- Vorschau und Planung (prévoir),
- Organisation (organiser),
- Leitung (commander),
- Koordination (coordonner),
- Kontrolle (contrôler).

Jahrzehnte später, für die Entwicklung der im Kern vor allem angelsächsisch geprägten Managementlehre noch nachhaltiger, unterscheiden Luther Gulick und Lyndall Urwick (1937) sieben Funktionen, die sie unter der Formel POSDCORB zusammenfassen:

- Planning: Planung von Zielen und Mitteln zur Zielerreichung,

- Organizing: Organisation, vor allem der formalen Struktur wie beispielsweise Bildung von Arbeitseinheiten,
- Staffing: Personaleinsatz,
- Directing: Personalführung,
- COordination: Koordination,
- Reporting: Berichterstattung,
- Budgeting: Budgetierung.

Noch heute finden sich ähnliche Funktionskataloge in Standardlehrbüchern des Managements (vgl. Staehle 1999; Robbins/Coulter 2008; Daft 2010; Schreyögg/Koch 2020). Und sicherlich muss auch beim Management interorganisationaler Beziehungen geplant, organisiert, geleitet, koordiniert und kontrolliert werden. Gleichwohl werden wir später eine von diesen Funktionskatalogen deutlich abweichende, unter anderem weil an Managementpraktiken ansetzende, Konzeption vorstellen (▶ Kap. 1.3).

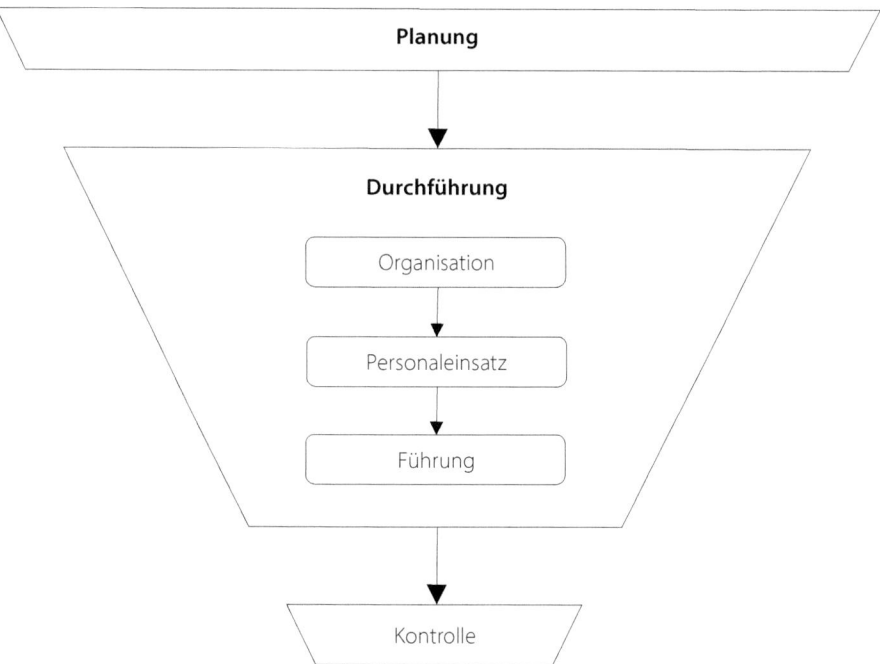

Dar. 1.1: Plandeterminierter Managementprozess (Schreyögg 1991, S. 259)

Erwähnenswert ist mit Blick auf derartige Funktionskataloge zum einen, dass typischerweise eine vermeintlich *logische Reihenfolge* unterstellt wird. Diese beginnt bei der Planung und führt über Organisation, Personaleinsatz und Führung zur Kontrolle (vgl. schon Koontz/O'Donnell 1955). Infolge der Kontrolle mag die ursprüngliche Planung in Hinblick auf die Ziele und/oder die Maßnahmen angepasst werden. Dieser klassische, im Kern »plandeterminierte Managementprozess« (▶ Dar. 1.1) wird jedoch seit Jahren fundamental infrage gestellt (vgl. insb. Schreyögg 1991). Die Kritik lässt sich in vier Punkten – entlang des Entscheidungsprozesses – zusammenfassen: *Erstens* stellt diese klassische Konzeption des Managementprozesses extrem hohe Anforderungen an die Phase der Willensbildung, sowohl was die Verfügbarkeit von Informationen über die externe Umwelt als auch über die internen Voraussetzungen angeht. Tatsächlich aber sind weder alle Entscheidungsalternativen bekannt, noch sind sie in ihren Konsequenzen eindeutig zu bewerten. *Zweitens* ist die Wirklichkeit von Management in der Phase des eigentlichen Entscheids von Zielvielfalt, Zielunklarheit und Zielkonflikten geprägt. Zum Teil entstehen diese Ziele sogar erst nach (!) dem immer interessenbezogenen Entscheid, der zudem noch zwischen individueller Rationalität der Manager und Managerinnen und der Systemrationalität, also der an Effizienz, Effektivität und Legitimität orientierten Rationalität der Organisation, zu vermitteln hat. *Drittens* werden in der klassischen Konzeption des Managementprozesses die sich in der Phase der Willensdurchsetzung immer ergebenden Implementierungsprobleme hoffnungslos unterschätzt. *Viertens*, und noch viel grundlegender, wird der Organisation als soziales System in der klassischen Konzeption des Managementprozesses nicht nur für die Implementierung von Strategien eine zu geringe Bedeutung beigemessen, sondern ihre Relevanz für deren Planung und Entwicklung gänzlich übersehen. Eine Organisation als soziales System zu begreifen, wie dies in der modernen Organisations- und Managementlehre üblich geworden ist (Ortmann et al. 2000; Schreyögg/Koch 2020), öffnet den Blick dafür, dass es hier um Qualitäten geht, die zum Teil unabhängig von zielgerichtetem Handeln einzelner Personen entstehen (»emergieren«) und auch unabhängig von bestimmten bzw. konkreten Akteuren weiter existieren. Ganz nebenbei wird deutlich, dass eine Organisation mehr ist als die Summe ihrer Mitglieder (vgl. auch schon Mayntz 1972). Die Konsequenz, die Georg Schreyögg (1991) aus dieser Kritik zieht, lautet: Radikale Verabschiedung vom plandeterminierten Managementprozess und Ersatz durch eine Konzeption, die der aufgezeigten Emergenz und auch der Kontingenz, des immer auch anders möglich sein von Praxis, stärker Rechnung trägt. In einer solchen Konzeption kann beispielsweise auch die Managementfunktion der Organisation oder des Personaleinsatzes am Beginn stehen, weil die Umwelt als viel zu komplex und dynamisch angesehen wird, um ihr mit Planung Herr zu werden.

Erwähnenswert ist zum anderen, dass es sich beim Management um eine sog. *Querschnittsfunktion* handelt. Management lässt sich grundsätzlich nicht betrieblichen Funktionsbereichen wie Absatz, Beschaffung oder Produktion unterordnen, sondern übergreift diese (▶ Dar. 1.2). Ordnete man Management ihnen unter, ginge der generische, d.h. hier funktionsbereichsübergreifende Charakter verloren. In der Konsequenz mag es zwar zweckmäßig sein, von Marketing-, Beschaffungs- und Produktions*management* zu sprechen. Wichtig jedoch ist, dass die genannten generischen Managementfunktionen dabei nicht verloren gehen, sondern in ihrer Anwendung in den betrieblichen Funktionsbereichen untersucht bzw. praktiziert werden. Dieser Anwendung liegt die Annahme zugrunde, dass die Managementfunktionen – zum Beispiel des Personaleinsatzes in Marketing wie in Produktion – im Prinzip so ähnlich sind, dass man sie nicht bzw. nicht mit erster Priorität entlang dieser Linie unterscheiden muss. Beim Management interorganisationaler Beziehungen, das selbst ebenfalls als Querschnittsfunktion gesehen werden sollte, ist das nicht grundsätzlich anders. Management interorganisationaler Beziehungen umfasst die Planung, Organisation, Kontrolle etc. der Interorganisationsbeziehungen, und zwar zunächst ungeachtet dessen, ob es sich dabei um Absatz-, Produktions- oder Beschaffungsbeziehungen handelt. Auf den zweiten Blick mag eine solche Unterscheidung – in der Managementpraxis wie in der Managementforschung – jedoch ebenso zweckmäßig sein wie eine gesonderte Betrachtung von beispielsweise Marketing-, Produktions- oder Projektmanagement (vgl. dazu z. B. Meffert 2010; Sydow/Möllering 2015; Braun/Sydow 2019).

Dar. 1.2: Management als Querschnittsfunktion (in Anlehnung an: Steinmann/Schreyögg 2005, S. 7)

Die vorgestellten Funktionskataloge lassen allesamt einen Aspekt vermissen, der unausweichlich mit Management in und von Organisationen, aber auch von Interorganisationsbeziehungen verbunden ist: die Sicherung von Herrschaft. Insbesondere Wolfgang H. Staehle (1992) hat darauf hingewiesen, dass dem »an der Hand *führen*« bzw. »das Haus – *für den Eigentümer* – bestellen« die Herrschaftssicherung immanent ist. Er geht deshalb soweit, in der Herrschaftssicherung eine eigenständige Managementfunktion zu sehen. Diese richtet sich nach innen und nach außen.

Nach *innen* geht es insb. gegenüber den Beschäftigten darum, die eigene Position (und/oder die des Eigentümers) abzusichern. Die Herrschaftssicherung nach innen und damit die Wahrung der in einer hierarchischen Organisation immer asymmetrischen Machtverteilung erfolgt zum Beispiel durch die Verhinderung von Betriebsratswahlen und Gewerkschaftseinfluss oder – subtiler und deshalb zumeist erfolgreicher – durch die Einbindung von Betriebsräten und Gewerkschaftsvertretern in das Management (Stichwort: Co-Management, ▶ Kap. 1.2). In jüngster Vergangenheit erfahren Fragen rund um die Herrschaftssicherung (wenn auch nicht explizit unter diesem Begriff diskutiert) eine Renaissance im Zusammenhang mit den Bedrohungen durch Künstliche Intelligenz. Befürchtet wird in diesem Zusammenhang eine Substituierung auch von Managementaufgaben und ein Wegfall entsprechender Stellen. Nach *außen* geht es insb. um die Herrschafts- und Autonomiesicherung gegenüber den Abnehmern, Lieferanten und Wettbewerbern, aber beispielsweise auch gegenüber Regierungs- und Nicht-Regierungsorganisationen (Pfeffer/Salancik 1978). Entsprechend sind Kundenbindungs- und Lieferantenentwicklungsprogramme ebenso wie Allianzen mit Wettbewerbern oder Lobbyismus gegenüber dem Staat immer *auch* unter dem Herrschaftsgesichtspunkt zu thematisieren.

1.2 Management als Institution

Management wird immer schon nicht nur als Funktion, sondern auch als Institution betrachtet. Über die Jahre hinweg lässt sich allerdings eine zunehmende Relativierung des »Managerial Function Approach« durch einen »Managerial Role Approach« konstatieren (vgl. Mintzberg 1994). Dies ist nicht verwunderlich, weil eine bloß funktionale Erfassung des Managements der organisationalen wie auch der interorganisationalen Wirklichkeit nicht gerecht wird. Insbesondere muss den Akteuren mit ihren individuellen Orientierungen und Interessen mehr Aufmerksamkeit zuteilwerden. In der Konsequenz geht es nicht nur um die Rollenübernahme (role-taking), sondern auch um die aktive Ausgestaltung von Managementrollen (role-making) durch Individuen. Tatsächlich hat die empirische Forschung zum Managementverhalten gezeigt, dass sich die praktischen Tätigkeiten des Managements (z. B. Kommunikation und Repräsentation) erstens nur sehr bedingt mit den üblichen Funktionskatalogen erfassen lassen; zweitens stellen sie die logische (plandeterminierte) Reihenfolge dieser Funktionen infrage; drittens erweist sich in ihrem Lichte der manageriale Alltag, anders als der in manchen Expertenpositionen oder Stabsstellen, als extrem zerstückelt. Insgesamt zeigen diese Studien, dass eine funktionale Erfassung der Wirklichkeit des Managements nicht gerecht wird, die Realität des Managements vielmehr von einem durch den funktionalen Ansatz mitgeschaffenem Managementmythos verdeckt wird (vgl. Schirmer 1991, S. 206 f.; ▶ Dar. 1.3). Um welche Akteure aber handelt es sich genau, die die genannten Managementfunktionen wahrnehmen und aktiv ausgestalten?

Eine Beantwortung dieser Frage mit »Manager und Managerinnen« ist nicht genau genug, schließlich sind die Managementfunktionen der Planung, Organisation und Kontrolle auch auf den niedrigeren Führungsebenen (z. B. Meister, Filialleitung) wahrzunehmen. Allerdings tut man sich in der deutschen, anders als in der englischen Sprache damit schwer, in diesen Fällen von Managern bzw. Managerinnen zu sprechen. Zumindest müsste man in angelsächsischer Tradition neben dem Top- und Mittleren Management auch das Lower Management explizit mit erwähnen. Hinzu kommt zweitens, dass derartige Funktionen nicht nur von angestellten Managern und Managerinnen wahrgenommen werden, sondern auch von Unternehmern und Unternehmerinnen als »fungierende Kapitalisten« (Karl Marx). Im 21. Jahrhundert ist dabei öfter die Rede von Entrepreneuren, die neben ihrem Gründergeist und Ideenreichtum regelmäßig auch die Aufgabe wahrnehmen, das sich im Entstehen begriffene Unternehmen zu steuern. Drittens ist – je nach in der Organisation praktiziertem Führungsstil – auch die betriebliche Arbeitnehmervertretung mit in das Management involviert. Müller-Jentsch (1989) spricht deshalb zu Recht von »Co-Management«, wenn der Betriebs- oder Personalrat vom Management aktiv und weit über die ihm über das Betriebsverfassungs- bzw. Personalvertretungsgesetz eingeräumten Mitbestimmungsrechte hinausgehend mit in die Führung bzw. Steuerung der Organisation einbezogen wird.

Dar. 1.3: Mythos und Realität des Managements (Schirmer 1991, S. 241)

von funktionalen studiendokumentiertes Bild des Arbeitsverhaltens von Managern	von aktivitätsnahen studiendokumentiertes Bild des Arbeitsverhaltens von Managern
geordnet	fragmentiert, abwechslungsreich und kurz
geplant	tendenziell reaktiv, ad hoc, unüberschaubar
Zusammenarbeit mit Vorgesetzten und Untergebenen	Bedeutung lateraler und externer Kontakte
feste Kontakte, formelle Informationswege	Entwicklung und Pflege reziproker Beziehungen, informelle Wege
Gebrauch offizieller Informationen	Gebrauch informeller, spekulativer Informationen
nicht politisch	politisch
tendenziell konfliktfrei	konfliktbeladen

Diese Vielschichtigkeit von Management als Institution ist auch beim Management interorganisationaler Beziehungen zu berücksichtigen. Ebenso wie das Management allgemein, liegt auch das Management interorganisationaler Beziehungen in den Händen von (auch Lower) Managern und Managerinnen, von Unternehmern und Unternehmerinnen sowie gegebenenfalls von Betriebs- und Personalräten. Bestimmte Institutionen sind aber besonders prädestiniert für ein Management interorganisationaler Beziehungen. Hierzu zählt beispielsweise auf der Absatzseite eines Unternehmens der Vertriebsvorstand, der wichtige Kundenkontakte persönlich pflegt, oder auch das Key Account Management (KAM). Beim KAM wird einer Person oder einer Personengruppe in einer Organisation die Zuständigkeit für wichtige Kunden (sog. Key Accounts) erteilt. Eine spiegelbildliche Organisation findet sich zunehmend beschaffungsbezogen auch beim Lieferantenmanagement, wo die Zuständigkeit für bestimmte Lieferanten in Stellen bzw. Organisationseinheiten gebündelt wird (vgl. Sydow/Möllering 2015, S. 168 ff.). Wenn es zudem stimmt, dass Forschung und Entwicklung, dem Prinzip der »open innovation« (Chesbrough 2003) folgend oder nicht, zunehmend in enger Zusammenarbeit mit anderen Organisationen angegangen wird (Hagedoorn 2002), sind auch die F&E-Leiterin sowie die Mitarbeiter der F&E-Abteilung zunehmend mit dem Management interorganisationaler Beziehungen befasst. Verallgemeinernd kann man sagen, dass vor allem Manager und Managerinnen an den sog. Grenzstellen der Organisation (boundary spanning roles) unter dem Verdacht stehen, mit dem Management interorganisationaler Beziehungen befasst zu sein. Gleiches trifft aber auch zu für interdisziplinär und vor allem interorganisational besetzte Projektteams. Diese sind im Zuge einer voranschreitenden »Projektifizierung« von Organisationen weit verbreitet und erfahren im Zuge agiler Arbeitsmethoden eine große Popularität (Braun/Sydow 2019). Sind Betriebs- und Personalräte recht weitgehend – etwa durch Einrichtung eines aus Arbeitnehmervertretern aus Kunden- wie Lieferantenorganisationen bestehenden Netzwerks – in das Management interorganisationaler Beziehungen einbezogen, könnte man entsprechend von einem »interorganisationalen Co-Management« (Duschek/Wirth 1999) sprechen.

1.3 Managementpraktiken

Als zentralen Forschungsgegenstand der Sozialwissenschaften, zu denen auch die Betriebswirtschafts- bzw. Managementlehre zu rechnen ist, betrachten wir weder Strukturen, Funktionen oder Institutionen noch individuelle Handlungen, Motivationen oder Erfahrungen, die sich dann in Rollen sedimentieren, sondern *soziale Praktiken*, d. h. durch Strukturen eingeschränkte, aber auch ermöglichte wiederkehrende Handlungen, die ihrerseits zur Reproduktion oder auch Transformation der Strukturen führen (Giddens 1984). Diese Erkenntnis schlägt sich in der Managementforschung neuerdings weniger in der Akzentverlagerung vom Studium der Managementfunktionen (managerial function approach) zur Erfassung des Managements als Institution (managerial role approach) nieder als in der jüngeren Untersuchung von Managementpraktiken (vgl. Jarzabkowski et al. 2022). Für das Management interorganisationaler Beziehungen steht schon lange die Forderung im Raum, sich verstärkt auf das Studium von Managementpraktiken in dem angedeuteten Sinne zu konzentrieren (vgl. bereits Sydow/Windeler 1994, 1998).

Management*praktiken*, zum Beispiel Selektionspraktiken, setzen auf Handlungen, gefasst »als ein Tun, das auf ›Gelingen‹ aufgerichtet ist« (Steinmann 2012, S. 256) auf, und stehen damit in gewisser Weise im Zusammenspiel von Managementfunktionen einerseits und Managementinstitutionen anderseits. Manager und Managerinnen, aber auch die anderen unter Managementinstitutionen gefassten Akteure, nehmen im wiederkehrenden Handeln Funktionen wahr und füllen sie, durchaus individuell unterschiedlich, gleichwohl entsprechend der jeweiligen kontextuellen Bedingungen aus. Jeder einzelne Manager und jede einzelne Managerin muss auf die kontextuellen Bedingungen Bezug nehmen, um sich als kompetenter Akteur bzw. Manager/in auszuweisen. In Folge geht es auch beim Management interorganisationaler Beziehungen immer darum, darauf zu schauen, wer solche Funktionen wahrnimmt und wiederkehrend wie ausfüllt bzw. in die Tat umsetzt, welche Strukturen – der Organisation, der Branche, der Gesellschaft – dabei genutzt werden und wie diese durch die Nutzung reproduziert und möglicherweise transformiert werden. Praktiken sind also notwendig auf die historisch-kontextuellen Bedingungen, unter denen gehandelt wird, bezogen. Das Verhältnis der Praktiken zu den Strukturen – den Regeln und Ressourcen – des Handelns nennen wir rekursiv. Mit *Rekursivität* ist gemeint: Die Praktiken werden von den Akteuren nicht gleichsam aus dem Nichts hervorgebracht, sondern werden durch existierende Strukturen gleichzeitig ermöglicht und beschränkt, und es gilt umgekehrt: »In und durch ihre Aktivitäten reproduzieren die Akteure die Bedingungen, die ihr Handeln ermöglichen« (Giddens 1984, S. 2). Beispielsweise ermöglichen bestimmte Organisationsstrukturen, beispielsweise ein Planungs- und Kontrollsystem, eine bestimmte Überwachungspraxis. Gleichzeitig werden entsprechende Überwachungspraktiken die entsprechenden Strukturen als Planungs- und Kontroll- bzw. Controllingsystem reproduzieren oder transformieren helfen.

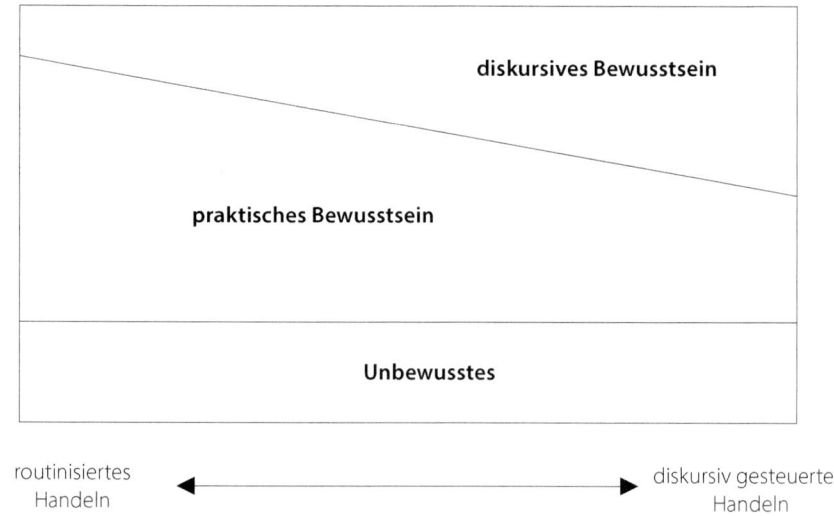

Dar. 1.4: Praktiken und Bewusstseinsebenen von Akteuren (in Anlehnung an Becker 1996, S. 152)

Managementpraktiken sind außer durch diese Rekursivität durch ein Mehr oder Weniger an *Reflexivität* gekennzeichnet. Damit ist nicht nur ein »sich selbst-bewusst sein« gemeint, um so die Rolle und Funktion eines Managers oder einer Managerin auszufüllen, sondern ebenso »der Umstand, daß die Handelnden auf den fortlaufenden Prozeß ... überwachend und steuernd Einfluß nehmen« (Giddens 1984, S. 3). Dies kann zum Beispiel auf der Basis des mit Hilfe eines Controllingsystems gewonnenen Wissens gelingen. Gleichzeitig kann ein solches System aber auch den Blick von den wirklich wichtigen Sachverhalten ablenken – und damit den Grad der Reflexivität senken (Seal et al. 2004). Von den Managern und Managerinnen, wie von allen Akteuren, wird dabei grundsätzlich angenommen, dass sie »knowledgeable« (Giddens 1984) sind, d. h. über explizites und implizites Wissen (knowledge) verfügen und dieses Wissen auch praktisch im Tun anwenden können (ability), beispielsweise auch die Möglichkeiten und Grenzen von Planungs- und Kontrollsystemen einschätzen können. Den Akteuren wird jedoch nicht wie von der traditionellen Ökonomik unterstellt, dass sie *alle* Handlungsalternativen und *alle* ihre Konsequenzen sowie *alle* Handlungsbedingungen kennen (können). Hinzu kommt, dass Individuen – auch beim Management interorganisationaler Beziehungen – nicht bei jedem neuerlichen Handlungsvollzug auch aufs Neue alle möglichen Alternativen (neu) bewerten, ihre Handlungsgeschichte also quasi vergessen, wie das in der Ökonomie noch oftmals unterstellt wird, sondern im Gegenteil zur Routinisierung von Handeln neigen. Diese Neigung führt dazu, dass ein Großteil von Handlungen, selbst von Managementhandlungen in und zwischen Organisationen, auf der Ebene eines »praktischen Bewusstseins« (Giddens 1984) verankert ist. Die Darstellung 1.4 zeigt, dass, abhängig vom Routinecharakter der Handlungen bzw. der Internalisierung der Praktiken, neben dieser Bewusstseinsebene immer auch noch eine diskursive Bewusstseinsebene eine Rolle spielt. Dies meint, dass es selbstredend auch Praktiken von Akteuren gibt, bei denen es ihnen leichtfällt, die Anlässe, Bedingungen, Motive und Folgen für ihr Handeln anzugeben – und damit ihr Handeln zu rationalisieren. Das gilt mitunter sogar für Handlungen, die routinisiert ablaufen und folglich wenig hinterfragt werden müssen. Andererseits gibt es aber gerade bei den in hohem Maße auf der Ebene des praktischen Bewusstseins zu verortenden Routinehandlungen eben solche Handlungen oder ganze Handlungsvollzüge, bei denen es entweder gar nicht möglich oder zumindest schwierig ist, sie zu explizieren. Zumeist muss es dafür dann einen konkreten Anlass (z. B. eine Krise) geben oder ein entsprechender Impuls (z. B. eine Interviewfrage) gesetzt werden. Offen bleibt aber in diesen Fällen, ob das dann Explizierte tatsächlich dem impliziten bzw. praktischen Bewusstsein und letztlich den tatsächlichen Praktiken entspricht. Soweit Handlungen bzw. Praktiken im Unterbewusstsein verankert sind, ist es nahezu ganz ausgeschlossen sie zu verbalisieren.

Auf diese Grundüberlegungen aufbauend entwickelten Sydow und Windeler (1994, 1997) eine Systematik, die auf vier Praktiken des Managements interorganisationaler Beziehungen im Allgemeinen und von interorganisationalen Netzwerken im Besonderen abstellt: (1) die Selektion von Partnern, (2) die Allokation von Aufgaben, Ressourcen und Verantwortlichkeiten, (3) die Regulation der Zusammenarbeit und (4) die Evaluation einzelner Interorganisationsbeziehungen oder des gesamten interorganisationalen Netzwerks (▶ Dar. 1.5).

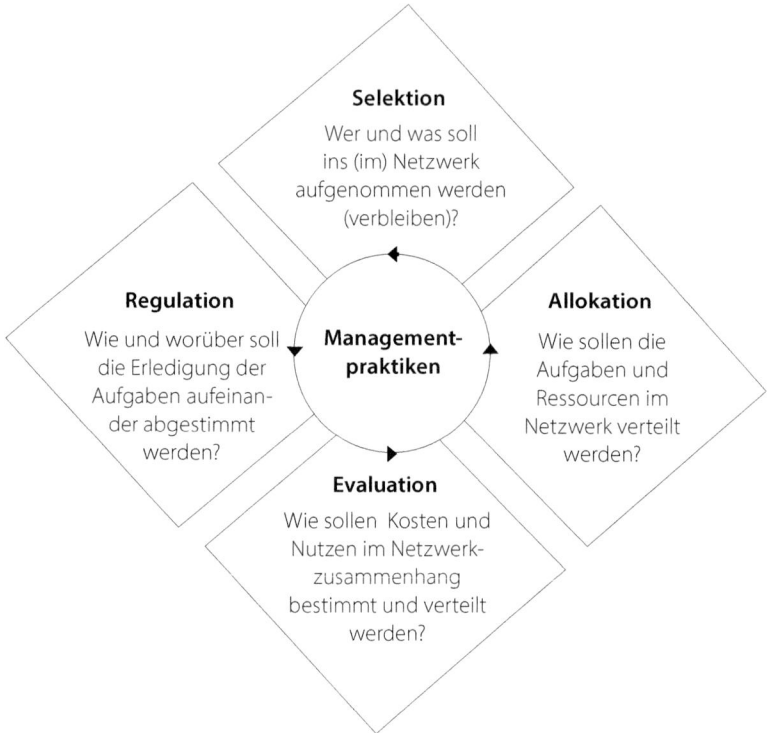

Dar. 1.5: Praktiken des Managements interorganisationaler Beziehungen (Sydow/Windeler 1997, S. 151)

Diese vier Bündel von Praktiken müssen – wie später noch ausgeführt wird (▶ Kap. 11) – beim Management interorganisationaler Beziehungen wiederkehrend wahrgenommen werden. Entsprechend werden Partner nicht nur einmal selektiert, sondern immer auch mal wieder re-selektiert oder auch de-selektiert. Das Gleiche gilt für die anderen drei Funktionen bzw. Praktiken, die diese Funktionen mit Leben füllen (vgl. auch Sydow/Möllering 2015, S. 194 ff.).

Bei den Strukturen im Kontext der Managementpraktiken, die ein wiederkehrendes Tun des Managements ja erst ermöglichen, andererseits aber auch beschränken, handelt es sich ganz allgemein um Strukturen einer Organisation, einer Branche oder der Gesellschaft. Spezifischer formuliert handelt es sich um Regeln der Signifikation und Legitimation sowie um Ressourcen der Herrschaft bzw. Domination (vgl. dazu Giddens 1984; Ortmann et al. 2000; Windeler 2001; Seal et al. 2004; Thrane/Mouristen 2012) einer einzelnen Organisation, eines Kollektivs von Organisationen, einer ganzen Branche oder Region oder aber sogar einer

Gesellschaft. Regeln der Signifikation ermöglichen und beschränken nun konkret Prozesse der Sinnzuschreibung sowohl in Organisationen als auch beim Management interorganisationaler Beziehungen, während Regeln der Legitimation ein bestimmtes Handeln – oder eine bestimmte Managementpraktik – als legitim oder illegitim auszeichnen. Die Regeln der Signifikation und Legitimation ermöglichen und begrenzen jedoch nicht nur Managementpraktiken, sondern sie werden gleichzeitig durch ihr entsprechendes kommunizierendes bzw. sanktionierendes Handeln reproduziert oder auch transformiert. Im Unterschied dazu ermöglichen Ressourcen der Domination dem Management die Machtausübung, wobei davon ausgegangen wird, dass jedes Handeln bzw. jede Praktik nicht nur Sinngebungs- und Legitimationsaspekte aufweist, sondern eben auch Macht- und Herrschaftsaspekte. Dabei ist das – wiederum rekursiv zu denkende – Zusammenspiel dieser drei Dimensionen des Sozialen besonders wichtig. Dass lässt sich am besten an der Machtdimension des Managements interorganisationaler Beziehungen zeigen. Eine machtvolle Intervention in ein Lieferantennetzwerk, beispielsweise durch De-Selektion eines bestimmten Lieferanten bei Auslaufen des bestehenden Vertrags (vgl. dazu Sydow/Möllering 2015, S. 140 ff.), wird nur dann erfolgreich sein, wenn sie von den Beteiligten als sinnvoll und legitim wahrgenommen wird, also wenn zum Beispiel die Gründe für die Selektion eines alternativen Lieferanten transparent gemacht und akzeptiert werden.

Anders als es bei der Betrachtung von Managementfunktionen (▶ Kap. 1.1) erscheint, ist bei Managementpraktiken der Blick auf den Aspekt der Herrschaft und Herrschaftssicherung immanent (und bedarf deshalb keiner *funktionalen* Ausdifferenzierung). Herrschaft konstituiert sich gerade im subtilen Zusammenspiel von Praktiken, die vor dem Hintergrund der zum Beispiel in einer Branche zu findenden Signifikations- und Legitimationsstrukturen gleichzeitig »Sinn machen« und – nicht zuletzt deshalb – als »legitim gelten«. Im Einzelnen gilt es zu fragen nach der...

- Signifikation, also welcher *Sinn* einer bestimmten Managementhandlung – zum Beispiel einer Dual Sourcing-Strategie – zugeschrieben wird bzw. welche Sinn- bzw. Signifikationsstruktur auf der Ebene der Organisation, in einer konkreten Interorganisationsbeziehung oder aber auch einer Branche oder Region mit dieser Handlung geschaffen, reproduziert oder verändert wird;
- Legitimation, also warum diese Aktion in einem bestimmten Handlungszusammenhang – zum Beispiel der oft engen Beziehungen der Luftverkehrsgesellschaften wie der *Lufthansa* oder *Air France* zu Flugzeugherstellern – als *legitim* (oder illegitim) erachtet wird bzw. welchen Beitrag diese Handlung zur Produktion, Reproduktion oder Transformation der entsprechenden Legitimationsstruktur, beispielsweise der in einer Branche herrschenden Überzeugung liefert, dass man sich nicht auf einen der großen Lieferanten (*Airbus* bzw. *Boeing*) allein verlassen sollte;
- Domination, also inwiefern diese entsprechende Handlung im Einklang mit der Dominationsstruktur – hier der Lieferanten-Abnehmer-Konstellation – ist bzw. diese bestätigt oder aber verändert.

Managementpraktiken, die beim Management interorganisationaler Beziehungen vor allem in der Form von »relational practices« (Ness 2009) auftreten, also von Beziehungen ausgehen und auf Beziehungen bezogen sind, weisen immer diese drei nur analytisch unterscheidbaren Strukturdimensionen auf. Zudem sind sie oft durch einen Routinecharakter gekennzeichnet und entwickeln sich in der Zeit sowie unter von den Akteuren nicht ganz durchschaubaren Bedingungen. Schon deshalb führen sie, trotz aller Reflexivität und Intentionalität, die man typischerweise mit dem Begriff des Managements oder der Steuerung verknüpft, immer auch zu unintendierten Folgen (Giddens 1984). Eine aufgeklärte Redeweise über Management, auch über Management interorganisationaler Beziehungen, impliziert in der Konsequenz nie, dass der Versuch von Steuerung immer auch den gewünschten Steuerungserfolg zeitigt. Vielmehr können unerkannte Kontextbedingungen, unintendierte Folgen intentionalen Handelns oder auch selbstverstärkende Prozesse Steuerungserfolge infrage stellen oder sogar entsprechende Führungs- bzw. Managementkrisen nach sich ziehen.

2   Interorganisationale Beziehungen: Qualitäten

Die Beziehung zwischen Organisationen, zum Beispiel zwischen zwei Unternehmen oder einem Unternehmen und einer Forschungseinrichtung, wird als *Interorganisationsbeziehung* bezeichnet (vgl. schon Levine/White 1961; Evan 1965; Warren 1967). Nach Håkan Håkansson (1987) handelt es sich zumindest bei manchen solcher Beziehungen um »eine der wertvollsten Ressourcen, die ein Unternehmen besitzt« (S. 10). Diese Ressource ist angesichts des vielfach zu beobachtenden Strebens nach einer möglichst »schlanken«, um nicht zu sagen sogar »ausgehöhlten« Organisation oder »Schaltbrettunternehmung« (Tiberius/Reckenfelderbäumer 2004), und einer generell unübersichtlicheren Organisationsumwelt in den letzten Jahrzehnten sogar noch wertvoller geworden. Zwar wird zumeist davon ausgegangen, dass strategisch wirklich wertvolle Ressourcen nur innerhalb von Organisationen entwickelt werden können (vgl. vor allem Barney 1991; neuerdings Helfat et al. 2023). Neuere Ressourcenansätze der Management- und Marketingforschung betonen allerdings, dass sich dauerhafte Wettbewerbsvorteile *auch* aus Interorganisationsbeziehungen ergeben und innerhalb derer stabilisiert werden können, zumal wenn sie kooperativ angelegt sind (vgl. insb. Dyer/Singh 1998; Duschek 2002; Duschek/Sydow 2002; Elfenbein/Zenger 2014). Die Interorganisationsbeziehung kann dabei aus lediglich zwei Partnern bestehen (»Dyade«) oder aus mehreren Organisationen, die gemeinsam ein Netzwerk konstituieren. In den letzten Jahren wird den Interorganisationsbeziehungen von fast allen funktionalen Betriebswirtschaftslehren, aber auch von der Industrie- und Organisationssoziologie sowie der Wirtschaftsgeographie und Innovationsökonomie deutlich mehr Aufmerksamkeit geschenkt. Die aktuelle Rede von Geschäftsbeziehungen, strategischen Allianzen und Projektnetzwerken und -ökologien, Unternehmenskooperationen, Plattformen, regionalen Clustern und nationalen Innovationssystemen oder transnationalen Wertschöpfungspartnerschaften entlang der Supply Chain verdeutlicht dies eindrucksvoll – und lässt dennoch zugleich etwas ganz Entscheidendes unbeantwortet: Was genau unterscheidet diese Begriffe, in denen Interorganisationsbeziehungen mal mehr und mal weniger den Kern der jeweiligen Begrifflichkeit bilden?

Eine erste Möglichkeit der systematischen Erschließung der mit diesen Begriffen nur angedeuteten Vielfalt von Interorganisationsbeziehungen ist über eine Bestimmung der *Beziehungsqualitäten* vorzunehmen. Beziehungs*qualitäten* sind es nämlich, die einerseits eine Supply Chain von strategischen Allianzen und Netzwerken *grundlegend* unterscheiden, andererseits aber auch wesentliche Unterschiede im unmittelbaren Vergleich von strategischen Allianzen und Netzwerken untereinander ausmachen können. Und ganz besonders die letztgenannten Unterschiede in den Qualitäten der Beziehungen sind es ja, auf die ein reflexives Management abzielt. Es geht dabei nämlich um nicht weniger als darum, die Interorganisationsbeziehung tatsächlich zu *einer* der wichtigsten und vielleicht sogar zu *der* wichtigsten Ressource im Wettbewerb mit anderen Unternehmen – und deren Management von Interorganisationsbeziehungen – zu machen.

Management, genauer Managementhandeln, das sich auf die Gestaltung interorganisationaler Beziehungen richtet, knüpft einerseits an die aktuellen Qualitäten der Beziehungen an und versucht anderseits diese entweder zu bewahren oder aber zu verändern. Diese Qualitäten lassen sich grundsätzlich an der *Richtung* der Beziehungen (vertikal, horizontal oder lateral), an der immer auch *sozialen Ausgestaltung* der im Prinzip wirtschaftlichen Beziehungen sowie an der *Organisations- bzw. Governanceform* ökonomischer Aktivitäten festmachen. Managementhandeln, genauer – weil wiederkehrend – Management*praktiken* schaffen, stabilisieren und verändern genau diese Qualitäten, sind aber selbst dabei – rekursiv – von diesen Beziehungsqualitäten beeinflusst.

2.1 Richtungen von Interorganisationsbeziehungen: Vertikal, horizontal, lateral

Bezüglich ihrer Richtung können Interorganisationsbeziehungen zweckmäßig in (1.) vertikale, (2.) horizontale und (3.) laterale Beziehungen unterschieden werden. Jede dieser Beziehungsrichtungen ist, wie im Folgenden gezeigt wird, mit Beziehungsqualitäten assoziiert, die über die bloße Richtung bereits hinausweisen. Beziehungsrichtungen – wie alle Beziehungsqualitäten – sind wiederum eingebettet in die soeben noch einmal benannten Strukturen der Organisation oder des mehr oder weniger marktlich ausgeprägten Feldes. Zudem sind sie, genauso wie diese Strukturen, Ausgangspunkt wie (Zwischen-)Ergebnis von Managementhandeln bzw. -praktiken.

(1.) Von besonderer Bedeutung für das Management interorganisationaler Beziehungen sind *vertikale* Interorganisationsbeziehungen. Diese vor allem hatte auch Håkansson (1987) vor Augen, wenn er davon spricht, dass Interorganisationsbeziehungen eine der wertvollsten Ressourcen darstellen können, die ein Unternehmen besitzt (vgl. auch Elfenbein/Zenger 2014). Vertikale Beziehungen sind – in einer Wertschöpfungsbetrachtung – einer fokalen Organisation entweder vorgelagert (upstream) oder aber nachgelagert (downstream). Vorgelagert sind, von der Position des Systemlieferanten, der fokalen Organisation in der Wert(schöpfungs)kette ausgesehen, Rohstoff- oder Teilelieferanten, nachgelagert zum Beispiel Original Equipment Manufacturer (OEM) oder Handelsbetriebe. Ein Blick auf das Wertkettenkonzept von Michael Porter (1985), in dem er nicht nur primäre und unterstützende, sondern auch unternehmensinterne und unternehmensübergreifende Wertaktivitäten unterscheidet, verdeutlicht das (▶ Dar. 2.1).

Dar. 2.1: Wertkette und Wertaktivitäten (Porter 1985, S. 181)

Primäre Wertaktivitäten sind solche, die wie Produktion, Eingangs- und Ausgangslogistik sowie Marketing und Vertrieb unmittelbar wirtschaftlichen Wert schaffen, der durch eine Transaktion über die Organisationsgrenzen hinweg und in den »Markt« hinein nur noch in Form von Umsatzerlösen realisiert werden muss. Dabei werden diese primären Aktivitäten (»Werttreiber«) von – sekundären – Aktivitäten unterstützt, die zum Beispiel die Bereitstellung und Entwicklung der Humanressourcen, die Beschaffung von Produkten und Dienstleistungen sowie die Bereitstellung und Pflege der Infrastruktur betreffen. Die genaue Zuordnung einzelner Aktivitäten zu diesen zwei Arten ist sicherlich zu hinterfragen. Beispielsweise wird aufgrund der inzwischen verbreiteten Verringerung der Fertigungstiefe die Frage der Beschaffung für viele Organisationen heute immer häufiger zu einer Primäraufgabe bzw. einer zunehmend strategisch relevanten Aufgabe – auch wenn es sicherlich nach wie vor schwierig ist, die Wahrnehmung genau dieser Aufgabe zu einer Kernkompetenz zu entwickeln (vgl. hierzu die Diskussion in Sydow/Möllering 2015, S. 148 ff.). Im Unterschied zu primären scheinen unterstützende Aktivitäten ideal für Auslagerungs- bzw. (Quasi)Externalisierungsbestrebungen: Gerade weil sie kein Hort von Kernkompetenzen sind. Dass dies eine übereilte Einschätzung sein mag, wird noch zu diskutieren sein (▶ Kap. 11.1).

Offensichtlich ist, dass von diesem Ansatz ausgehend organisationsinterne wie organisationsübergreifende Wertschöpfungsprozesse systematisch in Hinblick auf ihren Wertbeitrag analysiert werden können. Die Darstellung 2.2 illustriert in ihrem oberen Teil die Position einer fokalen Organisation in der (vertikalen) Wertschöpfungskette. Offen gelassen ist dabei zunächst, welche Qualitäten die Interorganisationsbeziehungen upstream und downstream aufweisen (▶ Kap. 2.3). In ihrem unteren Teil veranschaulicht die Darstellung, dass durchaus unterschiedliche Teile der Wertkette, auf gleicher, vor- oder nachgelagerter Stufe oder, wie im dargestellten Fall, die vorgelagerte Stufe einer parallelen Wertkette in *einer* Organisation – hier einem entsprechend diversifizierten Unternehmen – zusammengefasst und folglich hierarchisch koordiniert sein können.

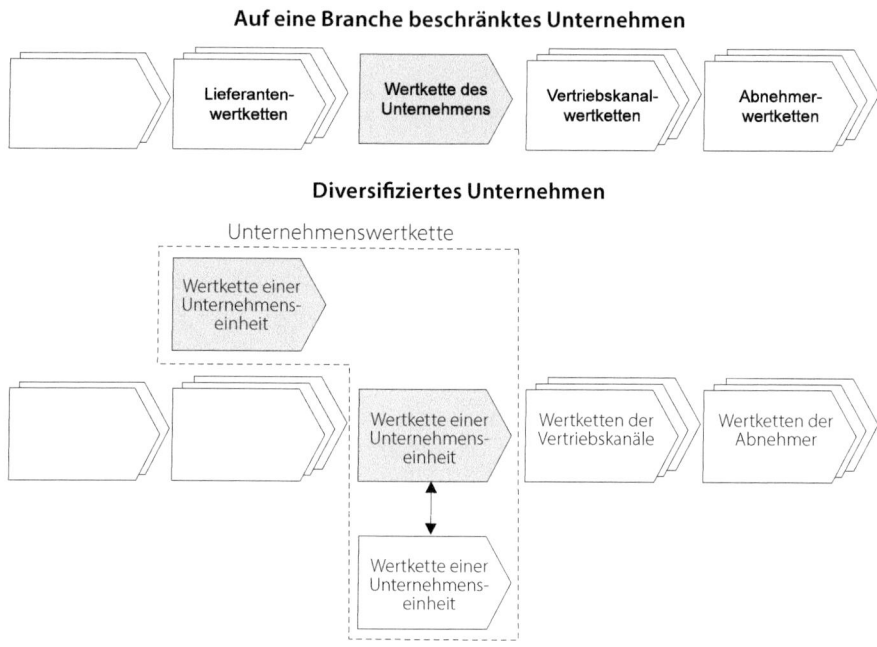

Dar. 2.2: Wertkettenkonzept und Unternehmenswertkette (Porter 1985, S. 60)

Ein mikroskopischerer, vor allem aber relationaler und damit beziehungssensibler Blick zeigt, wie die unterschiedlichen primären wie unterstützenden Aktivitäten über die Organisationsgrenzen miteinander verknüpft sein können. Das klassische in der Darstellung 2.1 angesprochene Beispiel ist die Koordination zwischen der Ausgangslogistik eines Lieferanten mit der Eingangslogistik eines Abnehmers. Aber selbstverständlich kann auch in den eher unterstützenden Bereichen wie der Technologieentwicklung oder der Personalwirtschaft zusammengearbeitet und entsprechend zum Beispiel ein physisches Produkt gemeinsam entwickelt bzw. ein Gleichstellungsprogramm koordiniert implementiert werden. Dabei können die in diesen Bereichen zusammenarbeitenden Organisationen verschiedenen oder aber – wie im (horizontalen) Fall der Kooperation mit Konkurrenten – der gleichen Wertschöpfungsstufe angehören. Die digitale Transformation hat bislang in erster Linie dazu beigetragen, entlang der Wertschöpfungskette eine bessere informationstechnische Integration und Automatisierung zu ermöglichen, andererseits aber auch ganz neue interorganisationale Konstellationen der Kooperation zu ermöglichen, etwa durch eine überbetriebliche Konstitution neuer, digitaler Geschäftsmodelle –

oft unter Beteiligung klassischer Produzenten einerseits und IT-/Softwareunternehmen andererseits.

Die Darstellung 2.3 gibt einen exemplarischen Überblick über die Vielfalt der Möglichkeiten in den unterschiedlichen Funktionsbereichen eines Unternehmens. Diese reichen von dem Eingehen einer Forschungs- und Entwicklungsallianz und der gemeinschaftlichen Produktion bzw. Fertigung über das Leasing von Personal bis hin zur Zusammenarbeit bei der Beschaffung (joint sourcing) oder zum Just-in-Time-Bezug von Vorleistungen von nur einem besonders geeigneten Lieferanten pro Komponente oder System (single sourcing). Im Kundendienst wird beispielsweise eng mit besonders anspruchsvollen Schlüsselkunden (lead users) zusammengearbeitet, um die angebotenen Services weiterzuentwickeln. Im Marketing wird unter anderem eine Markenkooperation zum Zwecke eines Co-Branding unterhalten und bei Verkaufsförderungsaktionen werden wiederkehrend spezialisierte Agenturen oder selbstständige Propagandistinnen eingesetzt. Ein Teil des Vertriebs ist im Beispielfall hingegen durch Franchising organisiert – eine hierarchieähnliche, gleichwohl aber im Unterschied zum eigenen Filialsystem nicht hierarchieidentische Organisationsform ökonomischer Aktivitäten (▶ Kap. 7.2).

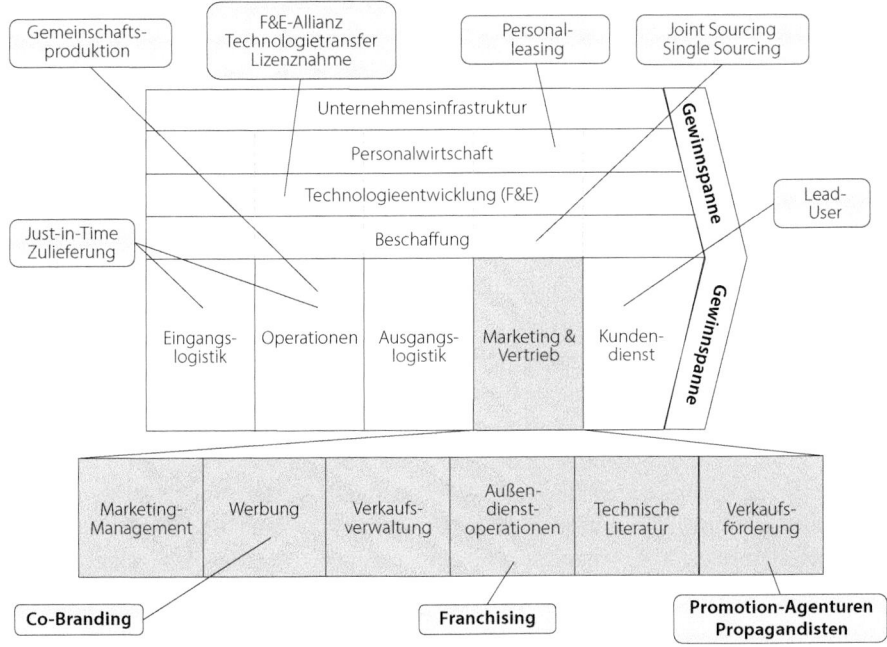

Dar. 2.3: Wertkette und interorganisationale Zusammenarbeit (Porter 1985, S. 74, ergänzt)

(2.) Interorganisationsbeziehungen werden aus einer wertschöpfungsorientierten Sicht als *horizontal* qualifiziert, wenn sich die Organisationen auf der gleichen Wertschöpfungsstufe befinden. Dies trifft typischerweise nur auf Wettbewerber zu, mit denen zum Beispiel im Rahmen einer F&E-Allianz oder einer Gemeinschaftsproduktion (▶ Dar. 2.3) zusammengearbeitet wird (vgl. zum Phänomen in der Flugzeugentwicklung und -fertigung Garrette et al. 2009). Beim Management horizontaler Interorganisationsbeziehungen geht es in der Folge unweigerlich immer um die praktische Handhabung von Konkurrenz; auch dann, wenn beispielsweise »nur« gemeinsam mit einem Wettbewerber eingekauft werden soll, um Größenvorteile bei der Beschaffung zu realisieren (Eßig 1999). Dem Spannungsverhältnis von Kooperation und Konkurrenz gilt es hier besondere Aufmerksamkeit zu widmen, obwohl dieses Verhältnis auch vertikale und selbst laterale Interorganisationsbeziehungen kennzeichnet. Entsprechend gehen wir davon aus, dass Interorganisationsbeziehungen grundsätzlich durch die Gleichzeitigkeit von Kooperation und Konkurrenz geprägt sind und es für das Management dieser Beziehungen entscheidend darauf ankommt, herauszufinden, worin genau die Konkurrenz besteht. Da es aber gleichzeitig fast immer darum geht, *auch* Kooperation zu organisieren – und sei es nur in Form einer informellen Kollusion bzw. verdeckten Preisabsprache (▶ Kap. 6.1) – gilt es im Ergebnis, ein Spannungsverhältnis zu managen. Was darunter genauer zu verstehen ist, wird noch zu erörtern sein (▶ Kap. 11.3).

(3.) *Laterale* Beziehungen verknüpfen Organisationen, die unter Wertschöpfungsgesichtspunkten weder in einer vertikalen noch horizontalen Beziehung zueinanderstehen. Vielmehr verbinden sie zwei oder mehr Wertketten auf unterschiedlichen Stufen miteinander. Laterale Beziehungen bergen Innovationspotenziale, da gerade am Nexus von unterschiedlichen Technologien, Produkten und Absatzmärkten mitunter unerschlossene Gelegenheiten liegen. Ein prominentes Beispiel dafür ist die zunehmende Verzahnung der Automobilindustrie mit IT-/Softwareunternehmen. Bisher waren damit zwei völlig disjunkte Wertketten angesprochen, die in einer allenfalls lateralen Beziehung standen, aber zunehmend durch Kooperationen (teilweise aber auch horizontale Integration) zueinander finden (Dajsuren/van den Brand 2019).

Die in Darstellung 2.2 gezeigte Wettkette eines diversifizierten Unternehmens repräsentiert eine laterale Interorganisationsbeziehung, sofern man die Unternehmenseinheiten als Organisationen begreift. Voraussetzung dafür ist eine gewisse organisationale Autonomie, wie man sie in dezentral geführten Konzernen wie der *Bertelsmann SE & Co. KGaA* vorfindet (obwohl auch dort die konzerntypische einheitliche Leitung nicht infrage steht; vgl. Wirth/Sydow 2004; zum Konzern ▶ Kap. 7.1). Wenn bei lateralen Interorganisationsbeziehungen die Autonomie der beteiligten Organisationen bewahrt bleibt und keine einheitliche Leitung auftritt, kann von einer »Diversifikation durch Kooperation« (Bea 1988) gesprochen werden. Einer solchen, auf Kooperation statt auf Konzentration (z. B. durch Unternehmensübernahme) setzenden Diversifikationsstrategie vorgelagert mag eine entsprechende Erkundung von potenziell wertvollem Wissen oder geschäftlicher Chancen bei möglichen Kooperationspartnern sein. Eine solche Konstellation ist regelmäßig auch vorzufinden, wenn Konzerne innovative Aktivitäten in ein Spin-off, also einem an den Konzern gebundenes Start-up verlagern. Die Aktivitäten des Spin-offs liegen häufig jenseits der Wertschöpfungsstufe, auf der die übrige Organisation agiert und haben einen explorativen Charakter im Sinn einer Erschließung neuer Märkte oder einer Erprobung neuer Produkte (Parhankangas/Arenius 2003; Schmidt et al. 2011). Beim Management lateraler Interorganisationsbeziehung geht es entsprechend um den Aufbau, die Unterhaltung oder auch den Abbruch entsprechender Beziehungen.

Von Bedeutung in diesem (tendenziell lateralen) Zusammenhang sind auch Beziehungen zu anderen »Stakeholdern« (Freeman 1984). Der Begriff des Stakeholders ist aus dem des »Stockholders« (Eigentümer, Aktionär) abgeleitet und bringt zum Ausdruck, dass neben der (Stockholder-)Gruppe der Eigentümer noch weitere (Stakeholder-)Gruppen Interessen an der Organisation haben: beispielsweise Beschäftigte bzw. ihre Gewerkschaften; Kunden und Lieferanten (inkl. Banken), ggf. mit ihren jeweiligen Interessenverbänden; Wettbewerber, Regierungen und Nicht-Regierungsorganisationen. Diese Anspruchsgruppen – im Fokus ist zumeist eine (dyadische) Beziehung der fokalen Organisation mit einer dieser Gruppen – unterscheiden sich hinsichtlich Art, Relevanz, Dringlichkeit, Qualität und Intensität der Beziehung. Der von Richard E. Freeman (1984) entwickelte Multistakeholder-Ansatz stellt eine Alternative zur lange Zeit dominierenden, verheerend einseitigen Orientierung der Unternehmensführung auf die Anspruchsgruppe der Eigentümer (Shareholder Value-Ansatz) dar. Aus dieser interessenmonistischen Unternehmensverfassung wird allenfalls, wie im Falle der Einbeziehung der Arbeitnehmer (z. B. durch die in Deutschland ab einer bestimmten Größe übliche Mitbestimmung im Aufsichtsrat), eine interessendualistische Verfassung (vgl. dazu Gerum/Mölls 2009).

Der Multistakeholder-Ansatz betont nicht nur die recht vielen Anspruchsgruppen und den zutiefst politischen Charakter von Organisationen im Allgemeinen und von Unternehmen im Besonderen (und damit die Notwendigkeit, die Berücksichtigung bestimmter Interessen ggf. durch Gesetze zu regeln). Vielmehr werden auch die Beziehungen, viele davon Interorganisationsbeziehungen, und deren »Pflege« in den Blick genommen (vgl. auch Freeman 2023). Auch wenn der Schwerpunkt der folgenden Ausführungen sich auf das Management jener interorganisationalen Beziehungen konzentriert, die vor allem vertikaler Natur sind, wird das Management horizontaler und lateraler Interorganisationsbeziehungen wie auch darüber hinaus gehender Stakeholder-Beziehungen immer wieder thematisiert werden; nicht zuletzt weil Politik in sowie zwischen Organisationen in einer Prozessperspektive auf Management eine große Rolle spielt.

2.2 Geschäftsbeziehungen als soziale Beziehungen: Verschiedene Schichten

Interorganisationsbeziehungen haben fast immer eine ökonomische Dimension. Selbst bei der Zusammenarbeit von organisierten sozialen Bewegungen (z. B. *Greenpeace* oder der *Kampagne für Saubere Kleidung*) stellt sich das Problem grundsätzlich knapper Ressourcen, die die Kooperationsintensität beschränken und möglichst effizient (ressourcenschonend) und effektiv (zielwirksam) einzusetzen sind. Während man trotz der ökonomischen Dimension in diesem Fall nicht ohne Weiteres von einer Geschäftsbeziehung sprechen mag (obwohl selbst dies nicht ausgeschlossen ist, z. B. könnten beide Nicht-Regierungsorganisationen gerade ob ihrer unterschiedlichen Domänen gemeinsam für Spenden werben), ist die ökonomische Dimension bei Interorganisationsbeziehungen, die zwischen Unternehmen bestehen, die dominante Dimension der Beziehung. Schließlich geht es hier in erster Linie um eines: das Geschäft.

Eine *Geschäftsbeziehung* wird dabei typischerweise von einer (einmaligen) Transaktion im Markt unterschieden. Damit rückt sie gleichsam »zwischen« eine reine Markt- und eine Kooperationsbeziehung. Genauer definiert Wulf Plinke (1989) eine Geschäftsbeziehung im engeren Sinne als eine nicht zufällige Kumulation von Transaktionen, die aneinander anschließen und zumeist bestimmte Investitionen (sog. transaktions- oder beziehungsspezifische Investitionen) voraussetzen. Geschäftsbeziehungen in diesem Sinne können folglich auch dann weiterbestehen, wenn die diskreten Transaktionen – selbst über einen längeren Zeitraum hinweg – unterbrochen werden, da die bewusst vorgenommenen oder emergierten transaktionsspezifischen Investitionen nicht nur »versunkene Kosten« (sunk costs) verursachen, sondern insb. auch eine beziehungsspezifische Geschichte etablieren, die zukünftige Transaktionen entsprechend reibungsloser zu gestalten erlaubt. Geschäftsbeziehungen im engeren Sinne sind getragen von einem Gedächtnis und generieren über Rückkopplungen an vergangene Transaktionen Erwartungen bezüglich zukünftiger Transaktionen.

Interorganisationsbeziehungen im Sinne von Geschäftsbeziehungen weisen neben einer ökonomischen Dimension immer auch noch eine personale und eine technische Dimension auf (▶ Dar. 2.4). Vor allem aber: Geschäftsbeziehungen sind im Kern *soziale Beziehungen*, weil wirtschaftliches Handeln eben durch die Beziehungen sowie in Strukturen sozial eingebettet ist. Selbst Wirtschaften in einem denkbar engen Sinne ist soziales Handeln im Sinne Max Webers (1976/1921), denn soziales Handeln »soll ein solches Handeln heißen, welches seinem von dem oder den Handelnden gemeinten Sinn nach auf das Verhalten *anderer* bezogen ist und daran in seinem Ablauf orientiert ist« (S. 1, Hervorh. i. Orig.). Dabei meint soziales Handeln und soziale Einbettung nicht nur, dass ökonomisches Handeln von Personen und personalen Beziehungen abhängig ist (Granovetter 1985), sondern dass sie sehr viel grundsätzlicher nicht vom gesellschaftlichen Kontext abzutrennen sind (Giddens 1984): Wirtschaftliches Handeln ist immer von gesellschaftlichen Vorstellungen und Sinnzuschreibungen sowie sozialen Normen und Werten beeinflusst, aber auch mit gesellschaftlicher Macht und Herrschaft verbunden, auf deren Grundlage auf genau diese Strukturen eingewirkt werden kann. Selbst das, was überhaupt als wirtschaftlich effizient oder effektiv zu begreifen ist, wird von Gesellschaft mitbestimmt und ist nicht unabhängig von Gesellschaft zu denken. Noch Anfang der 1990er Jahre konnte Kleidung weitgehend ohne betriebswirtschaftlich negative Konsequenzen unter Nutzung von Kinder- oder Zwangsarbeit in Ländern der Dritten Welt hergestellt werden und von dort bezogen werden. Dass sich das seit Mitte der 1990er Jahre recht grundlegend geändert hat, ist gesellschaftlichen Initiativen bzw. Nicht-Regierungsorganisationen wie der *Kampagne für Saubere Kleidung* zu verdanken, die entsprechende Fälle von Markenherstellern und Händlern öffentlich gemacht hat. Infolge dieser Initiativen und nicht zuletzt auch verheerender Katastrophen wie Rana Plaza (vgl. Donaghey/Reinecke 2018; Schuessler et al. 2019) hat sich nicht nur das gesellschaftliche Bewusstsein, sondern – zumindest in Ansätzen – auch das Konsumverhalten und auf Unternehmensseite die Produktionsorganisation geändert: Eine zuvor als wirtschaftlich effizient geltende (weil Lohnkosten sparende) Herstellungspraxis erwies sich zunehmend als in- bzw. kontraeffektiv, weil die Reputation der Marke bedroht war – und die Marke bei »Herstellern« wie *Adidas* und *Dell* oder Einzelhändlern wie *The Gap* und *H&M* nicht selten bis zu einem Drittel des Unternehmenswertes ausmachen dürfte (vgl. dazu z.B. PriceWaterhouseCooper et al. 2006, S. 8). Nichtsdestotrotz sind inhumane Arbeitsbedingungen vor allem in Ländern der sog. Dritten Welt mit ihrem zumeist großen informalen Sektor noch weit verbreitet, zumal auch nicht alle lokalen Lieferanten entsprechend eng und transparent in globale Produktionsnetzwerke eingebunden sind.

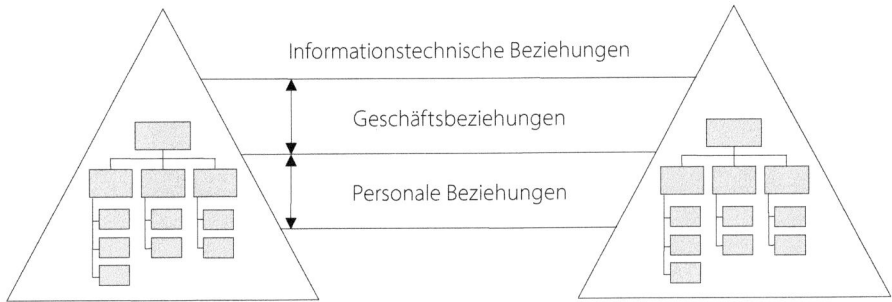

Dar. 2.4: Schichten von Geschäftsbeziehungen als soziale Beziehungen

Interorganisationsbeziehungen im Sinne sozialer Beziehungen weisen immer auch eine *personale* Dimension auf. So kommt es – und dies nicht nur im Management, sondern auch auf ausführender Ebene – darauf an, dass konkrete Personen oder Personengruppen die Beziehungen zu anderen Organisationen aufnehmen, unterhalten, entwickeln oder auch beenden. Diese Personen werden anschaulich als Grenzgänger (boundary spanners) und die Rollen, die sie innehaben und die sie mit der Organisation verbinden, als »boundary spanning roles« (Adams 1980) bezeichnet (vgl. dazu auch Tacke 1997). Die Vertriebsleitung und das Key Account Management wurden schon als typische Beispiele für derartige Rollen bzw. Rolleninhaber genannt (▶ Kap. 1.2 bzw. Kap. 4.1). Soweit Unternehmen oder auch andere Typen von Organisationen die Fertigungstiefe verringern, indem sie Aufgaben auslagern, geht nicht nur tendenziell deren Beschäftigtenzahl zurück. Vielmehr ist zu erwarten, dass der Anteil von »boundary spanning roles« überproportional zunimmt (vgl. schon Kanter/Meyer 1991). Nicht zuletzt im Lichte dieser Entwicklung müssen sich immer mehr Manager und Managerinnen – und entsprechend auch Personen, die sich für das Management qualifizieren wollen – mit dem Management interorganisationaler Beziehungen befassen und für die entsprechende Art von »boundary work« (Langley et al. 2019) qualifiziert sein. Gleichwohl ist zu konzedieren, dass das Management dieser Beziehungen und die damit verbundene Arbeit, die sich zumeist nicht nur auf die Überbrückung organisationaler, sondern auch intraorganisationaler Grenzen (z. B. zwischen Abteilungen) richtet (Patru et al. 2015), nicht nur auf individuelle Motivationen und Kompetenzen angewiesen ist, sondern auch auf systemische. So mag das Management von Interorganisationsbeziehungen im Laufe der Professionalisierung eben jenes Beziehungsmanagements zunehmend in Form von ganzen Abteilungen institutionalisiert werden, die dann etwa auf das Management einzelner Kunden bzw. Kundengruppen ausgerichtet sind (vgl. z. B. Hoffmann 2001). Dennoch müssen auch diese Beziehungen ständig »re-embedded« (Giddens 1990), d. h. an konkrete Personen und an Sinn-, Legitimations- und Machtzusammenhänge rückgebunden und von diesen reproduziert werden. Insbesondere ein Aufbau von vertrauensvollen Beziehungen zwischen Organisationen – und dies wiederum nicht nur im Management, sondern auch auf ausführender Ebene – bedarf oft der faktischen Verbindungsleistung und einer entsprechenden Qualität personaler Beziehungen.

Schließlich weisen Interorganisations- bzw. Geschäftsbeziehungen auch noch eine *technische* Dimension auf. Im bereits angesprochenen Fall der Verknüpfung von zwei Unternehmen (▶ Dar. 2.1 oder Dar. 2.3) durch die Ausgangslogistik einerseits und die Eingangslogistik anderseits ist heute zumeist ein entsprechendes, die Organisationen verbindendes Transport- sowie Informationssystem erforderlich. In der technischen, insb. in der informationstechnischen Dimension interorganisationaler Beziehungen wird ein immer wichtiger, wenn nicht gar der wichtigste Treiber einer Verschlankung oder gar Auflösung von hierarchischer Organisation und ihre Substitution durch marktliche oder netzwerkförmige Beziehungen gesehen (vgl. dazu insb. Klein 1996; Picot et al. 2003, 2020). Vor allem aber scheint es um eine Verbesserung, wenn nicht rationalere Gestaltung der Zusammenarbeit zu gehen (Cepa/Schildt 2023). Gerade in der jüngsten Vergangenheit haben sich hier neue Gestaltungsmöglichkeiten ergeben: Erstens die Etablierung von Cloud-Computing, das in der interorganisationalen Zusammenarbeit ermöglicht, gemeinsame Software(-schnittstellen) nicht mehr lokal (»on premise«) bei einem der kooperierenden Unternehmen vorzuhalten, sondern im Rahmen einer internetbasierten Lösung (»Software-as-a-Service«) bedarfsorientiert anzumieten (dazu bspw. Braun/Schmidt 2016). Zweitens eröffnet die Blockchain-Technologie Möglichkeiten, interorganisationale Transaktionen, beispielsweise im Bereich von Finanzen sowie Logistik kontrolliert zu dezentralisieren (Laforet/Bilek 2021; Murray et al. 2021; Badi 2024). Drittens stehen Anwendungen, die sich Künstliche Intelligenz zu Nutze machen, sei es im Rahmen sog. Co-Pilot-Applikationen bzw. Large Language Models oder auch in der intelligenten Automatisierung, erst am Anfang (Lächelt et al. 2024).

Diese technische Dimension der Interorganisationsbeziehungen gilt es – ebenso wie personale – auf jeden Fall zu managen. Nicht selten passiert genau dieses durch Einschaltung Dritter, beispielsweise von nicht nur IT-Dienstleistern, sondern auch Logistikunternehmen, die heute selbst in schlanken und in der Folge vernetzten Strukturen arbeiten, wenn sie beispielsweise zum Zwecke des physischen Transports mit regionalen Spediteuren (und diese wiederum mit selbstfahrenden Unternehmern) und im IT-Bereich mit einem entsprechend spezialisierten Dienstleister kooperieren (vgl. dazu insb. Bretzke 2008).

2.3 Interorganisationsbeziehungen in Markt, Netzwerk und Hierarchie

Neben den verschiedenen Richtungen und Schichten beschreibt die Governance eine weitere wichtige Qualität von Interorganisationsbeziehungen. Unter Governance wird gemeinhin ein Set an formalen und ggf. auch informalen Regeln verstanden, das der Koordination von politischen, sozialen oder hier vor allem ökonomischen Aktivitäten dient (vgl. Benz 2004). In der Ökonomie – und hier insb. in der Institutionenökonomie (▶ Kap. 14) – werden seit langer Zeit Markt und Organisation (bzw. Hierarchie) unterschieden, die angesichts der unübersehbaren Verbreitung entsprechender Organisationsformen in der Praxis seit einer vergleichsweise kurzen Weile um Netzwerke/Hybride ergänzt werden (Williamson 1991; Powell 1990; Sydow 1992).

In *Marktbeziehungen* dominiert die marktliche Form, wobei unter »Markt« idealtypisch eine Koordination ökonomischer Austauschprozesse durch formal gleichberechtigte, weitgehend unabhängige Akteure – Anbieter und Nachfrager – verstanden wird, bei der eine ex ante genau spezifizierte Leistung gegen Zahlung eines Preises ausgetauscht wird. Dabei wird auf Wettbewerb, Eigeninteresse und Selbstregulation durch den Preismechanismus gesetzt. Infolge des Austausches entsteht eine »spontane Ordnung« (Hayek 1972), die weitere Transaktionen zwischen zwei oder mehreren Organisationen orientiert, allerdings fundamental durch die Flüchtigkeit diskreter Interorganisationsbeziehungen gekennzeichnet ist.

Gleichwohl sind reale Märkte zum einen nicht bloß durch diskrete Transaktionen, sondern auch durch länger anhaltende Geschäftsbeziehungen (z. B. im Fall des Wiederholungskaufs bei demselben Lieferanten) gekennzeichnet. Reale Märkte sind zudem ohne ihre Einbettung in aktuelle Austauschprozesse überdauernde Institutionen, zum Beispiel ein die Verfügungsrechte und den Wettbewerb sicherndes Regelwerk, nicht denkbar. Neben Anbietern und Nachfragern als den klassischen Marktpartnern, die zudem in der Wirklichkeit regelmäßig alles andere als gleichberechtigt sind, spielen noch sog. »Komplementatoren« (Brandenburger/Nalebuff 1996) eine zunehmend bedeutsame Rolle. Diese Unternehmen, zu denen ebenfalls interorganisationale Beziehungen unterhalten werden (▶ Dar. 2.5), ergänzen – aus Kunden- und/oder Lieferantensicht – das Leistungsprogramm eines fokalen Unternehmens. Ein klassisches Beispiel für Komplementatoren sind die Hersteller von

Software bzw. Applikationen aus der Sicht eines Herstellers von Computer-Hardware oder Handys. Aber auch in der Kopplung von physischen Produkten mit Dienstleistungen sind Komplementatoren üblich geworden. Beispielsweise haben sich im Vertrieb und der Implementierung von ERP-Software über Jahrzehnte hinweg äußerste enge Beziehungen von Softwarehäusern mit Service-Dienstleistern ergeben, die gar in einer Ko-Spezialisierung mit enormer wechselseitiger Abhängigkeit mündeten (Schmidt/Braun 2015). Zwischen den Akteuren entwickeln sich typischerweise Beziehungen in mehr als einer Schicht. Man unterscheidet zum Beispiel, etwas quer zur oben getroffenen Unterscheidung von personalen, geschäftlichen und (informations-)technischen Dimensionen von Interorganisationsbeziehungen, eine Connection-Schicht von einer Community- und Commerce-Schicht (vgl. zu dieser Differenzierung Reiss/Günther 2010). Auf der erstgenannten Schicht entstehen Abhängigkeiten infolge komplementärer Kompetenzen und einer entsprechenden interorganisationalen Arbeitsteilung. Auf der Community-Schicht kommt es zur Aushandlung und Vereinbarung von Standards, um beispielsweise die Produkte passungsfähig zu machen, Karrieresysteme aufeinander abzustimmen oder den Zahlungsverkehr zwischen den Akteuren effizient und sicher abzuwickeln. Die Beziehungen auf der Commerce-Schicht schließlich reflektieren die von den Akteuren durchgeführten kommerziellen Transaktionen zur Kombination und Vermarktung der Leistungen bzw. Leistungsbündel. Bei ihnen handelt es sich im Kern somit um Geschäftsbeziehungen (▶ Kap. 2.2). Im Ergebnis ist zu erwarten, dass Interorganisationsbeziehungen immer mehr oder weniger vielschichtig – in der Sprache der Netzwerkforschung multiplex – sind. Zu beobachten ist dieses Phänomen auch bei Internetplattformen, die zunehmend über die Commerce-Schicht hinaus auch Interaktionen der Nutzer auf der Community- bzw. Connection-Schicht orchestrieren. Dies ist beispielsweise daran erkennbar, dass Nutzer über die reine Transaktion hinaus auch miteinander korrespondieren, Bewertungen abgeben und über vielfältige Informationspreisgabe Vertrauen aufzubauen versuchen (Möhlmann, 2021). Auch in dieser Hinsicht weichen reale Marktstrukturen in bedeutsamer Weise von den idealtypischen ab. Die Folge ist, dass der Übergang von der einen zur anderen Governanceform in der Management*praxis* – wie im Übrigen auch in der empirischen Managementforschung – nicht immer leicht zu bestimmen ist.

In *hierarchischen* Interorganisationsbeziehungen bildet nicht der Preis, sondern die autorisierte Weisung das Rückgrat der Koordination. Organisationen sind zunächst einmal selbst hierarchisch strukturiert, werden in letzter Konsequenz eben durch Anweisungen koordiniert, mittels derer die in der Tendenz relativ offenen Arbeitsverträge situationsabhängig spezifiziert werden. Anders als im Markt stehen hier nicht die isolierten, über den Preismechanismus ex post koordinierten (Beschaffungs-)Entscheidungen der Marktteilnehmer im Vordergrund. Vielmehr erfolgt die Koordination ex ante mittels organisatorischer Regeln sowie durch mehr oder weniger organisationsspezifische, die Kultur der Organisation prägende Normen. Das Pendant zum Preismechanismus des Marktes ist und bleibt in der Organisation allerdings die autoritative Weisung. Zur informalen, norm-

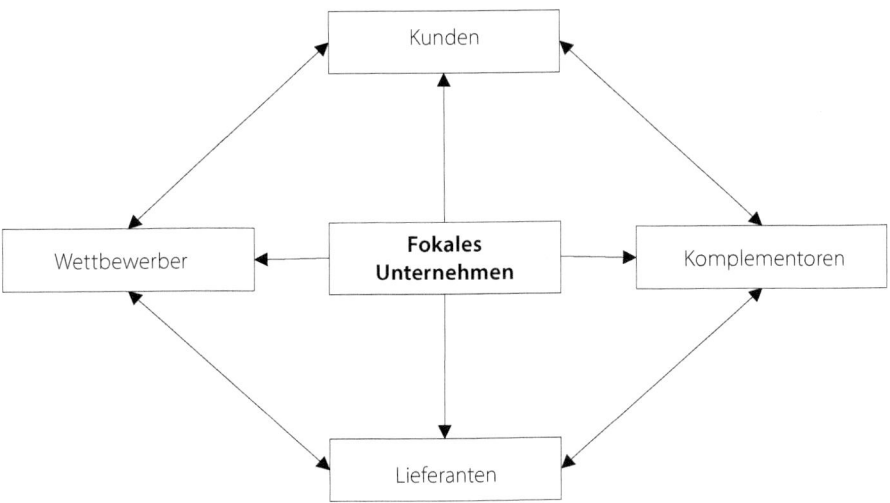

Dar. 2.5: Reale Märkte mit Komplementatoren (Brandenburger/Nalebuff 1996, S. 30)

basierten Abstimmung kommt es in Organisationen allenfalls im Schatten der Möglichkeit hierarchischer Weisung – wenn auch solche Räume, die sich einer traditionellen Weisung entziehen im Rahmen moderner Arbeitsformen an Bedeutung gewinnen. Damit gemeint ist z. B. einerseits die Zusammenarbeit in interdisziplinären und damit oft interorganisationalen Projekten, bei denen auch Hierarchieebenen durchschnitten werden und laterale Führungssituationen entstehen. Andererseits sind auch agile Arbeitsformen angesprochen, bei denen an die Stelle einer Weisung durch Personen die konsequente Unterordnung unter ein methodisches Schemata (wie etwa im Falle von Scrum) erfolgt (Braun/Müller-Seitz 2023). Obwohl Organisationen demzufolge über eine Vielzahl technokratischer und persönlicher Koordinationsinstrumente und damit über ein gegenüber dem Markt reichhaltigeres Repertoire an Steuerungsmechanismen verfügen (vgl. Osterloh et al. 1999), kann die Wirksamkeit dieser Koordinationsinstrumente trotz allem in letzter Konsequenz auf Hierarchie und damit die (Möglichkeit zur) Anweisung zurückgeführt werden. Im Gegensatz zum Markt braucht in der Organisation – wie bereits angedeutet – die auszutauschende Leistung nicht vorab spezifiziert zu sein, vielmehr wird die durch Vertrag nur recht allgemein vorgeregelte Arbeitsleistung im Prozess – eben durch Anweisung – spezifiziert. Hierarchie basiert folglich auf langfristigen Beziehungen zwischen den Vertragspartnern. Das drückt sich auch bei Problemen in der Leistungs- bzw. Austauschbeziehung aus: Entspricht die Leistung nicht den Erwartungen, kann in der Hierarchie in einer Aussprache die Stimme (voice) zur Spezifizierung der erwarteten (oder erhofften) Leistung erhoben werden; während es im Markt in diesem Fall zum Austritt (exit) der Tauschpartner kommt (vgl. Hirschman 1970). Praktische Ausprägungen der Hierarchieform sind neben Unternehmen, einschließlich Konzernen, auch öffentliche Betriebe und Verwaltungen.

In Interorganisationsbeziehungen selbst tritt die hierarchische Alternative in Form der (mehrheitlichen) Übernahme oder Fusion in Erscheinung (▶ Kap. 7). Diese stellt auf die Durchsetzung einer einheitlichen Leitung gegenüber der übernommenen, in den Konzernzusammenhang integrierten oder der verschmolzenen Organisation ab. In der Organisations- und Managementforschung bleibt jedoch leider offen, ob der Konzern *eine* Organisation mit entsprechend dominant hierarchisch koordinierten Subsystemen ist oder zweckmäßiger als ein aus *mehreren* Organisationen bestehendes Interorganisationssystem zu fassen ist. Letzteres ist zwar umso zweckmäßiger, je größer die Autonomie der Subsysteme ist. Jedoch sollte die Rede von dezentraler Konzernführung nicht gleich zum Anlass genommen werden, im Fall des Konzerns von einer Mehrheit oder gar einem Netzwerk von Organisationen zu sprechen (▶ Kap. 9.3).

Neben marktlichen und hierarchisch strukturierten Interorganisationsbeziehungen kommt *Netzwerkbeziehungen*, wie bereits eingangs angedeutet, eine zunehmend wichtige Bedeutung zu. Der in der Betriebswirtschaftslehre, aber auch in der Organisationssoziologie, Wirtschaftsgeographie und Innovationsökonomie populäre Begriff des Netzwerks ist dabei alles andere als eindeutig. Beschränkt man sich auf die Sicht, dass es sich beim (interorganisationalen) Netzwerk um eine Governance- oder Organisationsform ökonomischer Aktivitäten handelt,[2] geht die Debatte im Kern darum, ob es sich dabei um eine bloß hybride, im Wesentlichen marktliche und hierarchische Elemente miteinander kombinierende Organisationsform (Siebert 1991; Sydow 1992) oder aber um eine eigenständige Organisationsform »beyond market and hierarchy« (Powell 1990; Windeler 2001) handelt. Für die erste Sichtweise spricht, dass der Marktpreis (und bspw. kein politisch gesetzter Verrechnungspreis) und »exit« bzw. die »exit«-Drohung wirksam bleiben sowie in der Tat häufig anweisungsähnlich dichte Kommunikationsbeziehungen für die interorganisationale Koordination bedeutsam sind; auch ist das Spektrum der für die Koordination zu nutzenden persönlichen und technokratischen Instrumente mit Blick auf »voice« ähnlich dem in der Organisation. Für die zweite Sichtweise spricht hingegen, dass wohl doch der Kern der interorganisationalen Koordination durch eine »einfache« Mischung von Markt und Hierarchie nicht zu erfassen ist und es auf weitere Mechanismen ankommt. Eine Folgefrage ist dann allerdings, was nun den Kern dieser Koordination ausmacht bzw. was dazu kommt: Vertrauen, Reziprozität, Kooperation, Verhandlung oder, wie Arnold Windeler (2001) vorschlägt, das Beziehungsgeflecht (vgl. zu dieser Diskussion auch Sydow/Windeler 2000; Provan/Kenis 2008)? Die Entwicklung von Netzwerkbeziehungen erfolgt jedenfalls in der Praxis oft aus bereits bestehenden (marktlicheren) Geschäftsbeziehungen. Allerdings ist auch denkbar, dass erst einmal Kooperationsverträge geschlossen und Grenzgänger in den kooperationsbereiten Organisationen benannt

---

2 Daneben wird der Begriff vor allem noch methodisch – im Sinne einer Netzwerkanalyse oder -perspektive verwendet. Eine solche Analyse bzw. Perspektive kann letztlich für das Verständnis vieler natürlicher und wohl aller sozialen Zusammenhänge (z. B. auch innerhalb von Organisationen oder Märkten) genutzt werden.

werden, bevor tatsächlich eine Geschäftsbeziehung aufgenommen wird. In diesem Fall ist es umgekehrt: Der Netzwerkkooperation folgt die Geschäftsbeziehung. Dies muss selbstredend nicht der Fall sein, wenn das Netzwerk gar nicht (direkt) zum Zwecke des Geschäfts aufgebaut wurde.

In der Managementpraxis stellt sich im Ergebnis dieser Überlegungen immer die Frage, welcher Koordinationsmechanismus in diesen hybriden oder eigenständigen Organisationsformen ökonomischer Aktivitäten zwischen bzw. jenseits von Markt und Hierarchie der dominante oder im aktuellen Wettbewerbsumfeld der erfolgversprechendste ist. Hinzu kommt, dass Organisationen in der Praxis, allen voran Unternehmen, *gleichzeitig* auf Hierarchie (make), auf Markt (buy) und auf Vernetzung (cooperate) setzen – und das in zunehmendem Maße (vgl. Sydow/Möllering 2015). Letztlich entsteht in der jeweiligen Komposition des Managements dieser drei Qualitäten dann die im Wettbewerb mitunter sogar einzigartige Beziehungsressource, die es im Zuge des Netzwerkmanagements möglichst dauerhaft aufrechtzuerhalten gilt (▶ Kap. 11).

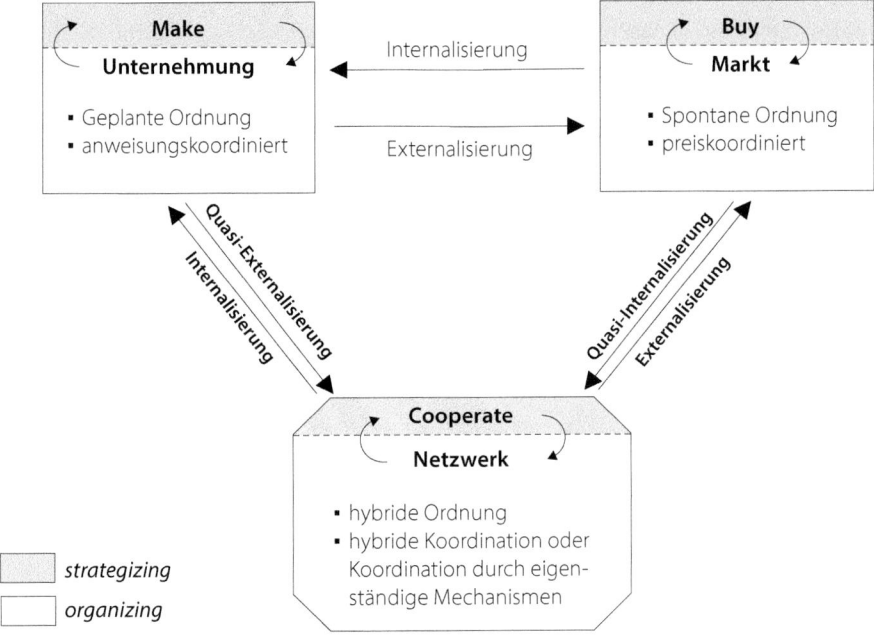

Dar. 2.6: Make, Buy und Cooperate: Strategische Alternativen und ihre Organisationsformen (Sydow/Möllering 2015, S. 35)

Mit Blick auf die Gleichzeitigkeit verschiedener Koordinationsmechanismen ist oft von *pluralen* Organisationsformen die Rede (z. B. Bradach/Eccles 1989). Bei der Produktion und Vermarktung des *smart* (vgl. dazu ausführlich Sydow/Möllering 2015) setzte das Management von *Daimler* bzw. der danach hundertprozentigen

Tochter beispielsweise bei der Beschaffung von Türen auf die langfristige und intensive Zusammenarbeit mit Systempartnern (cooperate). Daneben aber wurden die Motoren des *smart* konzern- und damit unternehmensintern, nämlich vom *Daimler*-Werk in Berlin-Marienfelde, produziert (make). Schließlich werden zahlreiche Hilfsmittel (z. B. Standardschrauben und Schmiermittel) über den Markt beschafft (buy). Das Gleiche gilt beispielsweise für unter der Marke *DELL* vermarktete Laptops und Notebooks: Einerseits werden von *DELL* langfristige, netzwerkförmige Beziehungen zu Kontraktfertigern wie *Flextronics* (selbst im Übrigen wie *DELL* oft transnational tätige Unternehmen) unterhalten. Die typischerweise zwei bis drei (oft taiwanesischen) Kontraktfertiger unterhalten ihrerseits allerdings eher flüchtige und sehr preissensitive (Markt-)Beziehungen zu Komponentenlieferanten; wobei gerade in China angesiedelte Komponentenlieferanten kaum Beziehungen untereinander unterhalten, anders ausgedrückt das Beziehungsgeflecht nicht sehr »dicht« ist (Yang 2006). Daneben unterhält *DELL* noch hierarchische Beziehungen etwa zum Hersteller von High-End-PCs und -Notebooks *Alienware*. Schließlich ist die Firma noch in verschiedenen Joint Ventures (▶ Kap. 6.5) engagiert, wie etwa mit dem Finanzdienstleister *CIT*. Plurale Organisationsformen zeichnen sich im Übrigen nicht nur durch die Gleichzeitigkeit von Markt, Hierarchie und Netzwerk bzw. buy, make und cooperate aus, sondern auch durch den Wechsel zwischen diesen Formen bzw. Strategien (vgl. dazu auch Sydow/Helfen 2016; Sørensen et al. 2023). Dieser Wechsel, der sowohl strategische (strategizing) als auch organisatorische (organizing) Aspekte hat, ist sowohl bei *smart* als auch bei *DELL* zu beobachten gewesen und in der Darstellung 2.6 durch die Pfeile angedeutet und auf später noch zu erläuternde Begriffe gebracht.

3 Management interorganisationaler Beziehungen: Ebenen

Managementpraktiken, die auf die Gestaltung interorganisationaler Beziehungen abzielen, haben ihre historisch-strukturellen Voraussetzungen auf unterschiedlichen Ebenen und entfalten ihre Wirkung potenziell ebenfalls auf mehreren Ebenen. Zum Beispiel mag eine bestimmte, im Vorstand der *Lufthansa* tätige Top-Managerin – als Individuum – Kooperationen in ihrer Karriere positiv erlebt und daraus eine überdurchschnittlich große Kooperationsneigung entwickelt haben. Auf organisationaler Ebene trägt sie damit eventuell zu einer gelingenden Zusammenarbeit mit *Airbus* als wichtigstem Lieferanten von Flugzeugen für die *Lufthansa* bei. Umgekehrt mag aber ein Unternehmen wie die *Lufthansa*, das nicht nur mit *Airbus* und im Rahmen der mitinitiierten *StarAlliance* vielfältige Erfahrungen im Management interorganisationaler Beziehungen sammeln konnte, eine Managerin in der Art und Weise zu sozialisieren und zu qualifizieren, dass sie Kooperationsneigung und -kompetenz entwickelt. Durch das derart netzwerkerfahrene Unternehmen geprägt, trägt die Managerin dann zum ökonomischen Erfolg der Lieferbeziehung zu *Airbus*, des Netzwerks der *StarAlliance* oder den seit vielen Jahrzehnten anhaltenden Beziehungen zur *Fraport AG*, der Betreibergesellschaft des Frankfurter Flughafens, bei. Anders als in der Managementpraxis, in der es nicht immer notwendig ist, diese Ebenen – individuell hier, organisational dort – sauber zu unterscheiden, muss in der Managementforschung klar und möglichst eindeutig die jeweilige Analyseebene bestimmt werden. Dies macht es der Forschung möglich, für Erklärungen explizit auf das in der Managementpraxis oftmals nur unbewusst bzw. nur praktisch bewusst ablaufende Zusammenspiel der verschiedenen Ebenen abzustellen. Gleichwohl ist zu erwarten, dass die Managementpraxis, gerade im Bereich des Managements interorganisationaler Beziehungen, von einer größeren diesbezüglichen Reflexivität profitiert.

Das Management interorganisationaler Beziehungen kann wissenschaftlich auf den verschiedensten Ebenen untersucht werden. Die wichtigsten sind: (1.) das Individuum und die Gruppe, die mit dem Management interorganisationaler Beziehungen befasst sind; (2.) die Organisation, aus der heraus interorganisationale Beziehungen oder gar interorganisationale Netzwerke und Cluster entwickelt und unterhalten werden, sowie Netzwerke und Cluster selbst; (3.) die Branche, Region – in der Management-, Organisations- und Netzwerkforschung oft als »organisationales Feld« (DiMaggio/Powell 1983) gefasst – und – gleichsam als umfassendste Größe – die Gesellschaft. Die Ebene der Gesellschaft ist beispielsweise mit der Frage verbunden, ob eine bestimmte nationale Kultur – wie etwa die japanische – aufgrund stark ausgeprägter Reziprozitätsnormen bessere Voraussetzungen für die Entwicklung interorganisationaler Kooperation bietet oder letztlich doch der institutionelle, gesetzliche oder korporatistische Rahmen (z. B. Zahl, Art und Einfluss von Branchenverbänden) wichtiger ist, wenn es darum geht, ein institutionelles Vertrauen zu schaffen, das gemeinhin als kooperationsförderlich angesehen wird (vgl. Lane/Bachmann 1997; Schilke/Cook 2015). Ein weiteres Beispiel für die Bedeutung von Facetten nationaler Kultur für das Management interorganisationaler Beziehungen ist der moderierende Effekt von Kulturmerkmalen wie Unsicherheitsaversion (vgl. Hofstede 1980) auf den Einfluss wahrgenommener technologischer Unsicherheit für die Nutzung von Technologieallianzen im Innovationsmanagement (vgl. Steensma et al. 2000).

Im Folgenden sind zunächst diese verschiedenen Analyseebenen genauer zu bestimmen und anhand von Beispielen zu veranschaulichen. Sodann wird der Frage nachgegangen, welche Rolle sie in der Praxis und vor allem in der Forschung zum Management interorganisationaler Beziehungen spielen – sowohl in Betrachtung der Voraussetzungen als auch der Wirkungen eines entsprechenden Managements. Mit der Untersuchung auf den verschiedenen Analyseebenen sind oft verschiedene Disziplinen (wie die Psychologie im Falle des Individuums und der Gruppe, die Soziologie im Fall der Organisation und »höherer« Ebenen oder die Geographie im Falle regionaler Cluster) befasst, die betriebswirtschaftlich relevantes Wissen für das Management interorganisationaler Beziehungen liefern. Obwohl die empirische Forschung auf einigen dieser Ebenen (z. B. des Individuums) nach wie vor noch in den Kinderschuhen steckt, soll erstens für ein Verständnis plädiert werden, das, wenngleich abhängig von der konkreten Fragestellung, immer mehrere Ebenen gleichzeitig in die Analyse einbezieht (vgl. auch Brass et al. 2004; Gittel/Weiss 2004; Marchington/Vincent 2004; Olk et al. 2004; Dagnino et al. 2016; Jarvenpaa/Majchrzak 2016; Gärtner et al. 2017; Gärtner/Duschek 2018; Brattström/Faems 2020; Cepa/Schildt 2023). Dabei ist, zweitens, das rekursive Zusammenspiel dieser Ebenen, d. h. ihr wechselseitiger Konstitutionszusammenhang, möglichst vollständig zu berücksichtigen. Dieser Rekursivitätsaspekt soll im Zusammenhang mit der »höchsten« Analyseebene, der Gesellschaft, das Kapitel beschließend verdeutlicht werden. In der empirischen Forschung wird dem noch allzu wenig Rechnung getragen (Provan et al. 2007; Zaheer et al. 2010). In den rekursiven Zusammenhang implizit eingeschlossenen ist auch die Tatsache, dass sich interorganisationale Beziehungen über den Zeitverlauf hinweg stark verändern können, es also einer prozessualen Sicht bedarf. Eine besonders ausgeprägte Dynamik, die es entsprechend zu erfassen gilt, ist etwa in der Entwicklung interorganisationaler Projekte und -netzwerke zu konstatieren (Sydow/Braun 2018; Roehrich et al. 2023).

3.1 Individuum und Gruppe

Letztlich kommt es beim Management interorganisationaler Beziehungen darauf an, dass *Individuen* praktisch handeln und beispielsweise die Vorstellungen und

Zielsetzungen der Organisation, deren Mitglieder sie sind, mit Blick auf Aufbau oder Abbruch oder aber Umgestaltung der Beziehung in quantitativer Hinsicht (Anzahl der Beziehungen) sowie in qualitativer Ausgestaltung (Richtung, Schichten und Governance) in der Praxis umsetzen. Handelnde Individuen sind demnach eine Voraussetzung des Managements interorganisationaler Beziehungen, aber auch von ihm – wie zumindest noch anzudeuten sein wird – betroffen.

Der Begriff des Individuums akzentuiert die Bedeutung individueller Merkmale von handelnden Personen, beispielsweise in Hinblick auf Intelligenz und Interesse, Selbstbewusstsein und Kooperationsneigung, fachliche und soziale Kompetenzen (vgl. dazu Staehle 1999, S. 162 ff.). Mit der Betrachtung der Bedeutung individueller Unterschiede, deren Einzigartigkeit manchmal sogar durch die Rede von Idiosynkrasien akzentuiert wird, gerät das im Kern betriebswirtschaftliche Thema des Managements interorganisationaler Beziehungen zum Gegenstand psychologischer Forschung. Überraschenderweise hat die Psychologie, und das gilt selbst für die der Betriebswirtschaftslehre besonders nahestehende Teildisziplin der Arbeits- und Organisationspsychologie, das Thema der interorganisationalen Beziehungen oder Netzwerke noch nicht richtig entdeckt (vgl. aber schon Endres/Wehner 1995). Zwar gibt es inzwischen auch in der Psychologie zunehmend Studien, die sich im Kontext interorganisationaler Projekte bewegen und dort Phänomene auf der Individualebene analysieren. Doch wird auch dort die (inter-)organisationale Ebene nicht konzeptualisiert, sondern allenfalls als phänomenologischer Kontext zur Kenntnis genommen. Beispielsweise wird in der empirischen Untersuchung keine Differenzierung entlang von interorganisationalen oder projektbezogenen Parametern vorgenommen (z. B. van de Brake et al. 2024).

Paul Olk mit seinen Kollegen (Olk/Earley 1996, 2000; Olk et al. 2004) gehörten unter den Managementwissenschaftlern zu den Ersten, die nicht nur gefordert haben, dem Individuum in der Forschung zu interorganisationalen Beziehungen, speziell Allianzen und Netzwerken, größere Aufmerksamkeit zu widmen, sondern auch empirische Befunde zu dieser Ebene vorgelegt haben. Olk et al. (2004) untersuchen beispielsweise, welche wettbewerbsrelevanten Effekte personale Kontakte auf Top Management-Ebene und organisationale Beziehungen als jeweilige Ausgangsbedingungen der Entwicklung strategischer Allianzen durch Start-ups in Hightech-Industrien haben können. Hierbei halten sie u. a. fest, dass vornehmlich personale Beziehungen die Erfolgschance von horizontalen Kooperationen positiv beeinflussen, da diese mögliche Spannungen zwischen den Wettbewerbspartnern über den unmittelbaren Kontakt und personales Vertrauen schon im Vorfeld unterbinden können. Dabei basiert jedoch die Entwicklung eben jenes personalen Vertrauens auf einem klaren organisationalen Commitment zur Entwicklung der Kooperation, etwa über die Bewilligung entsprechender organisationaler Ressourcen (z. B. finanzielle Mittel oder Zeit) sowie dem Wissen um organisationale Verlässlichkeit etwa im Sinne der konsequenten Einhaltung von Reziprozitätsnormen. Bereits in dieser Studie zeigt sich, dass die Ebenen des Individuums und der Organisation rekursiv miteinander verbunden sind.

Das gilt auch für eine Studie von Nick Ellis und Sierk Ybema (2010), die die Frage untersuchen, wie sich Manager/innen in Interorganisationsbeziehungen in Diskursen über ihr Selbstverständnis (Identität) positionieren. Die Autoren finden in ihren vorwiegend mit »boundary spanners« geführten Interviews, dass die Einbindung in Interorganisationsbeziehungen den Manager/innen zwar zusätzliche Möglichkeiten der Identifikation bietet und Grenzüberschreitungen wichtiger werden, gleichwohl aber Grenzziehungen – »Wir und Ihr« – in den Diskursen bedeutsam bleiben. Die Autoren der auf einer Diskursanalyse basierenden Studie sprechen in diesem Zusammenhang anschaulich von »boundary bricolage« (Ellis/Ybema 2010) – womit sie die Praxis der Individuen meinen, durch Ausprobieren und Austarieren ihre persönliche Identität im Spannungsverhältnis von Grenzüberschreitungen und Grenzziehungen zu bewahren.

Eine dritte, in der US-amerikanischen Biotechnologiebranche durchgeführte Studie untersucht den Einfluss personaler Merkmale des Top Managements (upper echolons) auf die Bildung von Allianzen (Kim/Higgins 2007). Danach steigert die frühere Anstellung von Manager/innen bei prominenten Unternehmen, gleichgültig ob sie nun vertikal nachgelagert oder aber horizontal, d.h. auf derselben Stufe der Wertkette, positioniert sind, die Chance, dass Unternehmen Verbindungen mit anderen eingehen, zumal wiederum mit tendenziell eher prominenten Partnern. Nach dieser Studie ist sowohl die Zahl der eingegangenen Allianzbeziehungen als auch die Prominenz der Allianzpartner deutlich von der Herkunft der Geschäftsführer der Biotechnologie-Unternehmen aus – horizontal – entweder anderen Biotech-Unternehmen oder – vertikal, downstream – aus Pharmaunternehmen abhängig. Die vorherige Mitgliedschaft in einer in der Wertschöpfungskette vorgelagerten (Forschungs-)Organisation (vertikal, upstream) scheint hingegen keinen Einfluss zu haben. Unberücksichtigt bleibt auch in dieser Studie die aus einer rekursivitätstheoretischen Perspektive naheliegende Frage nach den Rückwirkungen der entsprechend entwickelten Interorganisationsbeziehungen, hier beispielsweise auf die Geschäftsführer bzw. die Top Management Teams.

Trotz solch wichtiger Einsichten steckt die Forschung zum Einfluss von Individuen auf die Gestaltung von Interorganisationsbeziehungen – ebenso wie die zu der umgekehrten Frage des Einflusses von Interorganisationsbeziehungen auf das Individuum – auch heute noch in den Anfängen. Das ist überraschend, liegen doch wissenschaftlich interessante und praktisch relevante Fragen auf der Hand: Ist das für das Management interorganisationaler Beziehungen verbundene »boundary spanning« mit mehr Stress verbunden? Wie gehen Individuen in diesen Rollen mit doppelten (bzw. in Netzwerken: gar mehrfachen) Loyalitätsanforderungen um und welche Belastungswirkungen gehen davon aus? Wie wird in und mit Interorganisationsbeziehungen geführt? Zur letztgenannten Frage liegen zwar aus betriebswirtschaftlicher Sicht erste empirische Befunde vor (Sydow et al. 2011), diese fokussieren allerdings Führungspraktiken oder Führungsprozesse und weniger die ein Netzwerk oder ein Cluster (in diesem Fall: ein regionales Optikcluster) führenden Individuen, und zwar weder in ihren individuellen Voraussetzungen noch in ihren Konsequenzen (vgl. aber Ritvala/Kleymann 2012; Endres/Weibler 2019).

Dabei kann sehr wohl zum Beispiel die Frage gestellt werden, wie sich etwa individuelle Wahrnehmungen (nicht zuletzt der Beziehungen selbst) und Sichtweisen ändern, wenn man bei der Führung solcher Systeme entsprechende Erfahrungen gesammelt und eine entsprechende Kooperationsneigung und -kompetenz entwickelt hat – und wie sich solche Wahrnehmungen und Sichtweisen dann auf das Beziehungsmanagement auswirken. Schließlich: Was bedeutet es für Manager und Managerinnen, wenn ihre Organisation in nicht nur ein, sondern mehrere interorganisationale Netzwerke eingebunden ist (vgl. am Bsp. von »care networks« van der Woerd et al. 2024)?

Die *Gruppe*, in Organisationen häufig als Arbeitsgruppe oder Team bezeichnet, ist – wie die Organisation selbst – ein soziales System. Wie schon im Zusammenhang mit den Ausführungen zum Management als Funktion angedeutet (▶ Kap. 1.1), verweist die Redeweise vom »sozialen System« auf Qualitäten, die zum Teil (!) unabhängig vom zielgerichteten Handeln einzelner Personen entstehen (»emergieren«) und auch unabhängig von bestimmten Akteuren weiter existieren. Abgesehen von der zuvor betrachteten Ebene des Individuums ist die Frage nach dem Systemcharakter auf allen höheren Analyseebenen relevant (▶ Dar. 3.1). Hinzu kommt hier allerdings, dass Gruppen – anders als Organisationen – sowohl rein formaler als auch rein informaler Natur sein können. Zudem können sie typischerweise – ebenfalls anders als Organisationen (man denke an Kapitalgesellschaften) – keine Rechtspersönlichkeit aufweisen, sind nicht »inkorporiert«. Eine stärkere Formalisierung und auch organisationale Verankerung ist beispielsweise dann vorzufinden, wenn das organisationale Subsystem als Projekt definiert ist – es sich also um eine Projektgruppe handelt, die durch bestimmte Projektziele geleitet und mit bestimmten Ressourcen ausgestattet in einem abgegrenzten Zeitraum zusammenarbeitet (vgl. Braun/Sydow 2019).

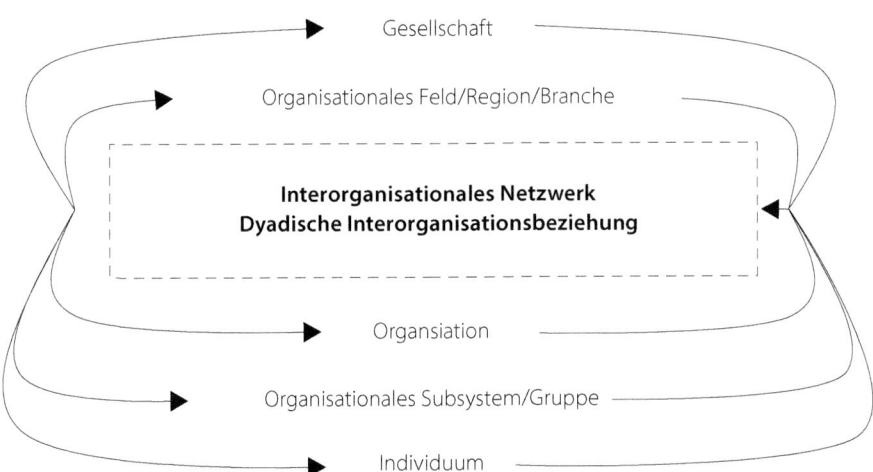

Dar. 3.1: Analyseebenen beim Management interorganisationaler Beziehungen

Einen Eindruck von der Forschung zu diesen Zusammenhängen gibt eine Studie von Michael Gaitanides und Ruth Stock (2004) zur Arbeit in Kundenbetreuungsteams, in denen häufig neben Organisationsmitgliedern des Lieferanten auch solche des Kunden mitarbeiten. Folgerichtig handelt es sich dabei streng genommen um *inter*organisationale Teams. Diese scheinen dieser Studie zufolge, in die insgesamt 245 Teams aus 26 Unternehmen aus sechs Branchen einbezogen waren, vor allem dann zum Unternehmenserfolg beizutragen, wenn sich die Unternehmen in einem dynamischen Markt befinden und zudem komplexe, kundenbezogene Aufgaben zu bearbeiten sind. Ebenfalls bezugnehmend auf externe Dynamiken argumentieren Anglani et al. (2023), dass sich die systemische Umwelt von Projektgruppen in den vergangenen Jahren im Zuge der voranschreitenden Digitalisierung, des ungebrochenen Trends zum mobilen Arbeiten als Folge der Covid-19-Pandemie sowie der neuen Realität von international verteilten Teams sehr stark verändert habe. Dies bleibe nicht ohne Konsequenz auch für die Führung solcher Gruppen. Basierend auf einer umfassenden Literaturanalyse und konzeptioneller Arbeit zeigen die Autoren, dass Projektleiter eine wichtige, integrative Rolle zur Verzahnung der Ebenen einnehmen. Für deren Verzahnung haben kulturelle und digitale Kompetenzen erheblich an Bedeutung zugenommen. Dass Führung in Projektteams auch Auswirkungen auf das Eingehen strategischer Allianzen hat, zeigt eine Studie von Trevor Young-Hyman und Adam M. Kleinbaum (2020) eines auf Automatisierungstechniken spezialisierten Beratungsunternehmens mit etwa 50 Beschäftigten: Erwartungsgemäß führt eine formale Führungsposition im Team eher zu der (risikoreicheren) Entscheidung, eine Partnerschaft mit einem neuen Lieferanten einzugehen, als eine informale, wobei allerdings – wenig überraschend – die Einflussnahme der anderen Teammitglieder auf die Entscheidung diese Machtstellung begrenzt.

3.2 Organisation, Netzwerk und Cluster

Die *Organisation* wurde schon als ein soziales System vorgestellt (▶ Kap. 1.1). Diese Eigenschaft teilt sie mit Gruppen bzw. Teams. Sie unterscheidet sich von jenen allerdings nicht allein durch eine nochmals »höhere« Analyseebene. Vielmehr treten bei der Organisation zwei entscheidende Merkmale dazu: Formalität und Reflexivität (vgl. Ortmann et al. 2000). Diese spiegeln sich im Zweifel auch auf der Ebene einzelner Organisations*einheiten* (z. B. einer Abteilung, Hauptabteilung oder Sparte).

Das Merkmal der *Formalität* meint, dass die in Organisationen stattfindenden Aktivitäten in erheblichem Maße durch formale Regeln koordiniert werden. Diese reflektieren die hierarchische Struktur bzw. Governance von Organisationen und sind in Stellenplänen und, zumindest in größeren Verwaltungen und Betrieben, in Organisationshandbüchern oder Ähnlichem niedergelegt. Die Akzentsetzung auf Formalität bzw. formale Regeln impliziert freilich nicht, dass informale Beziehungen oder Gruppen- und Abteilungsnormen oder die in einer Organisation herrschende Kultur unwichtig seien. Wenn diese jedoch die Praxis dominieren, stellt sich die Frage, ob in dem hier vorgetragenen Verständnis überhaupt von einer Organisation oder nicht vielleicht besser von einer Assoziation oder gar einem Netzwerk gesprochen werden sollte.

Das Merkmal der *Reflexivität* steht in engem Zusammenhang mit Formalität, auch wenn manchmal im Zusammenhang mit Informalem von »social technology« (Thrane/Mouritsen 2012) gesprochen wird. In Organisationen ist Reflexivität – besonders durch formale Regelwerke und förmlich vorgesehene Ressourcenverteilungen – institutionalisiert. Institutionalisierung von Reflexivität meint, dass Organisationen Instrumente und Verfahren – eben Regeln – unter Reflexion auf deren Zweckmäßigkeit entwickelt haben und praktisch nutzen. Dies ermöglicht ihnen wiederum das Beobachten ihrer eigenen Aktivitäten, deren Voraussetzungen und deren Wirkungen und damit – ganz im Sinne eines »reflexive monitorings« (Giddens 1984) – die Schaffung informationeller Bedingungen dafür, in das organisationale oder interorganisationale Geschehen steuernd einzugreifen (vgl. dazu auch Windeler 2001, S. 334 ff.). Ein klassisches Beispiel für die Institutionalisierung von Reflexivität ist das betriebliche Rechnungswesen, weil es steuerungsrelevante Daten für die Unternehmensführung liefert. Allerdings zeigt insb. die kritische Accounting-Forschung, dass mit diesen Daten systematisch auch blinde Flecken produziert werden und von einem aufgeklärten Management deshalb andere Beobachtungsformen als unverzichtbar angesehen werden müssten (vgl. z. B. Messner et al. 2007).

Organisationen haben mit ihren formalen und informalen Strukturen selbstverständlich einen gewichtigen Einfluss auf Interorganisationsbeziehungen, werden Letztere doch von Organisationsmitgliedern aus Unternehmen und anderen Typen von Organisationen heraus entwickelt, aufrechterhalten oder auch abgebrochen. Dieser offensichtliche und für Managementforschung wie -praxis zentrale Einflusszusammenhang ist bislang nur wenig empirisch untersucht worden (vgl. z. B. Ariño/De la Torre 1998; De Rond/Bouchikhi 2004; Albers et al. 2016; Xiao et al. 2019; Brattström/Faems 2020). Zumeist geht es diesen dünn gesäten Untersuchungen dabei um die Frage, wie Eigenschaften oder Veränderungen von Organisationen das Management interorganisationaler Beziehungen beeinflussen.

Noch seltener als der Einfluss der Organisation auf Interorganisationsbeziehungen ist der umgekehrte Sachverhalt untersucht worden, also beispielsweise der Einfluss der Mitarbeit in einer strategischen Allianz auf die Strategie, Struktur oder Kultur des Unternehmens (vgl. aber Vlaar/Faems 2008). Dies ist umso überraschender, als Kanter und Meyer (1991) schon früh auf der Basis einer explorativen Studie von Unternehmen und ihren Lieferanten entsprechende Vermutungen zu diesem Einflusszusammenhang (und zum Einfluss von Interorganisationsbeziehungen auf Individuen) formuliert hatten:

- Mit der Zahl externer Partnerschaften wird die Zahl der »boundary spanners« in einer Organisation zunehmen.
- »Boundary Spanners« gewinnen an Zentralität für strategisch wichtige Kommunikationsflüsse – und somit an organisatorischem Einfluss.

- Die Bedeutung der betreffenden Abteilungen nimmt zu, sofern die Beziehung im Laufe der Zeit an strategischem Gewicht gewinnt.
- Je mehr Personen in eine Beziehung als »boundary spanners« involviert sind, desto weniger ist der Einflusszuwachs auf eine einzelne Person gerichtet.
- Persönliche Karrierechancen hängen immer häufiger von der Leistung anderer Unternehmungen ab.
- Persönlichkeit und Kompetenz der »boundary spanners« gewinnen – verglichen mit Marktbeziehungen – an Relevanz.
- Insbesondere Partizipationsfähigkeiten werden in diesen Rollen den Individuen abverlangt.

Inzwischen hat sich gezeigt, dass solche »boundary spanners« nicht nur in etablierten Unternehmen und deren externen Beziehungen eine wichtige Rolle spielen, sondern dass auch im Bereich des Entrepreneurships sehr viel davon abhängt, diese persönlichen Schnittstellen schon in der Frühphase von Unternehmensgründungen mitzudenken und zu gestalten. Mitunter lässt sich gar das externe Vernetzungsverhalten als Prädiktor für den Erfolg von Unternehmensgründungen heranziehen. Dabei zeigt sich zwar eine herausgehobene Bedeutung des Gründerteams, jedoch spielen durchaus auch die Mitarbeitenden eine erhebliche Rolle in der Funktion als »boundary spanners« (Braun et al. 2018). Dabei ist jedoch zu beachten, dass die personelle Vernetzungsarbeit in Gründungsprozessen auch Grenzen erreichen und sich ins Dysfunktionale drehen kann, beispielsweise wenn die Vernetzungsarbeit andere operative Tätigkeiten verdrängt (Ferreira et al. 2022).

Vor dem Hintergrund dieser und ähnlicher Überlegungen ist es beispielsweise bedenkenswert, ob nicht – und wenn ja, in welchem Ausmaß – das Netzwerkmanagement in Organisationen statt individuellen »boundary spanners« verstärkt Teams oder Gremien übertragen werden sollte (Gaitanides/Stock 2004; Standifer/Bluedorn 2009; van der Kamp et al. 2023). Wie angemerkt, ist seit den frühen Hypothesen von Kanter und Meyer das Verhältnis von Organisation und Interorganisations- und Netzwerkbeziehungen jedoch vor allem im Zusammenhang mit dem Management von Allianzportfolios untersucht worden, deren Management zum Beispiel bestimmte organisationale Kompetenzen voraussetzt oder auch zu deren Entwicklung beiträgt (vgl. den Überblick Wassmer 2010 oder Wang/Rajagopalan 2015, S. 243 ff., aber auch Teil IV). Dies ist bedauerlich, dürfte doch die Wahrnehmung der oben skizzierten Funktionen des Netzwerkmanagements nicht nur von der konkreten Ausgestaltung und dem jeweiligen Entwicklungsstand der Netzwerkorganisation beeinflusst sein, sondern auch von der internen Unternehmensorganisation.

Netzwerke, hier begriffen als interorganisationale Netzwerke bzw. als »whole networks« (Provan et al. 2007), stellen eine zur – in letzter Konsequenz doch hierarchisch koordinierten – Organisation eine alternative, eher hybride oder aber sogar eigenständige Koordinationsform ökonomischer Aktivitäten dar (▶ Kap. 2.3). Sie avancierten in den letzten Jahren zu einem Merkmal moderner Gesellschaft, erscheinen zunehmend legitim – nach innen, gegenüber den Netzwerkmitgliedern, wie nach außen gegenüber der Netzwerkumwelt (vgl. Human/Provan 2000; Olk/

Earley 2000). Insbesondere im Zusammenhang mit Innovationen wird ihre Legitimität kaum noch bezweifelt (vgl. auch Krücken/Meier 2003). Ein Beispiel für ein solches interorganisationales, immer wieder auch innovatives Netzwerk ist die bereits mehrfach erwähnte und schon 1997 auf Betreiben von *Lufthansa*, *Air Canada*, *SAS*, *Thai Airways* und *United Airlines* gegründete *StarAlliance*. Dieses Netzwerk entstand, nachdem die genannten Unternehmen schon mehrere Jahre bilaterale Code Sharing-Abkommen unterhalten hatten. Auch heute noch dominieren bilaterale Verträge die Organisationsform, obwohl der *StarAlliance*, aufgrund der Vielschichtigkeit und Multilateralität der Kooperation, mittlerweile zweifelsfrei ein Netzwerkstatus zugebilligt werden kann. Beispielsweise wird das Netzwerkmanagement – insb. mit Blick auf die Aufrechterhaltung und Entwicklung der informationstechnischen Infrastruktur – von einer *StarAlliance Service GmbH* in Frankfurt unterstützt,[3] mit allerdings wenigen Dutzend Mitarbeitern und Mitarbeiterinnen, die zum Teil von den Mitgliedsunternehmen delegiert werden. Die nicht zuletzt auch durch diese Infrastruktur unterstützte Abstimmung der Flugpläne ermöglicht »die Ausdehnung des globalen Streckennetzes, ohne dabei eigene Kapazitäten einzusetzen. Hierdurch lassen sich auch regulierte Märkte erschließen. Des Weiteren ermöglicht die gemeinsame Nutzung der Drehkreuze Deutschland, Skandinavien, Nord- und Südamerika sowie Asien/Pazifik die Erzielung von Skalen- und Scope-Effekten, indem Flughafeneinrichtungen zusammengelegt und Kunden innerhalb des Allianzsystems weitergereicht werden können. Die lokalen Partner verfügen außerdem über weitreichende Marktkenntnisse, deren Nutzung durch die Verdingung oder sogar Übertragung der Marketing- und Vertriebsverantwortung in den jeweiligen Märkten möglich ist. Diese Maßnahmen tragen sowohl zu einer Erhöhung multifunktionaler Flexibilität als auch zu globaler Effizienz bei. Den operativen Kooperationsbestandteilen schließt sich die Integration weiterer Wertschöpfungsfunktionen wie gemeinsame Beschaffung und Wartung sowie die gegenseitige Anerkennung der Vielfliegerprogramme an. Auf konzeptioneller Ebene sind die Allianz-Mitglieder bestrebt, allgemeine Qualitätsstandards, spezielle Leistungen für Statuskunden sowie weitere Schnittstellen abzustimmen. Um diesen Harmonisierungen nicht nur nach außen bei den Kunden, sondern auch innerhalb der Einzelunternehmen die notwendige Bedeutung und Aufmerksamkeit zu verleihen, wurde zusätzlich zum gemeinsamen ›Branding‹ eine virtuelle Allianz-Organisation geschaffen« (Würthner 2001, S. 181; ▶ Kap. 13).

In diesem Netzwerk sind 2024 insgesamt 26 Luftverkehrsgesellschaften organisiert, die mehr als die Hälfte des weltweiten Verkehrsaufkommens auf sich vereinigen. Die *StarAlliance* ist damit nicht nur die weltweit größte Luftverkehrsallianz, sondern eines der komplexesten Unternehmensnetzwerke der Welt, und sicherlich auch eines der sichtbarsten. Überhaupt kann der Luftverkehr – ähnlich wie sonst vielleicht nur noch die Automobilindustrie und wissenschaftsbasierte Branchen wie die Bio- und Nanotechnologie – als eine der am stärksten vernetzten Branchen gelten.

---

3 Ein weitere *StarAlliance* Service Gesellschaft wurde 2021 in Singapur gegründet.

Trotz dieser seit fast drei Jahrzehnten andauernden Situation ist neben verstärkter Kooperation in dieser Branche allerdings immer wieder auch eine Zunahme der Konzentration zu verzeichnen (vgl. Kleymann/Seristö 2004). Erinnert sei allein nur im Rahmen der *StarAlliance* an die Fusion von *United* und *Continental*, die Übernahme der *Swiss* und der *Austrian Airlines* durch die *Lufthansa* oder (jenseits der *StarAlliance*) an den Zusammenschluss von zunächst *KLM* und *Delta* (zunächst Mitglied des *Sky Team*, dem nach der *StarAlliance* zweitgrößtem Netzwerk) und – einige Jahre später – an die Übernahme dieser beiden Gesellschaften durch die *Air France* (als weiterem Mitglied des *Sky Team*). Die Konzentration durch Fusionen oder Übernahmen (Mergers & Acquisitions) stellt nicht nur eine grundsätzliche Alternative zur Kooperation bzw. Vernetzung dar, auch wenn sie im Luftverkehr rechtlich beschränkt ist. Vielmehr bietet sie andere Handlungsmöglichkeiten (▶ Kap. 11), etwa wenn es auf hierarchischen Durchgriff bei der Steuerung oder – wie im Falle der *Swiss* – auf die Sicherung von Eigentums- oder Nutzungsrechten (hier: Slots auf dem Züricher Flughafen) ankommt. Auch den finanziellen Schwierigkeiten einzelner Netzwerkpartner kann auf diese Weise unter Umständen effektiver begegnet werden – gleichgültig, ob diese durch selbstverschuldete Probleme oder durch Einschränkungen des Flugbetriebs infolge von Epidemien, Terrorismus, Finanzkrisen oder Vulkanasche ausgelöst werden.

Ein anderes, weil ausnahmslos aus kleineren und mittleren Unternehmen der Versicherungsbranche bestehendes und regional ausgerichtetes Netzwerk ist *InBroNet*. In diesem Netzwerk, in dem allerdings auch einmal die Absicht einer Unternehmensübernahme eine Rolle spielte, hatten sich zunächst acht Industrieversicherungsmakler zusammengeschlossen, um einem strategischen Dilemma zu entgehen und eine strategische Chance zu nutzen (vgl. Sydow et al. 2016, S. 124 ff.). Das strategische Dilemma bestand und besteht für viele Makler darin, dass sie aufgrund fehlender eigener Ressourcen bei komplizierten Beratungsfällen (und diese sind im Industriegeschäft eher die Regel als die Ausnahme) auf die Risikoexpertise von Versicherern zurückgreifen müssen. Gleichzeitig gründet die Geschäftsstrategie von Versicherungsmaklern auf eine von Versicherungen unabhängige Beratung der Kunden, steht doch der Einkauf von Versicherungsleistungen bei dem für den Fall günstigsten Versicherer auf der Agenda. Eine strategische Chance sahen die in *InBroNet* zusammengeschlossenen Makler in der Netzwerkbildung aber auch, weil sie auf diese Art und Weise ihr zu versicherndes Risiko bündeln und zumindest bei einigen Versicherern günstigere Courtagesätze aushandeln konnten. Über die Jahre haben die Akteure von *InBroNet* durch Netzwerkbildung nicht nur das strategische Dilemma gelöst und Einkaufsvolumina gebündelt. Vielmehr erarbeiten sie auch gemeinsam Beratungskonzepte, geben eine Kundenzeitschrift heraus, betreiben eine unternehmensübergreifend abgestimmte Personalentwicklung u. v. m.

Das Netzwerk hat über die Jahre – nicht zuletzt auch aufgrund der räumlichen Nähe der Mitglieder – eine solche Qualität ausgebildet, dass man eine nach einer Weile etablierte regelmäßige Evaluation des Netzwerks nach anfänglichem Zögern und einer späteren Begeisterung wieder aufgegeben hat. Gegenstand der Evaluation waren weniger das Netzwerk oder gar die einzelne Beziehung im Netzwerk als vielmehr die von den einzelnen Netzwerkmitgliedern im Laufe des Jahres geleisteten Beiträge (z. B. Mitarbeit in verschiedenen Gremien) vor dem Hintergrund der individuellen und kollektiven Erwartungen an eben diese Mitarbeit (vgl. dazu Sydow 2004 sowie ▶ Kap. 11). Evaluationsobjekt hätte beispielsweise auch die Wirkung des Netzwerks auf den betriebswirtschaftlichen Erfolg der einzelnen Mitglieder, der Einfluss des Netzwerks auf einzelne (dyadische) Beziehungen oder – umgekehrt – der Einfluss bestimmter oder aller Dyaden auf das Netzwerk sein können. Nicht zuletzt wohl aufgrund der methodischen Schwierigkeiten, diese Effekte zu messen, hatte sich das Netzwerk für die Erfassung der geleisteten Beiträge der *InBroNet*-Mitglieder und den Abgleich mit den Erwartungen entschieden.

Regionale *Cluster* wie das Optoelektronik-Cluster in der Region Berlin-Brandenburg sind ebenso wenig wie regionale Netzwerke keine einfachen Agglomeration von Organisationen einer oder mehrerer, miteinander in Beziehung stehender Branchen (Porter 1998). Vielmehr kommt es auch bei ihnen darüber hinaus entscheidend auf die Interaktionen zwischen diesen Organisationen an, in deren Folge Interorganisationsbeziehungen einer bestimmten Qualität entstehen (vgl. Staber 1996; Bell 2005). Gerade dafür ist das um *OpTecBB* herum sich entwickelnde Cluster ein ausgezeichnetes Beispiel. Ähnlich wie das Biotechnologie-Cluster *BioM* in und um München-Martinsried (vgl. dazu Lechner/Dowling 1999) oder das Luftfahrtcluster *Hamburg Aviation* (vgl. dazu Hintze 2018) ist es ein politisch gewolltes und entsprechend – vor allem mit Mitteln des *BMBF* – gefördertes Cluster. Häufig werden regionale Cluster, wie auch im Fall von *OpTecBB, Hamburg Aviation* und *BioM*, durch eine »network administrative organization« (Human/Provan 2000) gesteuert bzw. das Clustermanagement durch eine entsprechende Geschäftsstelle administrativ unterstützt. Ein Beispiel für ein eher traditionelles regionales Cluster, das typischerweise einer solchen administrativen Einheit entbehrt, ist das der Schneidwarenindustrie um Solingen, das allerdings auch heute noch seine Spuren in der Region des Bergischen Landes hinterlässt (▶ Kap. 12).

Im Ergebnis zeichnen sich regionale Cluster – sofern sie den Namen wirklich verdienen – dadurch aus, dass in ihnen eine größere Zahl interorganisationaler Netzwerke mit tendenziell größerer Dichte agiert, wobei die Dichte gar bis zur Entwicklung einer eigenen (Cluster-) Identität vorangetrieben werden kann (vgl. Staber/Sautter 2011 und – am Beispiel *Hamburg Aviation* – Hintze 2018). Dabei ist davon auszugehen, dass das Cluster nicht nur Ergebnis dieser Tatsache ist, sondern auch umgekehrt der Entwicklung einzelner Netzwerke ein stimulierendes Umfeld in der Region bietet (vgl. dazu am Beispiel des optischen Clusters Lerch 2009). Im Sinne einer Mehrebenenanalyse gilt es hier nicht nur, die rekursiven Beziehungen zwischen Cluster- und Netzwerkentwicklung zu berücksichtigen (▶ Kap. 14), sondern zusätzlich auf Organisationsebene Antworten auf die Frage zu finden, wie sich einzelne Organisationen für eine Zusammenarbeit in Netzwerk und Cluster aufstellen und was das letztlich für diejenigen Individuen in diesen Organisationen bedeutet, die Grenzstellen innehaben. Genauer könnte man dann etwa diese Fragen vor dem Hintergrund einer ermittelten Netzwerk- bzw. Clusterdichte und/oder einer entsprechenden Multiplexität der in diesen Systemen entwickelten Interorganisationsbeziehungen präzisieren.

3.3 Organisationales Feld und Gesellschaft

Ein *organisationales Feld* umfasst Organisationen, die »in the aggregate, constitute a recognized area of institutional life: key suppliers, resource and product consumers, regulatory agencies, and other organizations that produce similar service or products« (DiMaggio/Powell 1983, S. 148; vgl. zur Entwicklung des Feldkonzepts Wooten/Hoffman 2017 sowie zu seiner strukturationstheoretischen Interpretation im Kontext von Innovationsfeldern Windeler/Jungmann 2023). Heute würde man unter Umständen noch zusätzliche (Stakeholder-)Organisationen wie Gewerkschaften, Arbeitgeberverbände, Nicht-Regierungsorganisationen oder die im Fall regionaler Cluster des Öfteren zu findenden Geschäftsstellen ergänzen. Dabei kommt es zunächst nicht darauf an, dass diese und die weiteren genannten Organisationen (Interorganisations-)Beziehungen unterhalten, und welcher Qualität diese sind. Der Verzicht auf diese Bedingung eröffnet die Möglichkeit, ein organisationales Feld, beispielsweise innerhalb einer bestimmten Branche oder Region, in dem viele Netzwerke und Cluster zu finden sind, als mehr oder weniger stark »vernetzt« oder »geclustert« auszuweisen. Als hochgradig »geclustert« kann z. B. die Metropolregion Hamburg gelten, die aktuell und nach Definition der *Freien und Hansestadt Hamburg* immerhin acht Cluster beheimatet (o. V. 2023a).

Das Konzept des organisationalen Feldes hat noch weitere, essenziell mit seiner Neutralität verbundene Vorteile. Mit ihm wird nämlich keinerlei Vorentscheidung darüber getroffen, wie es abgegrenzt wird. Ein organisationales Feld kann mit einer Branche oder Region gleichgesetzt oder gerade für die Kennzeichnung einer Branche in einer Region – oder auch zur Kennzeichnung der Formation von Organisationen um ein bestimmtes Thema herum (vgl. Hoffman 1999; Zietsma et al. 2017) – genutzt werden. Damit wird es zum flexibel einsetzbaren Instrument zur Erfassung selbst von nur unscharf zu bestimmenden Branchen (wie zum Beispiel dem Feld der optischen Technologie), oder auch von sich – zum Beispiel durch Konversion – verändernden Branchen. Ein Beispiel für Letzteres ist das scheinbar vor allem durch die (digitale) Technologie getriebene und schon seit einigen Jahren zu beobachtende Zusammenwachsen des klassischen Automobilbaus mit der Softwareentwicklung (vgl. Staron 2021).

Mit Hilfe des Konzepts des organisationalen Feldes lässt sich der Einfluss von Branchen und Regionen auf Interorganisationsbeziehungen untersuchen, sei es in einer Dyade oder in einem komplexen Netzwerk, das möglicherweise seinerseits sogar – wie im Fall des von uns genauer untersuchten und in *OpTec BB* angesiedelten *RSS-Netzwerks* – in ein regionales Cluster mit relativ großer Dichte eingebettet ist (vgl. Lerch 2009, S. 240 ff.). Zu erwarten ist, dass das Feld Regeln und Ressourcen zur Verfügung stellt, die eine interorganisationale Zusammenarbeit (z. B. in Netzwerken und Clustern) befördern oder behindern und, umgekehrt, diese

Branchenbedingungen unter denen Vernetzung ...	
... eher auftritt	... eher *nicht* auftritt
Rascher technologischer Wandel	Langsamer technologischer Wandel
Hohe Wettbewerbsintensität	Niedrige Wettbewerbsintensität
Heterogene Kundenwünsche	Homogene Kundenwünsche
Formale Standards wie standardisierte Arbeitsverträge, Standardsoftware oder ISO 9000 genutzt	Formale Standards weniger bedeutsam

Dar. 3.2: Netzwerkbildung fördernde/behindernde Branchenbedingungen (Schilling/Steensma 2001)

Zusammenarbeit das Feld (weiter) strukturiert (Phillips et al. 2000; Powell et al. 2005). Üblich sind auch Untersuchungen, die Branchen mit Blick auf ihre Vernetzungsintensität vergleichen. So wurden über einen Fünfjahreszeitraum die strategischen Allianzen sowie Formen der Kontraktfertigung und Leiharbeit in 330 Unternehmen im herstellenden Gewerbe der USA daraufhin untersucht, welche Bedingungen eine Vernetzung fördern bzw. behindern (Schilling/Steensma 2001). Im Ergebnis werden Branchenbedingungen unterschieden, unter denen eine Vernetzung eher auftritt oder eher nicht auftritt (▶ Dar. 3.2).

Umgekehrt lässt sich natürlich auch fragen, welchen Einfluss eine einzelne Interorganisationsbeziehung oder ein Netzwerk interorganisationaler Beziehungen auf ein organisationales Feld hat, das sich etwa um ein bestimmtes Thema (z. B. Management einer Pandemie) herum gruppiert. Zu erwarten wäre beispielsweise, dass die Dichte der Beziehungen eine gemeinsame Themeninterpretation fördert. Allerdings kann eine hohe Netzwerkdichte umgekehrt auch Ausdruck einer gemeinsamen Sichtweise einer Thematik sein. Deshalb gilt: Genauso wichtig wie die Herausarbeitung von Strukturmerkmalen, die eine Kooperation eher fördern oder behindern, ist ein Verständnis (und gegebenenfalls auch die praktische Handhabung) von organisationalem Feld und Interorganisationsbeziehungen. Im Feld optischer Technologien beispielsweise ist nach einer eigenen Studie davon auszugehen, dass Branchenakteure, nicht zuletzt auch Branchenverbände sowie Universitäten und außeruniversitäre Forschungseinrichtungen auf die Netzwerk- und Clusterbildung Einfluss genommen haben, während insb. Gewerkschaften in diesem Feld kaum eine Rolle spielten (vgl. dazu Sydow/Windeler 2003, S. 175 ff.).

Diesen Einfluss vom Feld auf Netzwerk bzw. Cluster zeigt Darstellung 3.3 (oberer Pfeil). Ein solcher Einfluss erfolgt allerdings nicht unbedingt in Form eines zeitlich unbegrenzten, stetigen Prozesses, sondern wird mitunter forciert durch Schlüsselereignisse, die in der Forschung als »Field-Configuring-Events« firmieren (vgl. Schüßler et al. 2014 zur Bedeutung von Weltklimakonferenzen für die Feldentwicklung), oder durch Flaggschiffprojekte bzw. »Field-Configuring-Projects« (vgl. Bohn/Braun 2021 zur Entwicklung von Elektromobilität in Deutschland).

Es ist aber auch von Rückwirkungen der Netzwerkbildung im Cluster, die aus einer relationalen Perspektive bereits heute als sehr erfolgreich anzusehen ist, auf die erstgenannten Organisationen auszugehen (unterer Pfeil). Um welche Rückwirkungen es sich dabei mit Blick etwa auf die formale Organisationsstruktur oder die informale Organisationskultur genau handelt, müsste hingegen noch untersucht werden.

Gesellschaft steht vor dem Hintergrund dieser auf die Entwicklung und das Management von interorganisationalen Beziehungen gerichteten Betrachtung in der Gefahr, nicht viel mehr als eine Art Restkategorie zu sein, mit deren Hilfe Einflussbeziehungen auf der Makroebene zusammengefasst werden. Gleichwohl kommt dieser Ebene eine eigenständige Bedeutung zu, wenn man nach dem Einfluss von Gesellschaft auf Interorganisationsbeziehungen bzw. den Einfluss von solchen Beziehungen auf die Gesellschaft und ihre Entwicklung fragt.

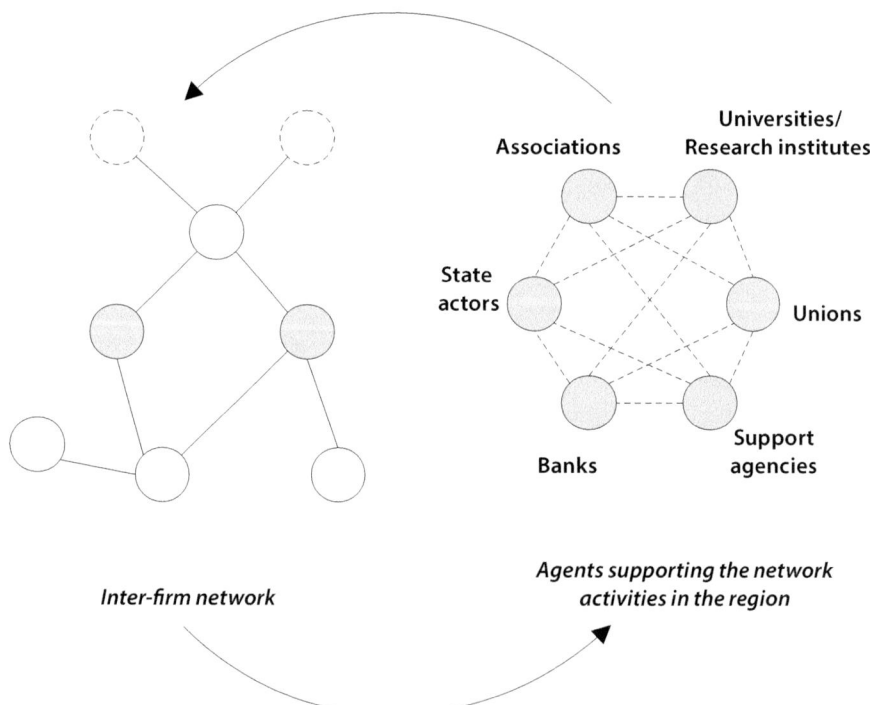

Dar. 3.3: Organisationales Feld und interorganisationales Netzwerk (Sydow/Windeler 2003, S. 176)

Der Einfluss von Gesellschaft auf Interorganisationsbeziehungen im Allgemeinen und auf interorganisationale Netzwerke im Besonderen lässt sich – wie oben bereits angedeutet – mit Blick auf den japanischen Kontext verdeutlichen. Die japanische Gesellschaft ist nicht nur durch eine einzigartige Kultur geprägt, die die Bildung von Beziehungen auch und gerade zwischen Organisationen zu befördern scheint, sondern auch durch eine Vielzahl von Institutionen, für die das Gleiche gilt. Dazu gehören (bzw. gehörten) unter anderem der Bezug von Leistungen von Subkontraktunternehmen, der gleichzeitig weitgehende Verzicht auf die Einbeziehung von Wettbewerbern in die entsprechenden Netzwerke und die organisationsbezogenen Karriereverläufe, die organisationsübergreifend die Stabilität interpersonaler Beziehungen begünstigen. Zudem zeichnet sich Japan durch eine Geschichte von Interorganisationsbeziehungen im Rahmen traditioneller oder industrieller Keiretsu aus. Diese hatten zumindest zum Teil in noch engeren Beziehungen im Rahmen von Zaibatsu (der japanischen Ausprägung von Konzernen) ihre historischen Vorläufer. Sie wurden aber vor allem wegen früheren Kapitalmangels – anders als in den USA und Europa – ohne Mehrheitsbeteiligungen entwickelt (vgl. Sydow 1992, S. 38 ff.; Lincoln/Shimotani 2010).

Der umgekehrte Einfluss von Interorganisationsbeziehungen auf Gesellschaft, in Japan und anderswo, spiegelt sich nicht zuletzt in der seit Jahren populären Rede von der »Netzwerkgesellschaft« (Castells 1996). Was darunter allerdings genau zu verstehen ist, und ob sie insb. ein Ergebnis der Entwicklung interorganisationaler Beziehungen und Netzwerke ist, steht auf einem anderen Blatt (vgl. dazu Raab/Kenis 2009).

Erst vor dem Hintergrund einer solchen rekursivitätstheoretischen Mehrebenenanalyse ist die allgemeiner gefasste (und eigentlich auf die strukturelle Netzwerkforschung gerichtete) Forderung verständlich, »to bring the individual back in« (Kilduff/Krackhardt 1994, 2008). Tatsächlich wird dem Individuum in Zukunft selbst dann mehr Aufmerksamkeit zu schenken sein, wenn die »Knoten« in Netzwerken komplexe soziale Systeme – wie zum Beispiel Organisationen – und nicht bloß Individuen sind und die gesellschaftlichen Bedingungen und Folgen des individuellen und organisationalen Handelns in interorganisationalen Beziehungen stärker thematisiert werden als das bislang zumeist der Fall ist. Insofern ist auch hier, etwa im Zusammenhang mit der Untersuchung der Schattenseiten von Netzwerkorganisationen (vgl. auch Victor/Stephens 1994), eine »Rückkehr der Gesellschaft« (Ortmann et al. 2000) gefordert; eine Rückkehr allerdings, die unseres Erachtens nicht zu Lasten einer gleichzeitigen Betonung individueller und organisationaler Fähigkeit zum Handeln (agency) erfolgen sollte.

Ein solches Vorgehen bedarf neben der Betriebswirtschaftslehre bzw. der Managementlehre als eigentlicher Integrationswissenschaft (Steinmann/Hennemann 1993) zahlreicher anderer Disziplinen. Als wichtigste seien genannt: die Psychologie, insb. die Sozial- und Organisationspsychologie mit ihrem Fokus auf individuelles Handeln in Gruppen und Organisationen; die Politikwissenschaften, die politökonomische Rahmenbedingungen und Regulierungen des Managements interorganisationaler Beziehungen thematisieren; die Soziologie, insb. in Form der Organisations-,

Industrie- und Wirtschaftssoziologie, weil sie den Blick für soziale Systeme schärft, historisch sensitive Analysen von Branchen anstellt und traditionell das Instrumentarium für strukturelle Netzwerkanalysen bereithält; die Industrieökonomie, weil sie eine strukturorientierte Branchenanalyse unterstützt; das Arbeits- und Gesellschaftsrecht, weil es den rechtlichen Rahmen des Managements interorganisationaler Beziehungen auszuloten hilft; die Ethnologie und Anthropologie mit Fokus auf die Entwicklung und die Praktiken von Menschen in bestimmten Kulturen; die Verwaltungswissenschaft, weil häufig neben privaten Unternehmen auch öffentliche Verwaltungen und/oder Agenturen der öffentlichen Hand (z. B. die Wirtschaftsförderung) in die Entwicklung interorganisationaler Beziehungen und Netzwerke involviert sind; die Wirtschaftsgeographie und Regionalökonomie, die das Verständnis für die räumliche Dimension interorganisationaler Beziehungen und Netzwerke schärfen (▶ Dar. 3.4).

Dar. 3.4: Bezugsdisziplinen des Managements interorganisationaler Beziehungen

Erwähnenswert sind des Weiteren die Informatik mit ihrem Fokus auf informationstechnische Netzwerke, die oft erst eine enge organisationsübergreifende Zusammenarbeit – etwas mittels Plattformen – ermöglichen, sowie die Geschichtswissenschaft mit ihrer Sensibilität gegenüber durch die Vergangenheit beeinflussten Entwicklungsprozessen, die eben auch interorganisationale Beziehungen und Netzwerke kennzeichnen. Ob es hingegen auch einer *eigenständigen* Netzwerkwissenschaft, einer Sozial- und Naturwissenschaften übergreifenden »network science«

(Barabási 2002) bedarf, scheint uns vor dem Hintergrund der Notwendigkeit eines transdisziplinären Problemzugriffs noch nicht ausgemacht. Gleichwohl könnte eine solche, eher formal ausgelegte Netzwerkwissenschaft die Brücke zu den MINT-Disziplinen in Form der Mathematik, Informatik sowie der Natur- und Technikwissenschaften bauen.

4 Individuelles und organisationales Handeln in interorganisationalen Beziehungen: Verhaltensweisen

Interorganisationale Beziehungen sind nicht allein durch die bereits thematisierten strukturellen Bestandteile sowie die differenzierten Qualitäten der Beziehungen vollumfänglich beschrieben, sondern diese Beziehungen werden am Ende substanziell von individuellem Handeln bzw. Verhalten geprägt. Die handelnden Personen in Organisationen sind Schlüsselfaktoren, da ihre Entscheidungen und Interaktionen den Erfolg oder Misserfolg von Kooperationen maßgeblich beeinflussen. Individuelles Verhalten wirkt sich auf Kommunikation, Vertrauen und Informationsaustausch aus, allesamt essenzielle Elemente für eine effektive nicht nur organisationsinterne, sondern auch organisationsübergreifende Zusammenarbeit. Daher ist das Verständnis und die gezielte Förderung individuellen Verhaltens im interorganisationalen Kontext von entscheidender Bedeutung. Erst dadurch wird eine nachhaltige Kooperation ermöglicht.

Der Zusammenhang zwischen Organisation und Individuum lässt sich strukturationstheoretisch im Sinne von Giddens (1984) beleuchten. Das individuelle Handeln bzw. Verhalten wird dadurch zu organisationalem Handeln, indem eine handelnde bzw. sich verhaltende Person stellvertretend für eine Organisation agiert, beispielsweise Verträge schließt, Entscheidungen trifft und verkündet, Führungsverhalten zeigt etc. Nur wäre es verkürzt davon auszugehen, dass diese Person losgelöst von Struktur und Kontext agiert. Vielmehr ist das individuelle Verhalten stark orientiert durch einen organisationalen Rahmen. Dieser beinhaltet einerseits formalisierte Strukturen, beispielsweise in Form von Stellenbeschreibungen, Plänen, Leitlinien, Organigrammen und Dienstanweisungen. Andererseits ist diese Struktur auch informell manifestiert, etwa in Verhaltensnormen und Erwartungen des organisationalen Umfeldes. Hierzu zählt auch die Organisationskultur (vgl. dazu Staehle 1999, S. 497 ff.). Die strukturationstheoretische Sichtweise und speziell die »Dualität von Struktur« legen vor dem Hintergrund nahe, dass individuelles Handeln von Struktur geleitet wird. Diese Struktur, die nach der Strukturationstheorie auch die in einer Organisation herrschende Kultur umfasst, ermöglicht und restringiert dieses Handeln bzw. Verhalten im Rahmen sozialer Praktiken. Diese Praktiken, gefasst als wiederkehrende Handlungen, wiederum reproduzieren die Struktur und gewährleisten die Beständigkeit von Organisation und eben auch von Interorganisationsbeziehungen. Dabei gesteht die Strukturationstheorie dem Individuum Handlungsmacht (»agency«) zu. Das heißt, das Individuum kann immer auch anders handeln und die bestehenden Strukturen in begrenztem Maße – insb. im Rahmen kollektiver Bemühungen – beeinflussen, gestalten und verändern.

Während diese soziologisch fundierte Sichtweise am Individuum in dessen Außenbeziehung ansetzt, legt die psychologische Perspektive das Augenmerk vorwiegend auf intraindividuelle Verhaltensdispositionen, richtet den Blick also nach innen. Entsprechend beziehen sich psychologische Fragestellungen beispielsweise darauf, mit welchen Einstellungen und Orientierungen ein Individuum aufwartet oder wie bestimmte externe und soziale Stimuli im Individuum zu Veränderungen der kognitiv-emotionalen Bewertung führen, wie sich diese Bewertungen entwickeln und in letzter Konsequenz zu beobachtbarem Verhalten führen (▶ Dar. 4.1). Psychologische Konstrukte wie die Einstellung sind also bedeutungsvoll, weil sie dem von außen sichtbaren Verhalten vorausgehen und dieses erklären können. Umgekehrt wirkt auch das Verhalten auf die weitere Einstellung zurück, beispielsweise indem Handlungen gerechtfertigt werden. Auch sind Individuen stets bestrebt, keine allzu große Divergenz zwischen Einstellung und Verhalten entstehen zu lassen. Die daraus entstehenden Dissonanzen führen zu Unbehagen, sodass Menschen eine Dissonanzreduktion anstreben.

Letztendlich sind im Kontext interorganisationaler Beziehungen alle psychologischen Konstrukte, die seit Jahrzehnten zum besseren Verständnis menschlichen Verhaltens in einer permanenten Organisation entwickelt wurden, auch für den organisationsübergreifenden und oftmals fluideren Kontext von Belang. Dies betrifft beispielsweise Konstrukte wie Identifikation, Bindung bzw. Commitment, Citizenship Behavior, Motivation, Konfliktverhalten, Gruppendynamik und Führung. Allerdings steigt durch den interorganisationalen Kontext die Komplexität und Dynamik. Dies liegt darin begründet, dass die handelnden Individuen geprägt durch die Organisation, in der sie beschäftigt sind, unterschiedliche, oft zentrale Prämissen und Dispositionen – gewissermaßen als handlungsleitende Strukturelemente – in die interorganisationale Kooperation mit einbringen. Dies können beispielsweise unterschiedlich gelagerte Motive und Ziele sein, vielfältige organisationskulturelle Vorprägungen, unterschiedliche Umgangsformen mit Hierarchie, mehr oder weniger ausgeprägte organisationale Bindung und Identifikation. Mit der Interorganisationsebene entsteht sodann ein zweiter Bezugspunkt, sowohl für die kognitiv-emotionale Wahrnehmung und Bewertung als auch für das sichtbare Verhalten. Hinzu kommt, dass Einstellung und Verhalten auf Organisations- und Interorganisationsebene in verschiedenen Relationen zueinanderstehen können. Beispielsweise können Einstellung und Verhalten auf den zwei Ebenen indifferent zueinander stehen, sich also nicht wechselseitig beeinflussen, sondern koexistieren. Sie können aber auch komplementär bzw. synergetisch wirken, also in einer positiven Relation stehen, die den beteiligten Organisationen sogar Vorteile bringt. Im schlechtesten Fall treten Einstellung und Verhalten auf Organisations- und Interorganisationsebene in Konkurrenz zueinander, was zu Konflikten und Dysfunktionalitäten führen kann. Dies ist beispielsweise der Fall, wenn eine Interorganisationsbeziehung (z. B. im Rahmen eines interorganisationalen Projekts) ein derart starkes Identifikationspotenzial entfaltet, dass sich Mitarbeitende dieser Ebene mehr zugehörig fühlen, als dem eigentlichen Arbeitgeber und in der Folge möglicherweise Aufgaben entsprechend einseitig priorisieren.

Dar. 4.1: Zusammenhang zwischen Einstellung und Verhalten (in Anlehnung an Felfe 2008, S. 34)

In diesem Kapitel werden zunächst die strukturellen, verhaltensleitenden Elemente im interorganisationalen Kontext in den Blick genommen. Ausgehend vom Konzept des Rollenverhaltens, in dessen Zentrum die Verhaltenserwartungen an Individuen stehen, werden dabei sowohl konforme als auch abweichende Verhaltensweisen in den Blick genommen (▶ Kap. 4.1). Von besonderem Interesse sind in diesem Zusammenhang die kooperativen und extraproduktiven Verhaltensweisen, die für den Aufbau und die Entwicklung von Interorganisationsbeziehungen wegbereitend wirken können. Im darauffolgenden Kapitel 4.2 wird das Individuum in dessen Führungssituation betrachtet. Im interorganisationalen Kontext entstehen vielfältige Situationen vor allem lateraler Führung, in denen es darum geht, ohne die Möglichkeit eines hierarchischen Durchgriffs, Menschen für sich und die Vision eines gemeinsamen Voranschreitens zu gewinnen. Dabei spielen auch die Dynamiken in und zwischen Projektteams eine wichtige Rolle. Das Verhalten von Individuen und Organisationen wird in der Praxis kommunikativ vermittelt, oder anders ausgedrückt: Organisation wird erst durch Kommunikation konstituiert (vgl. dazu Schoeneborn et al. 2019). Daher wird in Kapitel 4.3 auf die Besonderheiten von Kommunikation im interorganisationalen Kontext abgestellt. Kommunikation erfüllt dabei auch eine wichtige Funktion in der Synchronisation von Individuum, Gruppe und Organisation (▶ Dar. 4.2). Die ist erforderlich, weil auf allen drei Ebenen unterschiedliche Einflussfaktoren und Mechanismen wirken, die durchaus heterogen sein können. Dies trifft beispielsweise zu, wenn Individualziele im Widerspruch zu Organisationszielen stehen oder wenn gruppendynamische Prozesse zu unerwarteten Handlungen und Handlungsfolgen führen. Kommunikation ist daher unerlässlich, um überhaupt eine Verständigung über die genannten Ebenen zu ermöglichen.

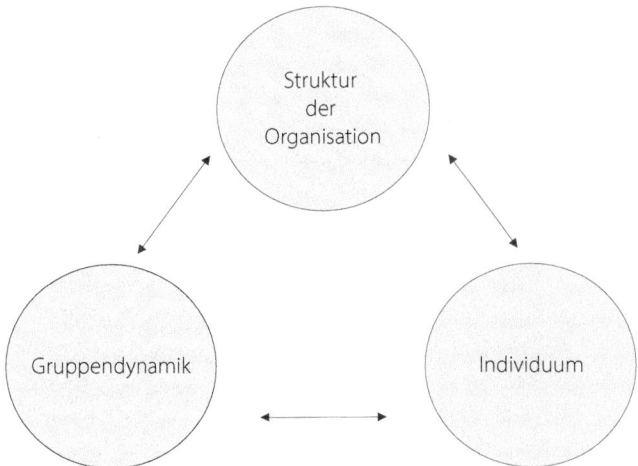

Dar. 4.2: Individuelles Verhalten ist orientiert in Relation zu Gruppe und Organisation

4.1 Kooperatives und extraproduktives Verhalten

Die seitens einer Organisation und durch das Führungs- aber auch Mitarbeiterumfeld an ein Individuum herangetragenen Verhaltenserwartungen werden in einer Rolle gebündelt. Rollenbestandteile können teilweise formalisiert sein (in Stellenbeschreibungen, Dienstanweisungen etc.), aber werden zu einem großen Teil auch informell an Individuen herangetragen, wobei dies mehr oder weniger explizit erfolgen kann (vgl. zum Rollenkonzept Staehle 1999, S. 270 ff.). Das Rollenverhalten beschreibt alle Verhaltensweisen, die den Erwartungen an die zugedachte Rolle entsprechen. Der interorganisationale Kontext zeichnet sich dadurch aus, dass an eine Person gleich mehrere Sets an Erwartungen seitens unterschiedlicher Organisationen und deren Mitglieder herangetragen werden können. Hierdurch können die Erwartungen an eine bestimmte Rolle aufgrund begrenzter Informationen über die Ursachen und Entstehung von Verhaltenserwartungen mitunter diffuser sein, als das typischerweise innerhalb der Hierarchie der Fall ist. Dies kann in der Folge beispielsweise dazu führen, dass Rollenerwartungen verschiedener Organisationen durchaus heterogen, wenn nicht gar widersprüchlich sind. Einer solchen Spannung sind dann handelnde Personen ausgesetzt, die beispielsweise als »Boundary Spanner« an der Schnittstelle von Organisationen arbeiten oder als Netzwerk-/Clustermanager koordinierende Aufgaben wahrnehmen und eigentlich das Gemeinsame in der interorganisationalen Zusammenarbeit herausstellen und fördern sollen.

Wenig überraschend stehen Rollen auch regelmäßig in Verbindung mit Konflikten, die aber auf sehr unterschiedlicher Ebene bestehen können. Zu differenzieren sind hier intra- von interpersonellen Rollenkonflikten. Im erstgenannten Fall erfüllt eine Person in ihrem Alltag gleich mehrere Rollen, beispielsweise als Mutter oder Lebensgefährtin, als Controllerin im Unternehmen, als Verantwortliche für die Kooperation mit einem Lieferanten, als Kassenwart im Sportverein und als pflegende Angehörige der eigenen Großeltern. Zwischen diesen verschiedenen Rollenerwartungen können Interessens- und Verteilungskonflikte auftreten. Sehr deutlich wird das, sobald die verschiedenen Rollen um das limitierte Zeitbudget der betroffenen Person konkurrieren und diese schlussendlich Aufgaben zulasten anderer Rollen priorisieren und selektieren muss. Andererseits treten Rollenkonflikte auch interpersonell auf und sind durch organisationale Arrangements oft schon strukturell angelegt. Beispielsweise verfolgen die Rollen der Vertriebmitarbeiterin des leistenden Unternehmens und die des Einkäufers auf Seiten des Leistungsempfängers hinsichtlich des Preises komplett gegenläufige Interessen. Selbst innerhalb einer Organisation bestehen solche inhärenten Rollenkonflikte. Beispielsweise sind diese angelegt in der Kundenorientierung im Marketingbereich vs. einer Orientierung auf Effizienz und Standardisierung im Produktionsbereich. Gleichwohl werden diese Differenzen in der Hierarchie durch eine übergreifende strategische Führung regelmäßig aufgelöst. Da dieser Mechanismus in den meisten Interorganisationsbeziehungen allerdings weniger stark bis gar nicht existiert, gestaltet sich der Umgang mit Rollenkonflikten dort noch herausfordernder.

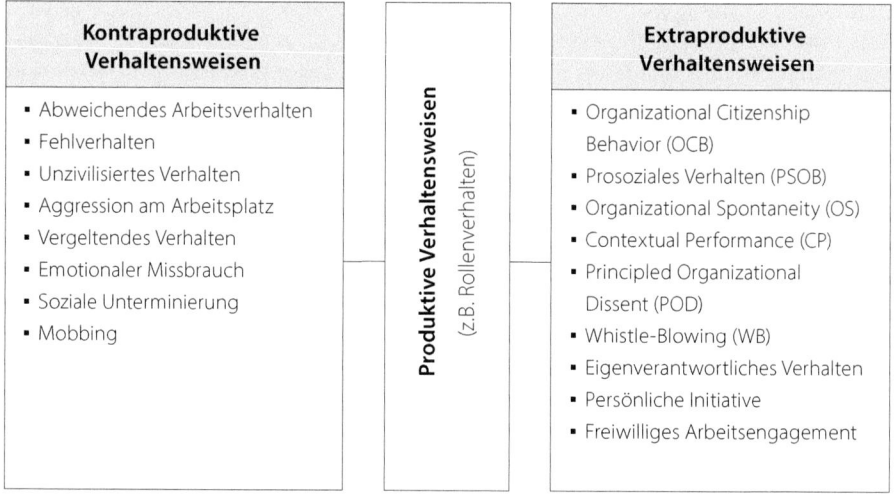

Dar. 4.3: Rollenverhalten und Abweichung von Verhaltenserwartungen (in Anlehnung an Braun 2013, S. 32)

Die Arbeits- und Organisationspsychologie hat sich in der Vergangenheit jedoch nicht so sehr für das Verhalten interessiert, das genau im Erwartungsspektrum liegt, sondern deutlich mehr für das von der Rolle abweichende Verhalten (▶ Dar. 4.3). Hierbei sind ausdrücklich beide Richtungen einer Verhaltensabweichung möglich: also sowohl im Sinne eines kontraproduktiven als auch eines extraproduktiven Verhaltens. Das heißt, Verhalten kann unterhalb der Erwartung liegen (z. B. Untererfüllung), ganz jenseits des Erwarteten (z. B. abweichendes Verhalten) oder gar gegenläufig zur Erwartung erfolgen (z. B. vergeltendes Verhalten). Im günstigeren Fall für Mitarbeiter/innen und Organisation weicht das Verhalten positiv von der Erwartung ab. Die Erwartung wird entweder schlicht übererfüllt oder es zeigen sich besonders nuancierte Verhaltensausprägungen, beispielsweise im Bereich von Sozialverhalten (»Pro-social Behavior«), Flexibilität (»Organizational Spontaneity«) oder auf Kooperation (»Citizenship Behavior«). Auf letztere Verhaltensform soll im Folgenden dezidiert eingegangen werden, da dieses Verhalten sehr eng mit der Entwicklung interorganisationaler Beziehungen verknüpft ist.

Die Zusammenarbeit von Organisationen im Rahmen von interorganisationalen Beziehungen erfordert auch auf der individuellen Handlungs- bzw. Verhaltensebene eine besondere Art von Engagement. Dies lässt sich vor allem anhand zweier Argumente begründen. Erstens sind Verträge, die eine interorganisationale Kooperation regeln, immer lückenhaft. Es sind also keinesfalls jede Aufgabe, jeder Teilprozess, jede Aktivität vertraglich abgesichert. Vielmehr bewegen sich diese Kooperationen oft im Lichte von Innovation, Einmaligkeit und Komplexität. Dabei sind die Organisationen darauf angewiesen, dass die handelnden Individuen sich proaktiv auch unregulierten Aufgaben zuwenden und dabei selbst soweit in Verantwortung gehen, dass die nötigen Dinge schlichtweg getan werden. Insofern wirkt ein kooperatives Handeln oder Verhalten hier wie ein Bindemittel, das die Zusammenarbeit überhaupt erst ermöglicht. Zweitens hängen interorganisationale Beziehungen bekanntermaßen stark von der Freiwilligkeit der beteiligten Partner ab, d. h. die Möglichkeit eines »Exits« wird prinzipiell immer als Option mitgeführt. Umso mehr kommt es darauf an, durch Wohlwollen in eine Beziehung zu investieren, in der Vertrauen und Verlässlichkeit entstehen sollen. Genau diese Attribute kennen wir vor allem auf der Ebene persönlicher, menschlicher Beziehungen und wo sonst als dort können sie (auch stellvertretend für Organisationen) aufgebaut werden, selbst wenn die Zeit dafür knapp und die Kooperation zeitlich befristet sein sollte (vgl. Blomqvist/Cook 2018). Auch vor diesem Hintergrund erscheint es also naheliegend, dass ein individuelles, kooperatives Verhalten von großer Bedeutung für die interorganisationale Zusammenarbeit ist.

Ein in der Arbeits- und Organisationspsychologie sehr einschlägiges Konstrukt zur Erfassung von Kooperationsverhalten von Individuen ist das des Organizational Citizenship Behaviors – oder kurz OCB. Dieses Konstrukt beschreibt einen bestimmten Typus von Verhalten: »*individual behavior that is discretionary, not directly or explicitly recognized by the formal reward system, and that in the aggregate promotes the effective functioning of the organization*« (Organ 1988, S. 4). In der ursprünglichen, von Dennis Organ geprägten Konzeption wurde das Vorbild eines guten Soldaten (»Good Soldier Syndrome«) herangezogen, um daraus Verhaltensmuster zu extrahieren. Im deutschsprachigen Kulturraum dürfte das vor allem mit unserem Begriff der bürgerlichen Tugenden bzw. des »Polizisten als Freund und Helfer« korrespondieren. Die Definition von Organ und auch die daraus hervorgegangene Forschungstradition, die bis heute mehrere Hundert einschlägige Publikationen rund um OCB hervorgebracht hat, beinhaltet folgende maßgeblichen Komponenten:

- Das Konstrukt beschreibt Individualverhalten, welches durch psychologische Skalen bestimmbar und in Teilen von außen beobachtbar ist.
- Das Verhalten erfolgt freiwillig, es ist ausdrücklich kein expliziter Bestandteil vorgegebener Aufgabeninhalte.
- Das Verhalten wird nicht automatisch honoriert, es wird also nicht in Aussicht gestellt, dass beispielsweise Bonuszahlungen oder Beförderungen mit entsprechenden Handlungen in Verbindung stehen.
- Das Verhalten ist insgesamt essenziell für Organisationen und trägt maßgeblich zu deren Funktionieren bei.

Die OCB-Forschung beleuchtet nicht nur das Konstrukt an sich, sondern besonders auch die Voraussetzungen bzw. Antezedenzien, die zu OCB führen können, sowie die Folgen, die OCB nach sich ziehen. Wenig überraschend erfolgt diese Forschung klassischerweise innerhalb der Hierarchie, d. h. in einer permanenten Organisation. Erst seit den 2010er rückt das Konzept auch in den Kontext von Interorganisationsbeziehungen vor. Den ersten Schritt in diese Richtung sind Autry et al. (2008) gegangen, indem sie OCB innerhalb von Supply Chain-Beziehungen zwischen Einkauf und Vertrieb in den Blick genommen haben. Aber auch die zunehmende projektförmige Kooperation zwischen Unternehmen, die in den 2000er Jahren stark zugenommen hat – sodass manch einer von einer »Projectification« (Midler 1995; Lundin et al., 2015) spricht – hat zur Notwendigkeit geführt, OCB auch in solchen zeitgemäßen organisationalen Kontexten zu betrachten. Im Gegensatz zur Hierarchie unterscheiden sich interorganisationale Projekte nicht zuletzt durch spezielle Teamkonstellationen, die teilweise quer zu Organisationsgrenzen und Hierarchien liegen. Vor diesem Hintergrund haben Braun et al. (2012, 2013) Citizenship Behaviors in interorganisationalen Projekten qualitativ und quantitativ untersucht (vgl. dazu auch Gerke et al. 2017). Die Studien zeigen, dass eine weitere Unterscheidung, nämlich zwischen Project Citizenship Behavior (PCB) und Network Citizenship Behavior (NCB) notwendig erscheint, um verhaltensspezifische Merkmale auf der Projektebene sowie der projektübergreifenden Beziehungsebene zu differenzieren (▶ Dar. 4.4). So zeigen Mitarbeitende in interorganisationalen Projekten proaktives Verhalten der Regelbefolgung, der Loyalität und der Hilfsbereitschaft auch dann zu einander, wenn sie in unterschiedlichen Organisationen beschäftigt sind. Diese kooperativen Verhaltensweisen sind beispielsweise in Projekten der Bauindustrie elementar, auch um vertragliche Regelungslücken zu schließen und das Notwendige zu tun, um ein Projekt erfolgreich abschließen zu können. Das kooperative Verhalten ist dann sehr ausgeprägt, wenn es sich nicht nur um ein Einzelprojekt handelt, sondern wenn Folgeprojekte bzw. eine wiederholte Zusammenarbeit absehbar sind. Je deutlicher diese projektübergreifenden Beziehungen hervortreten, desto eher ist neben dem PCB auch mit einem NCB zu rechnen, also mit Verhaltensweisen der Beziehungspflege, welche die Netzwerkbeziehungen festigen und reproduzieren.

Darüber hinaus konnte auch gezeigt werden, dass PCB und NCB vorteilhafte Folgen zeigen, nämlich insb., dass PCB in einem Zusammenhang mit dem klassischen Erfolgskonstrukt von Projekten, dem eisernen Dreieck aus Qualität, Kosten und Zeit, steht (Braun et al. 2013).

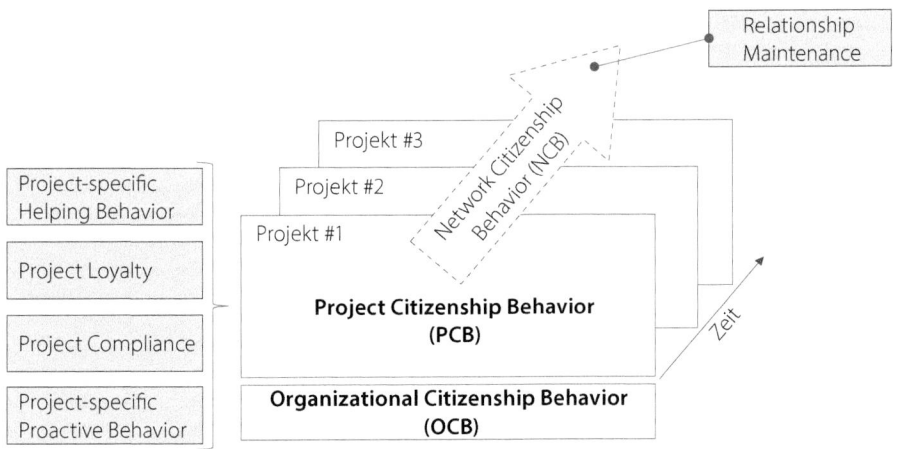

Dar. 4.4: Citizenship Behavior im interorganisationalen Projekt- und Netzwerkkontext (in Anlehnung an Braun et al. 2012, S. 279)

Nicht zuletzt geht aus der genannten Studie hervor, dass die auf unterschiedliche Foci gerichteten Citizenship Behaviors oft parallel auftreten und mit Blick auf PCB und NCB ähnliche, wenn auch distinkte Dimensionalitäten aufweisen. Aus den verschiedenen Konstellationen von mehr oder weniger ausgeprägten Citizenship Behaviors auf der Projekt- und der Netzwerkebene heraus wurde dann eine Typologie entwickelt, die verschiedene Citizenship Behavior-Typen differenziert (▶ Dar. 4.5). Schlussendlich wurde damit gezeigt, dass sich Verhaltensphänomene im Rahmen interorganisationaler Beziehungen nicht allein durch intra- und interpersonelle Dispositionen erklären lassen, sondern distinkte organisationale Arrangements auch auf die Individualebene wirken – und umgekehrt. Ein Beispiel dafür sind »network emotions« (Fortwengel 2023), die sich nicht auf individueller oder organisationaler Ebene, sondern eben auf der Ebene eines gesamten Netzwerks zeigen können, sofern der dafür erforderliche Raum geschaffen und unterhalten wird. Die in Darstellung 4.5 dargestellten »Organisationsbürger-Typen« (angelehnt an Organ 1988) werden dem Umstand gerecht, dass es unterschiedliche organisationale Arrangements gibt, in denen kooperative Verhaltensweisen zum Tragen kommen. Ein »Project-network Citizen« beispielsweise zeigt Kooperationsverhalten sowohl im unmittelbaren Projekt als auch in den projektüberdauernden Netzwerkbeziehungen. Demgegenüber ist ein »Unengaged Citizen« weitgehend ungebunden, wenn nicht individualistisch, wobei dieser Fall eher die Ausnahme sein dürfte. Differenzierter ist das Kooperationsverhalten bei »Project Citizens« bzw. »Network Citizens« zu sehen, die ihr kooperatives Verhalten stark auf das Projekt oder auf das Netzwerk fokussieren.

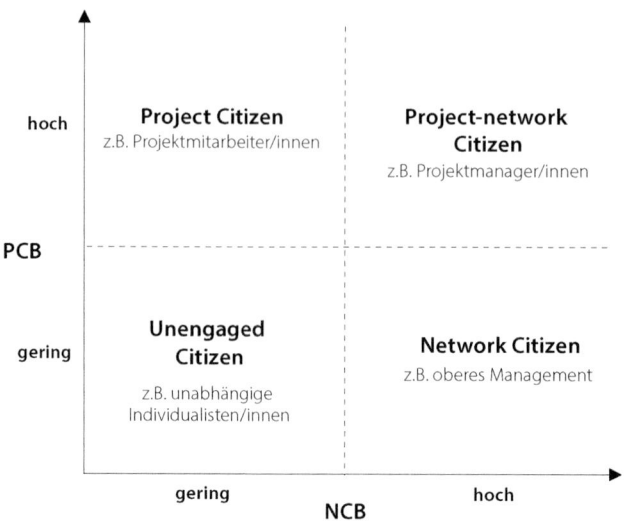

Dar. 4.5: Organisationsbürger-Typen zwischen Projekt und Netzwerk (in Anlehnung an Braun et al. 2012, S. 282)

4.2 Führung in interorganisationalen Beziehungen

Führung in Interorganisationsbeziehungen unterscheidet sich von traditioneller (Personal-) Führung durch den Kontext und die Dynamik der Beziehungen zwischen verschiedenen Organisationen. Führungskräfte müssen in der Lage sein, nicht nur ihre eigene Organisation zu verstehen und zu steuern, sondern auch die Ziele, Kulturen und Strukturen anderer Organisationen zu berücksichtigen und mitunter darauf Bezug zu nehmen (Sydow 1999). Dies erfordert ein ausgeprägtes Gespür für organisationale und individuelle Belange, ein hohes Maß an diplomatischem Geschick und die Fähigkeit, Konsens und Kooperation über organisatorische Grenzen hinweg zu fördern. Mehr noch als in Organisationen sind in Interorganisationsbeziehungen eher Verhandlungen als Anweisungen gefordert; Verhandlungen, die sich nicht zuletzt auch auf den Zweck der Zusammenarbeit erstrecken (Eden/Huxham 2001).

Die Führungsforschung hat eine Vielzahl von Theorien hervorgebracht. Diese reichen vom Eigenschaftsansatz, der sehr stark die Führungsperson, bzw. deren persönliche Merkmale in den Blick nimmt, über eine große Bandbreite an Führungsstil-Konzeptionen bis hin zu kontingenztheoretischen Ansätzen, welche die Besonderheit der Führungssituation hervorheben und die Notwendigkeit, situationsadäquat zu agieren (vgl. dazu Staehle, 1999, S. 328 ff.; Weibler 2023). Im Folgenden wird der Fokus auf Führungskonzeptionen gelegt, die uns im Kontext interorganisationaler Beziehungen besonders bedeutend erscheinen und die in sehr vielen Netzwerken, Allianzen und anderen Kooperationen prägend sind.

Die Führungsforschung unterscheidet grundsätzlich zwischen transaktionaler und transformationaler Führung. Beide Formen spielen im interorganisationalen Kontext eine bedeutende Rolle. *Transaktionale Führung* basiert auf einem Austauschprozess, bei dem Führungskräfte Leistung durch Belohnungen oder Bestrafungen fördern (Bass 1985). *Transformationale Führung* hingegen erweitert diese Perspektive und betont Inspiration und positive Veränderungen, die Führungskräfte in ihren Anhängern bewirken, um sie über das gewöhnliche Maß hinaus zu motivieren und ihre Erwartungen zu übertreffen (Burns 1978). Im Kontext von interorganisationalen Kooperationen kann transaktionale Führung dazu dienen, klare Ziele und Erwartungen zu definieren und somit die Zusammenarbeit zu erleichtern. In interorganisationalen Projekten beispielsweise, wo klare, messbare Ziele dominieren, kann dieser Führungsstil effizient sein, da er auf konkreten Vereinbarungen und dem Prinzip der Leistungsorientierung basiert. Transformationale Führung ist besonders wirkungsvoll in Kooperationen, die Kreativität und Innovation erfordern. Durch die Betonung von Visionen und Werten können Führungskräfte eine gemeinsame Identität schaffen, die über die Grenzen der einzelnen Organisationen hinausgeht (Bass/Riggio 2006). Ggf. kann dadurch gar eine entsprechende Netzwerkidentität entstehen (Rometsch/Sydow 2006), die sich unter Umständen sogar recht rasch entwickelt (Ungureanu et al. 2020), an Organisationsmitglieder allerdings durchaus widersprüchliche, wenn nicht gar paradoxale Anforderungen stellen kann (Kourti 2021). Diese Art der Führung, die darauf Rücksicht nimmt, fördert den Austausch von Ideen und Ressourcen und kann zu einer tieferen und nachhaltigeren Kooperationsbeziehung führen.

Die Wahl des Führungsansatzes in interorganisationalen Kooperationen sollte sich an den spezifischen Anforderungen der Kooperation orientieren. Die Kombination aus situationsgerechten transaktionalen und transformationalen Elementen kann dabei besonders wirksam sein, um sowohl Effizienz als auch Innovation zu fördern. So zeigen Chris Huxham und Siv Vangen (2000a), dass Führung in interorganisationalen Beziehungen ein geschicktes Manövrieren erfordert, bei dem Aspekte der personalen Führung mit strukturellen und prozessualen Bedingungen in Einklang zu bringen sind. Dies ist gerade in interorganisationalen Kontexten allerdings sehr anspruchsvoll, da die handelnden Akteure in vielen Fällen nur bedingt Einfluss nehmen können auf die strukturellen, prozessualen und auch personellen Gegebenheiten. Genau diese spezifischen interorganisationalen Bedingungen erfahren in der Führungsforschung zunehmend ein großes Interesse (für einen Literaturüberblick siehe Müller-Seitz 2012).

Eine weitere Besonderheit von Führung im Kontext interorganisationaler Beziehungen ist die in vielen Fällen nicht oder nur teilweise vorhandene Möglichkeit des hierarchischen Durchgriffs (Sydow 1999). In der Führungsforschung wird klassisch unterschieden zwischen hierarchischer Führung, lateraler Führung und Führung von unten (▶ Dar. 4.6). Gerade die letzten beiden Formen sind in interorganisationalen Beziehungen deutlich stärker verbreitet, als das innerhalb einzelner Unternehmen der Fall ist. Die traditionelle *hierarchische Führung*, auch als vertikale Führung bekannt, basiert auf einer klaren, pyramidenförmigen Struktur, in der Entscheidungsbefugnisse von oben nach unten fließen. Diese Führungsmethode wird oft in großen, gut etablierten Organisationen eingesetzt, wo klare Anweisungen und fest definierte Rollen entscheidend sind.

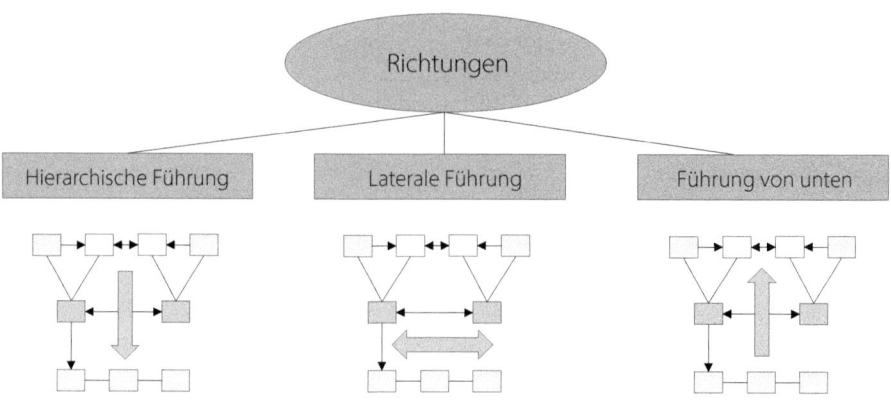

Dar. 4.6: Richtungen von Führung

Im Gegensatz dazu steht die *laterale Führung,* bei der die Machtverteilung gleichmäßiger ist und Entscheidungen durch Konsensfindung in Teams getroffen werden. Diese Form der Führung eignet sich besonders für Organisationen, die auf Innovation und Kreativität angewiesen sind, wie z. B. in der Technologie- oder Designbranche. Lateral geführte Organisationen fördern eine Kultur der Zusammenarbeit, die es ermöglicht, schnell auf veränderte Bedingungen zu reagieren. In interorganisationalen Beziehungen kann die laterale Führung zur Vertiefung von Kooperation beitragen, weil sie das soziale Miteinander und den Vertrauensaufbau unterstützen kann. Eine laterale Führung kann aber auch dann notwendig erscheinen, wenn in der interorganisationalen Zusammenarbeit ein Mangel an legitimierter Führung besteht. Diese Situation ist regelmäßig in heterarchischen Netzwerken vorzufinden, in denen keiner der Partner einen formalen oder informellen Machtanspruch erheben kann (Schumacher et al. 2022). Auch wenn ein solches gleichberechtigtes Miteinander auf den ersten Blick attraktiv erscheint, stellt es die beteiligten Akteure doch vor enorme koordinative Herausforderungen. Vor diesem Hintergrund ist eine Sehnsucht nach einer klaren Führung nachvollziehbar (Sydow et al. 2011).

Führung von unten, auch als Bottom-up-Führung bekannt, schließlich betont die Rolle der Mitarbeiter auf den niedrigeren Ebenen einer Organisation, die aktiv an der Entscheidungsfindung beteiligt sind. Diese Führungsart ist besonders in Organisationen verbreitet, die auf Empowerment ihrer Mitarbeiter setzen (für einen umfassenden Literaturüberblick s. Hanna et al. 2021). Bottom-up bzw. emergenter Führung wird demzufolge nachgesagt, zu einer höheren Mitarbeiterzufriedenheit und -bindung beizutragen, da sich die Mitarbeiter wertgeschätzt und gehört fühlen. Im Kontext interorganisationaler Beziehungen kann diese Art der Führung dabei unterstützen, dass innovative Ideen ausgetauscht und integriert werden.

Alle drei Ansätze haben Vor- und Nachteile und können je nach Organisationskultur, -ziel und -umfeld mehr oder weniger geeignet sein. Während hierarchische Führung Klarheit und Richtung bietet, fördern laterale und Bottom-up-Führung Flexibilität und Mitarbeiterengagement. In interorganisationalen Beziehungen können diese Führungsansätze dazu beitragen, dass Organisationen sowohl die Vorteile einer starken Führung als auch die Vorteile einer kollaborativen und anpassungsfähigen Arbeitsumgebung nutzen können. Gerade die Ansätze, die weniger auf den hierarchischen Durchgriff setzen, bringen allerdings auch höhere kommunikative Anforderungen mit sich, da die Kommunikation auf Überzeugung und Kompromiss abzielt. Diesen kommunikativen Herausforderungen sowie auch möglichen Herangehensweisen widmet sich daher das folgende Unterkapitel.

4.3 Kommunikation in interorganisationalen Beziehungen

Bei der Betrachtung von Kommunikation im Rahmen interorganisationaler Beziehungen eröffnen sich verschiedene Möglichkeiten, wobei die Wahl der Form davon abhängt, wer zu dem Kreis der Empfänger zählt und ob die Kommunikation in eine oder in beide Richtungen erfolgen soll. Dabei gilt es zu unterscheiden (in Anlehnung an Freitag 2016; Braun/Müller-Seitz 2023):

- Die *One-to-One Kommunikation* bildet die Grundlage direkter Interaktionen zwischen den Mitgliedern bzw. den Boundary Spanners mehrerer Organisationen. Diese Form kann entweder als Einwegkommunikation, bei der Informationen linear von einem Sender zu einem Empfänger übertragen werden, oder als Zweiwegekommunikation, bei der ein reziproker Informationsaustausch stattfindet, erfolgen. Einwegkommunikation findet oft in Form von Standardberichten oder Benachrichtigungen statt, wohingegen Zweiwegekommunikation interaktive Elemente wie Verhandlungen und Feedbackprozesse einschließt.
- Im Gegensatz dazu erweitert die *One-to-Many Kommunikation* das Spektrum durch die Übermittlung von Informationen von einer einzelnen Organisation an eine breitere Öffentlichkeit oder eine Gruppe von Organisationen. Diese Form der Kommunikation ist typisch für Pressemitteilungen oder öffentliche Ankündigungen, die darauf abzielen, ein breiteres Publikum zu erreichen und gleichzeitig die Kontrolle über die Nachricht zu behalten.
- Eine *Many-to-Many Kommunikation* ist durch einen dynamischen und oft unstrukturierten Informationsfluss charakterisiert, der zwischen mehreren Organisationen stattfindet. Elektronische Plattformen ebenso wie professionelle Netzwerke oder branchenspezifische Foren unterstützen diese Art von Kommunikation, indem sie den Austausch von Wissen und anderen Ressourcen fördern.
- Die *Many-to-One Kommunikation* schließlich beschreibt Szenarien, in denen multiple Organisationen Informationen an eine einzelne zentrale Entität senden. Dies ist häufig in regulierten Industrien zu beobachten, wo beispielsweise verschiedene Organisationen Berichte an eine Regulierungsbehörde übermitteln müssen.

Unabhängig von der Wahl der Kommunikationsform ist zudem wiederkehrend die Entscheidung zu treffen, welche Inhalte Gegenstand formaler oder informeller Kommunikation sein sollen. *Formale Kommunikation* ist strukturiert und folgt festgelegten Regeln und Verfahren. Sie umfasst Berichte, Meetings, offizielle E-Mails und Richtlinien, die eine klare Richtung und Kontrolle innerhalb der Organisation gewährleisten. *Informelle Kommunikation* hingegen entsteht spontan und ist nicht durch offizielle Regeln untermauert. Sie erfolgt oft über soziale Interaktionen, kann aber entscheidend für den Austausch von Ideen und die soziale Bindung zwischen den Mitarbeitern sein. Neben der Unterscheidung in formell und informell, spielen auch die Ebenen der Kommunikation eine wichtige Rolle. Hierzu zählen die interpersonelle Kommunikation zwischen Einzelpersonen, die Gruppenkommunikation innerhalb von Teams und die Organisationskommunikation auf organisationaler Ebene. Jede Ebene hat spezifische Merkmale und Herausforderungen, die das Kommunikationsverhalten und die Informationsverteilung beeinflussen. Neuere Forschung betont die Rolle der digitalen Kommunikation, welche die traditionellen Grenzen zwischen formaler und informeller Kommunikation zunehmend verwischt. Elektronische Plattformen wie Slack und Microsoft Teams fördern sowohl formelle als auch informelle Interaktionen und unterstützen eine dynamischere Kommunikationskultur. Des Weiteren hat die Forschung gezeigt, dass eine effektive Kommunikation in Organisationen nicht nur von den gewählten Kommunikationswegen abhängt, sondern auch stark von der Organisationskultur beeinflusst wird (Freitag 2016).

Die aus dem Kontext klassischer hierarchischer Organisationen bekannten kommunikativen Ansätze und Ebenen erscheinen gleichsam auf den Kontext interorganisationaler Beziehungen übertragbar. In Netzwerken und anderen interorganisationalen Arrangements ist eine klare formale Kommunikation insb. wichtig, um Missverständnisse zu vermeiden und Verbindlichkeit über erwartetes Engagement in der Kooperation sowie den daraus resultierenden Nutzen zu schaffen. Gleichzeitig bietet informelle Kommunikation Raum für den Aufbau von Vertrauen und die Stärkung von sozialen Netzwerken. Die Anwendung dieser Kommunikationsformen in interorganisationalen Kontext legt nahe, dass sowohl formale als auch informelle Kommunikationswege eigene Stärken und Limitationen haben. Die Herausforderung liegt darin, eine Balance zu finden, die eine zielführende Zusammenarbeit ermöglicht, und gleichzeitig flexible Anpassungen in dynamischen Marktumgebungen unterstützt.

In der Auseinandersetzung um die Realisierung von Interessen – auch innerhalb von interorganisationalen Beziehungen – unterscheiden wir zwischen Interessensdurchsetzung, Kompromiss und Konsens. *Interessensdurchsetzung* meint, dass eine Partei ihre Ziele gegen den Widerstand anderer durchsetzt, oft ohne Rücksicht auf deren Bedürfnisse. Ein *Kompromiss* hingegen ist das Ergebnis einer Verhandlung, bei der alle Beteiligten Zugeständnisse machen, um zu einer gemeinsamen Lösung zu gelangen. *Konsens* schließlich bedeutet, dass eine Übereinkunft erreicht wird, mit der alle Beteiligten einverstanden sind, ohne dass Zugeständnisse nötig sind. Bei der Konsensbildung geht es darum, Lösungen zu finden, die die Interessen aller Parteien so weit wie möglich berücksichtigen (Schwarz 2013). Vor diesem Hintergrund erscheinen in der interorganisationalen Kommunikation folgende Empfehlungen naheliegend:

1. Kooperationspartner kommunikativ erkunden: Organisationen sollten aktiv nicht nur Möglichkeiten suchen, mit anderen Kooperationen zu bilden, die einerseits synergistische Vorteile bieten und gleichzeitig die individuellen Ziele unterstützen. Vielmehr geht es auch darum, das Gegenüber zu verstehen.
2. Gemeinsame Werte und Ziele definieren: Es ist entscheidend, dass interorganisationale Kooperationen auf einer klaren Übereinstimmung in Bezug auf grundlegende Werte und langfristige Ziele basieren. Diese gemeinsame Basis erleichtert Kompromisse und fördert einen echten Konsens.
3. Regelmäßige Kommunikation und Feedbackschleifen etablieren: Um Missverständnisse zu vermeiden und Vertrauen aufzubauen, ist es wichtig, regelmäßige Kommunikationskanäle einzurichten, die es allen Parteien ermöglichen, ihre Perspektiven und Bedenken effektiv zu teilen.
4. Konfliktlösungsmechanismen implementieren: Vorab vereinbarte Mechanismen zur Konfliktlösung können helfen, Spannungen frühzeitig zu erkennen und zu entschärfen, bevor sie eskalieren.

Kommunikation spielt über die Grenzen der (Inter-)Organisationsebene hinaus aber auch eine wichtige Rolle, um die Entwicklung auf Feld- und womöglich gar auf gesellschaftlicher Ebene zu beeinflussen. So zeigt sich beispielsweise, dass im Rahmen großer, interorganisationaler Flaggschiffprojekte intern gemeinsame Sprachregelungen und überzeugende Narrative entstehen können, die auch nach außen in Form von Abschlussberichten und -präsentationen, Pressemitteilungen und organisierten Events kommunikativ vermittelt werden. So zeigen Bohn und Braun (2021) beispielsweise wie die rund um zwei interorganisationale Projekte forcierte Kommunikation und die dadurch beeinflussten medialen Narrative eine erhebliche Bedeutung für die Wahrnehmung von Elektromobilität im öffentlichen Diskurs in Deutschland hatten.

Teil 2 Formen interorganisationaler Beziehungen

Wenngleich Markt, Netzwerk und Hierarchie als *die* drei Organisationsformen ökonomischer Aktivitäten bezeichnet werden, so handelt es sich hierbei um eine deutlich verkürzte Redeweise. Auch die Bestimmung von Organisationsformen als *Vertragsbeziehungen*, wie sie in der ökonomischen, insb. institutionenökonomischen Forschung üblich ist (▶ Kap. 14.1), verkennt die ebenso komplexe wie differenzierte Realität interorganisationaler Beziehungen. Spätestens dann, wenn man eine idealtypische Bestimmung der drei Governanceformen verlässt, öffnet sich der Betrachtung eine Vielzahl von realen Formen der Organisation von ökonomischen Beziehungen (▶ Kap. 2.3). Insbesondere durch Netzwerk und Hierarchie koordinierte Interorganisationsbeziehungen lassen sich nur unzureichend als Vertragsbeziehungen fassen. Aber selbst Marktbeziehungen sind in einigen Ausprägungen nicht mit den klassischen Marktmechanismen zu erklären (wie es schon in Kapitel 2.3 anklang).

Um dies zu verdeutlichen, gilt es zunächst darzustellen, unter welchen Bedingungen der Markt bzw. klassische Verträge überhaupt eine optimale Organisationsform interorganisationaler Beziehungen sein könnten. Darauf aufbauend wird gezeigt, dass sogar schon bei vermeintlich marktlich koordinierten Tausch- bzw. Bartergeschäften der klassische Markt versagt und stattdessen auf relationale Mechanismen der Koordination (z. B. Vertrauen) zurückgegriffen werden muss. Anschließend wird eine Perspektive vorgestellt, die das klassische Marktverständnis als Fiktion enttarnt und Märkte als Netzwerke konzipiert. Darstellung 5.1 gibt vorab einen Überblick über die Vielfalt realer Formen im Spektrum zwischen Markt und Hierarchie. Die meisten dieser Formen werden in diesem Teil genau erläutert, wobei mit den Marktbeziehungen begonnen wird (▶ Dar. 5.1).

5   Marktbeziehungen

Die Qualifizierung von Interorganisationsbeziehungen als Marktbeziehungen stellt klassisch auf die Vertragsform ab. Das wird zum Beispiel deutlich, wenn Marktbeziehungen als durch diskrete, ex ante vollständig im Vertrag spezifizierbare Leistungsbeziehungen unabhängiger Marktakteure charakterisiert werden. Rechtstheoretisch bringt dies Ian R. Macneil (1974), der in der institutionenökonomischen Forschung in diesem Zusammenhang zumeist zitiert wird, auf die treffende Formulierung: »sharp in by clear agreement; sharp out by clear performance« (S. 738). Zwar ist sich auch Macneil (1978, S. 485) der Tatsache bewusst, dass eine Vielzahl realer Transaktionen nicht durch diesen Typus der eindeutig definierten bzw. reibungsarmen Marktbeziehungen beschrieben werden kann. Dennoch bildet dieses Verständnis marktlicher Governance den Ausgangspunkt für die Definition aller Organisationsformen: »Markets are the starting point, the elemental form of exchange out of which other methods evolve« (Powell 1990, S. 298). Folgerichtig sind aus dieser Perspektive Netzwerk- und Hierarchiebeziehungen nicht ohne Bezug auf die originäre Form der Transaktionen, die Marktbeziehung, fassbar. Oder anders ausgedrückt: Am Anfang war der Markt (dazu genauer und kritischer ▶ Kap. 8).

Zur weiteren Spezifizierung von Marktbeziehungen – und darauf aufbauend von Netzwerk- und Hierarchiebeziehungen – werden in der ökonomischen Literatur Transaktionsdimensionen herangezogen, deren konkrete Ausprägungen und Zusammenspiel die Wahl der optimalen Organisationsform bestimmen. Je nach konzeptioneller Perspektive bieten sich mehr oder weniger stark differierende Dimensionen zur Beschreibung von Transaktionen an (vgl. beispielhaft Powell 1990; Ebers 1997). Im Rahmen der institutionenökonomischen oder vertragstheoretischen Konzeption werden insb. die Spezifität und die Häufigkeit der Transaktionen als Dimensionen bzw. Effizienzkriterien gewählt (vgl. Williamson 1985; ▶ Dar. 5.2).

Die Organisationsform des Marktes – und somit Marktbeziehungen – ist dementsprechend immer dann zu wählen, wenn *unspezifische Transaktionen* durchgeführt, d. h. hochgradig standardisierte Leistungen ausgetauscht werden. Diskrete Marktbeziehungen bleiben in diesem Fall der Beziehungscharakteristik selbst dann von Vorteil, wenn die Vertragsbeziehung zwischen den Akteuren wiederkehrend abgeschlossen werden kann, da die Partner bei der Entscheidung einer *Wiederholung der Beziehung* bzw. des Leistungsaustauschs weiterhin einzig auf der Grundlage ihrer eigenen Erfahrungen oder Sachkenntnisse und somit unabhängig voneinander (eben: diskret) über den Fortlauf der Transaktion oder die Wahl eines

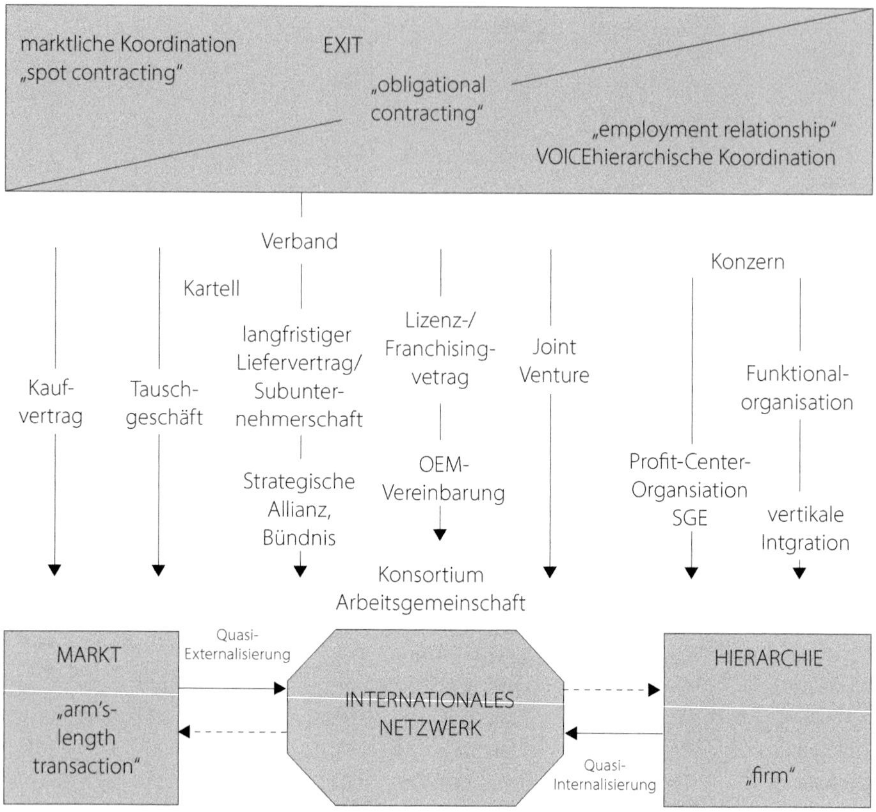

Teil 2 Formen interorganisationaler Beziehungen

Dar. 5.1: Organisationsformen ökonomischer Aktivitäten (in Anlehnung an Sydow 1992, S. 194)

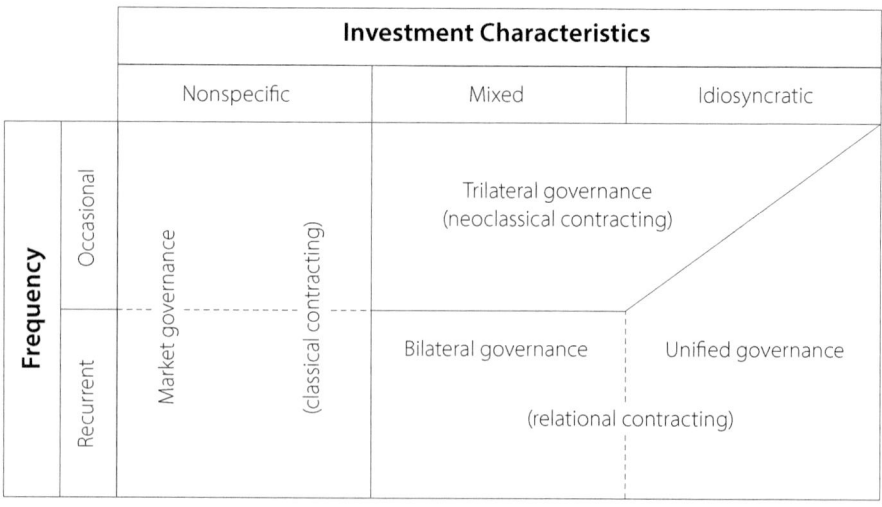

Dar. 5.2: Effiziente Governanceformen (Williamson 1985, S. 79)

anderen Vertragspartners entscheiden können. Jede Transaktionsbeziehung für sich genommen stellt konsequent ein einzelnes bzw. separierbares, von eventuell weiteren (wiederholten) Transaktionen unabhängiges Vertragsverhältnis dar, sodass bei Transaktionsproblemen (z. B. Qualitätsmängeln) unmittelbar und ohne zeit- und kostenaufwendige Abstimmung ein anderer Anbieter ausgewählt werden kann. Die Flüchtigkeit der Beziehungen bleibt also auch im Falle wiederkehrender Markttransaktionen konstitutives Governancemerkmal.

Marktbeziehungen sind auch bei *einmaligen Transaktionsbeziehungen* im Kontext unspezifischer Leistungen die ideale Organisationsform. Hier ist es zwar so, dass ein Leistungsanbieter (bzw. -abnehmer) aufgrund der Einmaligkeit der Transaktion nicht auf eigene Erfahrungen rekurrieren kann, jedoch können Erfahrungen anderer Käufer (Verkäufer) genutzt werden (vgl. auch Williamson 1985, S. 74). Dieser Mechanismus verursacht dann für die Transaktionspartner Anreize, sich auch bei einmaliger Vertragsbeziehung nicht opportunistisch im Sinne eines »hit-and-run« zu verhalten, sondern das vertraglich zugesicherte Leistungsversprechen entsprechend der Spezifikation einzuhalten. Gerade in den letzten beiden Dekaden haben sich verschiedene Informationsservices und Bewertungsplattformen im Internet etabliert, die bei einmaligen Transaktionen einen erheblichen Beitrag zur beiderseitigen Absicherung des Vertrauens in eine Transaktion leisten können.

Die beschriebenen Beispiele machen deutlich, dass Marktbeziehungen keiner besonderen, gar eigens für die jeweilige Beziehung zu entwickelnder Governancestruktur oder Schutzmaßnahmen bedürfen. In den Fällen, in denen es trotz der marktlichen Anreizmechanismen zum Scheitern des Vertragsverhältnisses kommt, greifen gesellschaftlich übliche und etablierte Bestimmungen ökonomischer Beziehungen: »The traditional economic exchange in a market setting properly corresponds to the legal concept of sale (...), since sale presumes arrangements in a market context and requires legal support primarily in enforcing transfer of titles« (Lowry 1976, S. 12). Das im Bürgerlichen Gesetzbuch (BGB) im Falle eines Kaufes rechtsvertraglich geregelte Verhältnis (insb. BGB § 929 [Einigung und Übergabe] i. V. m. §§ 433 ff. BGB [Abnahme]) repräsentiert rechtlich den Marktbeziehungen kennzeichnenden *klassischen Vertrag*.

Marktbeziehungen stellen im Vertragsmodell allerdings *keine* effiziente Organisationsform dar, wenn Transaktionen hochgradig spezifisch sind oder sich eine Leistung aus einem Mischungsverhältnis von spezifischen und unspezifischen Transaktionen zusammensetzt (▶ Dar. 5.2). In diesen beiden Fällen – und zwar unabhängig von der Wiederholung der Transaktion – haben die Vertragspartner ein großes Interesse daran, das Beziehungsverhältnis aufrechtzuerhalten, da sie spezifische Investitionen vornehmen müssen, um die gewünschte Leistung zu erhalten (bzw. zu erbringen). Im Wirtschaftsleben sind solche Transaktionen eher die Regel als die Ausnahme, da die Herstellung komplexer Produkte und auch die Bereitstellung von Dienstleistungen mitunter erfordern, dass mehrere Unternehmen komplementär zusammenarbeiten und die Schnittstellen ihrer Kooperation mitunter nicht gänzlich spezifizierbar sind. Dies betrifft nicht nur Technologien, sondern beispielsweise auch Investitionen in das Humanvermögen. Der Wechsel zu einem anderen Vertragspartner ist nur unter Verlust zumindest von Teilen der geleisteten (spezifischen) Investitionen möglich. Folglich sind ein Wissen über die Identität des Partners, über seine Zuverlässigkeit in der Leistungserstellung, sein Potenzial zur konkreten Erstellung des Leistungsumfangs usw. von Bedeutung. Dementsprechend reicht auch ein klassischer Vertrag (der für diskrete Transaktionen ideal ist, da er alle denkbaren Vertragsprobleme von den jeweiligen konkreten Partnern unabhängig und aufgrund der Separierbarkeit in einzelne und voneinander unabhängige Transaktionen ex ante, also quasi »vorweg regelt«) nun nicht mehr aus. Auch der klassische Kaufvertrag in seiner Funktion als gesetzlich vorgegebene bzw. vorhandene Problemlösungsinstanz im Falle eines Scheiterns der Beziehung stellt nicht mehr das Sanktionsoptimum dar, da Leistungsbestandteile (hoch) spezifisch sind und somit im Streitfall über deren Erbringung nicht generell, ex ante und somit quasi standardisiert geregelt werden können. Der Markt versagt unter diesen Bedingungen. Statt mit Hilfe des einfachen Kaufvertrages werden für Transaktionen bei höherer Frequenz der Transaktionen deutlich aufwendigere und oftmals mehr als bilaterale Verträge bzw. eine sog. »unified governance« benötigt, die dann zum Beispiel relationale Vertragsverhältnisse bzw. Netzwerk- oder Hierarchiebeziehungen als effiziente Organisationsformen angeraten erscheinen lassen (▶ Dar. 5.2).[4]

5.1   Vom Kaufvertrag zum Tauschgeschäft

Wie dargestellt repräsentiert der Kaufvertrag das klassische Vertragsverhältnis für Marktbeziehungen und somit die wesentliche (vertragliche) Ausprägung der marktlichen Governanceform. Im Zentrum der Transaktionsabwicklung stehen hier rechtsverbindliche Regeln des Austauschs von Leistungen gegen Geld bzw. die Konstitution eines Schuldverhältnisses aus zwei aufeinander bezogenen, inhaltlich korrespondierenden Willenserklärungen nach § 929 i. V. m. §§ 433 ff. BGB. Der Kaufvertrag ist jedoch nicht das einzige vertragliche Governancemedium von Marktbeziehungen: Nach § 480 BGB finden die Vorschriften über den Kauf auch auf

---

4   Ohne an dieser Stelle auf Details eingehen zu können, sind aus dieser Perspektive interorganisationale Beziehungen im Sinne hybrider bzw. kooperativer Governance bei mittlerer und hoher Spezifität und einmaliger Transaktion die effiziente Steuerungsform. Zur Durchführung dienen dann sog. »neoklassische« bzw. unvollständige Verträge, die im Zuge der anfänglich unklaren Transaktionsinhalte konkretisiert werden müssen, sowie eine *trilaterale Konfliktlösungsstruktur*, die eine Fortführung der Beziehung auch im Falle von Problemen gewährleisten kann (z. B. über einen Schlichter bzw. eine Drittparteien*unterstützung*). Im Falle mittlerer Spezifität und sich wiederholenden Transaktionserfordernissen unterscheidet sich eine hybride Beziehung von einer hierarchischen Beziehung »nur« darin, dass die Transaktionsbeziehung »across a market interface« (Williamson 1985, S. 76) bzw. über die Grenzen einer einheitlichen Organisation abgewickelt werden muss und somit durch eine *bilaterale Abstimmung* und letztlich auch hierin zu entwickelnden Konfliktlösungsprozeduren gekennzeichnet ist (zur Transaktionskostentheorie ▶ Kap. 14.1).

Tauschgeschäfte Anwendung. Tatsächlich wird in diesem Zusammenhang nicht nur auf die enge Verwandtschaft zwischen Kauf und Tausch verwiesen, sondern der Tausch wird sogar als historischer Vorläufer des Kaufs deklariert; womit dann die Vorschriften des Kaufvertrags auch auf den Tausch anzuwenden sind. Konsequenterweise gelten auch bei Tauschgeschäften die üblichen Koordinationsmerkmale des Marktes bzw. der Marktbeziehung wie etwa die Diskretion und Flüchtigkeit der Transaktion(en), der Austausch genau spezifizierter Leistungen usw. (▶ Kap. 2.3).

Während beim Kauf insb. der Preis und seine monetäre Repräsentation (Geld) zentrales Steuerungsmedium der marktlichen Transaktion ist und hierüber für die Herstellung der für Marktbeziehungen essentiell notwendigen »reciprocal viability« (Coleman 1988, S. 94) sorgt, so fungiert im Falle eines Tauschgeschäfts auf den Tausch- oder Bartermärkten die »double coincidence of wants« (ebenda; vgl. grundlegend Pearce 1986, S. 36) als entsprechendes Substitut. Bartergeschäfte, die früheste Form des Handels überhaupt (vgl. etwa Swedberg 2005, S. 234), repräsentieren folglich eine Form der Marktbeziehungen, die einige Besonderheiten aufweist. Diese Besonderheiten, bzw. Barter als gesonderte Form von Marktbeziehungen insgesamt, finden in der ökonomischen Literatur gleichwohl nur wenig Resonanz (vgl. Schrader 1993). Dennoch stellt Barter keine veraltete, nur noch in Entwicklungs- oder Schwellenländern genutzte Form des ökonomischen Austauschs dar (vgl. etwa Cresti 2005, S. 1953). Ganz im Gegenteil: Barter weist eine Reihe von unterschiedlichen Formen und Typen auf (vgl. insb. Schrader 1991), erlebt zurzeit eine Renaissance und treibt – vermittelt über das Internet – gerade in industrialisierten Ländern neue Blüten, die entsprechend innovative Formen interorganisationaler Beziehungen bzw. des ökonomischen Austauschs ermöglichen (vgl. z. B. Meyer 1999; Cresti 2005; Noguera/Linz 2006): »Barter takes many forms, from old fashioned one-to-one swaps to exchanging goods and services on large networks where online transactions build up barter points« (Holewa 2009, S. 86). Tatsächlich sind aktuell jeweils 65 % der bei Fortune 500 aufgeführten Unternehmen und der gelisteten Unternehmen der größten Wertpapierbörse der Welt, der New York Stock Exchange, im Bartergeschäft aktiv (vgl. Hua et al. 2020).

Üblicherweise ist unter Barter eine Form des Handels zu verstehen, bei der Waren oder Dienstleistungen *direkt* gegen andere Waren oder Dienstleistungen getauscht werden, ohne dass hierzu Geldmittel fließen (vgl. z. B. Schrader 1991). In der Literatur findet man neben den Verweisen darauf, dass Barter insb. in Übergangswirtschaften oder ökonomischen Krisenzeiten (etwa in Form von Schwarzmärkten) hohe Relevanz besitzt, gelegentlich auch Beschreibungen zu spezifisch historischen Erscheinungsformen wie beispielsweise dem sog. »Verstechen« im deutschen Buchgewerbe, das bis ins 18. Jahrhundert hinein sogar die dominante Form der Handelsbeziehungen in dieser Industrie darstellte. Hier wurden insb. Bücher bzw. Bücherbögen zwischen Druckereien (Verlegern) nach Menge und/oder Qualität bemessen getauscht, da monetäre Transaktionen aufgrund der diversen Währungen im deutschen Sprachraum kaum effizient abzuwickeln waren. Darüber hinaus wird aber auch die anfängliche Entstehung der US-amerikanischen Rundfunkindustrie ausdrücklich mit Bartergeschäften in Verbindung gebracht (vgl.

etwa Leblebici et al. 1991): Die ersten kommerziellen, regelmäßig produzierten und ausgestrahlten Inhalte für Radiosendungen (insb. Serien und Quizshows) wurden nämlich nicht primär über Geldtransaktionen zwischen Sendern und Produzenten organisiert und finanziert, sondern von Unternehmen für Werbeminuten während der Übertragung der Sendungen gesponsert. Insbesondere *Palmolive*, ein Hersteller von Seifenprodukten, war in diesen Bartertransaktionen von Programminhalten gegen Werbeminuten derart aktiv, dass bis heute bei bestimmten Serienformaten von »Soaps« bzw. Seifenopern die Rede ist. Ähnliche Beispiele lassen sich heute auch in der Filmindustrie finden wie beispielsweise im Zusammenhang mit Product- oder Design-Placement (insb. im Rahmen von Blockbustern) oder im Internet, wo Link- und Bannertausch zwischen Organisationen auf den jeweiligen Internetseiten zu den inzwischen typischen – und ausgesprochen kostengünstigen – Erscheinungen des Werbegeschäfts, der Kundenakquise und der Außendarstellung von Organisationen gehören.

Insbesondere Stephan Schrader (1991, 1993) ist es zu verdanken, dass in die zumeist wenig wissenschaftliche Diskussion um Barter Ordnung und Systematik eingebracht wurde, indem wichtige Ausprägungen von Barter unterschieden, konzeptionalisiert und beschrieben werden. Hierdurch wird dann auch deutlich, dass die Entstehung und Koordination von Bartering zwischen den Tauschpartnern entschieden mehr als nur marktliche bzw. diskrete Beziehungen erfordert. Einige Formen des Tauschgeschäfts, so Schrader (1991, 1993), basieren nämlich einerseits auf relationalen bzw. netzwerkartigen Interorganisationsbeziehungen und andererseits können Bartergeschäfte zu Netzwerken interorganisationaler Beziehungen führen.

Zunächst hält Schrader (1991) grundlegend fest, dass Barter die effiziente Form der Transaktion darstellt, wenn Leistungen getauscht werden (sollen), die schwer zu bepreisen sind und einen Bedarf auf beiden Seiten der Tauschpartner wecken. Letzteres konkretisiert er noch dahingehend, dass – im Gegensatz zu einem geldbasierten Tausch – eine »double coincidence of wants« gegeben sein muss bzw. eine unerlässliche Bedingung von Bartergeschäften darstellt (vgl. Schrader 1991, S. 14 u. 23). Zusätzlich führt Schrader noch eine weitere Dimension von Bartergeschäften ein, die in der Literatur zumeist wenig beachtet wird: Die Fähigkeit der Tauschinteressenten, die Eigenschaften der zu transferierenden Leistungen zu spezifizieren, sodass in Tauschbeziehungen Leistungen unterschieden werden können, deren Spezifikation oder Substanz mehr oder weniger gut definiert werden kann. Auf diesen Definitionsmerkmalen von Bartergeschäften aufbauend entwickelt Schrader (1991, 1993) eine Bartertypologie: Im Falle des Tauschs von gut spezifizierbaren Leistungen, bei denen jedoch übliche Wertermittlungen (insb. mittels Preisen) versagen bzw. eine entsprechende Wertermittlung vage bleibt, spricht Schrader von einem *diskreten Barter* (▶ Dar. 5.3). Beispiele hierfür sind das oben genannte Verstechen im Buchhandel sowie ein Tauschgeschäft auf einem Schwarzmarkt, bei dem sich die konkrete Wertsetzung der Tauschwaren durch die Tauschparteien für Dritte nicht ohne zusätzliche Informationen erschließen lässt. Der Bewertungsmaßstab bleibt nach außen undurchschaubar und nach innen spezifisch in die doppelt koinzidente Tauschbeziehung eingebettet. Ein *relationaler Barter* unterscheidet sich vom vorangehenden Typus in der zusätzlichen Unfähigkeit (Unmöglichkeit), die zu tauschenden Leistungen zu spezifizieren. Beispiele für derartige Bartergüter sind insb. implizite bzw. komplexe Wissensbestände etwa in Form von technologischem Know-how oder Marktkenntnissen (▶ Dar. 5.3). Darüber hinaus wird von Schrader noch der sog. *Pseudo-Barter* erwähnt, der im Kern nur eine Dekomposition zweier, jederzeit und unproblematisch möglicher Kaufakte darstellt und bei dem überdies Zusatzzahlungen zur Kompensation von Warenwertungleichgewichten möglich sind (▶ Dar. 5.3).

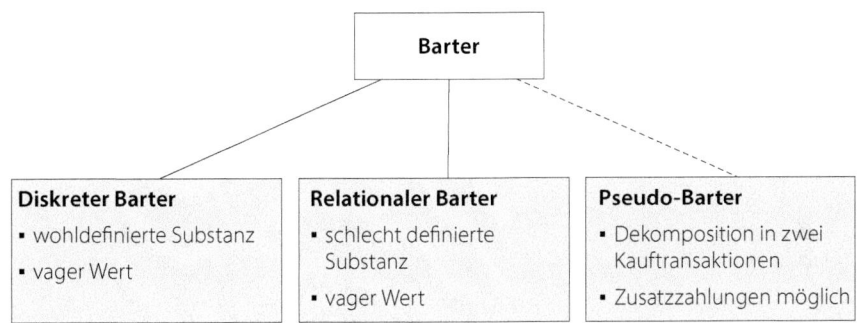

Dar. 5.3: Bartertypen (Schrader 1991, S. 10, 1993, S. 504)

Barter können weiterhin anhand einer Kreuzklassifizierung der beiden Transaktionsdimensionen der Fähigkeit der Bepreisung und der Fähigkeit der Leistungsspezifizierung von Kaufgeschäften abgegrenzt werden. Hierdurch erhält man dann eine Vier-Felder-Matrix, die zusätzlich zu den schon genannten Differenzen zwischen diskretem und relationalem Barter zugleich deren jeweilige Abgrenzung zum diskreten und relationalen Kauf (geldbasiertem Tausch) verdeutlicht (▶ Dar. 5.4). Ein diskreter Barter unterscheidet sich fundamental vom diskreten Kauf darin, dass die *Wert*ermittlung der Transaktion über den Preis, die ja beim klassischen Kaufvertrag eine wesentliche Grundlage der Transparenz und Information und somit der vollständigen Spezifizierung der Leistung darstellt, beim echten Barter ausgeschlossen ist. Im Zentrum von Barter steht folglich stets ein leistungsbasierter Tauschvorgang, der selbst in der Ausprägung des diskreten Barter eine Spezifizierung der Identität des Tauschpartners notwendig macht; etwas, das bei einer geldbasierten Transaktion bekanntermaßen erst im Kontext relationaler Verträge (Netzwerk- oder Hierarchiebeziehungen) zur effizienten Gestaltung notwendig wird. Der konzeptionelle Unterschied zwischen einem relationalen Barter und einem relationalen (geldbasierten) Vertrag scheint auf den ersten Blick vergleichsweise gering, da in beiden Fällen das konkrete Leistungsspektrum (zumindest anfänglich) nicht bekannt ist. Gleichwohl wird bei einem relationalen (geldbasierten) Vertragsverhältnis, etwa einem Beratungsprojekt, spätestens am Ende der Beziehung ein geldbasierter Preis bezahlt, dessen Gegenwert sich im Laufe der

Transaktionsbeziehung bzw. Leistungserstellung konkretisiert. Im Rahmen eines Bartergeschäfts wird von dieser Möglichkeit abstrahiert bzw. sie stellt keine beabsichtigte oder mögliche Grundlage der Beziehung dar. Im Kern geht es beim relationalen Barter um den Tausch einer Leistung gegen eine andere (etwa Marktzugang für Nutzung technologischen Wissens).

		Fähigkeit zur Spezifikation der zu übertragenden Leistung		
		niedrig	hoch	
Fähigkeit zur Festlegung des Preises der auszutauschenden Leistung	hoch	diskreter Kauf	relationaler Kauf	geldbasierter Tausch
	niedrig	diskreter Barter	relationaler Barter	leistungsbasierter Tausch (Barter)
		klassischer Vertrag	relationaler Vertrag	

Dar. 5.4: Klassifikation von Tauschbeziehungen (Schrader 1991, S. 12, 1993, S. 504)

Zusammengenommen sind Bartergeschäfte im Vergleich zu Kaufverträgen dann von Vorteil (oder gar notwendig), wenn zum einen keine kardinale Quantifizierung der Werte möglich ist[5] und zum anderen wichtige Informationen des Tauschguts nicht verfügbar oder aber aus strategischen Gründen nicht offengelegt bzw. spezifiziert werden sollen. Darüber hinaus werden aber auch wesentliche Unterschiede zwischen Kauf- und Tauschverträgen bzw. -beziehungen deutlich. So ist eine schlichte Übertragung der Governancemerkmale eines (marktlichen) Kaufvertrags auf Bartergeschäfte nicht möglich. Selbst diskrete Bartergeschäfte sind auf gewisse Kenntnisse über den Tauschpartner zur Spezifikation der Tauschtransaktion angewiesen. Die Identität der Tauschpartner wird essentieller Bestandteil der Beziehung. Die Spezifikation der Leistungen im Rahmen relationaler Bartergeschäfte ist überdies ganz besonders auf relationale, iterative oder prozedurale Mechanismen der Abstimmung und Kontrolle angewiesen, da – im Gegensatz zu relationalen Tauschgeschäften mittels monetärer Mittel – an keiner Stelle des Beziehungs- bzw.

---

5 Schrader (1991, S. 15 f.) spricht in diesem Zusammenhang auch davon, dass Barter weniger komplex und konfliktträchtig ist als preisbasierte Tauschgeschäfte, da eine Preisfindung (bei kaum zu bepreisenden Leistungen wie etwa Informationen) zu erheblichen Transaktionskosten führen wird.

Leistungsprozesses eine monetäre Preisverhandlung lenkend in die Transaktion einwirken kann. Governancemechanismen wie Vertrauen, Reziprozität, Kooperation, Verlässlichkeit usw., also Mechanismen, die im Kern *Netzwerk*beziehungen konstituieren (▶ Kap. 2.3), stellen hier die essentiellen Ingredienzien der Beziehung dar. Tatsächlich basiert das gut bekannte Produktionsnetzwerk von *Toyota* und seinen zahlreichen Zulieferunternehmen nicht unwesentlich auf Barterbeziehungen. Beispielsweise werden den Zulieferern Berater von *Toyota* zur Verfügung gestellt, die in den Partnerunternehmen über Wochen und Monate intensiv das gemeinsame Produktionssystem anpassen und implementieren (vgl. insb. Dyer/Nobeoka 2000; Aoki/Wilhelm 2017). Eine geldbasierte Bezahlung erwartet Toyota im Gegenzug von den Zulieferern im Netzwerk nicht, gleichwohl wird Reziprozität im Sinne eines Wissensaustausches der Zulieferer in das Produktionsnetzwerk erwartet. Letztlich ermöglichen erst derartige Barterbeziehungen die spezifische Identität des Zuliefernetzwerks von *Toyota* und somit den Erfolg des *Toyota*-Produktionssystems.

Konsequenterweise spricht auch Schrader (1991, S. 12 ff.) davon, dass die vermeintlich marktlichen Bartergeschäfte tatsächlich oft durch Netzwerkbeziehungen und entsprechende Mechanismen der Steuerung gekennzeichnet sind. Darüber hinaus erkennt er einen wesentlichen Vorteil von Netzwerkbeziehungen für Bartergeschäfte: Traditionelles Barter basiert fundamental auf der doppelten Koinzidenz der Leistungswünsche der Tauschpartner. Diese Bedingung ist allerdings auch ein entscheidendes Hindernis von Bartertransaktionen, da entsprechend tauschwillige Akteure sich erst einmal finden müssen. Netzwerke, so Schrader, sind eine Organisationsform zur Reduzierung dieses grundlegenden Dilemmas von Barter. Netzwerke stellen gar *die* effiziente zentrale Organisationsform von Barter dar, da insb. bei relationalen Bartergeschäften (a) die originären Mechanismen des Leistungsaustausches und der Abstimmung in Netzwerken (Reziprozität, Vertrauen usw.) genau die Governancestruktur repräsentieren, die ohnehin notwendig ist bzw. die Beziehung wenigstens unterstützt, (b) Netzwerkbeziehungen durch die Intensität der Koordination der Tauschprozesse neue Barterpotenziale und -möglichkeiten identifizieren hilft, was (c) ein zunehmendes Auftreten von Barterbeziehungen fördert und deren spezifische Potenziale dauerhaft verfügbar macht, sodass es letztlich zu einer (d) Stabilisierung von Netzwerkbeziehungen oder zur Formation weiterer Beziehungen führen kann.

Die Popularität von Tauschgeschäften trägt letztendlich wesentlich zur Renaissance von Barter bzw. zur zunehmenden Verbreitung von Barter auch und gerade in industrialisierten und zunehmend Internet-basierten Wirtschaften bei (vgl. etwa Noguera/Linz 2006; Albinsson/Perera 2012). Die zentrale Differenz zu den beschriebenen Bartertypen ist, dass beim Internet-Barter (Internet-Tauschbörsen) oftmals (doch) ergänzende Medien zur Wertfestlegung der Tauschleistungen eingesetzt werden (z. B. sog. »Barter-Dollars«, »Barter-Noten« oder »Trade Credits«), um das grundlegende Problem der doppelten Koinzidenz der Leistungswünsche – zusätzlich zum oben schon genannten generellen Netzwerkvorteil zur Überwindung der doppelten Koinzidenz – weiter abzuschwächen (Hua et al. 2020). Entscheidend ist hierbei, dass auch weiterhin faktisch kein monetäres Mittel für eine Leistung getauscht wird. Es finden keine Geldtransaktionen statt, sondern auch in den Internet-Tauschbörsen werden *ausschließlich* Waren- oder Dienstleistungen getauscht. Die Barterwährung dient stattdessen einerseits einem Ansatz der Werteinschätzung und Sichtbarmachung von Leistungen, der sich an Dritte (Leistungsanbieter und -abnehmer) in einem Tauschnetzwerk richtet, sowie andererseits einer Entkopplung der direkten doppelten Koinzidenz und somit zugleich der hiermit verbundenen direkten Synchronität des Austauschs: »Thanks to the use of a unit of account called ›trade credit‹ to record the value of transactions, barter does not need to be a direct synchronous bilateral transaction. Thanks to trade credits, trade exchange members swap goods and services without using cash. Indeed, within trade exchanges, the double coincidence of wants is no longer a prerequisite for barter to occur« (Cresti 2005, S. 1954).

Eine eindeutige Einordnung dieses zugleich technologie- und netzwerkbasierten Bartersystems in die von Schrader (1991, 1993) etablierte Systematik ist nur schwer möglich. Bestenfalls handelt es sich um eine realtypische Hybridform zwischen diskretem Barter und Pseudo-Barter. Unabhängig von der Schwierigkeit der Einordnung existieren jedoch inzwischen zahlreiche Barter- bzw. Tausch(ring)netzwerke, gelegentlich auch als »electronic barter« oder »e-barter« bezeichnet (vgl. Meyer 1999; Cresti 2005), die als wesentliche Funktionskriterien ein möglichst mitglied- oder teilnehmerstarkes und in Hinsicht etwa auf Kunden- oder Produktklassen möglichst komplementäres Tauschnetzwerk voraussetzen.

5.2 Märkte als Netzwerke?

Bartergeschäfte machen deutlich, dass vermeintliche Märkte tatsächlich oft eher Netzwerke darstellen bzw. auf der Basis von Mechanismen der Netzwerkgovernance funktionieren. Mark Granovetters bahnbrechende Studie »Getting a Job« (1974) beinhaltet eine der ersten Untersuchungen, die einen Markt, hier den Arbeitsmarkt, als Netzwerk charakterisiert. Die Funktionsweise von Arbeitsmärkten, so der Autor, ist in der Realität nämlich nur unzureichend durch diskrete Steuerungsmechanismen wie eindeutige Informationen und Leistungsspezifikationen, Markttransparenz, vollständigen Wettbewerb oder Irrelevanz der Identität der Marktteilnehmer gekennzeichnet. Stattdessen werden die relevanten Informationen des Arbeitsmarkts durch relationale Sozialstrukturen überlagert, geleitet, transformiert und stellen letztlich eher »Nebenprodukte« einer sozialen Einbettung dar (vgl. Granovetter 1974, S. 52). Statt Markttransparenz und Wettbewerb sind es soziale Beziehungen und Kontakte, die eine erfolgreiche Suche eines Arbeitsplatzes und somit die Marktbeziehungen kennzeichnen: »Regardless of competence or merit, those without the right contacts are penalized« (Granovetter 1974, S. 100). Der Netzwerkcharakter von Arbeitsmärkten wird noch zusätzlich dadurch untermauert, dass die zur erfolgreichen Suche eines Arbeitsplatzes benötigten Kontakte keinesfalls eng oder direkt sein müssen. Über Bekannte vermittelte Kontakte – und somit indirekte Beziehungen – sind mindestens ebenso wichtige Erfolgsbedingungen. Granovetter (1973) charakterisiert diesen Zusammenhang als »strength of weak ties« und zeichnet somit das Bild eines Arbeitsmarkts, das einem Netzwerk von sowohl engen als auch losen bzw. starken und schwachen (sozialen) Beziehungen entspricht.

Ein ganz ähnliches Bild vermittelt auch Wayne Baker (1981, 1984) in seiner Untersuchung einer US-amerikanischen Wertpapierbörse. Noch mehr als andere Märkte gelten Börsen sogar als Prototyp marktlicher Beziehungen (vgl. schon Walras 1954, S. 83 f.). Baker (1984, S. 776) hegt hieran jedoch grundlegende Zweifel, da es tatsächlich kaum empirische Untersuchungen gibt, die gezielt »Märkte als Märkte« analysieren oder gar Börsen als Märkte klassifizieren.[6] Die Existenz von Marktbeziehungen wird in der Ökonomie eher unterstellt denn wirklich belegt (vgl. auch Swedberg 2005, S. 247). Bakers Untersuchungen der Wertpapierbörse belegen nun, dass selbst diese gerade kein Markt im klassischen Sinne ist. Vielmehr ist die von Baker untersuchte Wertpapierbörse durch zwei Typen von Netzwerkbeziehungen gekennzeichnet, die jeweils unterschiedliche Auswirkungen auf die Preisstruktur und -flexibilität der gehandelten Optionen haben. Während der eine Netzwerktyp durch enge Beziehungen und eine eher geringe Anzahl der Börsenhändler gekennzeichnet ist, setzt sich der zweite Typ aus einem größeren und differenzierten Netzwerk an Händlern mit weniger engen Beziehungen zusammen. Ein realer Markt ist folglich – und entgegen der üblichen Annahme – kein undifferenziertes und abstraktes Ganzes, sondern kann sich aus unterscheidbaren, konkreten Beziehungsnetzwerken zusammensetzen, die die Transaktionen entscheidend tragen. Noch bedeutsamer ist indes die Erkenntnis, dass die unterschiedlichen Beziehungsnetzwerke bzw. die konkrete Sozialstruktur der Netzwerkbeziehungen Auswirkungen auf die resultierenden Marktoperationen haben. Die jeweils konkreten Beziehungsstrukturen auf dem Börsenparkett haben entscheidenden Einfluss auf die Preisschwankungen der gehandelten Wertpapiere; der Preis stellt eine soziale Konstruktionsleistung der Akteure auf Basis der konkreten Netzwerkbeziehungen dar. Tatsächlich ist die Preisvolatilität – und somit die Preisunsicherheit und das Handelsrisiko realer Börsen – in den kleinen und engen Netzwerken deutlich geringer ausgeprägt als in dem großen und fragmentierten Netzwerk. Anders ausgedrückt: »Trading among actors exhibited distinct social structural patterns that dramatically affected the direction and magnitude of option price volatility« (Baker 1984, S. 775). Statt Maximierung des Eigennutzens und Opportunismus wie im großen Netzwerktyp sind es Vertrauen, Erwartbarkeit und gegenseitige Verpflichtungen, die die Beziehungen im engen Netzwerk strukturieren und die Preise bestimmen. Letzteres ist für einen reibungslosen Ablauf einer Börse essentiell:

---

6 Baker ist keinesfalls der Einzige und Erste, der sich hierüber erstaunt zeigt, denn: »It is a peculiar fact that the literature of economics and economic history contains so little discussion of the central institution that underlies neo-classical economics – the market« (North 1977, S. 710).

»(...) it is in the interest of others to ensure that all market makers participate so that the financial risks and burden of market making will be shared. As one market maker put it, ›We had a new guy in our crowd. He would just trade what he wanted and then hang back. The rest of us were buying all the time as the market went down, and we were selling as the market went up. You can't just take the plums – you have to participate. You have to be willing to buy when the market is going down, buy all the way down, not just here and there‹« (Baker 1984, S. 782).

Die engen Netzwerkbeziehungen fungieren also quasi als Funktionskorrektiv eines eher eigennützig und opportunistisch ausgeprägten Börsenhandels, der die großen, eher marktlich ausgeprägten Netzwerke des Börsenparketts kennzeichnet. Börsenmakler in realen Börsenmärkten ziehen es folglich vor, in engen Netzwerkstrukturen zu handeln (vgl. Baker 1984, S. 783 ff.).

Während bei Baker (1981, 1984) die eher marktlichen und relationalen (Netzwerk-) Strukturen realer Märkte noch gegeneinandergestellt werden, hebt Brian Uzzi (1997) in einer weiteren bemerkenswerten Studie hervor, dass der Markterfolg von Unternehmen in einer kontextsensiblen Mischung der beiden Funktionslogiken liegt. Im Rahmen einer Untersuchung von 20 Unternehmen der Bekleidungsbranche in New York City konnte Uzzi zwei dominante Verhaltensmuster der Markttransaktionen der Unternehmen ausmachen. Zum einen sog. »market relationships«, die in weiten Teilen klassischen Markttransaktionen ähneln, und zum anderen »close or special relationships«, die relationale Beziehungsattribute umfassen und den oben schon angesprochenen »embedded ties« von Granovetter (1973) entsprechen. Obwohl die eher marktlichen Beziehungen häufiger auftraten, wurden sie von den Unternehmen dennoch als weniger bedeutsam als die engen Interorganisationsbeziehungen eingestuft. Letztere werden nämlich insb. immer dann als notwendig angesehen, wenn es um den Austausch detaillierten Wissens und die Lösung gemeinsamer Probleme ging bzw. Vertrauen und intensive Abstimmungsprozesse die zentralen Merkmale der Beziehung darstellten. Aus diesem Ergebnis schließt Uzzi (1997) nun, dass beide Beziehungsmuster relevant sind, jedoch in unterschiedlichen Transaktionskontexten sinnvoll erscheinen. Erfolgreiche Unternehmen können ihre Transaktionen effektiv und effizient folglich weder nur auf marktlichen noch ausschließlich auf relationalen Beziehungsstrukturen aufbauen, sondern müssen eine »integrierte Netzwerkstruktur« etablieren, innerhalb derer sie je nach Transaktionsinhalten und -problemen eher die eine oder die andere Beziehungsstruktur etablieren und nutzen. Die Krux der Erkenntnis ist nach Uzzi (1997, S. 42) nun, dass reale Märkte in der Regel weder durch reine Netzwerkbeziehungen (embedded ties) noch durch reine Marktbeziehungen (underembedded bzw. arm's length ties) konstituiert werden bzw. Marktakteure weder rein kooperativ noch rein eigennützig agieren (können). Diese Verständnisweise von Märkten als Netzwerken ist unseres Erachtens die wohl realistischste – legt sie doch ihr Augenmerk auf die Notwendigkeit eines ausgesprochen reflexiven Managements interorganisationaler Beziehungen und kennzeichnet dieses als ein Management von unvermeidlichen Spannungsverhältnissen (▶ Kap. 11.3).

6   Netzwerkbeziehungen

Wenn sich interorganisationale Netzwerke von Markt und Hierarchie bzw. Organisation unterscheiden, so gilt dies auch für Netzwerk*beziehungen*. Dabei stellt die Rede von der »swollen middle« (Hennart 1993) nicht nur auf die Vielfalt der Ausprägungen der Netzwerkform in Relation zu den beiden Idealtypen ab, sondern die Netzwerkform ist auch ganz real durch eine große Diversität von Netzwerkbeziehungen gekennzeichnet (▶ Dar. 4.1). Es kann deshalb an dieser Stelle weder Sinn noch Zweck sein, diese Vielfalt umfassend abdecken zu wollen. Stattdessen wollen wir einerseits einen Überblick über die in der Praxis und der wissenschaftlichen Diskussion als besonders relevant angesehenen Formen interorganisationaler Netzwerkbeziehungen bieten. Darin schließen wir Kollusion und Kartell ebenso ein wie Verband und Verbund, durch Lizenzierung und Franchising begründete Netzwerkbeziehungen ebenso wie Subunternehmerschaft, Arbeitsgemeinschaften und Konsortien, aber auch strategische Allianzen und Joint Ventures und sogar sektorenübergreifende Multistakeholder-Partnerschaften. Andererseits fokussieren wir unsere Diskussion gezielt auf den *Netzwerkcharakter* dieser Beziehungen, der in der Vergangenheit viel zu kurz gekommen ist. Vorab allerdings die Warnung, dass nicht jede langfristig angelegte Beziehung auf einer wie auf immer bescheidenen Idee von Kooperation fußen muss. Langfristigkeit kann auch aus (einseitigen oder zweiseitigen) Abhängigkeiten resultieren oder gar durch aggressive Kooptation und Exploitation aufgeichtet sein. In den USA publik gewordene Beispiele dafür sind die Ausnutzung von Best Buy mit seinen (früheren) Filialen durch den Internethändler Amazon oder die Nutzung staatlich (durch die NOAA) verfügbar gemachter Wetterdaten durch den Weather Channel (Watkins/Stark 2018).

6.1   Kollusion und Kartell

Schon im alltagssprachlichen Verständnis meint *Kollusion* (von lat. collusio: geheimes Einverständnis) das meist heimliche Zusammenwirken mehrerer Personen zum Nachteil eines Dritten. Ähnlich ist auch das klassische marktwirtschaftliche Kollusionsverständnis, welches von der tief verwurzelten Überzeugung getrieben wird, dass einzig die »unsichtbare Hand« (Smith 1827) die Geschicke des Marktes ins (optimale) Gleichgewicht führt (▶ Kap. 1), sodass Abstimmungen auf Märkten über eine (mehr oder weniger) »sichtbare Hand« per se misstrauisch beäugt werden.[7] Entsprechend wird Kollusion in marktwirtschaftlichen Systemen (bis) heute ganz überwiegend als ein Wettbewerb beschränkendes, zu allokativen Ineffizienzen einer Volkswirtschaft führendes (also schädigendes) Verhalten von Wirtschaftssubjekten verstanden (vgl. z. B. Kruse 1995; LeClair 2011; Haucap/Heldman 2023).

Kollusion beschreibt genauer ausbuchstabiert die formlose bzw. stillschweigende und mitunter heimliche Absprache von Entscheidungen (z. B. über Preise und Mengen) oder Ressourcenverteilungen (z. B. über Vertriebsstandorte oder regionale Abdeckung) zwischen rechtlich selbstständigen Unternehmen (vgl. z. B. Tirole 1992). Kollusionen können sowohl horizontal als auch vertikal ausgeprägt sein, wenngleich insb. kollusives Verhalten zwischen Wettbewerbern, also Abstimmungen auf der horizontalen Ebene ökonomischer Aktivitäten (▶ Kap. 2.1), unter Verdacht stehen, den Wettbewerb zu beschränken (vgl. etwa Baumol 1992, S. 129). Entsprechend konzentrieren sich Ausführungen zu Kollusionen auch auf das wettbewerbsbeschränkende Verhalten von »Unternehmen der gleichen Marktseite (meist der Anbieter) zur Erzielung gemeinsamer Vorteile« (Kruse 1995, S. 564), wobei ganz besonders das Vorliegen einer Reihe von Markt- bzw. Branchenbedingungen für die Förderung von Kollusionen verantwortlich gemacht wird. Hierzu zählen insb. (vgl. Kruse 1995, S. 568 ff.):

- Eine kleine Anzahl von Anbietern (Oligopol), die Abstimmungen untereinander erleichtert und durch Reaktionsverbundenheit gekennzeichnet ist (wodurch ein Quasi-Monopol entsteht),
- eine unelastische Nachfrage, weil hier auch bei (stark) gestiegenen Preisen die Nachfrage nicht entsprechend zurückgeht,
- homogene Produkte und Dienstleistungen, da hier einerseits der Preis das kaufentscheidende Kriterium ist bzw. keine anderweitigen Differenzierungsmerkmale bestehen und andererseits ähnliche Kostenstrukturen bei den Wettbewerbern zu erwarten sind,[8]
- eine geringe Innovationsrate und Dynamik, weil dadurch vorhandene Bedingungen wie kleine Anbieteranzahl, unelastische Nachfrage, homogene Produkte und Dienstleistungen kaum geändert werden und sich somit Erwartungen dahingehend ausbilden können, dass aggressive Strategien einzelner Anbieter ausbleiben.

Nicht zuletzt die bis heute anhaltende Dominanz industrieökonomischer Forschung zu Kollusionen, die sich auf die Analyse derartiger wettbewerbsbeschränkter Anbie-

---

7 Die schädigende Konsequenz kollusiven Zusammenwirkens von Wirtschaftssubjekten hat natürlich schon Adam Smith (2007 [1827], S. 54) erkannt: »People of the same trade seldom meet together, even for merriment and diversion, but the conversation ends in a conspiracy against the public, or in some contrivance to raise prices.«
8 In diesem Fall fördert dann sogar eine hohe potenzielle Wettbewerbsintensität zwischen den Anbietern die Intention der Bildung und Aufrechterhaltung einer Kollusion.

termärkte konzentriert, kanalisiert die wirtschaftswissenschaftliche Diskussion auf diese Sichtweise: »Collusion is perhaps the most direct means to undermine competition« (Baumol 1992, S. 129). Das greift jedoch selbst im Fall einer horizontalen Kollusion zu kurz, da »there are arenas in which it can be beneficial and sometimes even make a critical contribution to social well-being« (ebenda; vgl. auch Katz/ Ordover 1990). William J. Baumol (1992, 2001) verdeutlicht dies unter anderem an Kollusionen in Form von F&E- bzw. Innovationskooperationen zwischen Konkurrenten, die nicht nur zu einer schnelleren Entwicklung von neuen Technologien und Durchsetzung technologischer Standards führen, sondern sogar insgesamt Wettbewerb *stimulierende* Wirkung entfalten können (vgl. auch Gerybadze 2008). In diesem Kontext ist auch die noch junge industrieökonomische Forschung zu zweiseitigen Märkten zu beachten, die explizit darauf verweist, dass die üblichen Schlussfolgerungen der Wettbewerbsbeschränkung bei gewöhnlichen bzw. einseitigen nicht auf z. B. zweiseitige Plattformen, die etwa für Medienmärkte und Zahlungssysteme typisch sind, übertragen werden können: »Kollusives Verhalten der zweiseitigen Plattformen kann durchaus unter gewissen Umständen zu positiven Effekten für die Gesamtwohlfahrt führen« (Dewenter/Linder 2017, S. 21).

Kollusives Verhalten \ Effekte	Wettbewerbs-neutral bzw. -fördernd	Wettbewerbs-beschränkend
Implizit	Erlaubte Kollusion	Unerlaubte Kollusion
Explizit	Freistellung vom Kartellverbot	Kartell

Dar. 6.1: Typen von Kollusion (in Anlehnung an Kruse 1995)

Üblicherweise wird die Frage von Beschränkungen des Wettbewerbs durch kollusives Verhalten im Rahmen der Diskussion um *Kartelle* diskutiert. »Kartelle sind der Inbegriff der Wettbewerbsbeschränkung durch Kollusion« (Möllering 2010, S. 774). Entsprechend ist es notwendig, zunächst die Beziehung zwischen Kollusion und Kartellen genauer zu klären (▶ Dar. 6.1).

Wenn einem kollusiven Verhalten ausdrücklich festgelegte (vertragliche) Vereinbarungen zugrunde liegen (schriftlich oder mündlich fixiert), dann wird von einer *expliziten Kollusion* bzw. einem *Kartell* gesprochen; andernfalls bleibt es bei der Rede von einer (impliziten) Kollusion. Unter Letzterem sind Verhaltensweisen zu verstehen, die gelegentlich auch als »Parallelverhalten« bezeichnet werden und bei denen kein aktives Zusammenwirken stattfindet, sondern sich das gleichförmige Verhalten aus der Markt- bzw. Branchenstruktur ableitet. Ein Beispiel hierfür ist die Reaktionsverbundenheit auf oligopolistischen Märkten, man denke an Benzin- und Dieselpreise, die die Erzielung kurzfristiger individueller Vorteile etwa durch Preissenkungen nicht angeraten erscheinen lässt, weil sie unmittelbar mit Preissenkungen durch die Wettbewerber beantwortet wird.

Für Gesetzgeber und Wettbewerbsbehörden ist es gleichwohl unerheblich, ob sich Kollusionen implizit oder explizit darstellen. Aus rechtlicher Sicht besteht kein prinzipieller Unterschied zwischen Kollusion und Kartell. Entsprechend werden *alle* kollusiven Absprachen und Zusammenschlüsse als potenzielle Tatbestände der Beschränkung von Wettbewerb deklariert. Dieser Grundsatz ist von großer Tragweite, denn damit stehen sämtliche Formen interorganisationaler Beziehungen *zwischen* Markt und Hierarchie unter dem Generalverdacht, den Wettbewerb zu beschränken.[9] Entsprechend sind nach §1 des Gesetzes gegen Wettbewerbsbeschränkungen (GWB zusammen mit Art. 81 I EGV)[10] zunächst Vereinbarungen zwischen Unternehmen, Beschlüsse von Unternehmensvereinigungen und aufeinander abgestimmte Verhaltensweisen, die eine Verhinderung, Einschränkung oder Verfälschung des Wettbewerbs bezwecken oder bewirken, *generell* verboten (zum Vergleich der Regelungen in der EU und den USA z. B. LeClair 2011, S. 110 ff.). Es gilt dann, über dieses generelle Verbot hinausgehend zu spezifizieren, was konkret als Verhinderung, Einschränkung oder Verfälschung des Wettbewerbs einzustufen ist und – in Abgrenzung davon –, welches kollusive Verhalten den Wettbewerb *nicht* nachteilig beeinträchtigt oder ihn gar fördert und somit von einem Verbot (Kartellverbot) auszunehmen ist (▶ Dar. 6.1).

---

9 Dementsprechend und unter Rekurs auf das klassische Marktverständnis von Kollusion (s. o.) sind auch die immer wiederkehrenden Äußerungen folgenden Inhalts zu erklären: »Die Aufrechterhaltung des freien Welthandels verlangt deshalb auch, daß der weltweite Wettbewerb nicht durch private Marktordnungen, wie sie durch Netzwerke strategischer Allianzen von einigen wenigen Großunternehmen etabliert werden können, blockiert wird« (Albach 1992, S. 667). Vgl. zur Kritik daran, dass von der Rechtsprechung und einer Reihe von Ökonomen Netzwerke – im Gegensatz zu Markt und Hierarchie – nicht als (eigenständige) Organisationsform ökonomischer Aktivitäten gefasst werden und somit reale Formen wie strategische Allianzen (s. u.) immer unter »Generalverdacht« der (verbotenen) Kartellbildung stehen: Wriebe (2001). Und letztlich bleibt auch die aktuelle Forschung zu zweiseitigen Märkten – trotz ihrer Kritik, Märkte in der industrieökonomischen Forschung oftmals unterkomplex zu fassen und mögliche positive Effekte von Kollusionen zu ignorieren – diesem Generalverdacht verhaftet (vgl. Dewenter/Linder 2017).

10 Der Vertrag zur Gründung der Europäischen Gemeinschaft (EGV) ist mit Inkrafttreten des Lissabon-Vertrags zum 01.12.2009 in »Vertrag über die Arbeitsweise der Europäischen Union« umbenannt worden.

Nach dem deutschen Kartellrecht (§ 19 GWB) sind Kollusionen stets zu verbieten, wenn hierdurch zwei oder mehr Unternehmen eine *marktbeherrschende Stellung* erlangen und somit »zwischen ihnen für eine bestimmte Art von Waren oder gewerblichen Leistungen ein wesentlicher Wettbewerb nicht besteht«. Ob darüber hinaus im Einzelfall eine Freistellung vom sog. Kartellverbot vorliegt, ist im Weiteren (ebenfalls) gemäß GWB (insb. §§ 2 u. 3) sowie dem EGV (dazu Morgan 2009) zu beurteilen. Mögliche Gründe für eine *Freistellung* können sein, dass

- die kollusiv bedingten Wohlfahrtsgewinne größer als die Wohlfahrtseinbußen sind – und Konsumenten bzw. Abnehmer sowie die beteiligten Unternehmen an dieser Verbesserung teilhaben können (dazu unten mehr) sowie
- der Wettbewerb nicht wesentlich beeinträchtigt wird (sog. Bagatellkartelle, die als Faustregel nicht mehr als 5 % Marktanteil erreichen) und die Vereinbarung dazu dient, die Wettbewerbsfähigkeit kleiner oder mittlerer Unternehmen zu verbessern (sog. *Mittelstandskartelle*).

Die tatsächliche Bestimmung einer Freistellung vom Kartellverbot ist indes keinesfalls immer eindeutig oder einfach feststellbar. Das liegt zum einen natürlich daran, dass kollusive Absprachen im Verborgenen getroffen werden können (sog. »Gentlemen's Agreements« oder »Frühstückskartelle«), was – bei Verdacht – einer aufwendigen Prüfung und eines expliziten Nachweises bedarf. Eine der höchsten Kartellstrafen, die bisher jemals verhängt wurde, erhielt eine Gruppe von europäischen Lkw-Herstellern. Die EU-Kommission ermittelte von 2011 an wegen eines Kartellverdachts gegen die Lkw-Hersteller *Daimler, MAN, Scania, DAF, Iveco* und *Volvo/Renault*, die über viele Jahre hinweg Preise für mittelschwere und schwere Lastkraftfahrzeuge abgesprochen und die Einführung neu entwickelter Emissionstechnologien verzögert haben sollen (vgl. o. V. 2016). Diese sechs Lkw-Hersteller decken mit ihren Modellen nahezu vollständig den europäischen Lkw-Markt ab und bilden somit einen klassischen oligopolistischen Markt. Im Jahr 2016 verhängte die Brüsseler Kartellbehörde eine Strafe von mehr als € 2,9 Mrd. Einzig *MAN* kam ohne eine Kartellstrafe davon, da dieses Unternehmen als Kronzeuge im Verfahren agierte (o. V. 2024a). Dieses Beispiel eines wettbewerbsbeschränkenden, horizontalen Kartells ist kein Einzelfall. Das liegt nicht zuletzt daran, dass unerlaubte Kartelle typischerweise horizontale Formen der Vereinigung oder Vereinbarung darstellen, die den Mitgliedern kurzfristig einen großen Nutzen versprechen. Gleichwohl sind keinesfalls alle horizontalen Kartelle verboten. Beispielsweise sind *Normungs-* und *Typungskartelle* (oder *Standardisierungskartelle*), die Verträge oder Beschlüsse umfassen, die ausschließlich der Festlegung gemeinsamer technischer Normen oder Typen dienen, aufgrund von Kostensenkungspotenzialen in der Branche sowie der Vorteile für Nachfrager oftmals sogar gesamtgesellschaftlich sehr erwünscht. Aktuell ist es mittels eines derartigen Kartells gelungen, ein EU-einheitliches Ladekabelanschlusssystem auf dem USB-C Standard durchzusetzen. An diesen Standard muss sich u. a. auch das Unternehmen *Apple* halten, das lange Zeit für seine eigenen Ladeanschlüsse gekämpft hat. Neben Anschlüssen für Smartphones und Tablets fallen unter diesen Standard auch Digitalkameras, E-Reader, Kopfhörer, tragbare Lautsprecher und Tastaturen.

Preiskartelle in Form von Einheitspreis- oder Mindestpreiskartell sowie Kalkulations- und Submissionskartelle (Letztere auch Ausschreibungskartelle genannt, die in der Baubranche verbreitet sind) sind hingegen stets verboten (vgl. dazu auch Pressey/Vanharanta 2016). Mitunter ist ein entsprechender Nachweis aber gerade bei Preiskartellen kaum möglich: Ob zum Beispiel wirklich aufeinander abgestimmte Verhaltensweisen vorliegen, oder ob es sich nur um Parallelverhalten von Marktteilnehmern handelt, ist nicht immer einfach zu klären. Ein viel und immer wieder diskutiertes Beispiel sind Schwankungen bei Kraftstoffpreisen. Das gleichförmige Verhalten der Mineralölfirmen wird von diesen selbst durch die für alle eingetretenen Kostenerhöhungen (in Form von gestiegenen Rohölpreisen) erklärt, während Verbraucherorganisationen abgestimmte Verhaltensweisen vermuten. Reine Preiskartelle werden überdies dadurch erleichtert, dass eine Abstimmung aufgrund der geringen Komplexität vergleichsweise wenig aufwendig herzustellen ist – was andererseits einen Nachweis erschwert.

Aus organisatorischer bzw. netzwerktheoretischer Perspektive weisen Kartelle – im Vergleich zu Absprachen in Konsortien (s. u.), aber auch zu Kooperationen im Sinne langfristiger Beziehungen – generell eine geringe Bindungsintensität auf, was sie als eher fragile Gebilde kennzeichnet (vgl. auch Möllering 2010, S. 782; Bertrand/Lumineau 2016). Blickt man mit einer Netzwerkperspektive auf Kollusion und Kartell (wie in Kapitel 5.2 auf Märkte), zeigt sich, dass die zwischen den Mitgliedern bestehenden Beziehungsgeflechte tatsächlich lose Kopplungen aufweisen und wenig zentralistisch sind (vgl. z. B. die netzwerkanalytische Studie eines Kartells im Elektroanlagenbau in den USA durch Baker/Faulkner 1993). Dieser Befund verweist auf das Dilemma zwischen einer möglichst »unauffälligen«, aber doch wirksamen Koordination der Aktivitäten im Kartell. Tatsächlich existieren einige Faktoren, die Kartellbildungen eindämmen bzw. Kartelle im Zeitverlauf instabil werden lassen (vgl. D'Aspremont et al. 1983; Bühler/Jäger 2005): Hierzu gehören etwa Unterschiede in der Entwicklung der Kosten- und Nachfragestruktur zwischen den Unternehmen eines Kartells, weil diese Differenzen eine (stillschweigende) Einigung über Preise und Mengen in Zukunft unwahrscheinlicher machen. Auch eine zu große oder größer werdende Anzahl an Firmen in einem Markt (z. B. durch neueintretende Unternehmen und Konkurrenzprodukte) führt zur Eindämmung oder Destabilisierung von Kartellen, weil damit die Möglichkeit marktbeeinflussender Entscheidungen abnimmt (mit anderen Worten: Die Marktmacht eines Kartells sinkt).

Aber auch die Abwägung, ob nun ein positiver oder negativer Wohlfahrtseffekt eingetreten ist oder eintreten wird, ob also potenzielle Einbußen durch die Kollusion die Gewinne übertreffen oder nicht, ist oftmals mit Problemen der Transparenz und Gewichtung unterschiedlicher Interessen behaftet. Im Falle der Allianzbildung von Luftverkehrsgesellschaften wie der *StarAlliance* haben Wettbewerbsbehörden bisher stets entschieden, dass die Wohlfahrtsgewinne der Kollusion (z. B. Preisvorteile für Kunden aufgrund besserer Auslastung und Kostenstruktur im Rahmen der

Allianz) größer als die Wohlfahrtseinbußen sind (etwa Marktbeherrschung bestimmter Flugrouten und Flughäfen aufgrund einer Allianzbildung von Luftverkehrsgesellschaften).[11] Die Übernahme der *Swiss* durch *Lufthansa* durch die Europäische Kommission und die amerikanische Kartellbehörde wurde erlaubt, da der intensive Wettbewerb im internationalen Luftverkehr durch diese horizontale Übernahme nicht bedeutsam beeinträchtigt wird.[12]

Neben horizontalen gibt es auch *vertikale Formen* der Kollusion, die im Kartellrecht aufgeführt sind. Hierbei handelt es sich zum Beispiel um *Konditionenkartelle*, die eine Festlegung der Lieferbedingungen hinsichtlich der Fristen oder Vereinheitlichung der Zahlungsbedingungen zur Grundlage haben, sowie um *Rabattkartelle*, die durch eine Festlegung von Umsatz-, Funktions- und Mengenrabatten gekennzeichnet sind (vgl. hierfür und weitere Formen z. B. Schwerk 2000).

Seit dem Inkrafttreten der 7. GWB-Novelle am 01.07.2005 gilt die sog. Legalausnahme, die dazu führt, dass das Kartellamt nicht mehr formell Freistellungen vom Kartellverbot aussprechen muss, sondern dass Unternehmen selbst überprüfen, ob ihre Vereinbarungen mit dem Kartellrecht vereinbar sind. Es sind durchaus nicht nur ein paar Einzelfälle, die vom Kartellverbot freigestellt und damit legale Kartelle sind: Nach der Wiedervereinigung stieg die Zahl *legaler Kartelle* in den 1990er Jahren auf ca. 350 und blieb bis zum Jahr 2004 auf diesem Niveau. Danach erschwerte die 7. Novelle des GWB eine verlässliche Größenangabe; dennoch ist ein Anstieg legaler Kartelle, insb. Mittelstandskartelle, abschätzbar (Haucap et al. 2010).

Eine Grundsatzfrage, die in letzter Zeit wieder verstärkt Einzug in die wirtschaftswissenschaftliche Diskussion erhält (vgl. Möllering 2010; Wriebe 2001, S. 187 ff.; Buckley 2021), ist die Frage, ob Netzwerkbeziehungen die Entstehung von Märkten verhindern oder gar fördern. In Form von Kartellen haben interorganisationale Beziehungen zwar *definitionsgemäß* das Ziel und den empirischen Effekt, Wettbewerb zu behindern oder gar zu unterbinden. Allerdings sind Kartelle nicht nur zu akzeptieren, sondern sogar zu *fördern*, wenn ohne sie zum Beispiel die Versorgung mit wichtigen Gütern zusammenbräche, weil die Angebotsseite ohne kollusive Kooperation wirtschaftlich unattraktiv würde und mit den Anbietern der gesamte Markt verschwände. Insbesondere bei der Entstehung *neuer Märkte* kann sogar argumentiert werden, dass Unternehmen die Unsicherheiten bezüglich des möglichen Marktvolumens, notwendiger Investitionen, der Realisierbarkeit neuer

---

11 Im Oktober 2010 hat die Europäische Kommission jedoch gegen elf Fluggesellschaften wegen Preisabsprachen im Bereich Kerosin- und Sicherheitszuschlag im Luftfrachtgeschäft eine Strafe von insgesamt € 799 Mio. verhängt. Als einziges Mitglied dieses Luftfrachtkartells blieb die *Lufthansa* straffrei; sie hatte die Verstöße 2006 bei den Wettbewerbshütern gemeldet und fungierte als Kronzeuge während des Verfahrens. Das Kartell war von 1999 bis 2006 aktiv.

12 Allerdings hat die Europäische Kommission (mit Zustimmung der amerikanischen Kartellbehörde) mit *Lufthansa* und *Swiss* eine Reihe von Maßnahmen vereinbart, die insbesondere die Bereitstellung bzw. Nutzung von »Slots« auf verschiedenen europäischen und interkontinentalen Strecken regelt.

Technologien, zu erwartender Rückflüsse etc. nicht auf sich nehmen würden, wenn der Wettbewerb nicht eingeschränkt ist (vgl. Möllering 2010, S. 774). Die klassische Sicht, in der Kooperationsformen *per se* als Kartelle und somit als Verursachung von »Marktversagen« bzw. als Wettbewerbsverhinderung verstanden werden, wird so fundamental – und zu Recht – infrage gestellt. Gleichwohl überlagert diese Diskussion, anders als die Frage nach Verband oder Verbund, das Verhältnis von Kooperation und Wettbewerb bei der Entwicklung von Netzwerken (▶ Kap. 11.3).

6.2 Verbund und Verband

In der Praxis, zumal der Bundesrepublik Deutschland, existiert eine kaum zu überblickende Anzahl und Artenvielfalt von *Verbänden*: vom Kleintierzüchterverband über den Verband der Hochschullehrerinnen und Hochschullehrer für Betriebswirtschaft bis hin zu Gewerkschaften und politischen Parteien. Juristisch wird zwischen Vereinen und Verbänden zwar kein Unterschied gemacht, die dominante Rechtsform von Verbänden ist – neben den Kammern – aber der (eingetragene) Verein (e. V.). Vereine und Verbände sind aber auch organisatorisch nicht gleichzusetzen. Organisatorisch ist der Verein eher auf lokale Bindung und einen geselligen Zweck festgelegt, während der Zweck von Verbänden in der (oftmals überregionalen) Vertretung von Professions- und anderen ökonomischen Interessen der Mitglieder und der Beeinflussung der Öffentlichkeit (z. B. in Form von Lobbyismus) besteht (vgl. Müller-Jentsch 2008, S. 495).

Zur Bündelung der prinzipiell unerschöpflichen Vielfalt von Interessen möglicher Verbände bietet sich eine Typenbildung über das einen Verband konstituierende Merkmal der *Zweckgerichtetheit* und konkret über *zweckbezogene Felder* an, in denen (Spitzen- und Dach-)Verbände tätig werden wie etwa:

- politische Verbände (z. B. Parteien, aber auch überparteiliche Organisationen wie Transparency International Deutschland),
- wirtschaftsbezogene Verbände (z. B. Industrie-, Handels-, Handwerks- und Verbraucherverbände, Verband der Deutschen Automobilindustrie, Deutscher Flughafenverband),
- berufsbezogene Verbände (z. B. Deutscher Anwaltsverein, Ärzteverbände),
- wissenschafts- und forschungsbezogene Verbände (z. B. Deutsche Forschungsgemeinschaft, Gesellschaft Deutscher Chemiker) sowie
- gesellschaftliche, kulturelle und religiöse Verbände (z. B. Bundesverband Garten-, Landschafts- und Sportplatzbau, Internationaler Brauereikultur-Verband, Bund der Deutschen Katholischen Jugend).

Innerhalb eines konkreten Verbandes finden sich prinzipiell ähnliche Partner mit ähnlichen Interessen, was darauf hinausläuft, dass Verbände oftmals – jedoch nicht zwingend – ein horizontales Netzwerk von Partnern darstellen. Der sehr allgemeine Begriff »Partner« verweist darauf, dass nicht nur natürliche Personen, sondern auch juristische Personen (Körperschaften bis hin zu Staaten) Mitglied in einem Verband sein können; in diesem Fall wäre eine Klassifizierung von Verbänden als interorganisationale Netzwerke angemessen. Gleichwohl hat sich in der Verbandsforschung die Rede von Verbänden als eines bestimmten Organisationstypus durchgesetzt; auch die Rede von »Meta-Organisationen« (Ahrne/Brunsson 2005) bringt dabei zum Ausdruck, dass hier regelmäßig Organisationen Mitglieder sind.

Ein weiteres Merkmal von Verbänden ist, dass sie für ihre Leistungen *Mitgliedsbeiträge*, *Spenden* oder *Zuschüsse* erhalten. Wofür diese Entgelte verwendet werden, bleibt zunächst offen, d. h. ein innerer Zusammenhang zwischen Leistung und Gegenleistung wie bei einem vertraglich geregelten Tauschgeschäft oder einigen Formen interorganisationaler Netzwerkbeziehungen (z. B. Lizenzierung) fehlt weitgehend. Die Beiträge müssen auch nicht unbedingt finanzieller Natur sein, obwohl die Möglichkeit zur Einflussnahme eines Verbandes – etwa auf das politische System – natürlich auch und gerade über die Verfügbarkeit und Nutzungsmöglichkeit finanzieller Ressourcen bestimmt (vgl. dazu auch Bachmann/Lane 1997; ▶ Kap. 1.4). Neben Finanzmitteln ist die Funktionsfähigkeit und Wirkmacht vieler Verbände ganz entscheidend auch von den sachlichen oder persönlichen Leistungen der Mitglieder abhängig (z. B. ehrenamtliche Mitarbeit). Das Potenzial einer effektiven Interessensvertretung und -beeinflussung steht und fällt – nicht zuletzt – wiederum mit der Qualifikation, Professionalisierung und Motivation des Personals eines Verbandes (vgl. Witt et al. 1996).

Die Frage nach den Beiträgen – sowohl den finanziellen als auch den Leistungsbeiträgen – sollte im Zusammenhang mit einem weiteren Merkmal diskutiert werden: jenem der *Freiwilligkeit* der Mitgliedschaft. In diesem Zusammenhang wird beispielsweise diskutiert, ob bestimmte, aus Unternehmen bekannte Managementpraktiken (z. B. Management by Objectives, Pay-for-Performance) nicht freiwilliges Engagement korrumpieren, weil es dann nicht (mehr) »um die Sache«, sondern (nur noch) »um's Geld« geht. Große Verbände (insb. im Bereich der Wirtschaft) versuchen, diesen möglichen Zwiespalt dadurch zu lösen, indem sie hauptamtlich Beschäftigte einstellen, um so auf eine positive Verbindung des Sach-Motivs mit dem Geld-Motiv zu spekulieren: Wenn die Beschäftigten »ihre Sache« gut machen, gibt es auch mehr Geld (für den Mitarbeiter und den Verband) – und mit mehr Mitteln kann wiederum die Sache besser gemacht werden. Im Unterschied zum Verein gibt es übrigens bei Kammern (bspw. Industrie- und Handelskammer), etwa für Gewerbe und freie Berufe, eine gesetzliche Pflichtmitgliedschaft, weshalb diese Verbindungen in den auf Freiwilligkeit aufbauenden Verbandsverständnissen nicht inkludiert sind (vgl. etwa Deutsche Gesellschaft für Verbandsmanagement e. V.).

Eine weiter ausgreifende Definition von Verbänden ergänzt die schon genannten Charakteristika um die (innere) *Organisiertheit*: Verbände sind dann Gruppen von Einzelpersonen (natürliche Person) und/oder Körperschaften (juristische Person) aller Art, die sich freiwillig oder verpflichtend zur überregionalen Vertretung von Interessen und der Beeinflussung der Öffentlichkeit zusammengeschlossen haben sowie meist über eine relativ stabile, interne Organisationsstruktur (z. B.

Geschäftsführung, Fachgliederungen, Arbeitskreise oder Arbeitsgruppen) auf Basis einer Satzung verfügen. Daraus ergibt sich auch, dass ein Verband besser als eine Organisation oder Meta-Organisation und nicht als interorganisationales Netzwerk zu bezeichnen ist. Gleichwohl bleibt die *Vernetzung* der Verbandsmitglieder eine *zentrale Aufgabe*.

Eng miteinander verwandt sind Verband und Verbund. Während sich beim Verband ähnliche Partner mit gleichartigen Interessen zusammenschließen, ist ein *Verbund* ein freiwilliger Zusammenschluss von *nicht* gleichartigen Partnern, deren Zielrichtung aber durchaus Gemeinsamkeiten haben kann (vgl. Arnold 2006). Beispielsweise können sich Partner unterschiedlicher Gewerke der Bauwirtschaft (z. B. Dachdecker, Zimmerer, Tischler, Fliesenleger) zusammenschließen, um materielle Ressourcen (z. B. Gerätschaften, Finanzmittel) und immaterielle Ressourcen (z. B. Wissen, Beziehungen) der Mitglieder gemeinsam zu nutzen oder einen gemeinsamen Werbeauftritt etwa auf Messen oder in Medien vorzunehmen. Es gibt aufgrund dieser Zusammensetzung der Mitglieder entlang der Wertschöpfungskette – die sowohl innerhalb einer Branche als auch branchenübergreifend (lateral) ausgeprägt sein kann – vielfältige Gründe für die Bildung eines Verbunds im wirtschaftlichen System. Derartige Zwecke sind zum Beispiel der Schutz vor feindlichen Übernahmen (z. B. durch Beteiligungen an anderen Unternehmen als sog. »Giftpille«), die gemeinsame Firmengeschichte (z. B. verschiedene Aktienpakete in Familienbesitz) oder finanzielle Erwägungen (z. B. Anlage von freien Mitteln).

Im Zweifel sind Verband und Verbund aber schwer zu unterscheiden, weil auch Verbände Mitglieder vor- oder nachgelagerter Stufen der (vertikalen) Wertkette umfassen können und sich die Mitgliedschaft eines Verbundes auf eine (horizontale) Stufe konzentrieren kann. Nach Benjamin Behar (2009) sind Verbundstrukturen außer über vertragliche Vereinbarungen oder mögliche Kapitalbindungen insb. über die Ausgestaltung hierarchischer Strukturen und gegenseitige Ressourcenabhängigkeiten zu begründen. Deutlich macht er das an Einkaufsverbünden, womit auf die Möglichkeit funktionaler Spezialisierung von Verbünden verwiesen wird. In seiner empirischen Untersuchung zu Verbundstrukturen im deutschen Krankenhausmarkt fasst Behar (2009, S. 53) sowohl die Einkaufsgemeinschaft für Krankenhäuser *AGKAMED Holding* als auch den Einkaufsverbund *Prospitalia* als Verbund. Bei Ersterer liegt eine Kapitalbindung der beteiligten Krankenhäuser vor, während Letzterer ohne Kapitalverflechtung auskommt. Zentral bei diesen Verbünden ist nach Behar folglich nicht die Kapitalverflechtung, sondern – netzwerktypisch – die Möglichkeit, über Verbundstrukturen Ressourcenabhängigkeiten von rechtlich selbstständigen Unternehmen zu steuern sowie – netzwerkuntypisch – hierarchische Strukturen (etwa im Konzern) gezielt zur Effizienzsteigerung auszugestalten. Folglich ergibt sich ein ausgesprochen breites Verständnis von Verbund, das schon bei losen, bilateralen Beziehungen beginnt, horizontale, vertikale und laterale Verbundstrukturen umfasst, die dann aber auch – wie im Falle der Genossenschaften (vgl. dazu Aulinger 2008) – deutlich enger gekoppelt und sowohl auf operative Effizienz des Verbunds als auch auf die strategische Netzwerkentwicklung und Marktgestaltung ausgerichtet sein können (vgl. Behar 2009, S. 46 ff.).

6.3 Lizenzierung und Franchising

Das Wort *Lizenz* stammt aus dem Lateinischen: »Licet« = »es ist erlaubt« bzw. »licens« = »frei«. Im Allgemeinen ist mit Lizenz gemeint, dass eine Erlaubnis zu etwas gegeben wird, was ohne die Erlaubniserteilung verboten gewesen wäre. Im Speziellen ist die Rede von der vertraglich geregelten Überlassung von Wissen unter definierten Bedingungen, also im Austausch gegen ein Entgelt oder Kompensationsleistungen (vgl. Mordhorst 1994, S. 14; Gerpott 1999, S. 256; O'Donell et al. 2008, S. 113).

Durch Lizenzen wird einem Dritten durch einen staatlichen Akt und/oder durch einen privaten Vertrag der Zugang zu einem Schutzmonopol (einer Erfindung, eines Schutzrechts oder eines Patents) oder die Anmeldung hierauf übertragen (vgl. z. B. Henn 2003, S. 6). Als Übertragungsgegenstand wird zwischen gewerblichen Schutzrechten und nicht-geschütztem Wissen unterschieden. Gewerbliche Schutzrechte sind zum Beispiel Patente, Gebrauchsmuster, eingetragene Marken und proprietäre Soft- und Hardware. Zu nicht geschütztem bzw. nicht patentierbarem Wissen zählen unter anderem nicht-proprietäre immaterielle Güter (vgl. Kriepenford 1989, Sp. 1323; Burr 2003, S. 545; O'Donnell et al. 2008, S. 113).

Die individuell geschlossenen Lizenzverträge[13] *können* unter anderem beinhalten (vgl. Greipl et al. 1982, S. 73; Stumpf/Groß 1998; Teubener 1999, S. 45 f.; O'Donnell et al. 2008, S. 113 ff.; Berger 2015, S. 135 f.) eine Beschreibung bzw. Bezeichnung

- des Lizenzgegenstands: Beschreibung der Technologie(n), des expliziten Wissens, der Herstellungsverfahren,
- des Lizenzumfangs: Patent- und/oder Know-how-Lizenz, Anzahl der übertragenden Patente und Produkte, zusätzlicher Technologiezugang etc.,
- der Wertschöpfungsstufe der Lizenzvergabe bzw. -nahme,
- der Exklusivität der Lizenz (oft mit Bezug auf eine Marktregion),
- der Lizenzlaufzeit,
- der Absprachen hinsichtlich der Entgeltregelungen (z. B. in Form eines »Down-Payments« am Anfang oder/und einer laufenden Gebühr, den »royalties«, etwa in Abhängigkeit vom wirtschaftlichen Erfolg) sowie
- der Regelungen im Falle eines Verstoßes gegen den Lizenzvertrag.

Grundsätzlich ist eine Einschränkung der vergebenen Lizenzen möglich; diese kann räumliche, sachliche oder zeitliche Dimensionen betreffen (vgl. O'Donnell et al. 2008, S. 115 f.).

---

13 Im Gegensatz zu Kartellen und dem entsprechenden Kartellgesetz (▶ Kap. 6.1) gibt es kein ausschließlich auf Lizensierung (oder Franchising) bezogenes Spezialgesetz. Der Begriff Lizenz findet nur im Markengesetz Erwähnung. Konsequenzen hat das insofern, als die Inhalte von Lizenzgeschäften (und Franchiseverträgen) entsprechend offen sind. Die konkreten Rechte und Pflichten der Partnerschaft entstehen sui generis bzw. durch die konkrete Vertragsformulierung – und sind folglich hochgradig individuell.

Des Weiteren kann zwischen verschiedenen Lizenztypen und -formen unterschieden werden: Eine *einfache* (nicht-ausschließende) Lizenz erlaubt dem Lizenznehmer den Gebrauch eines Schutzrechts, wie etwa die Herstellung eines Produkts, welches Gegenstand eines Patents ist. In diesem Fall kann der Lizenzgeber die Rechte selber weiternutzen oder eben auch an Dritte weitergeben – ganz im Gegensatz zum Lizenznehmer, der die Lizenz nicht weitergeben darf. Eine *exklusive* Lizenz beinhaltet hingegen ein Nutzungsrecht, das dem Lizenznehmer einen ausschließlichen Zugriff – zum Beispiel für ein bestimmtes Gebiet oder eine bestimmte Gebrauchsart – gestattet. In diesem Fall ist der Lizenznehmer auch ohne vorherige Absprache zur Weitergabe (Unterlizenzierung) berechtigt (vgl. insb. Pagenberg/Geissler 1997; vgl. auch Stumpf/Groß 1998, S. 51; Wandtke/Bullinger 2006, S. 475 ff.; Berger 2015, S. 130 ff.).

Lizenzgeschäfte kommen zustande, wenn sie für beide Parteien unter dem Strich Vorteile bieten. Für einen Lizenz*geber* können Vorteile zum einen in einer Umsatzsteigerung durch die erhaltenen Lizenzgebühren liegen, über die er die Weiterentwicklung der Technologie oder gar neue Technologieentwicklungen finanzieren kann. Überdies kann durch die Anwendung einer lizenzierten Technologie eine zusätzliche Validierung auf einem für den Lizenzgeber neuen Markt erfolgen, dessen Ergebnisse in die Weiterentwicklung der Technologie einfließen können. Oder aber der Lizenzgeber kann sich nach Lizenzvergabe vermehrt auf seine Kernkompetenzen konzentrieren, um immer wieder neue Technologien zu entwickeln, die dann wiederum lizenziert werden können. Eine Lizenzvergabe kann auf der anderen Seite die Reputation des Lizenz*nehmers* positiv beeinflussen, Kapazitäts- und Kompetenzdefizite ausgleichen sowie neue Absatzmärkte erschließen (vgl. Teubener 1999, S. 25 f.; Kollmer/Dowling 2004, S. 1148; Specht et al. 2002, S. 457; vgl. Brandt 2012, S. 22 f.). Für den Lizenznehmer kann zudem eine Diversifikation durch die Lizenznahme von Vorteil sein: Sein Unternehmen kann durch die neue Technologie wachsen und neue Geschäftsmodelle einführen. So erfolgt ohne zusätzlichen F&E-Aufwand eine Aufstockung des Produkt-Portfolios (vgl. z.B. Hauschild/Salomo 2007, S. 69 ff.; Gerpott 1999, S. 255 ff.; Kollmer/Dowling 2004, S. 1148).

Lizenzstrategien betreffen eine bewusste, vertragliche Gestaltung der Überlassung von eigenen Technologien und Know-how an Dritte, also einer Lizenzvergabe im Rahmen einer vom Unternehmen geführten Lizenzpolitik. Als geradezu klassische Lizenzstrategien können Lizenzierungen bezeichnet werden, die die Teilhabe an einem Wissensvorsprung und die Erschließung neuer geografischer Märkte zum Ziel haben. So können Unternehmen, die bisher ein Produkt auf dem heimischen Markt vertrieben haben, in neue Regionen vorstoßen, ohne dass sie Direktinvestitionen im Ausland tätigen müssen. Zum Beispiel hat *Siemens Gamesa Renewable Energy*, eine Tochtergesellschaft der *Siemens AG*, im Jahr 2018 eine Lizenzvereinbarung mit *Shanghai Electric* abgeschlossen, nach der das chinesische Unternehmen 8 Megawatt Direktantriebsturbinen von *Siemens Gamesa* für Offshore-Windkraftprojekte herstellen und in den Hoheitsgewässern vor dem chinesischen Festland installieren darf. Hierbei handelt es sich nicht um das erste Lizenzgeschäft zwischen den beiden Unternehmen. Schon seit 2013 lizensiert *Siemens Gamesa* verschiedene Windturbinentypen an *Shanghai Electric*, so dass die Lizenzpartnerschaft inzwischen schon mehr als 300 Windturbinen vor der chinesischen Küste umfasst (vgl. o. V. 2018a). Einfache Lizenzierungen im Sinne einmaliger Transaktionen über einen klar definierbaren Inhalt ähneln durchaus Marktbeziehungen. Auf der anderen Seite kann jedoch bei Lizenzierung dann von einer Netzwerkbeziehung gesprochen werden, wenn es sich bei der Lizenz um eine für ein Unternehmen relevante Produkt- oder Verfahrenstechnologie handelt und neben dem kodifizierten Wissen auch »tacit knowledge« transferiert werden muss. Die Übertragung dieses nicht-kodifizierbaren, impliziten Wissens verlangt in der Praxis nach einer netzwerkartigen Zusammenarbeit, die nicht nur die wesentliche Grundlage für den Wissenstransfer bildet, sondern über den Aufbau von Vertrauen, Reziprozität usw. zusätzliche Schutzmöglichkeiten vor einem ungewollten, gar opportunistischen Abfluss dieses Wissens etabliert (vgl. Rassenfosse et al. 2016). Hagedoorn et al. (2008) sprechen in diesem Zusammenhang von einem »partnership-embedded licensing«, das sie von »standard licensing agreements« abgrenzen. Erstere scheinen sich vor allem in technogisch hochentwickelten Branchen zu verbreiten. Ein weiterer Indikator für das Vorliegen einer Netzwerkbeziehung im Lizenzierungsgeschäft ist das »cross-licensing«, also eine gegenseitige Lizenzvergabe (vgl. Grindley/Teece 1997; Grimpe/Hussinger 2014; Jeon/Lefouili 2018).

Nach Ansicht von David J. Teece (1986) muss (auch) einer Lizenzierungsstrategie stets die Frage der Wahl der optimalen Organisationsform – Markt, Netzwerk oder Hierarchie – vorangestellt werden. Zur Beantwortung dieser originären Frage schlägt der Autor nun zum einen die Berücksichtigung der *Komplementarität* der potenziell zu lizenzierenden Innovation im Verhältnis zu vor- und nachgelagerten Ressourcen entlang des Wertschöpfungsprozesses vor. Komplementäre Ressourcen, so Teece (1986), tragen nämlich entscheidend zum Gelingen einer Markteinführung und der Kommerzialisierung einer Innovation bei. Zur Beantwortung der Frage, ob der Koordinationsmechanismus Markt, Netzwerk oder Hierarchie im Rahmen einer Lizenzentscheidung gewählt werden soll, gilt es jedoch, neben komplementären Ressourcen, auch das sog. »Appropriierungsregime« zu berücksichtigen. Hierunter werden in diesem Zusammenhang die oben schon angesprochenen Schutzmöglichkeiten einer zu lizenzierenden Technologie verstanden. Dazu zählen etwa gesetzliche Möglichkeiten zum Schutz der Innovation gegen Nachahmer, aber auch der Anteil an implizitem Wissen der Technologie, welcher die grundsätzliche Gefahr einer (ungewollten) Imitierbarkeit durch einen Partner bestimmt. Eine Lizenzierung ist nach Teece (1986) dann sinnvoll, wenn der Schutz der Technologie vor Imitation durch den Lizenznehmer aufgrund eines stark ausgeprägten Appropriierungsregimes gewährleistet ist (z. B. durch zuverlässige Schutzrechte im ausländischen Markt des Lizenznehmers) und der Lizenznehmer zugleich über relevante komplementäre Ressourcen verfügt, die dem Lizenzgeber fehlen oder über die er nicht verfügen kann. Unter diesen Bedingungen kann der Lizenzgeber (Innovator) sicherstellen, dass er dauerhaft (relationale) Gewinne einstreichen, seine Technologie verbreiten und darüber hinaus das proprietäre Wissen sichern kann, was etwa für eine nachhaltige Weiterentwicklung der Technologie durch den Lizenzgeber bzw. zur Sicherung des strategisch relevanten Wissens von zentraler Bedeutung ist (vgl. auch Aydin Ozden/Khashabi 2023, S. 2311).[14] In diesem Fall stellt die Lizenzierung dann eine angemessene Organisationsform dar.[15]

Franchising ist eine besondere Art des Lizenzgeschäfts, das ebenfalls die Existenz netzwerkförmiger, wenn nicht gar hierarchischer Interorganisationsbeziehungen impliziert. Franchising ist »eine Form der vertikalen Kooperation, bei der der Franchisegeber aufgrund langfristiger individual-vertraglicher Vereinbarungen rechtlich selbstständig bleibenden Franchisenehmern gegen Entgelt das Recht einräumt und die Pflicht auferlegt, genau bestimmte Sach- und/oder Dienstleistungen unter Verwendung von Namen, Warenzeichen, Ausstattung und sonstigen Schutzrechten sowie unter Beachtung des von diesem entwickelten Absatz- und Organisationssystems auf eigene Rechnung an Dritte abzusetzen« (Ahlert 1981, S. 87). Die in etwa gleichlautende Definition des *Deutschen Franchiseverbands* fügt dem jedoch noch hinzu, dass es sich um eine enge Beziehung handelt und der Franchisenehmer zusätzlich noch laufende technische und betriebswirtschaftliche Unterstützungsleistungen durch den Franchisegeber erhält.

Beiden Begriffsdarstellungen ist gemein, dass sie die Beziehung der selbstständigen Franchisegeber (»Franchisor«) und Franchisenehmer (»Franchisee«) als langfristige Geschäftsbeziehung betrachten, die durch einen Franchisevertrag geregelt wird. Der Franchisegeber stellt dem Franchisenehmer ein »System-Paket« inklusive diverser Rechte und Pflichten zur Verfügung, wofür er mit einem Entgelt entlohnt wird (▶ Dar. 6.2).

Entsprechend geht das Prinzip des Franchisings weiter als das der Lizenzierung. Es werden nicht nur Technologien weitergegeben (und weiterentwickelt), sondern ganze Franchisepakete im Sinne vollständiger Geschäftskonzepte sowie zusätzlicher Unterstützungsleistungen. Das wesentliche Ziel dieser umfassenden Rechteeinräumung und des zusätzlichen, laufenden Know-how- und Serviceangebotes

---

14 Letzteres ist insbesondere für sog. »intellectual property vendors« hoch bedeutsam, deren Geschäftsmodell darauf beruht, beständig Innovationen zu generieren, deren Herstellung und Vertrieb jedoch stets per Lizenz vergeben wird (vgl. z. B. Kolmer/Dowling 2004; Davis 2008). Die Kernkompetenz dieser zumeist kleinen »Innovationsschmieden« liegt folglich in ihrer dauerhaften Innovationsfähigkeit, sodass neben der Wahl von Unternehmen, die sich als zuverlässige Produktions- und Vertriebskanäle erweisen müssen, die Bewahrung und Weiterentwicklung ihrer Innovationsfähigkeit im Zentrum ihres Lizenzgeschäfts stehen. Die Strategie der Lizenzierung intellektueller Verfügungsrechte ist insbesondere in der Biotechnologie und den Software-, Telekommunikations- und Halbleiterindustrien stark vertreten (vgl. Fosfuri 2006).

15 Die Praxis von Lizenzierungen zeigt gleichwohl, dass es eine Reihe von Auswahlkriterien gibt, die Teece (1986) nicht berücksichtigt. Hierzu zählt insbesondere die strategische Bedeutsamkeit eines (neuen) Marktes. Hierüber lassen sich dann auch Lizenzierungen in Länder erklären, deren Appropriierungsregimes bekanntermaßen eher schwach ausgeprägt sind. Aber auch unter verstärkter Berücksichtigung von strategischen Entscheidungsmerkmalen gilt es stets, die Frage einer Wahl der Organisationsform zu beantworten (vgl. hierzu etwa Strautmann 1993, S. 79 ff.; Burr 2003, S. 568 ff.).

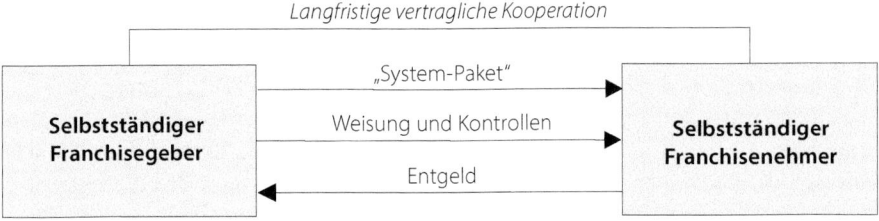

Dar. 6.2: Das Franchising-Prinzip (Lang 1984, S. 42)

durch den Franchisegeber dient der zugleich schnellen Etablierung und dauerhaften Gewährleistung eines einheitlichen Marktauftritts, ohne (zwingend) ein eigenes Filialsystem aufzubauen. Hierdurch wird überdies die Marke über den Franchisenehmer gestärkt, was einen positiven Einfluss auf die Marktposition und Umsätze des gesamten Franchisesystems hat. Für die Kunden bestehen im Auftritt der Franchiseunternehmen keine sichtbaren Unterschiede zu einer Unternehmung mit angeschlossenen Filialen (vgl. Ahlert et al. 2003, S. 565; Peckert et al. 2008, S. 26; Garmaier 2010, S. 4; Brinkel 2016, S. 32 ff.) – gleichsam *der* hierarchischen Alternative zum eher netzwerkförmig organisierten Franchisesystem.

Die *Vorteile* eines Franchisesystems für den Franchise*geber* sind unter anderem ein schneller und zugleich kapitalschonender Marktzugang und entsprechend geringerem wirtschaftlichen Risiko. Zudem kommt dem Franchisegeber die Motivation des Franchisenehmers zugute, als selbstständiger Unternehmer zu handeln (vgl. Ahlert et al. 2003, S. 565; Peckert et al. 2008, S. 26; Garmaier 2010, S. 14; Brinkel 2016, S. 26 ff.). *Nachteile* bestehen für den Franchise*geber* andererseits zum Beispiel im Verzicht auf eigene Erträge. Zudem besteht ein erheblicher Bedarf nach Koordination und Kontrolle der Franchisenehmer, verbunden mit entsprechenden Kontrollkosten. Außerdem hat ein Franchisegeber, vergleicht man es mit dem Filialsystem, weniger unmittelbare Nähe zum Markt, zu den Kunden und zu seinen Geschäftspartnern.[16] Der Franchisegeber muss außerdem damit rechnen, dass sowohl sein Konzept als auch sein Image »verwässert« werden kann und dass die Gefahr besteht, kopiert zu werden.

Der Franchise*nehmer* verpflichtet sich, das Franchisepaket zu nutzen und die im Vertrag geregelte äußere Erscheinung des Geschäftsbetriebes zu übernehmen. Er hält sich an die Absatzpflichten, muss an den vom Franchisegeber angebotenen Schulungen teilnehmen und für lokale Werbung sorgen. Er ermöglicht es zudem seinem Geschäftspartner (Franchisegeber), vertraglich festgelegte Kontrollen durchzuführen und berichtet in regelmäßigen Abständen über die Entwicklungen auf seinem regionalen Absatzmarkt (vgl. Bauder 1988, S. 29; Ahlert et al. 2003, S. 565;

---

16 Eine ganze Reihe von Franchisegebern (u. a. *McDonalds*) vermeiden dies, indem sie zusätzlich ein eigenes Filialsystem betreiben, das über den direkten Kundenkontakt auch zur Entwicklung neuer Standards, Produkte und Dienstleistungen dient. Ein anderer Beweggrund für die Entscheidung für eine solche »plural form« (Bradach 1997) ist die Ermöglichung von wechselseitigem Lernen.

Metzlaff 2003, S. 93 ff.; Brinkel 2016, S. 29 ff.). *Vorteilhaft* ist für den Franchise*nehmer*, dass ihm ein Geschäftskonzept inklusive eines kompletten Leistungspakets zur Verfügung gestellt wird. Er handelt als selbstständiger Unternehmer, doch ist seine Kreditwürdigkeit höher, insb. wenn das Franchisesystem etabliert ist. Bei einem etablierten System profitiert er überdies von einem leichten Eintritt in den Markt, was insb. dann gilt, wenn der Franchisegeber darauf achtet, dass sich die Franchisenehmer (z. B. in einer bestimmten Region) nicht zu viel Wettbewerb machen. Überdies kann der Franchisenehmer ein bestehendes Markenimage nutzen; das gilt gerade auch im Fall international bekannter Marken, die wie im Falle von *McDonald's* oder *Burger King* als weltweit geltende Standards etabliert sind. Der Franchisenehmer partizipiert an Größenvorteilen, da größere Mengen eingekauft werden können und das Marketing- und Werbepotenzial des Franchisegebers eine hohe Reichweite hat. Durch Schulungen und Weiterbildungen, die dem Franchisenehmer vom Franchisegeber »angeboten« werden, können Leistung, Qualität und Innovationsfähigkeit des Franchisenehmers und des gesamten Systems erhöht werden. Schon beim Aufbau seines Unternehmens erhält er Unterstützung vom Franchisegeber, ebenso während der laufenden Führung des Betriebs (vgl. Peckert et al. 2008, S. 26, 34 f., 43 f.; Garmaier 2010, S. 14, 16; Gust 2001, S. 27).

Dem steht gegenüber, dass der unternehmerische Freiraum des Franchisenehmers durch das Systempaket fundamental eingeschränkt wird, obwohl das unternehmerische Risiko beim Franchisenehmer verbleibt (vgl. Gust 2001, S. 27; Peckert et al. 2008, S. 38 f.). Dieser hat sich an enge Vertragsregelungen zu halten (u. a. in Form von Leistungsstandards und Regeln, die ihm die Abnahme von z. B. Maschinen und Eingangsprodukten vorschreiben) und ist zur Teilnahme an Schulungen verpflichtet (vgl. Ahlert et al. 2003, S. 565; Garmaier 2010, S. 16).

Trotz zahlreicher ganz offensichtlich hierarchischer Steuerungselemente, die der Franchisegeber in den interorganisationalen Beziehungen zu seinen Franchisenehmern nutzen kann,[17] spielen andererseits auch und gerade relationale Mechanismen der Koordination und Motivation eine ganz entscheidende Rolle für den wirtschaftlichen Erfolg von Franchising (vgl. z. B. unter Rekurs auf Marketingaktionen Matthes et al. 2021; vgl. zur Rolle von Vertrauen Holt 2023). In einer großzahligen Untersuchung zur Vorteilhaftigkeit eines Franchisingsystems gegenüber einem (hierarchischen) Filialsystem machen Xiaoli Yin und Edward J. Zajac (2004) diese insb. an der (besseren und schnelleren) Anpassungsfähigkeit an lokale Marktbedingungen fest. Gleichzeitig stellen die Autoren ausdrücklich fest, dass dieser Vorteil nicht nur einen im Vergleich zur Hierarchie höheren Grad der Selbstbestimmung und Freiheit der Franchisenehmer bedingt, sondern besonders auf rela-

---

17 Wenn im Kontext der Bedeutung hierarchischer Steuerungsmomente im Franchising über rein dyadische Franchisingbeziehungen hinaus gedacht wird, was eher selten der Fall ist, dann wird Franchising auch als strategisches Netzwerk verstehbar, in dem der Franchisegeber die Strategie, den Markt, den Marktauftritt usw. für das Netzwerk im Wesentlichen vorgibt. Gelegentlich findet sich hierfür dann auch der Begriff des »systemkopfgesteuerten Netzwerks« für Franchising (vgl. z. B. Ahlert et al. 2003).

tionalen Momenten der Abstimmung basiert: »Franchised arrangements (...) use persuasion as a main source of influence, and it is up to franchisees to eventually decide whether to adopt the new ideas/concepts« (Yin/Zajac 2004, S. 368 f.). Oder, wie es ein Manager eines Franchisegebers zur Hervorhebung des zentralen Unterschieds zwischen dem Filial- und dem Franchisingsystem ausdrückt, »[o]n the company side, we can put restrictions on people. In contrast, with franchisees we suggest, nurture, and prod to achieve our goals. Relationships are crucial« (ebenda, S. 369).[18]

6.4 Subunternehmerschaft, Arbeitsgemeinschaft und Konsortium

Unter *Subunternehmerschaft* versteht man i. w. S. die Erbringung einer Teilaufgabe von einem rechtlich selbstständigen Unternehmen (Subunternehmen) im Auftrag eines anderen rechtlich selbstständigen Unternehmens, das als Haupt- oder Generalunternehmer gegenüber seinem Auftraggeber für die Erbringung der Gesamtaufgabe verantwortlich zeichnet. Subunternehmerschaften finden sich in vielen Wirtschaftsbereichen wie etwa dem produzierenden Gewerbe (z. B. zur Herstellung von Vor- und Teilprodukten), dem Dienstleistungsgewerbe (z. B. Reinigungsdienste, Catering, Sicherheits-, Transportaufgaben), in der Bauindustrie in Form von Arbeitsgemeinschaften (Arge) und neuerdings vermehrt in den Branchen der Informations- und Kommunikationstechnologien (z. B. Softwareentwicklung, digitale Marketingdienste und Kundendatenverarbeitung). Wesentliche Ziele von Subunternehmerschaften sind die Reduzierung von Produktionskosten (etwa durch Auftragsvergabe in Schwellenländer wie China oder Indien), die Pufferung von Beschäftigungs- und Nachfrageschwankungen bzw. die Senkung von Personalkosten (numerische Flexibilität), die Reduzierung von Risiken bei (Groß-)Projekten (z. B. in der Bauindustrie), die projektbasierte Nutzung spezieller Fähigkeiten (vgl. in der Bauindustrie z. B. Goh/Loosemore 2017), die Reduzierung der Leistungs- und Fertigungstiefe durch (Quasi-)Externalisierung (Ausgliederung und Übertragung) von Funktionen sowie die sog. »flexible Spezialisierung« insb. im Rahmen regionaler Subunternehmerschaften (vgl. z. B. Piore/Sabel 1985; Sydow 1992, S. 185 ff.).

Das Ausmaß der Vertragsbeziehungen im Rahmen von Subunternehmerschaften reicht entsprechend von einmaligen, klar definierten und somit eher marktlichen Auftragsbeziehungen zwischen Sub- und Hauptunternehmen über langfristige Lieferverträge zwischen den Beteiligten bis hin zu komplexen Kooperationsbeziehungen in pyramidalen Netzwerkstrukturen zwischen Haupt-, Sub- und Sub-Subunternehmen. Gleichzeitig reicht das Spektrum von reinem »labour-only-subcontracting«

---

18 Gerade wegen dieser Unterschiedlichkeit von Franchise- und Filialsystem und der sich daraus ergebenden Möglichkeit zum Lernen nutzen viele bekannte Unternehmen die beide Organisationsformen kombinierende »plural form« (Bradach 1997; vgl. aktuell Sørensen 2023, S. 2837 f.).

in Form von Leiharbeit und Arbeitnehmerüberlassung bis hin zu multiplexen und latent dauerhaften Beziehungen im Rahmen kooperativer Zusammenarbeit in diversen Großprojekten.

Netzwerkbeziehungen bilden sich in Form von Subunternehmerschaften selbst in der als hoch kompetitiv beschriebenen Bauindustrie zwischen dem Generalunternehmen und Subunternehmen aus (vgl. insb. Eccles 1981). Zwar spielt der Preis auch in der Beziehung zwischen General- und Subunternehmen eine entscheidende Rolle, gleichwohl werden rein marktliche Beziehungen über den Preis gerade im Baugewerbe stark von bewährten Beziehungen zwischen den Unternehmen und somit einer im Zeitablauf evolvierten Interorganisationsstruktur und -kultur überlagert, die üblicherweise eine (Vor-)Auswahl von Subunternehmen nach sich zieht oder bewährten Subunternehmen einen Vorteil verschafft, sofern sie sich auf die für den Nachfrager günstigsten Preisangebote einlassen. Derart ausgewählte Subunternehmen werden dann – wenn notwendig – auf das preisgünstigste Niveau »heruntergehandelt« (vgl. Bryman et al. 1987, S. 266). Diese Vorgehensweise hat insb. die positive Wirkung, Koordinations- bzw. Transaktionskosten erheblich zu reduzieren (vgl. im Kontext von »subcontracting« Williamson 1985 und Chalker/Loosemore 2016), was gerade bei der hohen Transaktionsunsicherheit und -komplexität im Falle von Großprojekten der Bauindustrie von entscheidender Wichtigkeit ist (vgl. auch Eccles 1981). Andererseits birgt dieses Vorgehen natürlich auch die Gefahr zunehmender »Verfilzungen der Beziehungen«, was nicht nur die Preisstruktur nachteilig beeinträchtigt, sondern zu viel weiterreichenden fatalen Konsequenzen führen kann, wie es ja aufgrund populärer Beispiele (z. B. die Arge der Baufirmen beim Kölner »U-Bahn-Skandal-Bau«) stark im Fokus der Kritik steht.

Subunternehmerschaften in der Bauindustrie sind ganz überwiegend in Form von solchen *Arbeitsgemeinschaften* (Arge) organisiert und in der Rechtsform der Gelegenheitsgesellschaft bzw. Gesellschaft bürgerlichen Rechts (GbR, §§ 705 ff. BGB) gebildet, um gemeinschaftlich unter rechtlich selbstständigen Unternehmen ein oder mehrere Werkaufträge zu erfüllen (vgl. z. B. Schmidt 1997, S. 1707). Die zentralen *Motive* der interorganisationalen Zusammenarbeit in Form von Arges sind üblicherweise das große Auftragsvolumen (z. B. im Brücken- und Straßenbau), die entsprechende quantitative und qualitative Komplexität und Planungsunsicherheit sowie das breit gefächerte Leistungsangebot, in dessen Rahmen eine große Anzahl unterschiedlicher Ressourcen und Fähigkeiten benötigt werden (was wiederum eine Zusammenarbeit diverser Fachbetriebe und ein materielles und immaterielles Ressourcenpooling bedingt). Diese Motive sprechen deutlich für eine unternehmensübergreifende, netzwerkförmige Organisationsform und gegen die Möglichkeit einer vertikalen Integration, die in der Hierarchieform mündet. Darüber hinaus dienen Arges aber auch einer Teilung der potenziellen Risiken von (Groß-)Aufträgen. Mitunter werden sie von den Auftraggebern als Voraussetzung einer Auftragserteilung verlangt. Entsprechend der komplexen Herausforderungen wird in empirischen Untersuchungen zur Praxis dieser Form der Subunternehmerschaft der netzwerkartige Charakter der Beziehungen – neuerdings auch *projekt*netzwerkartige Charakter mit Latenz der Beziehungen über einzelne Projekte hinaus –

zwischen General- und Subunternehmen bestätigt (vgl. Eccles 1981; Soda/Usai 1995; Clegg et al. 2002; Braun et al. 2024).

In der betriebswirtschaftlichen Literatur (vgl. etwa Wöhe 2005) wird im Sinne einer Aufbauorganisation und Organisation der Rechtsbeziehung zwischen echten und unechten Arges unterschieden (▶ Dar. 6.3).

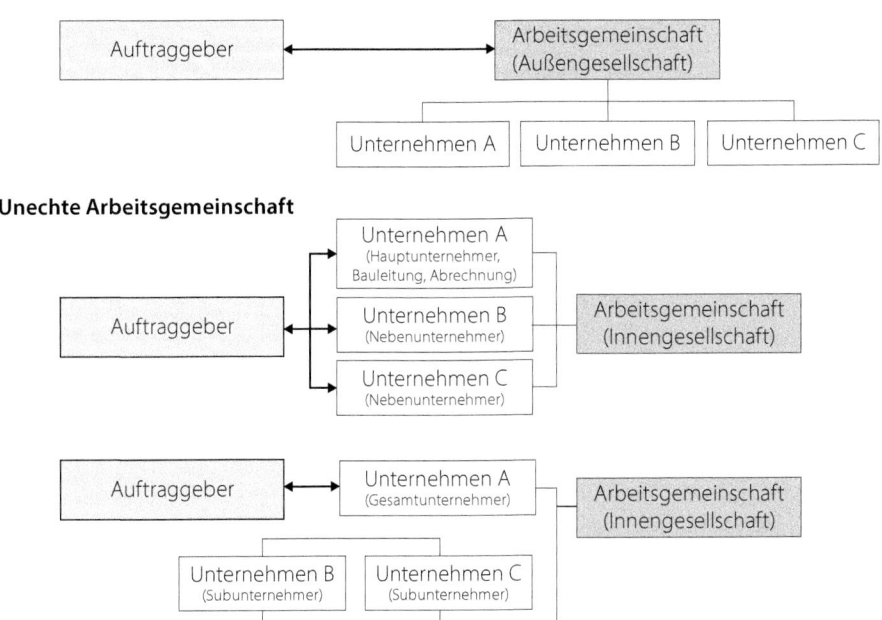

Dar. 6.3: Echte und unechte Arbeitsgemeinschaften (Wöhe 2005, S. 293 f.).

Eine *echte Arbeitsgemeinschaft* stellt sich dem Auftraggeber als Außengesellschaft dar. Einzig zwischen der Außengesellschaft (Arbeitsgemeinschaft) und dem Auftraggeber besteht eine unmittelbare Vertragsbeziehung. Die Arbeitsgemeinschaft schließt dann mit rechtlich selbstständigen Unternehmen Einzelverträge ab. Über diese »Reinform« hinaus hat sich in der Praxis die Form der *unechten Arbeitsgemeinschaft* entwickelt; sie tritt stets als Innengesellschaft auf. Es entstehen somit keine unmittelbaren Vertragsbeziehungen zwischen Auftraggeber und Arbeitsgemeinschaft. Zwei Formen gilt es hier zu unterscheiden:

1. Der Auftraggeber schließt einen Vertrag mit einem Hauptunternehmen, welches sich vertraglich verpflichtet, Aufgaben an Nebenunternehmen weiter zu vergeben. Entsprechend entstehen auch Vertragsbeziehungen zwischen dem Auftraggeber und den Nebenunternehmen.
2. Der Auftraggeber schließt nur mit einem Unternehmen (Gesamtunternehmer) einen Vertrag zur Erbringung der Gesamtleistung ab. Der Gesamtunternehmer

vergibt Aufträge an Subunternehmen. Zwischen dem Subunternehmen und dem originären Auftraggeber besteht keine unmittelbare Vertragsbeziehung.

Arbeitsgemeinschaften gibt es allerdings nicht nur in der Bauindustrie, sondern ebenso zur Abwicklung industrieller Großprojekte und F&E-Vorhaben sowie in Form der Ko-Produktion in der Film- und Fernsehindustrie (etwa die *Arbeitsgemeinschaft Fernsehforschung*, die sich bis 2017 mit der Erforschung sich ändernder Nutzungsgewohnheiten von Fernsehzuschauern befasste).

Darüber hinaus ist die Arbeitsgemeinschaft in der Praxis nicht die einzige interorganisationale Form der Gelegenheitsgesellschaft. Auch das *Konsortium* (lat. consors, consortis = Schicksalsgenosse) ist eine Gesellschaft bürgerlichen Rechts (GbR) und dient als zweckgebundene, zumeist befristete Vereinigung mehrerer rechtlich und wirtschaftlich selbstständiger Unternehmen zur Durchführung bestimmter Geschäfte bzw. Aufgaben. Ein Konsortium, das zumeist von einem Unternehmen, dem sog. Konsortialführer, geleitet wird und *insofern* gleichsam als zeitlich befristetes »strategisches Netzwerk« (Jarillo 1988) angesehen werden darf (▶ Kap. 9.3), kann als Innen- oder Außenkonsortium auftreten. Die Unterscheidung stellt wie bei der Arge darauf ab, ob über Bildung, Aufgabe usw. des Konsortiums (nach außen) informiert wird oder nicht. Nur als Außenkonsortium genießt die Gesellschaft eine Rechtsfähigkeit und kann somit Inhaberin einer Forderung oder Schuldnerin des Auftraggebers werden (vgl. Derleder et al. 2003, S. 457). Genau deswegen treten Konsortien in der Praxis zumeist als Außenkonsortien auf, wobei der Konsortialführer im Namen des Konsortiums handelt (vgl. Einsele 2006, S. 311). Beim Innenkonsortium handelt der Konsortialführer ausschließlich im eigenen Namen, aber für Rechnung der Konsorten. Der Konsortialführer übernimmt dann nach außen als *primus inter pares* die Koordination zwischen Auftraggeber und Konsortium und zwar sowohl bei der Erstellung des Konsortialvertrages als auch bei der Durchführung des Konsortialgeschäfts.

Die häufigsten Typen von Konsortien sind neben der schon angesprochenen Arge in der Bauindustrie F&E-Konsortien (z. B. *SEMATECH* in der Halbleiterindustrie), Bankenkonsortien (die die Emission von Wertpapieren übernehmen) und sog. Sicherheitenpools (die Kreditsicherheiten gemeinsam verwalten). Darüber hinaus gibt es noch Zuliefererkonsortien (vgl. Krischer 1996 für Beispiele in der Automobilindustrie) sowie Konsortien für das sog. Bugsiergeschäft der Hansestadt Hamburg als regionale Form eines Zusammenschlusses von Reedern für den Schlepperbetrieb sowie Bergungs- und Offshore-Einsätze. Die Motive von Konsortien entsprechen je nach Ausprägung denen der Arbeitsgemeinschaft. Speziell hervorzuheben ist hier jedoch, dass – noch vor dem Motiv der Notwendigkeit der Arbeitsteilung – die Teilung des Risikos auf viele Partner im Vordergrund steht, was insb. bei Konsortien zu Wertpapieremissionen, aber auch bei Großprojekten etwa zur Ölförderung unabdingbar erscheint. Nicht selten werden Konsortien von Regierungen und Unternehmen gemeinsam initiiert. Ein Beispiel dafür sind F&E-Konsortien im Bereich der Nanotechnologie (Allarakhia/Walsh 2012), aber auch anderer Zukunftstechnologien Darüber hinaus hat aber auch der Auftraggeber Vorteile dadurch, nur einen Ansprechpartner (den Konsortialführer) zu haben, was zur Senkung des Koordinationsaufwands führt und vorteilhaft für die Durchsetzung einheitlicher Konditionen ist.

6.5 Strategische Allianzen und Joint Ventures

In den letzten Jahrzehnten gab es nicht nur eine geradezu explosionsartige Zunahme an strategischen Allianzen, sondern in einer Befragung von CEOs der *Fortunes 1000 Unternehmen* gaben 82 % der Befragten an, dass im Jahr 2007 ca. 30 % ihrer Unternehmensgewinne ihren jeweiligen strategischen Allianzen zuzuschreiben seien (vgl. Gulati et al. 2008, S. 147). Und auch Prashant Kale und Habir Singh (2009, S. 45) hielten fest, dass strategische Allianzen einen zentralen Anteil am Wachstumserfolg von Unternehmen aufweisen. Dies gilt nicht zuletzt auch für die mehrfach angesprochene *StarAlliance* (vgl. Payán-Sánchez et al. 2019), die ob ihrer Komplexität vielleicht besser als Allianzsystem oder »Allianznetzwerk« (Thrane/Mouritsen 2012) – oder eben einfach als strategisches Netzwerk (▶ Kap. 3.2) – bezeichnet werden sollte. Ein aktuelles Beispiel für einen außergewöhnlich Wachstumserfolg einer strategischen Allianz stellt zweifelsfrei die Kooperation zwischen BioNtech und Pfizer dar, die nicht nur die Dauer der Covid-19-Pandemie durch die schnelle Entwicklung und Vermarktung eines Impfstoffs wesentlich beeinflusste, sondern beiden Unternehmen über Jahre hinweg auch außergewöhnliche Unternehmensgewinne bescherte.

Wenig überraschend steigt auch die entsprechende Literatur in den letzten Jahren geradezu inflationär an (vgl. etwa Kupke 2008 u. die dort zitierte Literatur oder den aktuellen Literaturüberblick von Dhaundiyal/Coughlan 2020). Verschiedene Autoren (u. a. von der Oelsnitz 2005 sowie Child et al. 2005) verweisen ausdrücklich darauf, dass unter den neuen Organisationsformen insb. strategische Allianzen im Fokus der Forschung stehen. Diese Zahlen und Erfolgsmeldungen aus Managementforschung und -praxis sind zweifelsfrei ausgesprochen beeindruckend. Was die Klarheit des Begriffs strategische Allianz betrifft, ist das jedoch eher von Nachteil: »Strategic alliances are fashionable. They are discussed in boardrooms around the world and mentioned constantly in the media. What the term actually means, however, is rarely defined« (Dussauge/Garrette 1999, S. 2). Geändert hat sich dieses begriffliche Dilemma bis heute kaum, so dass Albers et al. (2016, S. 583) im Zusammenhang damit immer noch von einer viel zu selten geöffneten »black box« sprechen. Häufig wird der Begriff als Oberbegriff für eine Vielzahl unterschiedlicher Formen interorganisationaler Beziehungen genutzt (vgl. z. B. Ihrig 1991; Dacin et al. 2007; He et al. 2024).

Unter den Begriff *strategische Allianz* fallen vertikale, horizontale und laterale Kooperationen, die eine mehr oder weniger formalisierte und längerfristige Beziehung zwischen rechtlich selbstständigen, wirtschaftlich jedoch abhängigen Unternehmen begründen, um eigene Schwächen durch Stärkepotenziale anderer Unternehmen zu kompensieren. Dadurch soll langfristig die eigene sowie die

Wettbewerbsposition der Allianz verbessert werden (vgl. Harrigan 1988, S. 53; Sydow 1992, S. 63; Gulati 1998, S. 293; Das/Teng 2000a, S. 33; Dittrich et al. 2007).[19] Entsprechend werden dann unter diesen Begriff sämtliche Formen kooperativer interorganisationaler Beziehungen subsumiert, die speziell auf *strategische Ziele* ausgerichtet sind wie Lizenzierung, Franchising und Joint Venture, um nur die bekanntesten zu nennen (▶ Dar. 6.4). Einige Autoren versuchen, strategische Allianzen von Konsortien und Arbeitsgemeinschaften (mit ihren dem Wesen nach eher operativen Zielen) sowie von kooperativen Lieferantenbeziehungen (mit ihrem vermeintlich engeren Fokus) abzugrenzen (vgl. z. B. Mayer/Teece 2008). Letztlich kann eine solche Abgrenzung aber nicht gelingen, weil der Begriff der strategischen Allianz zu unbestimmt ist. Im Unterschied zum Begriff des strategischen Netzwerks kommt es bei dem der strategischen Allianz nicht auf die strategische Führung durch eine oder mehrere Organisationen an (Müller-Seitz 2012). Gleichwohl dürften auch strategische Allianzen nur selten unter wirklich gleich einflussreichen Mitgliedern zustande kommen.

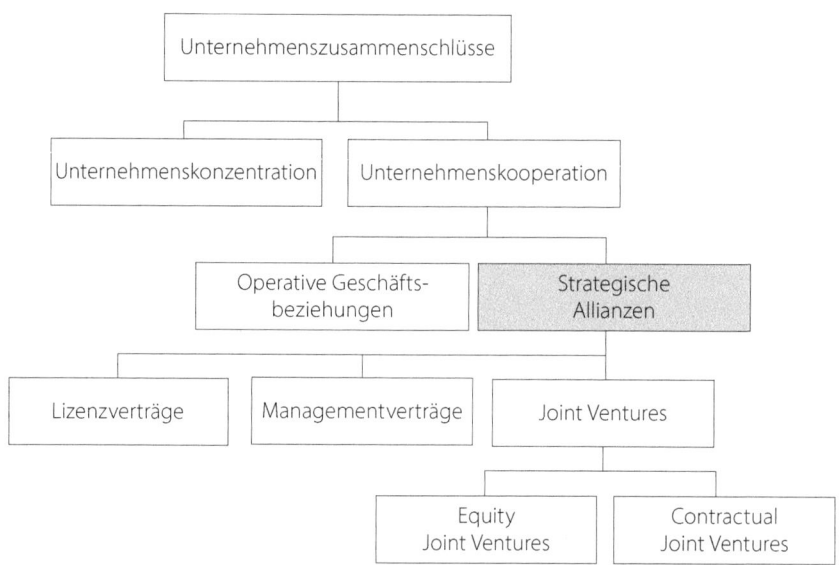

Dar. 6.4: Strategische Allianzen (Ihrig 1991, S. 29)

Strategische Allianzen können ebenso wie strategische Netzwerke grundsätzlich alle betrieblichen Funktionen von Unternehmen betreffen. Im Fokus von Praxis und Forschung stehen indes vor allem F&E-Allianzen und in einigen Branchen auch Produktionsallianzen (z. B. Automobilindustrie). Der funktionalen Diversität

---

19 Laterale strategische Allianzen werden verglichen mit den beiden anderen Richtungen eher selten thematisiert (vgl. aber z. B. Schilke 2007, S. 47 und die dort aufgeführte Literatur).

entsprechend sind (konkrete) strategische Allianzen durch eine große Bandbreite an möglichen Zielen gekennzeichnet. Gleichwohl lässt sich in der Literatur ein relativ klar etablierter Kanon charakteristischer (strategischer) *Ziele bzw. Chancen* ausmachen (vgl. für viele schon Porter/Fuller 1989, S. 375 ff.; Contractor/Lorange 1988; Ihrig 1991; Powell et al. 1996):

- Zugang zu neuen Märkten, Technologien, Produkten und Wissen,
- Internationalisierung der Unternehmensaktivitäten,
- Einfluss auf die Wettbewerbsstruktur,
- Kompensation von Schwächen durch Stärken des Partners,
- Synergievorteile, Bündelung von komplementären Ressourcen und Fähigkeiten,
- Skalenvorteile und Lernkurveneffekte (Kostendegressionspotenzial),
- verbesserter Kosten- und Zeitwettbewerb (z. B. Vermeidung von Doppelinnovationen),
- Teilung von wirtschaftlichen Risiken,
- Etablierung von Standards und Erzielung von Netzeffekten
- Bewältigung von Krisen und Katastrophen.

Diesen Vorteilen steht auch eine Reihe von *Problemen bzw. Risiken* gegenüber, die jedoch vergleichsweise selten auf der Agenda der Untersuchungen zu strategischen Allianzen stehen (vgl. zu diesem Defizit z. B. Fontanari 1995, S. 120; Bronner/Mellewigt 2001, S. 734 ff.; vgl. aber zur Berücksichtigung von Risiken schon Porter/Fuller 1989, S. 375 ff.; Hamel 1991):

- Hoher Koordinationsaufwand, hohe Koordinationskosten und Absorption von Managementkapazitäten,
- Erschwerung strategischer Steuerung,
- Einbuße strategischer Autonomie,
- Untergrabung der eigenen Wettbewerbsposition (z. B. Senkung der Markteintrittsbarrieren),
- unkontrollierter Abfluss an Wissen, Verlust von Kernkompetenzen, Spill-over- und Learning-out-Effekte.

Strategische Allianzen sind nicht notwendig an Kapitalbeteiligungen geknüpft, gleichwohl kommt es häufig zu Minderheitsbeteiligungen. Prinzipiell können daher entweder »equity-«, »minority equity-« oder »non-equity-alliances« vorliegen. Wenn über eine Kapitalbeteiligung im Rahmen einer strategischen Allianz eine eigenständige Organisation gebildet wird, dann spricht man von einem Gemeinschaftsunternehmen oder »Joint Venture« (▶ Dar. 6.4). Wird im Rahmen der Allianz keine neue Organisation gebildet, werden aber Kapitalbeteiligungen vorgenommen, so handelt es sich oftmals um sog. Überkreuzbeteiligungen. Je nach tatsächlichem Anteil der gegenseitigen Kapitaleinlagen dienen Überkreuzbeteiligungen etwa einer Absicherung der jeweiligen Interessen, dem Schutz der Allianz und der Allianzpartner vor feindlicher Übernahme oder auch nur der Symbolwirkung. Allianzen ohne Kapitalbeteiligung werden gelegentlich auch als »contractual joint venture« oder als Vertragsallianz bezeichnet (vgl. etwa Schilke 2007, S. 49 u. die dort aufgeführte Literatur).

Strategische Allianzen können von rein dyadischen bzw. bilateralen bis hin zu multilateralen Partnerschaften mit zahlreichen Partnern reichen (vgl. Teece 1992, S. 19); im letztgenannten Fall ist – wie bereits angemerkt – manchmal von »Allianzsystemen« (Lechner 1999) die Rede. Eine dyadische Allianz mit Überkreuzbeteiligung und einem weiten Feld an gemeinsamen Zielen und Investitionen stellt etwa die *Renault-Nissan*-Allianz dar (vgl. etwa Duschek/Niethammer 2011). Multiplexe strategische Allianzen mit vielen Partnern bezeichnete Gomes-Casseres schon 1994 treffend als »alliance networks« (vgl. aktuell Kumar et al. 2022; Tang et al. 2023). Gomes-Casseres (1994) zeigt anhand des Aufstiegs und Falls der *MIPS-Allianz*, einem strategischen Netzwerk zur Entwicklung, Fertigung, Vermarktung und Etablierung des RISC-Prozessors und -Standards, eindrucksvoll die Problematik der Steuerung einer strategischen Allianz mit bis zu 200 Partnern (vgl. zum Management von Netzwerken Teil IV).

Wenngleich strategische Allianzen auch oft durch Kapitalbeteiligungen gekennzeichnet sind, sind diese für Erfolg oder Misserfolg dieser Interorganisationsform nur wenig verantwortlich (vgl. auch Reuer/Ariño 2007). Stattdessen stellen komplementäre und beziehungsspezifische Ressourcen, Co-Investments und Co-Spezialisierungen, ein gegenseitiger Austausch von materiellen und immateriellen Ressourcen sowie die Entwicklung gemeinsamer Routinen der Zusammenarbeit den tatsächlichen Rohstoff dieser Organisationsform ökonomischer Aktivitäten dar (vgl. Dyer/Singh 1998; Duschek 2002, S. 256 ff.; Duschek 2004; Dittrich et al. 2007; Greve et al. 2010, S. 303; Dyer et al. 2018). Vertrauen, Reziprozität, Kooperation, Zuverlässigkeit usw. sind folglich gerade bei strategischen Allianzen zentrale Governancemechanismen, die zum einen Ergebnis eines Managements interorganisationaler Beziehungen sind, dieses aber auch beeinflussen.

Die hohen Scheiternsraten von strategischen Allianzen, die je nach Untersuchung zwischen 30 % und 70 % angegeben werden (vgl. Kale/Singh 2009, S. 45; Kupke 2008, S. 73 u. die dort aufgeführte Literatur), sind nicht zuletzt auch auf einen Mangel an (Erfahrung mit) relationalen Steuerungsmechanismen bzw. dem Management interorganisationaler Beziehungen zurückzuführen (vgl. zusammenfassend zum Forschungsstand Kale/Singh 2009, S. 49 ff.; Cao/Lumineau 2015).[20] Das ist allerdings auch wenig überraschend, ist die Steuerung strategischer Allianzen und Netzwerke doch stets in den Spannungsfeldern von Autonomie und Abhängigkeit, Vertrauen und Kontrolle sowie Kooperation und Wettbewerb anzusiedeln. Die nunmehr stark im Fokus der Allianzforschung stehende Diskussion um die Bedeutung von Allianz

---

20 Viel zu selten wird jedoch darauf rekurriert, dass die Beendigung von Allianzen keinesfalls mit dem Scheitern von Allianzen gleichzusetzen ist. Eine nicht unbedeutende Anzahl von Allianzen ist beispielsweise von Anbeginn explizit zeitlich begrenzt und andere Allianzen werden genau dann beendet, wenn sie ihr Ziel erreicht haben (vgl. hierzu auch Bronner/Mellewigt 2001). In letzterem Fall ist die Beendigung der Allianz somit erfolgsbedingt.

(management)erfahrungen bzw. -fähigkeiten (vgl. Anand/Khana 2000; Kale et al. 2002; Wang/Rajagopalan 2015; Wang et al. 2022) sowie eines Allianzmanagements sollte entsprechend stets auf ein Management von Spannungsverhältnissen rekurrieren; sie tut das indes bis heute noch viel zu selten (▶ Kap. 11 und 12).

Wie bereits angedeutet sind eine hohe Bindungsintensität und ein langfristiger Bindungshorizont ganz besonders auch für Joint Ventures kennzeichnend. Ein *Joint Venture* ist eine von zwei oder mehr kooperierenden Unternehmen gegründete, rechtlich selbstständige und strategisch geführte Gesellschaft (Gemeinschaftsunternehmen), an der die kooperierenden Unternehmen gemeinsam beteiligt sind. In der Praxis halten die Muttergesellschaften sehr oft ähnlich hohe Anteile (vgl. für viele Susanek 2007, S. 5 u. die dort angegebene Literatur); eine der Muttergesellschaften verfügt allerdings zumeist über eine Mehrheitsbeteiligung (z. B. 51:49) – mit der Konsequenz der Möglichkeit des aus Unternehmen, auch und gerade Konzernunternehmen, bekannten hierarchischen Durchgriffs (▶ Kap. 7).

Die Ziele, Chancen und Risiken von Joint Ventures entsprechen im Wesentlichen denen von strategischen Allianzen (vgl. etwa Killing 1983; Beamish/Lupton 2009; Vivek/Richey 2013), weswegen hier auf eine gesonderte Darstellung verzichtet werden kann. Joint Ventures stellen jedoch insofern eine besondere Ausprägung einer strategischen Allianz dar, als dass sie nicht immer freiwillig gebildet werden, sondern im Rahmen von Internationalisierungsstrategien eine Notwendigkeit darstellen, um in einigen Ländern einen Marktzugang zu bekommen. Beispielsweise war in der Volksrepublik China die Gründung von reinen Tochtergesellschaften ausländischer Unternehmen in bestimmten Branchen lange Zeit nicht erlaubt, weswegen dann – gezwungenermaßen – Joint Ventures mit chinesischen Firmen gegründet werden mussten.

Die zentrale Besonderheit von Joint Ventures liegt indes in der rechtlichen Eigenständigkeit des Gemeinschaftsunternehmens, in dem die Zusammenarbeit der Mutterunternehmen operativ stattfindet. Die Muttergesellschaften haben dabei nicht nur das Interesse, die Geschicke ihrer Joint Ventures zu steuern, sondern sie sichern diese Interessen auch über die Einbringung eines ganzen Arsenals an materiellen und immateriellen Ressourcen ab. Entsprechend gilt es im Kontext von Joint Ventures, stets den Einfluss der Muttergesellschaften, aber auch das Beziehungsverhältnis der Mütter untereinander mit zu berücksichtigen (vgl. schon Kogut 1989). Tatsächlich ist ein Joint Venture also weniger eine monolithische und eigenständige Organisationsform, sondern (wenigstens) ein »triadisches Beziehungsgebilde« aus Joint Venture bzw. Gemeinschaftsunternehmen und den zwei (oder mehr) kooperierenden Gründungsgesellschaften (▶ Dar. 6.5). Entsprechend einzigartige Anforderungen stellt ein Joint Venture an das Management (vgl. für einen Überblick auch Beamish/Lupton 2009), allemal an ein International Joint Venture (vgl. dazu den Überblick bei Isidor et al. 2012).

Je nach Anzahl der beteiligten Unternehmen ist ein (internationales) Joint Venture dann mehr oder weniger stark in ein komplexes und im Zeitablauf dynamisches Beziehungsgeflecht eingewoben – mit ganz erheblichen Konsequenzen nicht nur für die Frage von Autonomie und Abhängigkeit, sondern natürlich

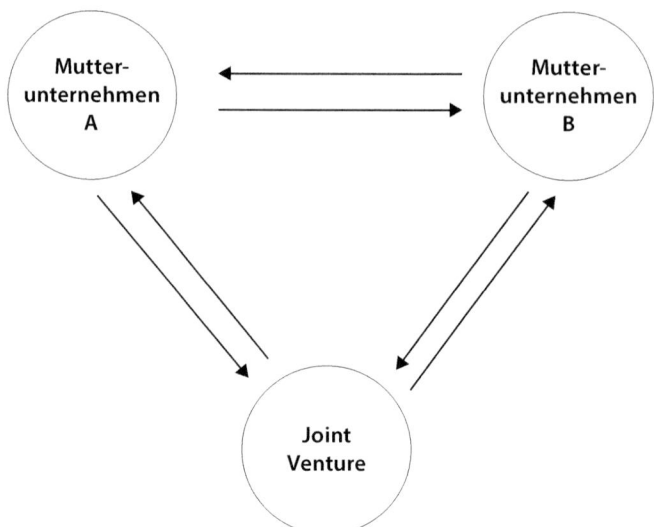

Dar. 6.5: Triadische Beziehungen eines Joint Ventures

insb. auch für die Funktions- und Steuerungsmöglichkeit sowie -fähigkeit des Gemeinschaftsunternehmens. Ein Beispiel für ein derartiges »Multi-Party Joint Venture« stellt die *StarAlliance Service GmbH* dar, die von den Mitgliedern der *StarAlliance* gegründet wurde. Dieses Joint Venture entwickelt nicht nur den Markennamen und ein Portfolio von allianzspezifischen Produkten und Dienstleistungen, sondern unterstützt zudem auch die Koordination der strategischen Entscheidungsfindung der *StarAlliance*. Die *StarAlliance Service GmbH* mit Sitz in Frankfurt/Main – am internationalen Verkehrsknoten der *Lufthansa* – hat entsprechend ihrer internationalen Muttergesellschaften mehrere Dutzend Mitarbeiter/innen aus mehr als 25 Ländern (vgl. dazu die Fallstudie in Sydow et al. 2016, S. 67 ff.).

In der Literatur wird der Einfluss der Muttergesellschaften üblicherweise – und quasi umstandslos – an die jeweiligen Kapitalbeteiligungen geknüpft. Tatsächlich zeigen neuere Untersuchungen jedoch, dass der Kapitalanteil – selbst im Fall von »dyadischen Joint Ventures« – keine zuverlässigen Aussagen über die tatsächliche Steuerung zulässt, sondern eher eine formale Kategorie darstellt. Im Rahmen einer Untersuchung von Joint Ventures mit mehr als zwei Muttergesellschaften wurde sogar festgestellt, dass dem Kapitalanteil eine gänzlich untergeordnete Bedeutung zukommt (vgl. Garcia-Canal et al. 2003). Stattdessen spielen sowohl in »Multi-Party Joint Ventures« als auch im Falle der (eher) üblichen Zweierkonstellation *relationale Investitionen*, also Investitionen in die Entwicklung der Beziehungsqualität, eine entscheidende Rolle für den Erfolg von Joint Ventures (vgl. ebenso Inkpen/Curall 2004; Ekanayke 2008). Neben einer Bestätigung der im Kontext von strategischen Allianzen schon hervorgehobenen Relevanz relationaler Steuerungsmechanismen wird hier aber vor allem ein »altes Vorurteil« widerlegt: »Even when partners have the same equity stake, there can appear striking differences in real control«

(Garcia-Canal et al. 2003, S. 750). Es kommt eben entscheidend auf die Managementpraktiken an. Entsprechend kurz greift eine empirische Allianzforschung, die allein auf Beteiligungsverhältnisse abstellt.

6.6 Sektorenübergreifende Multistakeholder-Partnerschaften

Der Begriff des Sektors ermöglicht eine noch einmal andere analytische Schneidung von organisationalen Feldern als die nach Branche und Region (exchange field) oder Thematik (issue field). Diese Schneidung ist theoretisch und praktisch bedeutsam, weil immer häufiger größere gesellschaftliche Probleme – sog. »grand challenges« (George et al. 2016) – in zunehmend komplexeren interorganisationalen Konstellationen angegangen werden (müssen). Diese Herausforderungen verlangen immer häufiger die Überschreitung von Sektorengrenzen, wenn sie zum Beispiel neben (privaten und öffentlichen) Unternehmen auch Regierungen und ihre Agenturen und/oder Nicht-Regierungsorganisationen mit einbeziehen (vgl. auch Couture et al. 2023). Für derartige interorganisationale Konstellationen haben sich die Begriffe der »cross-sector partnership« (Koschmann et al. 2012) oder »cross-sector collaboration« (Quayle et al. 2019) durchgesetzt, die die ältere Konzeption von »Public-Private Partnership« (PPP) wenn nicht ersetzt so doch zumindest ergänzt.[21] Weil damit notwendig heterogenere Interessen einbezogen werden müssen, konkurrieren diese mit dem Begriff der »multistakeholder partnership« (Gray/Purdy 2018) oder »multistakeholder network« (Henry/Möllering 2023). Derartige Partnerschaften bzw. Netzwerke überspannen nach Gray und Purdy (2018) – oft zeitgleich – mehrere Sektoren: »business«, »government«, »community« und »nongovernmental organizations« (▶ Dar. 6.6). Wie dem auch sei: Die Koordination solcher Konstellationen dürfte besondere Ansprüche an »boundary spanning activities« (Kislov et al. 2017) bzw. das Grenzmanagement (▶ Kap. 12) stellen, sowohl mit Blick auf Kompetenz als auch Motivation und Legitimation.

Zum Teil werden solche Partnerschaften (wie z. B. jene zwischen der UNESCO und Panasonic, dem WWF und Avon, der BCG oder H&M mit Oxfam) auch unter dem Begriff der strategischen Allianz ausgewiesen (z. B. Napier 2019); was einmal mehr belegt, wie unklar dieses Konstrukt ist. Wie auch immer die interorganisationale Konstellation in Managementforschung und -praxis genannt wird: es geht zunehmend dazu heterogene Akteure – und das sind nicht nur Organisationen, sondern auch Verbände (also Meta-Organisationen) und ganze Netzwerke vor Organisationen, aber auch Schlüsselpersonen – nicht zur zusammenzubringen, sondern auch zum Engagement für die Bearbeitung eines komplexen, oft »wicked

---

21 Es gibt auch Bemühungen den recht eng gefassten Begriff der PPP durch den der »public-private collaboration« (George et al. 2024) zu ersetzen, um über die Teilung des Risikos hinaus die enge Zusammenarbeit zwischen den beiden Sektoren zu unterstreichen.

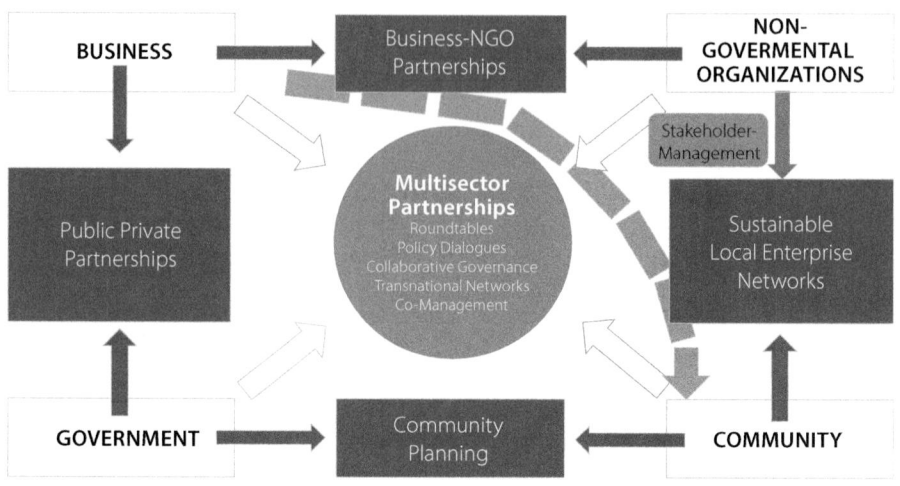

Dar. 6.6: Multistakeholder-Partnerschaften – Eine Systematisierung (Gray/Purdy 2018, S. 3)

problem« (vgl. zu diesem Begriff den Review von Lönngren/van Poeck 2021) zu bewegen und zu koordinieren (vgl. auch Koschmann et al. 2012; Vangen et al. 2015). Zudem gilt es, wie im Übrigen auch bei den anderen Netzwerkformen, angesichts drohender Krisen und Katastrophen zunehmend Widerstandsfähigkeit bzw. Resilienz zu schaffen (z. B. mit Blick auf die Covid-19-Pandemie z. B. Ivanov/Dolgui 2020; McDougall/Davis 2024; Wandelt/Wang 2024). Je komplexer und dynamischer und miteinander verwoben die Netzwerke, desto schwieriger dürfte allerdings Resilienz zu organisieren sein. De Rooij et al. (2024) zeigen dies am Beispiel der um fünf führende europäische Flughäfen gespannten, sektorenübergreifenden Netzwerke mit insgesamt 87 verschiedenen Partnerorganisationen. In ihrer Studie wird deutlich, dass eine Planung und die Nutzung von Richtlinien für die Bewältigung einer Krise wie der Covid-19-Pandemie nicht ausreicht. Vielmehr war zusätzlich ein erhebliches Maß an ad-hoc Koordination und eine entsprechend größere Flexibilität der Netzwerkorganisation gefragt. Bei völlig temporären Organisationsformen (vgl. dazu Bakker et al. 2016) ist eher mit dem Gegenteil zu rechnen: bei aller ad-hoc Koordination und angeborenen Flexibilität ist hier die Schaffung einer hinreichenden, wenn auch nur vorübergehenden Stabilität bzw. Kontinuität gefragt. Ein aktuelles Beispiel dafür sind »temporary supply chains« (Fernandes/Dube 2023), die zur Bewältigung von Krisen (z. B. zur Schaffung vorübergehender Unterkünfte nach einem Erdbeben) dienen.

Nicht nur die Vorbeugung von Krisen, etwa durch Auf- und Ausbau resilienter Strukturen in und zwischen Organisationen, sondern auch die akute Krisenbewältigung verlangt häufig nach einer nicht nur organisations-, sondern sektorenübergreifenden Kooperation. Dies zeigt sich beim von der Düsseldorfer Feuerwehr koordinierten Netzwerk von über 80 Organisationen, das Olivier Berthod et al. (2017a) untersucht haben. Bei den zur Krisen- wenn nicht gar Katastrophenbewältigung einzubeziehenden Organisationen handelt es sich um private und öffentliche Unternehmen (u. a. ein Chemieunternehmen und ein Flughafen), öffentliche Verwaltungen, Agenturen und Verbände (z. B. die Stadtverwaltung, der öffentliche Personennahverkehr und das Rote Kreuz) und staatliche Organe (nicht zuletzt auch die Polizei). Der koordinierte Einsatz wird in regelmäßig tagenden Gremien und spontan initiierten Projekten so minutiös vorbereitet und praktisch koordiniert, dass die Verfasser der Studie von einem »high-reliability network« sprechen. Dennoch bedarf es auch hier eines erheblichen Maßes an informeller Ad-hoc-Koordination, die allerdings ebenfalls vom Prinzip her gut vorbereitet, weil institutionalisiert ist (vgl. zu einem weiteren Beispiel Chang 2024).

Von einer sektorenübergreifenden Partnerschaft kann man schließlich auch im Zusammenhang mit der Kooperation von privatwirtschaftlichen Unternehmen mit Non-Profit-Organisationen und Sozialunternehmen sprechen. Sozialunternehmen werden dabei als hybride Organisation begriffen, weil sie mit unternehmerischen Mitteln eine soziale Mission verfolgen und auf diese Weise zumindest zwei institutionelle Logiken miteinander in Einklang bringen müssen (vgl. Dacin et al. 2011; Battilana/Lee 2014; Doherty et al. 2014; Bruder/Sydow 2021; Vedula et al. 2022). Tatsächlich hat diese Form der sektorenübergreifenden Partnerschaft in den letzten Jahren an Bedeutung gewonnen, auch wenn es dabei nicht sogleich um die Bewältigung von »grand challenges« (George et al. 2016) oder das Management von »extreme contexts« (Hällgren et al. 2018) gehen muss. Gründe dafür sind, dass Sozialunternehmen für die Entwicklung und Durchsetzung sozialer Innovationen auf die Zusammenarbeit mit Stakeholdern angewiesen sind (Phillips et al. 2019), dadurch Legitimität gewinnen (Weidner et al. 2019). Nicht zuletzt kann die Kooperation mit klassisch privatwirtschaftlichen Unternehmen helfen die soziale Mission zu erfüllen (Huybrechts et al. 2017). Umgekehrt können auch diese Unternehmen von einer Kooperation mit Sozialunternehmen profitieren. Dies ist zum Beispiel dann der Fall, wenn sich erstere auf den sozialen (oder auch ökologischen) Zweck (»social purpose«) dieser Unternehmen beziehen und von diesem via »purpose borrowing« (Bruder/Sydow 2025) ihre eigene Tätigkeit mit Sinnhaftigkeit aufladen können.

Multistakeholder-Partnerschaften, allemal wenn sie sektorenübergreifender Natur sind, zeichnen sich nicht nur durch erhebliche Heterogenität, sondern auch durch Interdependenzen (z. B. mit Blick auf die Ressourcen, aber auch die Zielerreichung) aus. Beide verursachen vielfältige Spannungsverhältnisse, die es in der Praxis der organisations- und sektorenübergreifenden Zusammenarbeit zu handhaben gilt. Je mehr es die Aufgabe solcher Partnerschaften dabei ist, »grand challenges« oder »wicked problems« zu bearbeiten, desto wichtiger, aber gleichzeitig auch anspruchsvoller ist die interorganisationale Kooperation und Koordination, zum Beispiel mit Blick auf die Aufrechterhaltung der (unterschiedlichen) Motivationen der Beteiligten oder die Eindämmung bzw. Austragung von Konflikten (vgl. Gray/Purdy 2018, S. 27 ff.).

7 Hierarchiebeziehungen

Interorganisationale Beziehungen können nicht nur marktlich oder netzwerkförmig, sondern auch – ähnlich Beziehungen *in* Organisationen – hierarchisch koordiniert sein. Dies ist immer dann der Fall, wenn, wie bei Übernahme eines Unternehmens, dominant auf Konzentration statt auf Kooperation gesetzt wird. Aktuell ist die Konzentrationsstrategie aber auch im Zusammenhang mit der Ausgründung bzw. Ausgliederung der Erbringung unternehmensbezogener Dienstleistungen von Bedeutung. Die dadurch entstehenden »konzerninternen Dienstleister« (Pahl-Schönbein 2011) bieten – je nach Strategie – ihre Leistungen nicht nur anderen Konzernunternehmen, sondern unter Umständen auch konzernexternen Kunden an. Die übernommene oder ausgegliederte Einheit verfügt in Folge allerdings noch bzw. wieder über so viel Autonomie (nicht nur in rechtlicher, sondern auch wirtschaftlicher Hinsicht), dass sie *als Organisation* (und nicht als bloßes Subsystem einer Organisation) angesehen werden kann (vgl. zur Rolle von Autonomie für Organisationen insb. Pfeffer/Salancik 1978); andernfalls hätte der Begriff der Interorganisationsbeziehung wenig Sinn.

Infolge der Konzentration via Übernahme (oder auch durch Ausgliederung) entsteht im Geltungsraum deutschen Rechts der *Konzern*. Ein solcher liegt dann vor, wenn ein herrschendes Unternehmen sowie ein oder mehrere abhängige Unternehmen unter einheitlicher Leitung zusammengefasst sind. Der Trend zum Konzern bzw. zur Konzernierung ist, trotz gleichzeitigen Trends zur Externalisierung und Quasi-Externalisierung, in der Praxis ungebrochen, auch wenn die betriebswirtschaftliche Sinnfälligkeit dieser Strategie immer wieder in Zweifel gezogen wird (wie z. B. im Fall der Akquisition und späteren Desintegration von *Chrysler* durch *Daimler*) und die Strategie der Unternehmensvernetzung bzw. -kooperation eine attraktive Alternative bietet. Ursachen für den anhaltenden Trend zur Konzentration bzw. zur Formierung von »business groups« (Jones/Colpan 2010) sind unter anderem der Glaube an die Freisetzung von Synergien, die Deregulierung von Märkten oder schlicht frei verfügbares Kapital. Empirisch lässt sich allerdings *kein linearer Trend* zu immer mehr und immer größeren Unternehmensübernahmen feststellen, sondern ein wellenförmiger. Dabei hat sich das Transaktionsvolumen über die letzten hundert Jahre auf dem Wellengipfel selbstredend um ein Vielfaches erhöht (vgl. für Zahlen aus den USA z. B. Stearns/Allan 1996, S. 700).

Die Konzernführung (oder die Führung des Beteiligungsunternehmens) kann infolge von Unternehmensübernahme oder -ausgliederung mit Hilfe des gesamten

Arsenals formaler und informaler Organisation (z. B. Arbeitsvertrag und Stellenbeschreibung bzw. Unternehmenskultur) erfolgen. Konzernspezifisch kommt allerdings – je nach Konzernform – der mit Hilfe des Stimmrechts der Gesellschafter ausgeübte Einfluss sowie das unter Umständen sogar unternehmensvertraglich gesicherte Leitungsrecht hinzu (vgl. Binder 1994). Im Zusammenhang mit der Konzernbildung und -führung sind auch die Verschachtelungen von Vorstands- und Aufsichtsratsmandaten zu erwähnen, die einerseits zur (hierarchischen) Steuerung von Konzernen genutzt werden, andererseits auch als deren Folge begriffen werden können. Auf jeden Fall handelt es sich bei verschachtelten Vorstands- und Aufsichtsratsmandaten (im Englischen aufgrund der Boardverfassung »interlocking directorates« genannt) um eine Vernetzung von Unternehmen über die Mandatsträger in Vorstand und/oder Aufsichtsrat. Die Verflechtung beispielsweise zwischen großen deutschen Konzernen wird von manchen Kommentatoren als so eng gesehen, dass von einer »Deutschland AG« gesprochen wird; andere weisen darauf hin, dass in der Praxis keine zehn Prozent der möglichen Verflechtungen wirklich realisiert sind (vgl. dazu Theisen 2000, S. 134 ff.). Tatsächlich ist zu vermerken, dass es in den letzten Jahren zu einer deutlichen Entflechtung der Deutschland AG gekommen ist (vgl. Höpner/Krempel 2006; Velte/Eulerich 2014; für die USA vgl. Chu/Davis 2016). Was auch immer das Ausmaß und die Motivation dieser Form der Unternehmensvernetzung ist, diskutiert werden ihre Konsequenzen vor allem unter dem Gesichtspunkt der Machtkonzentration, der Einschränkung der gesetzlich vorgesehenen Überwachungs- und Kontrollfunktionen sowie der Erfüllung des Konzerntatbestands.

Im Folgenden wird zunächst ein Überblick über die wichtigsten rechtlichen Konzernformen gegeben, bevor dieser auf Organisationsformen wie den sog. Stammhaus- und den Holdingkonzern ausgedehnt wird. Ziel ist es genauer zu zeigen, wie Konzerne trotz aller rechtlichen und organisatorischen Vielfalt auf hierarchische Koordination setzen und damit ein Management interorganisationaler Beziehungen nutzen können, das zumindest im Schatten der Möglichkeit zur hierarchischen (An-)Weisung eine besondere Qualität aufweist.

7.1 Vertragskonzern, Eingliederungskonzern und faktischer Konzern

Das Aktiengesetz (AktG) definiert in § 18 (1) den *Konzern*, der entweder durch Eingliederung (als Eingliederungskonzern), durch Beherrschungsvertrag (als Vertragskonzern) oder durch faktische Abhängigkeit und einheitliche Leitung (als faktischer Konzern) begründet wird, folgendermaßen:

»Sind ein herrschendes und ein oder mehrere abhängige Unternehmen unter der einheitlichen Leitung des herrschenden Unternehmens zusammengefasst, so bilden sie einen Konzern; die einzelnen Unternehmen sind Konzernunternehmen. Unternehmen, zwischen denen ein Beherrschungsvertrag (§ 291) besteht oder von denen das eine in das andere eingegliedert ist (§ 319), sind als unter einheitlicher

Leitung zusammengefasst anzusehen. Von einem abhängigen Unternehmen wird vermutet, dass es mit dem herrschenden Unternehmen einen Konzern bildet.«

Neben diesem Unterordnungskonzern definiert § 18 (2) AktG einen Gleichordnungskonzern: »Sind rechtlich selbstständige Unternehmen, ohne dass das eine Unternehmen von dem anderen abhängig ist, unter einheitlicher Leitung zusammengefasst, so bilden sie auch einen Konzern; die einzelnen Unternehmen sind Konzernunternehmen.«

Der Gleichordnungskonzern wird in der Praxis zum Beispiel dadurch begründet, dass sich *nicht* abhängige Unternehmen einer einheitlichen Leitung durch ein für diesen Zweck gegründetes Gemeinschaftsunternehmen unterstellen (vertraglicher Gleichordnungskonzern). Gleichordnungskonzerne entstehen jedoch auch faktisch, zum Beispiel auf der Basis personeller Verflechtungen, durch die Gründung eines gemeinsamen Verwaltungsrats oder wenn Kapitalanteile an verschiedenen Konzerngesellschaften von einer Person (nicht aber von einem Unternehmen!) gehalten werden (vgl. Emmerich et al. 2001, S. 70 f.; aber auch Milde 1996). In der Praxis ist der Gleichordnungskonzern allerdings nicht besonders bedeutsam.

Der für die Bestimmung sowohl von Unterordnungs- als auch Gleichordnungskonzern konstitutive Begriff der *einheitlichen Leitung* ist im Gesetz nicht genauer bestimmt; allerdings wird in der Begründung des Regierungsentwurfs des AktG angegeben, dass bereits eine Abstimmung der Geschäftspolitiken, etwa in Form »gemeinsamer Beratungen« oder eine »personelle Verflechtung der Verwaltung« hinreicht, diese einheitliche Leitung zu begründen (zit. nach Wöhe 1990, S. 445). Letztlich setzt die inhaltliche Bestimmung des Rechtsbegriffs der einheitlichen Leitung auf betriebswirtschaftlich-organisatorische Kriterien auf:

»Nur mit deren Hilfe läßt sich klären, welcher Art die für mehrere Unternehmen gültigen Führungsentscheidungen sein müssen, um die Unternehmen zu einer Unternehmung im betriebswirtschaftlichen Sinne zu machen. Dabei tauchen aus juristischer Sicht Schwierigkeiten deswegen auf, weil die einschlägigen betriebswirtschaftlichen Analysen eher als Handlungsanleitungen denn als justitiable Zustandsbeschreibungen angelegt sind und aus ihnen Abgrenzungskriterien mit juristischer Trennschärfe nur schwer zu gewinnen sind« (Milde 1996, S. 78 f.).

Im Regelfall wird davon ausgegangen, dass eine Setzung des »Rahmens« der unternehmenspolitischen Handlungsmöglichkeiten eines Tochterunternehmens durch die Konzernmutter, beispielsweise via entsprechender Strategieplanungen, Budgetvorgaben, Kapital- und Personalausstattungen, ausreicht, eine einheitliche Leitung zu begründen. Selbstverständlich ist dabei eingeschlossen, dass die Konzernmutter diesen Rahmen den Tochtergesellschaften nicht einfach vorgibt, sondern Letztere auf der Grundlage mehr oder weniger dezentraler Führungskonzepte (wie sie etwa im *Bertelsmann*-Konzern üblich sind) an seiner Ausgestaltung mitwirken können. Damit ist der »Grenzfall« einer einheitlichen Leitung benannt, der einen Unternehmensverbund noch als Konzern und damit als *eine* Unternehmung qualifiziert; praktisch wird dieser durch die zentrale Planung und Kontrolle mindestens des Finanzbereichs begründet.

Während die Eingliederung sowie der Abschluss eines Beherrschungsvertrages (oft i. V. m. einem Gewinnabführungsvertrag) definitiv eine einheitliche Leitung und damit einen Konzern begründen, wird bei bloßer Abhängigkeit, die insb. bei einer Mehrheitsbeteiligung des herrschenden Unternehmens zu erwarten ist, der Konzerntatbestand nur vermutet.[22] Hier kommt es, anders als im Fall der Eingliederung sowie des Beherrschungsvertrages, entscheidend auf die faktische Durchsetzung der einheitlichen Leitung an, die vom Gesetz allerdings grundsätzlich bei vorliegender Abhängigkeit vermutet wird und die es entsprechend zu widerlegen gilt. Der Konzerntatbestand bleibt im Übrigen – wie bereits angedeutet – auch dann erhalten, wenn ein Unternehmensbereich ausgegliedert bzw. externalisiert wird, die wirtschaftliche Abhängigkeit und infolgedessen der Verdacht auf einheitliche Leitung allerdings erhalten bleibt.

7.2 Stammhauskonzern, Management- und Finanzholding

Unabhängig von den rechtlichen Unterscheidungen von Unter- und Gleichordnungskonzern einerseits sowie Vertrags-, Eingliederungs- und faktischem Konzern andererseits hat sich in der Praxis die organisatorische Unterscheidung von Stammhaus- und Holdingkonzern durchgesetzt, wobei Ersterer dem Stereotyp eines Konzerns entspricht. Beim *Stammhauskonzern* leitet eine selbst operativ tätige Muttergesellschaft (wie bspw. die *Siemens AG*, die immer selbst eine Vielzahl elektrischer und elektronischer Geräte und Anlagen herstellte und vertrieb) ein oder mehrere Konzernunternehmen (wie früher die *Osram GmbH*). Dabei setzt sich trotz zentralen Leitungs- oder Führungsanspruchs auch in Stammhauskonzernen zunehmend ein Verständnis von Konzernführung durch, das weniger auf die Realisierung von Synergien durch Zentralisation abstellt als auf die Schaffung von Mehrwert für den Unternehmensverbund durch Förderung der operativen Bereiche bzw. Sparten. Die unterstützenden Zentralbereiche sind zunehmend selbst erfolgsverantwortlich, sei es in der Form von Cost- oder sogar von Profit-Centern. Die operativen Bereiche obliegen in diesem modernen Verständnis der Konzernführung nicht mehr dem Bezugszwang, sondern können Leistungen auch von Dritten außerhalb des Konzerns beschaffen. Damit werden die Leistungen der Zentralbereiche stärker dem Marktdruck ausgesetzt (vgl. Bühner 1996, S. 15). Im Ergebnis zeigt sich, dass selbst Stammhauskonzerne recht dezentral organisiert sein können.

Holdingkonzerne setzen diese Idee der dezentralen Konzernführung zwar noch konsequenter um, zeichnen sich im Unterschied zu Stammhauskonzernen aber vor

---

22 Wirtschaftliche Abhängigkeit kann auch andere Ursachen haben und insoweit auch beispielsweise mit einer Minderheitsbeteiligung (5–24 %), einer Sperrminderheitsbeteiligung (25–49 %) oder einer Beteiligung zu gleichen Teilen (50 %) koexistieren. Anders als im Falle japanischer Keiretsu sind Minderheitsbeteiligungen in Deutschland gleichwohl eher selten; hier scheint mit der Kapitalbeteiligung ein dezidiertes Kontrollinteresse einherzugehen (vgl. Binder 1994, S. 100 ff.).

allem dadurch aus, dass sie auf operatives Eigengeschäft ganz verzichten und sich stattdessen auf die strategische Leitung bzw. Führung der Beteiligungsgesellschaften konzentrieren. Beschränkt sich das Interesse der Muttergesellschaft allein auf ein finanzwirtschaftliches, spricht man von *Finanzholding*. Hier konzentriert sich die Einflussnahme der Holding im Kern auf die Zuweisung bzw. den Entzug von Finanzkapital. Gleichwohl bietet auch hier beispielsweise die personelle Verflechtung auf der Ebene von Vorstand und Aufsichtsrat vielfältige Möglichkeiten der Einflussnahme. Die *Managementholding* hat ein über das Beteiligungsinteresse hinausgehendes, strategisch-inhaltliches Interesse, beispielsweise an einer Ausweitung des Leistungsprogramms durch Diversifikation.[23] Entsprechend ist davon auszugehen, dass sich die Muttergesellschaft in diesem Fall stärker in die inhaltliche Ausgestaltung der Strategien der Beteiligungsgesellschaften einmischt. Dies erfolgt nicht nur über personelle Verflechtungen, sondern auch durch die Einrichtung entsprechender Strategie- und Koordinationsgremien sowie die Gestaltung der Geschäftsprozesse durch die Organisationsabteilung der Managementholding (vgl. auch dazu Theisen 2000). Die Konzernzentralen umfassen hier nicht nur Aufgaben der Finanzierung und Kontrolle, sondern auch der Konzernstrategieentwicklung und -administration, der Personalstrategie sowie der Öffentlichkeitsarbeit. F&E, Fertigung und Marketing verbleiben allerdings in den Händen der operativ tätigen Beteiligungsgesellschaften (vgl. Bühner 1996). Die Zentralbereiche einer Finanz- und auch Managementholding sind entsprechend schlank ausgelegt. In der Praxis geläufig sind mit Blick auf die zunehmende Einmischung der Muttergesellschaft in das Geschäft der Tochtergesellschaften Zwischenformen wie die *strategische* Finanzholding, die *strategische* Managementholding sowie der *integrierte* Holdingkonzern (vgl. Picot/Böhme 1999).

Sind Stammhaus- wie Holdingkonzerne Vertrags- oder Eingliederungskonzerne ist der Konzerntatbestand eindeutig. Anders ist dies im Fall des faktischen Konzerns, wo nur von einem in Mehrheitsbesitz stehenden Unternehmen *vermutet* wird, dass es wirtschaftlich abhängig ist (§ 16 AktG). Von einem wirtschaftlich abhängigen Unternehmen wird wiederum vermutet, dass es einheitlich geleitet wird (§ 17 AktG) und deshalb zusammen mit dem herrschenden Unternehmen einen Konzern bildet (§ 18 AktG). Wenn dieser (doppelte) Vermutungszusammenhang nicht widerlegt werden kann, ist der Konzerntatbestand erfüllt. Das könnte in der Praxis problematisch sein, weil die Quellen der faktischen Abhängigkeit genauso wie die Instrumente der einheitlichen Leitung sehr unterschiedliche sein können. Tatsächlich aber sind die (vorwiegend steuerlichen) Anreize für Unternehmen sehr groß, den Konzerntatbestand zu erfüllen. Insofern besteht in der Praxis kaum die Schwierigkeit des Nachweises.

Über diese im Kern organisatorische Unterscheidung von Stammhaus- und Holdingkonzernen hinaus ist von Bedeutung, dass Konzerne durch vielfältige rechtliche *und* organisatorische Mittel sehr individuell ausgestaltet werden kön-

---

23 Infolge einer Diversifikation entsteht ein sog. *Konglomerat*, das aber – bei einheitlicher Leitung – ein Konzern bleibt.

nen. Beispielsweise können Mutter- und Tochtergesellschaften unterschiedliche Rechtsformen aufweisen oder sog. Zwischengesellschaften eingezogen werden, für die ebenfalls unterschiedliche Rechtsformen infrage kommen. Organisatorisch ist zu beachten, dass strategische Entscheidungen bei der Konzerngeschäftsführung in unterschiedlichem Ausmaß gebündelt sein können und die Arbeitsteilung zwischen den Vorstands- bzw. Geschäftsführungsressorts und auch den Bereichsführungen weitgehend frei gewählt werden kann (vgl. dazu Hungenberg 1995).

Die *Fusion oder Verschmelzung* als »die intensivste, zugleich aber auch die organisatorisch, gesellschafts- und steuerrechtlich komplizierteste Form des Unternehmenszusammenschlusses« repräsentiert im Unterschied zu Stammhaus- und Holdingstrukturen keinen Konzern. Als straffste und umfassendste Form der Verbindung zweier oder mehrerer Unternehmen erfordert die Fusion nämlich die Aufgabe nicht nur der wirtschaftlichen, sondern auch der rechtlichen Selbstständigkeit (vgl. Schubert/Küting 1981, S. 318). Dies kann entweder dadurch geschehen, dass die fusionierenden Gesellschaften durch eine existierende aufgenommen werden (Fusion durch Aufnahme) oder aber das Vermögen dieser Gesellschaften auf eine neu gegründete übertragen wird (Fusion durch Neugründung). An dieser Stelle ist wichtig zu betonen, dass die Fusion als engste Form der Verbindung zweier oder gar mehrerer Unternehmen aus Interorganisationsbeziehungen definitiv (intra-)organisationale Beziehungen werden lässt.[24] Aus einem Management interorganisationaler Beziehungen wird in der Konsequenz eines Fusionsprozesses ein Management *in* bzw. *von* Organisationen!

---

24 Im Unterschied zur bloßen Akquisition handelt es sich bei der Fusion um ein »Merger«, nicht notwendiger Weise allerdings um ein »Merger of Equals« (vgl. auch Glaum/Hutschenreuter 2010, S. 17 ff.).

Teil 3 Entwicklung interorganisationaler Beziehungen

Das Netzwerk als interorganisationale Beziehungsform zwischen Markt und Hierarchie (oder jenseits dieser beiden Pole) gilt nicht selten und das schon seit einer Weile als *die* Organisationsform der Gegenwart und Zukunft. Die Rede ist etwa von der »Netzwerkgesellschaft« oder gar dem »Zeitalter der Netzwerke« (vgl. z. B. Castells 1996; Wolf 2000; Boltanski/Chiapello 2003; Raab/Kenis 2009) und neuerdings nicht zuletzt von der mediatisierten Kommunikation und Kooperation in der Netzwerkgesellschaft (vgl. z. B. Gutounig 2015; ▶ Kap. 11.2). Dahinter verblasst, dass Netzwerke historisch betrachtet keine grundsätzlich neue Organisationsform darstellen. Seit es gesellschaftliche Arbeitsteilung im Rahmen ökonomischer Aktivitäten gibt, existieren auch netzwerkartige Beziehungen zwischen Unternehmen oder auch anderen Typen von Organisationen. Arbeitsteilung hat nicht nur zur Entwicklung von Märkten und Organisationen geführt, sondern immer schon auch zur Herausbildung solcher Beziehungen. Die wiederum sind weder auf den allseits bekannten Preismechanismus des Marktes noch auf für die für hierarchische Organisationen charakteristische Anweisungsbeziehung reduzierbar. Netzwerke sind folglich eine zugleich traditionelle wie moderne Organisationsform (vgl. auch Sydow 1992, S. 54 ff.; Berghoff/Sydow 2007; Hertner 2011). Die historischen Vorläufer der Netzwerkorganisation – mit all ihren relevanten Lehren auch für die Entwicklung und Aktualität moderner Netzwerkformen – werden indes bislang kaum gewürdigt. Entsprechend ist es zentrales Anliegen dieses Teils, die Entwicklung interorganisationaler Beziehungen im Allgemeinen und von interorganisationalen Netzwerken im Besonderen in eine zeitliche, nicht zuletzt auch *historische Perspektive* zu setzen.

Hinzu kommt, dass die Evolution von interorganisationalen Netzwerken eng mit der Entwicklung marktlicher und hierarchischer Organisationsformen verwoben ist. Tatsächlich entwickeln sich Interorganisationsbeziehungen nämlich in Abhängigkeit von der jeweiligen Organisationsform ökonomischer Aktivitäten: Markt, Netzwerk, Hierarchie. Mit anderen Worten: Governance matters! Immer dann, wenn hierarchische oder hierarchieähnliche Elemente in der Netzwerkentwicklung (und -steuerung) erkennbar werden, können fruchtbare Parallelen zum Management interorganisationaler Beziehungen im Konzern gezogen und kann damit auf vorliegendes Wissen zum Konzernmanagement zurückgegriffen werden (▶ Kap. 7). Wenn hingegen im Kern marktliche Komponenten die Netzwerkentwicklung und Netzwerksteuerung prägen, kann die Analogie zu dominant marktlich geprägten Geschäftsbeziehungen hergestellt werden (▶ Kap. 5). Diese beiden Steuerungsformen sind im Wesentlichen bekannt, nicht zuletzt aufgrund umfänglicher Befassung mit ihnen in der Betriebswirtschaftslehre.

Im Mittelpunkt dieses Teils steht die Organisationsform des Netzwerks. Ganz besonders bei dieser Organisationsform tritt das Management interorganisationaler Beziehungen mit seinen strukturellen Besonderheiten zum Vorschein, eben auch in historisch-prozessualer Perspektive. Da die konkrete Entwicklung von Netzwerken oftmals aus marktlichen und/oder hierarchischen Interorganisationsbeziehungen evolviert, stellen Markt und Organisation (Hierarchie) bei den folgenden Ausführungen die »Ausgangsformen« dar. Selbst wenn es nicht zutreffend sein sollte, dass die Netzwerkform Markt und Hierarchie als dominante Organisationsform ökonomischer Aktivitäten nachfolgt, gebührt dieser Form angesichts ihrer aktuellen Verbreitung besondere Aufmerksamkeit. Zunächst aber soll der historische Ausgangspunkt der Entwicklung verdeutlicht werden.

8 Historische Vorläufer der Netzwerkform

Auch wenn die Netzwerkorganisation »erst« seit etwa drei Jahrzehnten die Managementlehre und -praxis beschäftigt: »Neu« ist diese Organisationsform ökonomischer Aktivitäten dennoch nicht. Vielmehr gibt es zahlreiche historische Beispiele unternehmerischer Netzwerke: von den überregionalen Netzwerken der Hanse über jene im Maschinenbau von Chemnitz oder Cincinnati bis zur Berliner Optikindustrie (vgl. dazu Berghoff/Sydow 2007). Vor allem aber hat die Netzwerkform in dem – gleich noch zu erläuternden – frühkapitalistischen System interner Kontrakte sowie im sog. Verlagssystem historische Vorläufer. Aufnahme in die wirtschaftswissenschaftliche Diskussion haben diese Vorläufer indes kaum gefunden. Tatsächlich bedient sich die aktuelle ökonomische Netzwerkforschung in weiten Teilen einer a-historischen Perspektive – und unterscheidet sich hierin von der Organisationsforschung (vgl. z. B. Chandler 1962; Kieser 1994; Kipping/Üsdiken 2014; Marquis/Qiao 2024). Den Wert historischer Forschung für ein grundlegendes Verständnis ökonomischer Aktivitäten hebt schon Joseph Schumpeter vor mehr als 50 Jahren hervor. Dabei benennt er drei Gründe einer historischen Perspektiverweiterung:

»First, the subject matter of economics is essentially a unique process in historic time. Nobody can hope to understand the economic phenomena of any, including the present, epoch who has not an adequate command of historical facts and an adequate amount of historical sense or what may be described as historical experience.

Second, the historical report cannot be purely economic but must inevitably reflect also ›institutional‹ facts that are not purely economic: therefore it affords the best method for understanding how economic and non-economic facts are related to one another and how the various social science should be related to one another.

Third, it is, I believe, the fact that most of the fundamental errors currently committed in economic analysis are due to the lack of historical experience more often than to any other shortcoming of the economist's equipment« (Schumpeter 1954, S. 12 f., Hervorh. i. Orig.).

Der naive Neuigkeitsanspruch der aktuellen Netzwerkforschung ist somit nicht nur unter Rekurs auf die Existenz von Vorläufern zurückzuweisen, sondern schlägt in Bezug auf die Möglichkeit eines grundlegenden Verständnisses der Netzwerkform sogar einen fatalen Irrweg ein. Eine historisch-sensitive Perspektive hilft zudem, die Bedingtheit eigener Erfahrung und eigener Gefangenheit in einem historischen Kontext zu reflektieren und infolgedessen einen Recency-Effekt[25] oder auch eine Fehlattribution von Erfolg zu vermeiden (vgl. Johnson et al. 2010, S. 184 ff.). Bevor im Folgenden der historische Blindflug der aktuellen Netzwerkforschung beendet und das Studium der ökonomischen und außerökonomischen Ursachen der historischen Entwicklung der Netzwerkform bis heute begonnen werden kann, soll zunächst kurz der Frage nachgegangen werden, ob »am Anfang« der Entwicklung ökonomischer Aktivitäten tatsächlich der Markt stand.

8.1 Am Anfang steht der Markt – oder doch nicht?

In seiner institutionenökonomischen Untersuchung der Durchsetzung der Hierarchie gegenüber dem Markt geht Oliver Williamson (1975) von der Annahme aus, dass die Markttransaktion den Ausgangspunkt der Entwicklung bildet, die in der jüngeren Vergangenheit zur zunehmenden Verbreitung der Organisation, vor allem in der Form des Großunternehmens, führt. Diese Annahme ist historisch falsch (Powell 1990, S. 298; vgl. dazu aber auch Ortmann 2005). Tatsächlich ist der Markt selbst eine moderne Form. »Am Anfang« stand nicht der Markt, in dem gegen Zahlung eines Preises eine diskrete Transaktion durchgeführt wurde, sondern vielmehr ein mehr oder weniger dichtes Netzwerk politischer, religiöser, sozialer und räumlicher Zugehörigkeiten. Der Begriff des Marktes entstand zwar schon im England des 12. Jahrhunderts, er stellte jedoch zu dieser Zeit gerade keine abstrakte Kategorie dar, sondern bezog sich auf einen konkreten Ort des Tausches. Als Organisationsform ökonomischer Aktivitäten erlangte der Markt erst im ausgehenden 18. Jahrhundert, nicht zuletzt mit den Arbeiten Adam Smiths (Hauptwerk: *An Inquiry into the Nature and Causes of Wealth of Nations* von 1776), Bedeutung – und dies zunächst auch nur in der gebildeten englischen Klasse. Insgesamt muss die Herausbildung eines in diesem Sinne modernen Marktes als »story of a slowly-evolving mixture of institutional forms« (Braudel 1982, zit. in Powell 1990, S. 329) begriffen werden. Ökonomische Tauschbeziehungen waren folglich schon immer in Netzwerke eingebettet, die diese Beziehungen entscheidend formten. Am Anfang standen also Netzwerkbeziehungen! Der moderne Markt überformte zwar zunehmend die politischen, religiösen und sozialen Zugehörigkeiten, löste allerdings nicht vollständig die soziale Einbettung ökomischen Tausches in ein entsprechendes Netzwerk mit mehr oder weniger auf Reziprozitätsnormen setzenden Akteursbeziehungen auf (Granovetter 1985; Mahnkopf 1994). Anders gewendet, fehlt es der Ökonomik generell an einem dezidiert historischen Verständnis der Marktform. Die moderne Netzwerkform hat zwei historische Vorläufer: Zum einen das im Frühkapitalismus[26] verbreitete System interner Kontrakte; zum anderen das sog.

---

25 Einer aktuell eingegangenen Information wird gegenüber früheren Informationen mehr Bedeutung zugemessen.
26 Das ist die zwischen Feudalismus und Kapitalismus zeitlich zu verortende Epoche, in der Grundbesitz immer weniger die entscheidende Quelle des Reichtums war.

Verlagssystem, welches schon im 9. Jahrhundert, spätestens jedoch ab dem 14. Jahrhundert für die wirtschaftliche Entwicklung von erheblicher Bedeutung war (vgl. zum Folgenden Sydow 1992, S. 56 ff.).

Das *System interner Kontrakte,* in England als »internal contracting system« (Buttrick 1952) bezeichnet und in Deutschland als »Zwischenmeister- oder Stückmeistersystem« (Sombart/Meerwarth 1923) bekannt geworden, basiert auf einer strengen Funktionsteilung zwischen Unternehmer und Zwischenmeister (▶ Dar. 7.2):

- Der Unternehmer stellt Gebäude und Maschinen zur Verfügung, beschafft Rohmaterialien und Vorprodukte und bemüht sich um den Absatz der Fertig- bzw. Halbfertigfabrikate.
- Der Zwischenmeister bzw. contractor stellt Arbeiter und Arbeiterinnen ein, entlässt sie, entlohnt sie, organisiert die Arbeit, plant und überwacht die Arbeitsausführung; er erhält vom Unternehmer einen für die Erbringung der Arbeitsleistung vereinbarten Preis.

Der Gewinn des Zwischenmeisters ergibt sich aus der Differenz dieses Betrages und der an die Arbeiter gezahlten Löhne sowie gegebenenfalls anderer Kosten (z. B. Kosten für eigene Werkzeuge, für zusätzlich beschafftes Material). Im Kern wälzt der Unternehmer mit Hilfe des Systems interner Kontrakte Aufgaben des Personalmanagements sowie Teile des Kapitalrisikos auf den Zwischenmeister ab.

Die konkrete Ausgestaltung des Systems interner Kontrakte variiert in Hinblick auf die dem Zwischenmeister zugestandene Autonomie, die den Arbeitern abverlangte Qualifikation und die Art der ihnen gegenüber ausgeübten Kontrolle. Craig R. Littler (1982, S. 159 f.) beschreibt in seiner exzellenten Analyse des Systems interner Kontrakte drei Kontrollformen und ordnet ihnen Beispiele zu: (1) die Kontrolle durch familienähnliche Beziehungen (z. B. Einsatz qualifizierter Baumwollspinner, die ihrerseits ihre Familienmitglieder beschäftigten), (2) die Kontrolle durch die klassische Meister-Gesellen-Beziehung (z. B. in Eisenhütten praktiziert, wo sich die Arbeiter dem Meister und nicht der Hütte verpflichtet fühlten) und (3) die Kontrolle eines Teams (gang) durch den Teamleiter (gang boss). Während die Arbeiter, insb. im Fall von den vor allem in Werften und im Kohlebergbau verbreiteten ›Gangs‹, spontan als Tagelöhner angeheuert werden, stellen die dauerhaften Beziehungen zwischen Unternehmer und Zwischenmeister genau genommen frühe *Interorganisationsbeziehungen* dar. Trotz einiger hierarchischer Elemente (z. B. Weisungsbefugnis bei nicht genau spezifizierten Verträgen) handelt es sich hierbei um eine tendenziell marktlich koordinierte Austauschbeziehung. Während in Manufaktur und Fabrik als Konzentrationsformen zunehmend das hierarchische Prinzip »direkter Kontrolle« (Friedman 1977) verwirklicht wird, herrscht beim System interner Kontrakte zwischen Unternehmer und Zwischenmeister das Prinzip der Marktkontrolle. Gleichwohl handelt es sich bei der Beziehung zwischen Unternehmer und Zwischenmeister, soweit sie die konkret zu erbringende Leistung nur global umreißt und eher längerfristig Bestand hat, nicht um eine rein marktlich koordinierte Beziehung. Das System interner Kontrakte stellt – mit anderen Worten – in einigen Teilen eine frühe netzwerkartige Organisationsform ökonomischer Aktivitäten dar. Zentrale Vorteile des Systems interner Kontrakte sind:

- die Flexibilität des Systems in Hinblick auf Beschäftigungsschwankungen,
- die zumindest partielle Teilung des unternehmerischen Risikos,
- die Vereinfachung der Kostenkalkulation und Abrechnung für den Unternehmer,
- der Anreiz für qualifizierte Arbeiter, selbst zum Zwischenmeister aufzusteigen,
- die Kompensation von technischen Fähigkeiten und Fertigkeiten, die dem Unternehmer selbst fehlen sowie
- die Stabilität der Kontrollstruktur (vgl. Littler 1982, S. 160 f.).

Das prägnanteste historische Beispiel interorganisationaler Netzwerke stellt wohl das *Verlagssystem* (putting out system) dar, das ebenfalls bis etwa 1870 von großer Bedeutung in bestimmten Branchen war (vgl. Sombart/Meerwarth 1923). Die Organisationsform des Verlags war dadurch gekennzeichnet, dass rechtlich selbstständige, auf Teilfunktionen der Produktion spezialisierte Handwerker und Heimarbeiter/innen (als »Verlegte«) gegen Stückpreise Vorprodukte weiterverarbeiten (▶ Dar. 8.1).[27] Den Abschluss entsprechender Verträge (externer Kontrakte), die Bereitstellung der Rohstoffe und Vorprodukte, die interorganisationale Koordination sowie die Vermarktung der Fertigprodukte übernahm der sog. »Verleger« (in Italien: »Impannatore«), der sich nicht selten Subverleger bediente, um auch komplexere Netzwerke adäquat steuern zu können. Verbreitet war das Verlagssystem außer in der Holzbearbeitung sowie bei der Metallwaren- und Uhrenherstellung vor allem in der Textil- und Bekleidungsindustrie.

In der Textil- und Bekleidungsbranche beschaffte der Verleger – entweder Händler oder selbst Tuchmacher und ggf. gar eine eigene kleine Manufaktur (z. B. Weberei) betreibend – die Rohstoffe (z. B. Wolle), vergibt entsprechende Aufträge zur Weiterarbeitung (z. B. Spinnen, Walken) – ggf. über Subverleger – an die Verlegten (oft ländliche Heimarbeiterinnen) und verkauft die Fertigprodukte anschließend an den Tuchhandel oder vertrieb die Waren selbst. Die Verlegten, die im Allgemeinen über eigene Produktionsmittel (z. B. Spinnräder, Webstühle) verfügen, erhalten für ihre Leistung vom (Sub-)Verleger, der auch den Transport der Roh-, Zwischen- und Endprodukte organisiert, einen Preis (keinen Lohn!). Die im Kern netzwerkartigen, vergleichsweise stabilen, hierarchisch *und* marktlich koordinierten Beziehungen zwischen Verleger und Heimarbeitern/innen sind alles andere als gleichberechtigt. Die für die Beschaffung, Produktion und Vermarktung erforderlichen Informationen (z. B. preisgünstige Bezugsquellen, unterausgelastete Produktionskapazitäten, aktuelle Verbraucherwünsche) beispielsweise werden vom

---

27 Der Begriff des Verlages leitet sich von Vorlage ab. Vorgelegt werden hier (vom Verleger) nicht nur die Vorprodukte (Wolle, Stoffe, Metalle o. Ä.), sondern auch bei der Finanzierung der Vorprodukte wird in Vorlage gegangen.

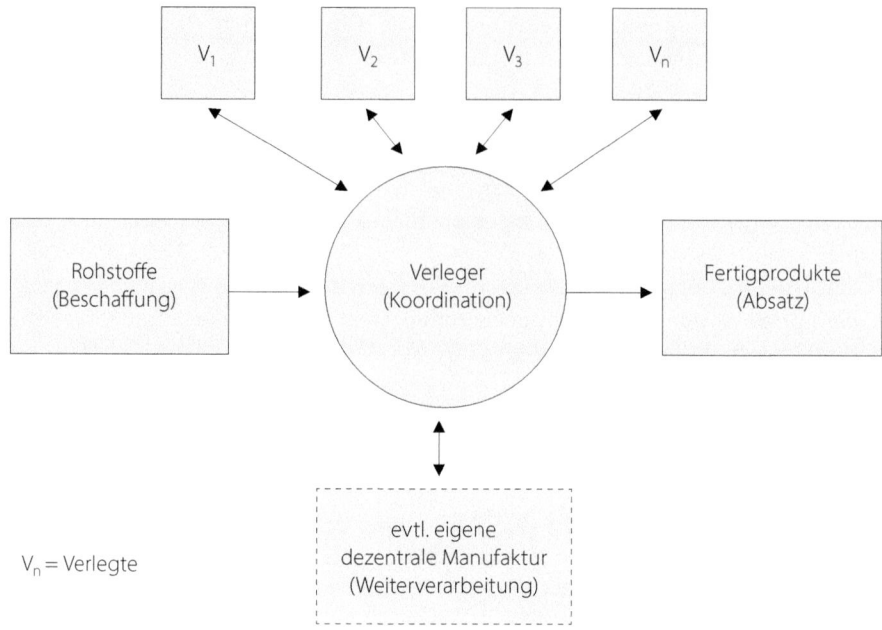

V_n = Verlegte

Dar. 8.1: Das Verlagssystem als frühe Netzwerkorganisation

Verleger quasi monopolisiert und immer wieder in den Verhandlungsprozessen mit den Verlegten – und gegen sie – genutzt.

Das Verlagssystems hatte gegenüber der lange Zeit dominanten Form des Warengewerbes in den städtischen Zünften insb. Flexibilitäts- und Kostenvorteile: Der starke Anstieg der Bevölkerung in Europa spätestens im 15. Jahrhundert führte zu einer steigenden Nachfrage nach Waren, die durch die nur begrenzt wachstumsfähige Organisation der Zünfte nicht gedeckt werden konnte. Vornehmlich wohlhabende Händler und Kaufleute mit guten Marktkenntnissen und internationalen Handelsbeziehungen erschlossen sich daraufhin das zugleich preiswerte und nahezu unerschöpfliche ländliche Arbeitskräftepotenzial, um die steigende Nachfrage mit entsprechend kostengünstigen Produkten der Heimarbeit zu decken. Zugute kam ihnen hierbei zum einen, dass die ebenfalls wachsende Landbevölkerung immer weniger Arbeit in den Ländereien ihrer Gutsherren fand, sodass das Verlagssystem mehr als nur saisonalen Arbeitsersatz für die Familien der Bauern schuf. Zum anderen entwickelten und stabilisierten sich zu dieser Zeit zunehmend die (internationalen) Handelsverflechtungen der Kaufleute und somit vergrößerten sich die Märkte.[28] Diese historischen Bedingungen beschleunigten die massive Durchsetzung des Verlagssystems als netzwerkartige Organisationsform der Massenproduktion für regionale und überregionale Märkte. Diese Durchsetzung wiede-

---

28 Nur am Rande sei hier erwähnt, dass auch die Handelsbeziehungen zu dieser Zeit im Wesentlichen netzwerkartig organisiert waren. Vgl. für ein instruktives Beispiel hierfür die Darstellung des Aufstiegs und Falls der Hanse (Ewert/Selzer 2007).

rum verursachte andererseits nicht nur eine Krise des zünftigen Gewerbes, sondern läutete sogar deren Untergang ein. Das Verlagssystem in dieser Ausprägung war jedoch insb. auf die Herstellung von Waren beschränkt, die mäßig handwerkliche bzw. einfache Produktionsfertigkeiten, wenig kostenintensive Produktionsmittel (z. B. Spinnräder und Webstühle) und letztlich entsprechend wenig Kontrollbedarf erforderten. Genau diese Bedingungen sollten sich im Zeitverlauf als wesentliche Begrenztheiten im Vergleich zur »modernen« Organisationsform der Massenproduktion in den aufkommenden Manufakturen und Fabriken in den Städten herausstellen. Gleichwohl sollte die Blüte des Verlagssystems mehr als vier Jahrhunderte anhalten.

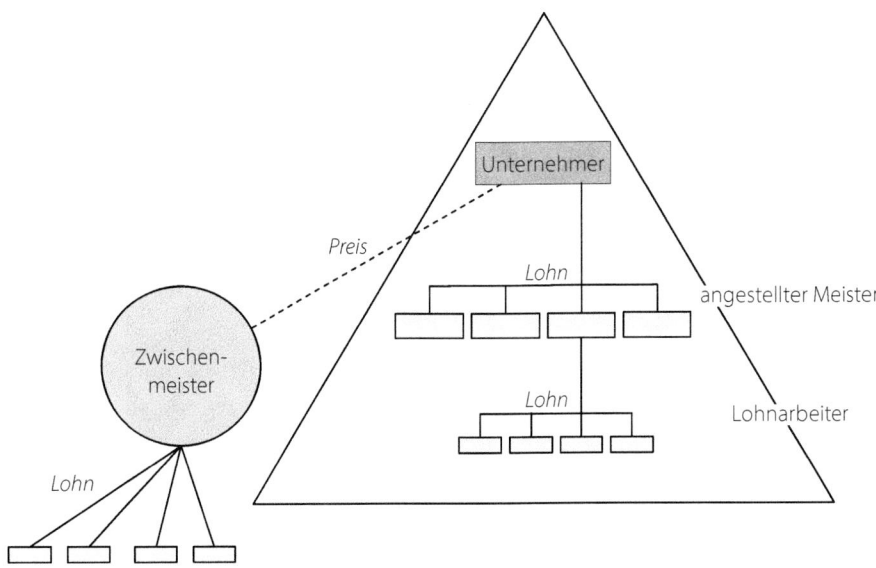

Dar. 8.2: Das System interner Kontrakte in Fabrik und Manufaktur

In vielen der frühen Fabriken bzw. Manufakturen koexistierte die Organisationsform der Subunternehmerschaft, die den Verhältnissen im Verlagssystem ähnelte, aber auf externen Kontrakten mit dem Zwischenmeister basierte, mit Formen direkter, hierarchischer Kontrolle (▶ Dar. 8.2). Erst im Zuge der weiteren Verbreitung des Fabriksystems setzte sich, begünstigt durch die technologische Entwicklung und die steigende Relevanz von Managementtechniken, die direkte, hierarchische Kontrolle gegenüber stärker marktvermittelten Kontrollformen wie der Subunternehmerschaft durch. Die dabei entstehende vertikal integrierte Unternehmung mit ihren relativ deutlichen Organisationsgrenzen, klar definierten Zonen der Einflussnahme und geplanter Koordination stellt in historischer Perspektive vielleicht ebenfalls eine nur transitorische Organisationsform ökonomischer Aktivitäten dar. Hierfür spricht sich auch Lazonick (1991) aus, der für die zunehmende Durchsetzung der vertikal integrierten Unternehmung Mitte des

19. Jahrhunderts insb. eine technologische Revolution verantwortlich macht: die Entwicklung der »efficient central sources of power« (S. 185). Deren Einsatz und Schubkraft zur Entwicklung innovativer und komplexerer Produktionstechnologien verlangte nach einer räumlichen Konzentration der Arbeiter und Arbeiterinnen genau dort, wo die Antriebsgeneratoren für die Maschinen der Massenproduktion verortet waren: innerhalb der Mauern der Fabriken bzw. Manufakturen. Diese Entwicklung ermöglichte überdies neue Formen der umfassenden (hierarchischen) Kontrolle der Produktion und folglich die Durchsetzung entsprechender Managementtechniken. Festzuhalten bleibt, dass die dezentrale Produktion und Organisation des Verlagssystems sich also nicht zuletzt aufgrund technologischer Innovationen überlebte.

Das Verlagssystem gab um 1800 in den Grenzen des deutschen Reiches fast der Hälfte der Beschäftigten Arbeit, konnte aber ein Jahrhundert später nur noch 5 % der Beschäftigung auf sich vereinen. Allerdings ist das Verlagssystem heute in der Form regionaler Netzwerke (z. B. in bestimmten Industrien und Regionen Norditaliens) oder in Form der Teleheimarbeit wieder recht weit verbreitet (Kieser 1994). Wie bereits angedeutet ist die Netzwerkform, auch in diesen Ausprägungen, immer häufiger Ergebnis der Verschlankung von Unternehmen durch Auslagerung immer weiterer Funktionen, beispielsweise der Personalwirtschaft (Gospel/Sako 2010; Ackermann 2011; Swart/Kinnie 2014; Swart et al. 2022; Samimi/Sydow 2021). Angesichts sich immer schneller verändernder Konsumgewohnheiten, immer kürzer werdender Technologiezyklen und zunehmenden Wettbewerbs durch Verlagerung der Produktion in Niedriglohnländer haben sich vertikal tief integrierte Unternehmen vielfach als nicht mehr leistungsfähig genug erwiesen. Neben den oben genannten nicht-ökonomischen Bedingtheiten wie Technologie- und demographische Entwicklung wurden gemeinhin ökonomische Probleme (wie z. B. Diebstahl, Unterschlagung, Leerzeiten, Transportkosten, Materialflusskoordination, Qualitäts- und Kommunikationsprobleme) für den Niedergang des Verlagssystems und dessen verbreiteten Ersatz durch das Fabriksystem zuerst in England und sodann auch in Deutschland und Italien verantwortlich gemacht. Eine ganze Reihe der ökonomischen Probleme wie etwa Unterschlagung und Qualitätsprobleme wurden den beschränkten Kontrollmöglichkeiten des Verlegers zugeschrieben und gelten mittlerweile allerdings als weitgehend überwunden (vgl. Lazerson 1993).

8.2 Vom Markt zum Netzwerk in der historischen Betrachtung

Es ist zwar unzulässig, von den historischen Frühformen der Netzwerkbildung auf aktuelle Netzwerkformen zu schließen. Gleichwohl ermöglicht die Reflexion der Vorläufer aktueller Formen jedoch, die notorische Kontextvergessenheit der gegenwärtigen Netzwerkdiskussion in Managementwissenschaft wie -praxis zu überwinden. Insbesondere ermöglicht die historische Analyse der Netzwerkform die Identifikation und Hervorhebung einer Reihe von ökonomischen und außerökonomischen Bedingungen der Entwicklung und des Niedergangs von Netzwerken, die auch in der aktuellen Diskussion eine – gleichwohl historisch kontingente – Rolle spielen. Hierzu zählt neben der Gefahr von Pfadabhängigkeiten der Netzwerkentwicklung, die wir ausführlicher in Kapitel 9 aufgreifen, insb. die gesteigerte Innovationsfähigkeit von Netzwerken.

Die Tatsache, dass der Netzwerkform heute Potenziale zur Produkt- wie Prozessinnovation zugeschrieben werden, die mit anderen Organisationsformen ökonomischer Aktivitäten nicht erreicht werden können, entbehrt nicht einer gewissen Ironie. Nicht zuletzt war schließlich das fehlende Innovationspotenzial ein wesentlicher Grund für den Niedergang früher Formen der Netzwerkorganisation. Zumindest scheint es so, als ob sich die frühkapitalistischen Netzwerkformen durch die technologische Entwicklung – und auch die Verbreitung des Managementwissens über die Führung von Fabrik und Manufaktur – überlebt haben. Heute gilt die Innovationsfähigkeit allerdings als ein wesenstypisches und entsprechend nicht mehr infrage gestelltes Effizienzmerkmal der Netzwerkform (vgl. etwa Powell 1990; Sydow 1992; Duschek 2002; Özman 2017). Dass diese Zuschreibung jedoch zu kurz greifen kann, wird schon dadurch deutlich, dass (auch) Netzwerke die Tendenz aufweisen, sich mit der Zeit bzw. im Laufe ihrer Entwicklung zunehmend zu schließen bzw. sich vermehrt auf sich selbst zu konzentrieren. Während dieser Prozess vorübergehend sogar effizient sein mag, kann die Netzwerkform in der Folge ihre Innovationsfähigkeit einbüßen. Das gilt umso mehr, je stärker die Beziehungen zwischen den Netzwerkorganisationen werden (vgl. schon Granovetter 1973; ▶ Kap. 9).

Die für die Verbreitung der Netzwerkform in den letzten zwei Jahrzehnten genannten Gründe sind im Übrigen vielfältig und gehen weit über das Argument des Innovationspotenzials dieser Organisationsform hinaus. Sie reichen von den Kosten- und Flexibilitätsvorteilen einer »Produktion im Netzwerk« (Sydow/Möllering 2015) und den sich nicht zuletzt im Zuge der Globalisierung ergebenden strategischen Handlungsmöglichkeiten bis hin zur strukturellen Veränderung der Gesellschaft (Dienstleistungs- und Wissensgesellschaft) und rasanten Verbreitung der Informations- und Kommunikationstechnik (vgl. Langlois 1991). Hinzu kommt eine breite finanzielle und ideelle Unterstützung der Bildung von Netzwerken durch die öffentliche Hand auf lokaler, regionaler, nationaler und europäischer Ebene.

Die mit der Netzwerkform zurzeit verbundenen strategischen Handlungsmöglichkeiten werden typischerweise auf Vorteile im Innovations-, Zeit-, Qualitäts- und Kostenwettbewerb zurückgeführt (vgl. Siebert 1991). So wird dieser Form beispielsweise die Fähigkeit zugeschrieben, durch Kombination komplementären Wissens Produkt- und Prozessinnovationen relativ rasch (time-to-market) hervorzubringen und gleichzeitig – bei wettbewerbsfähigem Kosten- bzw. Preisniveau – durch Kombination entsprechender Kompetenzen hohen Qualitätsansprüchen zu genügen. Auf einen Begriff gebracht: Netzwerke scheinen wie kaum eine andere Organisationsform ökonomischer Aktivitäten dem Management die Möglichkeit zu bieten, gleichzeitig Strategien der Kostenführerschaft und der Differenzierung – also sog. hybride Strategien – zu verfolgen (vgl. auch Sydow/Möllering 2015, S. 73 ff.).

Der Einfluss der Informations- und Kommunikationstechnik, insb. des Internets, auf die Verbreitung der Netzwerkform wurde mit der »move-to-the-middle«-Hypothese zum Ausdruck gebracht (Clemons et al. 1993). Gemeint ist damit, dass diese Technologie die interorganisationale Koordination wesentlich vereinfacht und bestimmte Ausprägungen interorganisationaler Beziehungen erst ermöglicht. Hierarchische Organisationsformen werden demnach, wenn nicht durch marktliche, so doch durch netzwerkförmige tendenziell ersetzt. Diese These ist zurückhaltender – und realistischer – als die ursprüngliche »move-to-the-market«-Hypothese (vgl. dazu Picot/Reichwald 1994). Zwar erleichtert die Verbreitung moderner Informations- und Kommunikationstechnologie, insb. in unserer heutigen Plattformökonomie, die Kommunikation und Koordination in der Netzwerkform (vgl. z. B. Sydow/Auschra 2022). Zahlreiche Koordinationsleistungen können allerdings in Märkten grundsätzlich nicht erbracht werden. Dies betrifft insb. die Hervorbringung von Innovationen, etwa weil sie die Übertragung nicht marktgängigen (weil nicht kodifizier- und bepreisbaren) Wissens erfordern.

Neben diesen im klassischen Sinne ökonomischen oder betriebswirtschaftlich-rationalen Begründungen ist zu berücksichtigen, dass sich die Netzwerkform nicht zuletzt gerade auch in wissenschaftsbasierten Branchen (science-based industries) wie der Biotechnologie, der Nanotechnologie oder der Optoelektronik zu einer Mode, wenn nicht gar zu einer Institution entwickelt hat. Die Netzwerkform gilt in diesen auf wissenschaftsbasierte Innovationen abstellenden Branchen nicht nur als modern, sondern in gewisser Weise als Selbstverständlichkeit (taken-for-granted). Woody Powell und seine Kollegen (1996) sprechen denn auch äußerst anschaulich davon, dass sich der Ort der Innovation (locus of innovation) in diesen modernen Branchen von der Organisation gleichsam in die interorganisationalen Beziehungen bzw. Netzwerke hinein verlagert hat. Gleichwohl ist diese Verlagerung in Netzwerke hinein nicht überall von Erfolg gekrönt (zur Biotechnologie in Australien vgl. Gilding et al. 2020).

Alle diese Gründe für die zunehmende Verbreitung der Netzwerkform in den letzten zwei Jahrzehnten verdeutlichen, dass es im Einzelfall für die tatsächliche ökonomische Überlegenheit oder aber auch nur Adoption und Diffusion dieser Form auf die konkreten historisch-situativen Bedingungen in einem organisationalen Feld, also einer bestimmten Branche und/oder Region (▶ Kap. 3.3), ankommt. Neben »Governance matters!« gilt eben immer auch: »History and context matter!« Beispielsweise scheinen wissenschaftsbasierte Branchen besonders für die Netzwerkform prädestiniert, weil in ihr die Zusammenarbeit zwischen Wissenschaft und Wirtschaft besonders gut gelingt, gar eine Selbstverständlichkeit darstellt (Robinson et al. 2007). Dies gilt besonders, wenn die Branche – wie beispielsweise die Biotechnologie – mittlerweile über eine breite Erfahrung mit entsprechendem Management verfügt und auch das wissenschaftliche Wissen über das Management interorganisationaler Beziehungen und Netzwerke über Aus- und Weiterbildung und Netzwerkberatung an die Praxis zurückgespielt wird (vgl. Manning/Sydow 2006). In Folge können kaum allgemeingültige Aussagen zur Überlegenheit dieser Organisationsform ökonomischer Aktivitäten getroffen werden, allemal nicht auf der Basis der verbreiteten Existenz der Form. Im Gegenteil, die aktuell scheinbar noch immer zunehmende Verbreitung dieser Organisationsform ökonomischer

Aktivitäten mag sich unter anderen historisch-situativen Bedingungen auch wieder in ihr Gegenteil verkehren, geht es doch im Regelfall um eine virtuose Kombination von Markt, Netzwerk und Hierarchie in der sog. »plural form« (▶ Kap. 2.3), nicht zuletzt auch im Kontext der sich aktuell rasant verbreitenden Plattformökonomie. Die Verbreitung der pluralen Netzwerkorganisation verlangt mittlerweile dringender nach Erklärungen als die Netzwerkform selbst. Überhaupt scheint die Koexistenz vielfältiger Organisationsformen ökonomischer Aktivitäten sowie der Wechsel zwischen diesen Formen der überzeugenden Erklärung zu harren.

So historisch falsch die Annahme, dass »am Anfang« der Entwicklung ökonomischer Austauschformen der Markt stand, so unzutreffend ist u. E. die Erwartung, dass sich die Netzwerkform im Laufe der Zeit gegen Markt und Hierarchie durchsetzen wird. Im Folgenden wird vielmehr argumentiert, dass Netzwerke kein neuer »one best way of organizing« sind. Vielmehr ist die Netzwerkform »nur« eine Markt und Organisation prinzipiell gleichberechtigt gegenüberstehende und insofern ergänzende und sich zunehmend mit diesen vermischende Alternative. Der konkrete Einsatz der Netzwerkform ist genauso wie die konkrete Ausgestaltung dabei kontingent. Niklas Luhmann (1984, S.152) bezeichnet etwas als kontingent, »was weder notwendig ist noch unmöglich ist; was also so, wie es ist (war, sein wird), sein kann, aber auch anders möglich ist«. Der Begriff der Kontingenz verweist aber zugleich auch auf (interne und externe) Bedingungen von Handeln; er meint somit zwar ›Auch-anders-möglich-Sein‹, nicht jedoch Beliebigkeit. »Eine Transformation von Kontingenz in Eindeutigkeiten erfolgt erst durch Entscheidungen. Oft genug handelt es sich dabei nur um scheinbare Eindeutigkeiten, die weiteren Interpretationen von Kontingenz zugänglich sind. Kontingenz ist deshalb kein statischer Begriff, der zudem noch einen stationären Zustand beschreibt und deshalb nicht sinnvoll zur Erklärung von dynamischen Prozessen wie der Evolution einer Organisationsform herangezogen werden kann; Kontingenz ist vielmehr ein dynamisches Konstrukt« (Sydow 1992, S.281). Das heißt in der Konsequenz: Es kommt entscheidend (!) erstens auf die jeweiligen historischen und kontextuellen Bedingungen an, unter denen sich Organisationsformen entwickeln bzw. gemanagt werden; und zweitens auf die Beantwortung der Frage, wie sich die Akteure konkret im Handeln bzw. in ihren Entscheidungen auf diese Bedingungen beziehen und diese nutzen. Dabei bestehen oft erhebliche interpretative Spielräume und nicht selten sogar Möglichkeiten der aktiven Einflussnahme auf eben diese Bedingungen (vgl. zum Begriff der Kontingenz unter Bezugnahme auf die frühen Arbeiten Joan Woodwards zum Verhältnis von Technik und Organisation auch Orlikowski 2010). Von dieser Grundperspektive ausgehend werden im Folgenden zunächst interne und externe Netzwerkbildung unterschieden, bevor interorganisationale Netzwerke als Ergebnis der (zweiten Form der) Netzwerkbildung genauer dargestellt und wichtige Netzwerktypen unterschieden werden. Die interne Netzwerkbildung wird – anders als die externe Netzwerkbildung, die eine moderne Form der Primärorganisation ist – als ergänzende Form der Sekundärorganisation im Weiteren nur noch am Rande behandelt.

Netzwerke als neuer ›one best way‹?

Trotz der Popularität der Netzwerkform sollte nicht davon ausgegangen werden, dass es sich bei der Durchsetzung dieser Organisationsform ökonomischer Aktivitäten um einen anhaltenden Trend handelt. Dies zeigt sich beispielsweise darin, dass seit einiger Zeit frühere Entscheidungen zugunsten von Outsourcing und Offshoring bzw. einer Quasi-Externalisierung überdacht bzw. sogar zurückgenommen werden (▶ Kap. 8.3). Dies geschieht nicht selten im Streben nach einer größeren Resilienz der – wie es scheint – oft allzu krisenanfälligen Form. Erinnert sei auch daran, dass weder Strategien des Outsourcing/Offshoring noch das Eingehen von Allianz- und Netzwerkbeziehungen eine Entwicklung der jüngsten Vergangenheit sind. So lassen sich das Verlagssystem und das System interner Kontrakte als historische Frühformen der Netzwerkorganisation benennen (▶ Kap. 8.2). Des Weiteren hat, um es an einem Beispiel zu verdeutlichen, die letzte deutsche Bekleidungsfabrik schon 1865 (!) die Herstellung ihrer eigenen Textilmaschinen aufgegeben und diese Funktion der bereits (nicht nur um Chemnitz herum) entstandenen Maschinenbauindustrie übertragen. Genauso stießen Ende des 19. Jahrhunderts die letzten Zuckerfabriken ihre früher umfangreichen Ländereien ab und fleischverarbeitende Betriebe gaben in den 1930er Jahren ihre vormals integrierten Handels- und Transportfunktionen auf (vgl. dazu Sydow 1992, S. 54 ff.).

So richtig die Feststellung denn auch sein mag, dass es für die Verbreitung der Netzwerkform ganz entscheidend auf die jeweiligen historischen und kontextuellen Bedingungen ankommt: Letztlich gilt es, die *konkreten* internen und externen Bedingungen anzugeben, die eine Verbreitung dieser Organisationsform ökonomischer Aktivitäten fördern bzw. behindern. Diese Bedingungen sind auch nicht nur auf der Ebene des organisationalen Feldes, also beispielsweise der Branche oder einer Region zu ermitteln (▶ Kap. 3.3), sondern auch auf anderen Analyseebenen (▶ Dar. 8.3).

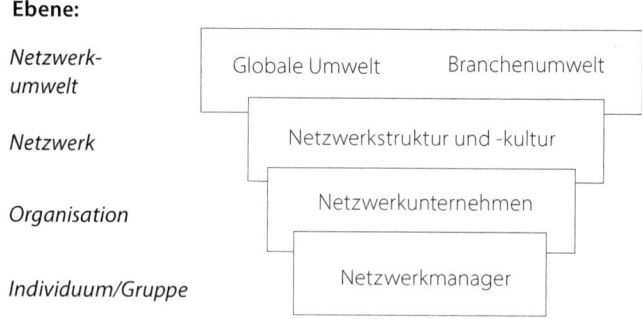

Dar. 8.3: Kontingenzen verschiedener Ebenen (Sydow 1992, S. 283)

Ohne Anspruch auf Vollständigkeit seien an dieser Stelle einige Bedingungen aus der Netzwerkumwelt, genauer auf der Ebene der Gesellschaft, des Feldes, des interorganisationalen Netzwerks selbst, der am Netzwerk beteiligten Organisationen und der individuell handelnden Akteure – nicht zuletzt der Netzwerkmanager in jenen Organisationen – benannt (vgl. zum Folgenden Sydow 1992, S. 281 ff.).

Gesellschaftsbezogen ist besonders staatliches und suprastaatliches Handeln für die Entwicklung und Ausbreitung der Netzwerkorganisation relevant. Von substanzieller Bedeutung sind in diesem Zusammenhang die regionale, nationale sowie supranationale Wettbewerbs- und Kooperations-, aber auch Technologiepolitik. Aktuelle Beispiele finden sich vor allem im Zusammenhang mit der Förderung gemeinsamer Forschung und Entwicklung in verschiedenen Industrieländern: die weitgehende Annahme wettbewerbspolitischer Unbedenklichkeit von F&E-Kooperationen im deutschen Kartellrecht bzw. die traditionell gegenüber Kooperationen eher skeptische, durch den National Cooperative Research Act von 1984 aber gegenüber Kooperationen im F&E-Bereich gelockerte US-amerikanische Anti-Trust-Politik; die kooperationsfördernde Politik des damaligen japanischen Ministry of International Trade and Industry (MITI, heute METI), aber auch die aktive, gleichwohl branchenspezifisch selektive Technologie- und Clusterpolitik der deutschen Bundesregierung und der Europäischen Union. Des Weiteren sind die staatliche und suprastaatliche Finanzpolitik mit ihren Folgen für den Kapitalmarkt oder auch die Integration bestimmter Wirtschaftszonen (z. B. des europäischen Binnenmarktes) von Bedeutung für die Netzwerkbildung. Eine aus einer mangelnden Funktionsfähigkeit des Kapitalmarktes, wie wir sie in der Finanzkrise 2008/2009 erlebt haben, oder eine aus einer Politik des »teuren Geldes« resultierende Kapitalknappheit bewegt Unternehmen zum Beispiel, einzelne Funktionen oder ganze Funktionskomplexe (z. B. auch einen umfassenden Geschäftsprozess wie das globale Bestellwesen) oder sogar einen Unternehmensbereich zu externalisieren (im letztgenannten Fall spricht man auch von einem »Demerger«; vgl. zu den unterschiedlichen Formen z. B. Böllhoff et al. 2007). Oder es bewahrt eine Kapitalknappheit davor, Funktionen, Geschäftsprozesse oder ganze Unternehmensbereiche vollständig – beispielsweise qua Mergers & Acquisitions – zu internalisieren. Erinnert sei hier besonders an die Rolle der Kapitalknappheit japanischer Unternehmen nach dem Zweiten Weltkrieg. In dieser Knappheit wird eine wichtige Bedingung für die Entwicklung der stärker auf Kooperation denn auf Konzentration setzenden Keiretsu-Strukturen gesehen (vgl. Sydow 1992, S. 38 ff.; Lincoln/Shimotani 2010). Eine Kontingenz, der ebenfalls für die Entstehung netzwerkartiger Organisationsformen eine große Tragweite zugeschrieben wird, ist die verkehrs- und kommunikationstechnische Infrastruktur. Einerseits wird dieser Infrastruktur eine transaktions- bzw. koordinationskostensenkende Wirkung attestiert, die gerade im interorganisationalen Bereich wirksam wird (vgl. Klein 1996; Picot et al. 2003; Robey et al. 2008). Andererseits eröffnet vor allem diese den Unternehmen neue Möglichkeiten zur Gestaltung ihrer Organisations-Umwelt-Beziehung und somit immer auch ihrer Interorganisationsbeziehungen. Mit anderen Worten: Die Infrastruktur weist ein strategisches Gestaltungspotenzial auf. Die gesellschaftsweite Entstehung der Netzwerkform wird schließlich auch durch vorhandene Arbeitsmarktstrukturen beeinflusst, die sich ihrerseits im Zuge der Evolution dieser Organisationsform verändern. Beispielsweise findet sich eine Externalisierung und Quasi-Externalisierung von Arbeit in den vergangenen Jahrzehnten »insb. in Ländern mit uneinheitlicher Sozialverfassung der Arbeitsmärkte, etwa mit regional oder sektoral stark variierenden Löhnen und Beschäftigungsbedingungen und dezentralen politisch-administrativen Strukturen« (Sengenberger 1987, S. 285). Nicht zufällig sind interorganisationale Netzwerke besonders in Japan und Italien verbreitet. Beide Länder galten für einige Zeit unter den entwickelten Industrieländern als jene mit dem ausgeprägtesten Wirtschafts- und Arbeitsmarktdualismus, also hoch entwickelten und ausdifferenzierten Märkten einerseits und wenig entwickelten, mit niedrigen Preisen bzw. Löhnen versehenen Märkten andererseits (vgl. Sengenberger 1987, S. 286). Ein Dualismus, der sich im Zuge der vom Liberalismus angetriebenen Wirtschafts- und Arbeitsmarktreformen, seit einiger Zeit auch in Deutschland und anderen europäischen Ländern findet.

Folgende Kontingenzen scheinen für die Ausbildung und Verbreitung der Netzwerkorganisation auf der *Feld-* bzw. *Branchenebene* von Bedeutung zu sein: (1) das Entwicklungsstadium der Branche, (2) die für die Branche charakteristische Technologieintensität sowie technologische Unsicherheit, (3) marktliche Diskontinuitäten, (4) die Wettbewerbsintensität sowie (5) die Kultur einer Branche. Ohne auf diese Bedingungen hier im Einzelnen eingehen zu können (vgl. auch dazu Sydow 1992, S. 287 ff.), sei mit Blick auf die Rolle des Entwicklungsstadiums einer Branche beispielhaft festgehalten: In einer frühen genauso wie einer späten Entwicklungsphase einer Branche scheint die Netzwerkform besondere Vorteile zu bieten. Diese Erwartung widerspricht allerdings traditionellen Vorstellungen der Ökonomie, die zu Beginn der Entwicklung von einem hohen vertikalen Integrationsgrad ausgeht, weil ein Unternehmen kaum die Möglichkeit hat, Vorleistungen in der erforderlichen Qualität und Quantität über den Markt zu beziehen. In einer sehr reifen Industrie wird von ihr hingegen eine Re-Internalisierung von Funktionen vermutet, da aufgrund des sinkenden Marktvolumens von den Lieferanten eine wirtschaftliche Herstellung von Gütern nicht mehr erwartet werden kann. Tatsächlich aber sind heute viele Branchen, nicht zuletzt wissenschaftsbasierte wie die Optik oder die Bio- und Nanotechnologie, gleich zu Beginn darauf angewiesen, dass hoch spezialisierte Unternehmen und Wissenschaftseinrichtungen zusammenarbeiten. Zudem ist bei einem entsprechenden Reifegrad der Industrie, nicht zuletzt wegen anhaltender Wettbewerbsintensität, eine Weiternutzung entsprechender, sich in günstigeren Kostenstrukturen niederschlagender Spezialisierungsvorteile zu erwarten. Mit Blick auf die anderen Bedingungen dürften im Übrigen technologische Unsicherheiten und marktliche Diskontinuitäten ebenso wie die Wettbewerbsintensität eine Verbreitung der Netzwerkform eher befördern, während eine eher Traditionen verhaftete Branchenkultur dem damit möglicherweise verbundenen radikalen Wandel tendenziell entgegensteht.

Neben der Netzwerkumwelt hält auch das *Netzwerk selbst* Kontingenzen bereit, die die Verbreitung der Netzwerkform entweder fördern oder behindern, sofern sich Akteure bei der Organisation ökonomischer Aktivitäten auf sie beziehen. Dabei handelt es sich zum einen um Netzwerkstrukturen wie die Netzwerkgröße, die

Dichte und Multiplexität der Beziehungsgeflechte oder die Zentralität und der Spezialisierungsgrad bestimmter Akteure bzw. Akteurskonstellationen. Zum anderen ist die Netzwerkkultur von Bedeutung, die mehr oder eben auch weniger Spiegelbild der Kultur einer Branche oder einer Gesellschaft sein kann. Keith Provan und Patrik Kenis (2008) betonen die Zahl der Netzwerkmitglieder, das zwischen den Mitgliedern bestehende Vertrauen, das Ausmaß an Konsens zwischen ihnen über die zu verfolgenden Ziele sowie die mit Hilfe des Netzwerks zu bewältigende Aufgabe als Kontingenzen, die nicht nur die Entstehung, sondern auch die Wahl der konkreten Organisationsform des Netzwerks – beispielsweise jene zwischen strategischem und regionalem Netzwerk (▶ Kap. 8.3) – erklären. Auf diese strukturellen und kulturellen Bedingungen auf Netzwerkebene wird noch im Zusammenhang mit dem Netzwerkmanagement ausführlich zurückzukommen sein, sind sie doch nicht nur Bedingung, sondern eben auch – geplantes und ungeplantes – Ergebnis von Managementhandeln (▶ Kap. 11 und 12).

Letzteres gilt, wenn auch mit Einschränkungen, ebenfalls für Kontingenzen auf der *Organisationsebene*. Die Bedeutung organisationsbezogener Faktoren für die Entwicklung von Interorganisationsbeziehungen konnte erstmals von Michael Aiken und Jerry Hage (1968) empirisch belegt werden. Danach stimuliert zwar eine große organisationale Diversität Innovation, spätestens die Realisierung von Innovationen erfordert aber häufig die Entwicklung von Beziehungen zu anderen, mehr oder weniger vertrauten Unternehmen, zum Beispiel im Rahmen gemeinsamer Programme (joint programs). Diese und ähnliche Ergebnisse, beispielsweise auch zur organisationalen Erfahrung mit Kooperationen (▶ Kap. 11 und 12), unterstreichen die notwendige Ergänzung der Analyse der Wirkung von Netzwerkumwelt, -struktur und -kultur um eine Betrachtung der Wirkung organisationsbezogener Kontingenzen für die Entwicklung und das Management von Netzwerken (▶ Kap. 3.2). Dazu gehören neben der Diversität sicherlich auch die Organisationsgröße (und die damit verbundene Ressourcenausstattung), die finanzielle Lage einer Organisation sowie die Managementkapazität und -kompetenz, nicht zuletzt auch für die Steuerung von Netzwerken (▶ Kap. 13.3). Unter den kulturellen Kontingenzen dürften auf Organisationsebene insb. der »organisatorische Konservatismus« (Child et al. 1987) von Belang sein. Die Leistungstiefe bzw. der vertikale Integrationsgrad scheint zu einem gehörigen Teil Ausdruck eines solchen organisatorischen Konservatismus zu sein. Eine einmal eingeschlagene Strategie wird von einem Unternehmen häufig auch dann beibehalten, wenn es sich nicht mehr als effizient erweist. Dies mag zwar auch Ausdruck organisationaler Pfadabhängigkeiten sein (vgl. Schreyögg et al. 2003; ▶ Kap. 9.2). Aber unabhängig davon praktiziert die insofern der Tradition verhaftete und aufgrund der Eigentümerstruktur in öffentliche Interessen eingebundene *Volkswagen AG* beispielsweise die Externalisierung bzw. Quasi-Externalisierung von Funktionen deutlich zögerlicher als andere Automobilhersteller, auch wenn der aktuelle Umbau zur E-Mobilität eine neue Dynamik gerade auch in diesem Unternehmen angestoßen zu haben scheint (o. V. 2023b).

Die hier beispielhaft auf der Ebene der Netzwerkumwelt, des Netzwerks selbst sowie der dem Netzwerk angehörenden Organisationen genannten Kontingenzen wirken sowohl in der Richtung als auch Intensität nach Funktionsbereichen verschieden. Während beispielsweise die technologische Unsicherheit für die Frage der Quasi-Externalisierung oder -Internalisierung von F&E und Produktion von großer Wichtigkeit ist, dürfte sie für die Funktion des Marketings eher von untergeordneter Bedeutung sein. Håkan Håkansson (1989, S. 99 ff.) ermittelt auf der Grundlage einer empirischen Untersuchung der Kooperationsaktivitäten von 123 schwedischen Unternehmen darüber hinaus, dass diese im Bereich der F&E über größere Organisationsspielräume verfügen, während die Freiräume zur Gestaltung der Kooperationsbeziehungen im Bereich der Produktion wesentlich enger sind. Gleichwohl gibt es auch in diesem Bereich erhebliche Unterschiede. So erweist sich der Kooperationsbedarf bei der Produktion für anonyme Märkte und bei der Distribution über den Handel als deutlich geringer als bei auftragsorientierter Fertigung und Direktvertrieb.

Kooperationserfahrungen spielen schließlich auch auf der Ebene von handelnden *Individuen oder Gruppen* bzw. Teams eine herausragende Rolle. Das Gleiche gilt beispielsweise auch für das Selbstbewusstsein von Individuen und die Risikoneigung von Gruppen. Diese können ebenfalls die Entwicklung und Ausgestaltung interorganisationaler Beziehungen bzw. Netzwerke erheblich beeinflussen. Ein nicht unerheblicher Teil dieser und ähnlicher individueller Bedingungen werden als Persönlichkeitsmerkmale gefasst und in empirischen Studien entsprechend zu messen bzw. in der Praxis einzuschätzen versucht (▶ Kap. 3 und Dar. 3.1).

Interne und externe Netzwerkbildung

Wenn bislang von Netzwerken oder Netzwerkorganisationen als Bedingungen sowie als Gegenstand vom Management interorganisationaler Beziehungen gesprochen wurde, so war damit stets ein *inter*organisationales Netzwerk gemeint. Dies wird auch im Weiteren der Fall sein, nachdem in diesem Kapitel kurz eine Abgrenzung zum Begriff »intraorganisationales Netzwerk« vorgenommen und die Differenz dieses gleichsam internen Netzwerks zur externen Netzwerkorganisation verdeutlicht wurde. Der entscheidende Punkt, das sei hier bereits vorweggenommen, ist, dass interne bzw. intraorganisationale Netzwerke sich zwar in gewissem Sinne im Schatten der Hierarchie entwickeln, Letztere aber nicht wirklich überwinden. Dies ist in Darstellung 8.4 durch die Einbettung des Beziehungsgeflechts in ein Dreieck, das die hierarchische Struktur von Organisation symbolisiert, veranschaulicht. Auch wenn im interorganisationalen Kontext nicht von gleichberechtigten Beziehungen oder dem Fehlen von Machtasymmetrien ausgegangen werden sollte, kann sich das Management von interorganisationalen Netzwerken – auch im Unterschied zum Konzern (▶ Kap. 7) – hier nicht auf die Möglichkeit hierarchischer Weisung verlassen. Letztlich kommt auch hier die oben angesprochene Kontingenz zum Tragen.

Zumindest vier unterschiedliche Verwendungsweisen des Begriffs »internes Netzwerk« können unterschieden werden (▶ Dar. 8.4). Klassischerweise werden damit in der Organisation die informalen Beziehungen bezeichnet, die sich im

Schatten der Hierarchie, nicht selten auf Basis bereits bestehender früherer Kontakte (z. B. Studium an der gleichen Hochschule) und auf Eigeninitiative der Akteure selbst, entwickeln und beispielsweise für die eigene Karriere in der Organisation genutzt werden (vgl. z. B. Podolny/Baron 1997). Vor diesem Hintergrund interessiert dann zum Beispiel die Frage, in welchem Maße sich formale und informale Netzwerke in einer Organisation überlappen bzw. konsistent sind (Soda/Zaheer 2012).

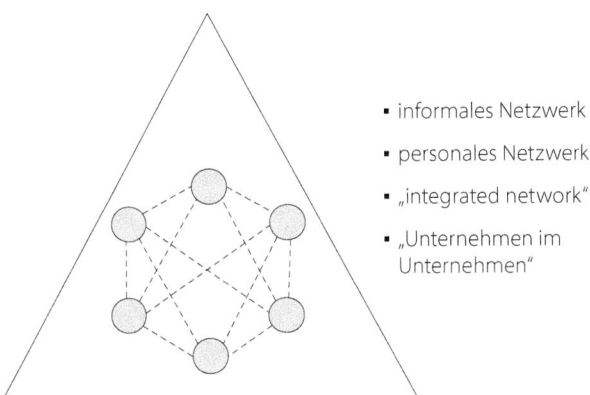

Dar. 8.4: Interne bzw. intraorganisationale Netzwerke

Neben dieser ersten Art ist zweitens die durchaus absichtsvolle Gestaltung dieser (informalen) Beziehungen durch die Akteure selbst oder auch das Management zu nennen. In der Praxis von Organisationen wird in diesem Zusammenhang gerne von »personalen Netzwerken« (personal networking) gesprochen. Vom *Bertelsmann*-Konzern ist beispielsweise bekannt, dass der rekrutierte Managementnachwuchs kohortenbezogene Schulungsveranstaltungen besucht, um die informelle Beziehungspflege jenseits späterer Abteilungsgrenzen und Hierarchieebenen zu fördern. Ein anderes Beispiel ist das Women's Network von *General Electric* (GE), das die Personal- und Karriereentwicklung weiblicher Beschäftigten bei GE (auch im internationalen Kontext) unterstützt.

Drittens wird mit dem Begriff des »integrated network« (Bartlett/Ghoshal 1990) eine ganz bestimmte Organisationsform transnationaler Unternehmen bezeichnet, nämlich jene die – in Weiterentwicklung der multinationalen und auch globalen Unternehmensstruktur – auf die Abtretung der Führungsrolle durch die Muttergesellschaft und die Übernahme der Führung durch regional verteilte Kompetenzzentren setzt. In diesem Sinne würden besonders effizient arbeitende Fabriken zu internationalen Produktionszentren und innovative regionale oder nationale Entwicklungslabors zu auf den Weltmarkt orientierten F&E-Zentren entwickelt oder die besonders kreative Marketingeinheit einer bestimmten Niederlassung die Leitfunktion für die Entwicklung globaler Marketingstrategien übernehmen. Das integrierte Netzwerk ermöglicht diesem Unternehmenstyp – mehr als andere (interne)

Organisationsmodelle – unterschiedliche Strategien in verschiedenen Märkten gleichzeitig zu verfolgen, von einer lokalen auf eine globale Strategie überzuwechseln (und umgekehrt) und letztlich, die Organisationsstrukturen der ausländischen Tochtergesellschaften ebenso wie die Koordinationsinstrumente der Muttergesellschaft den länderspezifischen Besonderheiten anzupassen. Gunnar Hedlund (1986) hatte für diese interne Organisationsform im Übrigen schon früh den Begriff der Heterarchie verwendet und sie später als N-Form (Hedlund 1994) markiert (vgl. auch Reihlen/Mone 2012).

Viertens wird der Begriff des (internen) Netzwerks auch dazu genutzt, Vermarktlichungsstrategien von Organisationen zu beschreiben. Eine solche Vermarktlichung bzw. genauer: die Schaffung von unternehmensinternen Märkten oder auch von »Unternehmen im Unternehmen« (Engels 1997) erfolgt beispielsweise, indem eine Profit-Center-Organisation eingeführt wird, Unternehmensteile ggf. sogar rechtlich verselbstständigt werden und die zwischen den Einheiten ausgetauschten Leistungen mehr oder weniger an Marktpreisen orientiert verrechnet werden (vgl. dazu z. B. Frese 1995; Kreuter/Solbach 1997; Krüger et al. 2007; ▶ Kap. 7). Trotz aller Versuche, auf diese Weise Unternehmertum in eine Organisation hineinzutragen (entsprechend ist manchmal in diesem Zusammenhang auch von *Intrapreneurship* die Rede), bleibt es letztlich bei einer Inszenierung von Markt in der Organisation. Damit handelt es sich bei der Profit-Center-Organisation doch nur um eine weitere Form der hierarchischen Koordination. Seit geraumer Zeit wird denn auch mit Recht der Begriff »modulare Organisation« (Picot et al. 2003, S. 230 ff.) dem des (internen) Netzwerks bzw. der (internen) Netzwerkbildung vorgezogen. Die hierarchische Organisationsform würde dabei erst transzendiert, wenn (externe) Netzwerke als eine Form der Primärorganisation eingeführt bzw. umgesetzt werden.

8.3 Netzwerke als Form der Primärorganisation

Klassische Formen der Primärorganisation sind die nach dem Verrichtungsprinzip gebildete Funktionalorganisation sowie die nach dem Objektprinzip (Produkt oder Region) gebildete Geschäftsbereichs- oder Spartenorganisation. Ergänzt wird die jeweilige Primärorganisation typischerweise durch Formen der Sekundärorganisation wie das Produkt- oder Projektmanagement oder eine auf professionelle Karriereverläufe setzende Parallel-Hierarchie. Das Rückgrat der Koordination, sowohl der funktionalen als auch der divisionalen Form der Primärorganisation, ist und bleibt dabei die Hierarchie, also die in letzter Konsequenz immer mögliche und durch hierarchische Autorität legitimierte Anweisung (vgl. hierzu sowie zum Folgenden ausführlich Staehle 1999, S. 708 ff. sowie Schreyögg/Geiger 2024).

Zur Bestimmung der organisatorischen Ausrichtung eines Unternehmens nach dem Verrichtungs- bzw. Objektprinzip ist jeweils die Ebene unter der Geschäftsleitung ausschlaggebend. Im Falle der Funktionalorganisation finden sich auf der zweiten Ebene entsprechend Abteilungen wie Beschaffung, Produktion, Marketing und Controlling; auf der dritten kann dann sehr wohl beispielsweise der Marketingbereich nach Produkten (Produktmanagement) oder Regionen (Regionalmanagement) gegliedert sein. Im Fall der Geschäftsbereichs- oder Spartenorganisation (auch divisionale Organisation genannt), die typischerweise Großunternehmen wie zum Beispiel der *Fraport AG* vorbehalten ist (▶ Dar. 8.5), findet sich diese Untergliederung nach Dienstleistungsarten auf der zweiten Ebene (z. B. Flug- und Terminalbetrieb), jene nach Funktionen (z. B. Operations bzw. Steuerung Service) eher auf den unteren. Hinzu kommen auf der zweiten Ebene häufig mit Finanzen, Revision/Controlling, Einkauf/Beschaffung und Unternehmensentwicklung noch sog. Zentralbereiche, mittels derer das Gesamtunternehmen organisatorisch integriert wird.

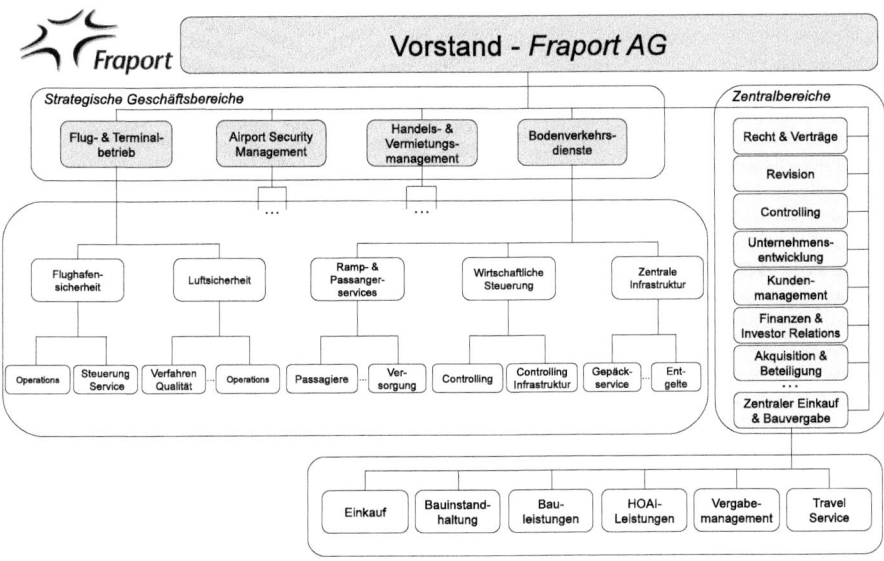

Dar. 8.5: Die (divisionale) Organisationsstruktur der Fraport AG

Eine solche Geschäftsbereichsorganisation, die sich auch im Falle von *Fraport* aus einer zunächst funktionalen Organisationsstruktur entwickelt hat, bietet für ein nach Produkten/Dienstleistungen und/oder Märkten diversifiziertes Unternehmen vor allem zwei Vorteile: klare Verantwortung und strategische Flexibilität.

- Die Entscheidungsverantwortung für die Geschäftsbereichsstrategie (business strategy) und das operative Geschäft trägt die Bereichsleitung; diejenige für die Unternehmensstrategie (corporate strategy) die Unternehmensleitung.
- Ohne (große) Reorganisationsmaßnahmen ist die An- bzw. Ausgliederung von Geschäftsbereichen im Zuge von Akquisitions- oder Desinvestitionsstrategien möglich.
- Sofern unternehmensstrategisch vorgesehen, können Geschäftsbereiche mehr oder weniger selbständig wenn nicht M&A- so aber doch Kooperationsentscheidungen treffen.

Die Geschäftsbereichs- bzw. Spartenorganisation mit den nach Produkt/Markt-Beziehungen organisierten, relativ autonomen, ggf. sogar rechtlich verselbstständigten Divisionen galt, zumal in Verbindung mit dem Profit-Center-Konzept, lange Zeit als ideale Lösung der Managementprobleme von Großunternehmen. Im Laufe der Zeit zeigte sich jedoch eine ganze Reihe gravierender Mängel, wie eine unzureichende organisationsweite Koordination – und infolgedessen eine unerwünschte Suboptimierung – und eine kurzfristige Gewinnorientierung, die nicht selten anfänglich kostenintensive Produkt- oder Prozessinnovationen verhindert. Mit der Entwicklung neuer strategischer und organisatorischer Ansätze, wie etwa zentral eingeleiteter strategischer Initiativen oder dem Portfolio-Management, sollen diese Nachteile überwunden werden, ohne auf die betriebswirtschaftlichen Vorteile dezentraler Unternehmensorganisation verzichten zu müssen (vgl. Müller-Stewens/Brauer 2010).

Funktional- und Geschäftsbereichsorganisation werden heute zunehmend durch das interorganisationale Netzwerk als gleichsam dritter grundlegender Form der Primärorganisation ergänzt. Organisatorisch spiegelt sich hierin, dass das strategische Handeln von Unternehmen heute mit der business strategy sowie der corporate strategy nicht mehr hinreichend beschrieben ist. Hinzu tritt in mehr und mehr Fällen die unternehmens- bzw. organisationsübergreifende kollektive Strategie (collective strategy). Dies wird in Darstellung 8.6 gezeigt.

Wie die kollektive Strategie transzendiert auch das interorganisationale Netzwerk die Unternehmens- bzw. Organisationsgrenzen. Diese verschwimmen in Folge etwas, lösen sich jedoch keinesfalls auf. Die Rede von »grenzenlosen Unternehmen« (Picot et al. 2003) sollte deshalb nicht allzu wörtlich aufgefasst werden.

Interorganisationale Netzwerke wurden eingangs als entweder zwischen oder jenseits von Markt und Hierarchie zu verortende Organisationsform ökonomischer Aktivitäten bestimmt (▶ Kap. 2.3). Genauer stellen derartige Netzwerke, zumal in Form von Unternehmensnetzwerken »eine auf die Realisierung von Wettbewerbsvorteilen zielende Organisationsform ökonomischer Aktivitäten dar, die sich durch komplex-reziproke, eher kooperative denn kompetitive und relativ stabile Beziehungen zwischen rechtlich selbstständig, wirtschaftlich jedoch zumeist abhängigen Unternehmen auszeichnet« (Sydow 1992, S. 79). Interorganisationale Netzwerke allgemein setzen zwar auf Kooperation, in einem recht bescheidenen Sinne verstanden als ex ante-Abstimmung der am Netzwerk beteiligten Organisationen (vgl. z. B. Semlinger 1993). Gleichwohl bleibt nicht jedes Moment von Wettbewerb aus dieser Organisationsform ausgeblendet. Dies zeigt sich zum Beispiel, wenn es darum geht, einen geeigneteren Systempartner zu finden.

Die Vielfalt der realen Erscheinungsformen interorganisationaler Netzwerke ist extrem groß und wird mit zahlreichen Typologien in allen möglichen Facetten – wenn auch nur partiell – erfasst. Sydow et al. (2003) haben beispielsweise über 100 mehr oder weniger relevante Netzwerktypen zusammengetragen, die zumeist Unterscheidungen entlang *einer* Dimension (z. B. nach der Sektorenzugehörigkeit der meisten Netzwerkunternehmen: industrielle Netzwerke vs. Dienstleistungsnetzwerke) treffen. Eine schon vielfach bewährte *zwei*dimensionale Typologie un-

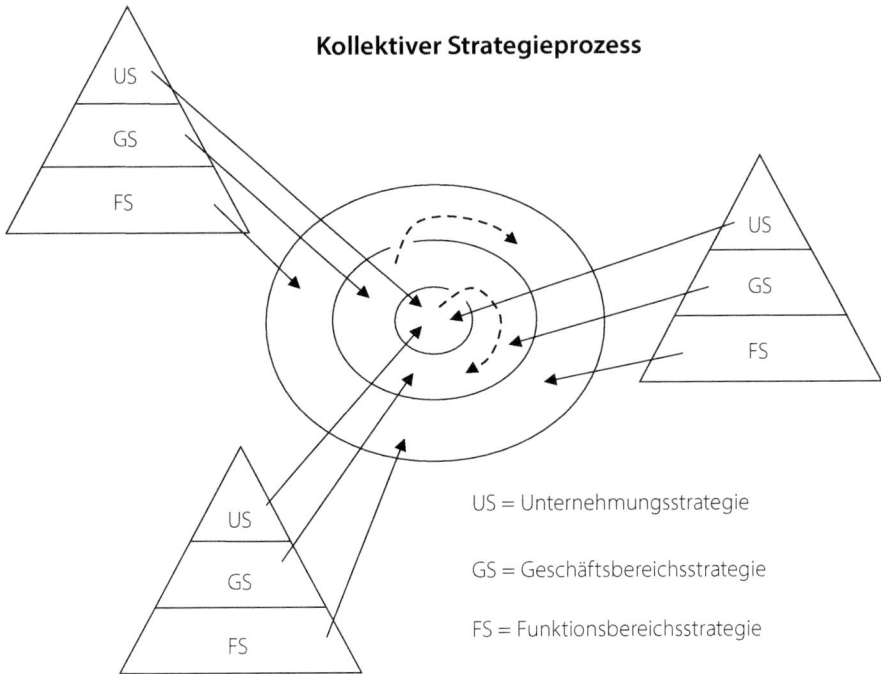

Dar. 8.6: Organisationsbezogene und organisationsübergreifende Strategien (Sydow/Möllering 2015, S. 215)

terscheidet interorganisationale Netzwerke einerseits nach der Steuerungsform, andererseits nach der zeitlichen Stabilität der Interorganisationsbeziehungen.

- Bei der Steuerungsform wird eine eher hierarchische von einer stärker heterarchischen unterschieden. Eine Heterarchie ist – wie schon im Zusammenhang mit transnationalen Unternehmen erwähnt – polyzentrisch strukturiert. Als Gegenmodell zur monozentrisch angelegten Hierarchie weist die Heterarchie mit anderen Worten mehrere Steuerungszentren auf und setzt mehr auf Selbst- als auf Fremdbestimmung (vgl. Hedlund 1986, 1994).
- Mit Blick auf die zeitliche Stabilität wird gewöhnlich ein eher stabiles Netzwerk von einem stärker dynamischen unterschieden (vgl. Snow et al. 1992). Der Grad der zeitlichen Stabilität eines Netzwerks ist primär anhand der Dauer und Intensität der Netzwerkbeziehungen zu bestimmen.

Wichtige Netzwerktypen lassen sich in der so aufgespannten Matrix verorten: strategische Netzwerke, regionale Netzwerke, Projektnetzwerke und sogar die virtuelle Organisation (▶ Dar. 8.7).

Strategische Netzwerke werden von einer oder mehreren fokalen Unternehmen strategisch geführt (vgl. Jarillo 1988; Sydow 1992; Lorenzoni/Baden-Fuller 1995; Provan/Kenis 2008; Müller-Seitz 2012; Sydow/Schmidt 2025). Das bedeutet, dass die

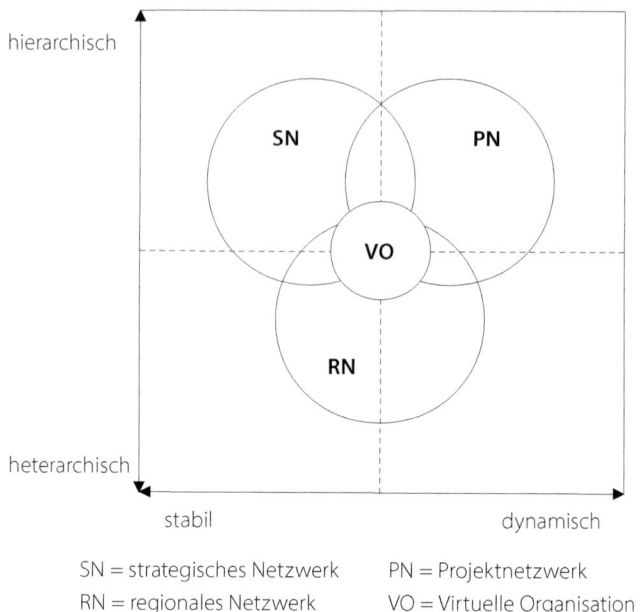

Dar. 8.7: Eine Typologie interorganisationaler Netzwerke (Sydow 2010, S. 382)

fokale Organisation mehr als die anderen am Netzwerk Beteiligten den zu bearbeitenden Markt, die dazu heranzuziehenden Strategien und Technologien sowie die Ausgestaltung der Netzwerkorganisation definiert. In der Art und Weise dieser strategischen Führung spiegeln sich die hierarchischen Elemente dieser Organisationsform wider. Strategische Netzwerke umfassen typischerweise Organisationen unterschiedlicher Größe, wobei die Netzwerkführerschaft tendenziell bei den endverbrauchernah agierenden Großunternehmen liegt. Die Koordination ist in diesen Netzwerken tendenziell zwar durch formelle Regelungen – wie beispielsweise durch Verträge (▶ Kap. 11) – abgesichert. Dieser Tatbestand reduziert jedoch keinesfalls die Bedeutung informeller Regelungen. Netzwerkunternehmen kleinerer und mittlerer Größe – die Davids – laufen dabei oft Gefahr, gegenüber den Goliaths bzw. »sharks« (Katila et al. 2008) – zu kurz zu kommen bzw. müssen mit diesen Größenunterschieden umzugehen lernen (Fortwengel/Sydow 2020).

Beispiele für strategische Netzwerke sind neben der bereits mehrfach erwähnten *StarAlliance* oder *Dell* auch *MLP*. Bei der *MLP SE* handelt es sich um einen Verbund formal selbstständiger Unternehmer und Unternehmerinnen, die im Netzwerk Finanzdienstleistungen (u. a. Lebens-, Renten- und Krankenversicherung, Geldanlage) für Privatkunden bestimmter Zielgruppen (insb. Ärzte, Ingenieure, Wirtschaftswissenschaftler) produzieren und vermarkten (▶ Dar. 8.8). In den mehr als 50 Jahren seiner Existenz ist das *MLP*-Netzwerk nach Gründung durch Manfred Marschollek und Eicke Lautenschläger im Jahre 1971 auf einen Konzern mit jeweils deutlich über 2000 festangestellten Beschäftigten und selbstständigen Beratern gewachsen. Das Besondere an diesem strategischen Netzwerk ist, dass es

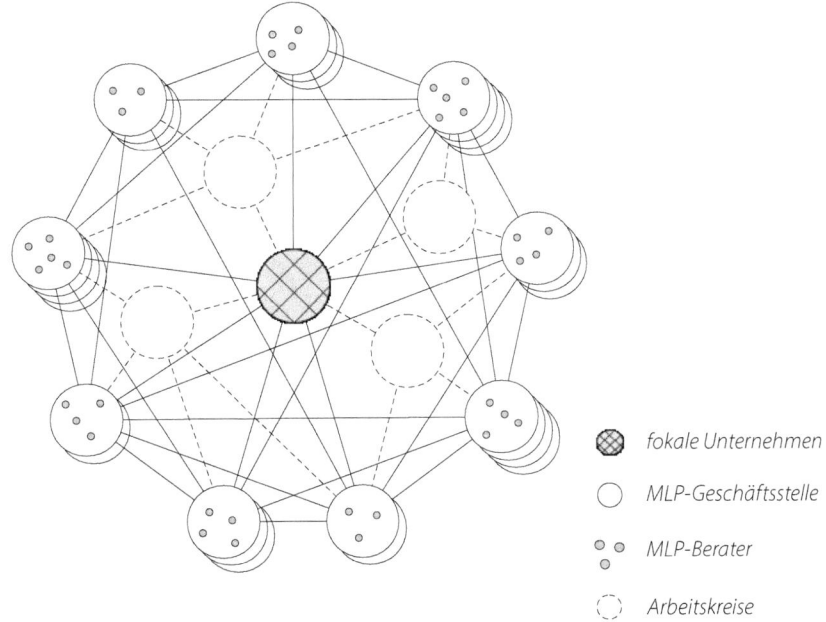

Dar. 8.8: Das strategische Finanzdienstleistungsnetzwerk MLP

weniger ein Netzwerk von Unternehmen als von Unternehmern und Unternehmerinnen ist; diese werden von einem fokalen Unternehmen – der *MLP Finanzdienstleistungs-AG (2017 umbenannt in MLP Banking AG)*, einer 100 %igen Tochter der *MLP SE* (▶ Kap. 7.2) – strategisch geführt. Bis zu 20 der rechtlich selbstständigen Finanzberater arbeiten in regionalen Geschäftsstellen zusammen, deren Räumlichkeiten von einem der Berater als Geschäftsstellenleiter angemietet und auch für Schulungszwecke genutzt werden. Neben diesen Geschäftsstellen sind Arbeitskreise zur Produkt- und Prozessinnovation, in die die Berater je nach ihren Fähigkeiten und Leistungen berufen werden (z. B. als Dozenten), zusätzlich bedeutende Orte der Zusammenarbeit. Koordiniert wird das *MLP*-Netzwerk von dem fokalen Unternehmen über umfangreiche Regeln und einem massiven Einsatz von Informations- und Kommunikationstechnik; aber auch durch eine unterstützende Netzwerkkultur, die sich über die Jahre entwickelt hat. Die »kontrolliert-autonome Führung« (Sydow et al. 1995) durch das fokale Unternehmen wird nicht unwesentlich durch die frühzeitige Entwicklung der Informations- und Kommunikationstechnik auf der Ebene des organisationalen Feldes (▶ Kap. 3.3) und deren Nutzung und auch Weiterentwicklung durch das strategische Netzwerk ermöglicht. Diese Art der Führung fördert zudem die Entstehung vielfältiger Beziehungen zwischen den Beratern, sodass der Zentralisationsgrad des Netzwerks trotz klarer strategischer Führung nicht extrem hoch ist. Vergleicht man dieses Netzwerk mit strategischen Netzwerken in der Automobilindustrie entspricht es eher dem gegenwärtigen als dem früheren Netzwerk *Toyotas* (▶ Dar. 8.9) – und somit weniger dem recht zentralistischen Netzwerk der *Smart GmbH* (vgl. dazu auch Sydow/Möllering 2015, S. 238).

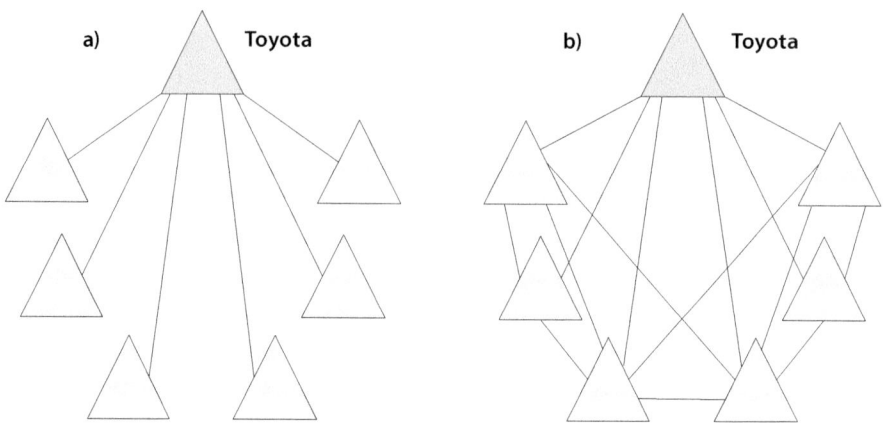

Dar. 8.9: Das (a) frühere und (b) aktuelle Toyota-Netzwerk (Dyer/Hatch 2004, S. 79; mod.)

Regionale Netzwerke bestehen aus kleineren und mittleren Organisationen und zeichnen sich im Gegensatz zu strategischen, oft internationalen, wenn nicht gar global orientierten Netzwerken durch eine räumliche Nähe, nicht selten gar durch Agglomeration in sog. Clustern aus (▶ Kap. 13). Motiviert ist die regionale Kooperation kleinerer und mittlerer Unternehmen oft durch die Realisation externer Größenvorteile und durch die Stärkung der Innovationskraft (vgl. Sydow 2010; Agostini/Nosella 2019). Von strategischen Netzwerken unterscheiden sich regionale nicht nur durch die räumliche Nähe, sondern durch eine tendenziell größere Bedeutung informeller Regelungen und den emergenten Charakter ihrer Strategien. Letztere resultiert aus der polyzentrischen beziehungsweise heterarchischen Organisation solcher Netzwerke, mit anderen Worten: aus der fehlenden strategischen Netzwerkführerschaft. Die Koordination wird in solchen Fällen allerdings nicht selten durch eine Geschäftsstelle bzw. »network administrative organization« (Human/Provan 2000; Provan/Kenis 2008; van den Oord et al. 2024) unterstützt.

Ein Beispiel, das den Unterschied von strategischem und regionalem Netzwerk sehr deutlich macht, ist das bereits erwähnte Netzwerk der *InBroNet* Industrieversicherungsmakler (▶ Kap. 3.2). In diesem Netzwerk arbeiteten zunächst acht, dann elf Makler zusammen ohne strategisch durch ein Unternehmen durch eine Geschäftsstelle unterstützt zu werden. Einer von diesen (H&H) ist zudem noch in ein rasch wachsendes Netzwerk von im Privatgeschäft tätigen Versicherungsmaklern eingebunden. Zwei andere kontrollieren wichtige Beziehungen zu Akteuren außerhalb von *InBroNet*: einerseits zu Kundenverbänden (A&A), andererseits zu wichtigen Versicherungsunternehmen (D&D). Nach einigen Jahren langsamen, aber kontinuierlichen Wachstums haben die *InBroNet*-Makler einen Probestatus für neue Mitglieder eingeführt. Diese Neuen profitieren als »passive Mitglieder« zwar von allen Vorzügen des Netzwerks (u. a. höhere Courtagesätze, gemeinsame Kundenzeitschrift, Wissens- und Personalaustausch), dürfen aber für zwei Jahre nicht an der Entwicklung der kollektiven Strategie mitwirken (▶ Dar. 8.10). Dieses Beispiel zeigt, wie fundamental recht einfache Regeln die Netzwerkstruktur bestimmen können.

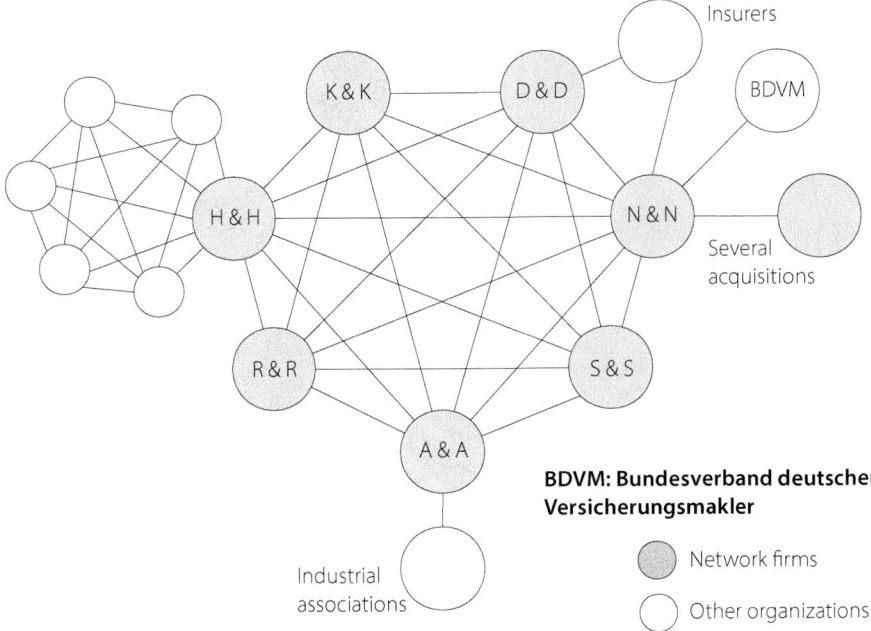

Dar. 8.10: Das regionale Finanzdienstleistungsnetzwerk InBroNet (Sydow 2004, S. 210)

Projektnetzwerke unterscheiden sich von strategischen wie regionalen Netzwerken vor allem durch die zeitliche Befristung der in ihnen organisierten (Projekt-) Aktivitäten. Gleichwohl dauern die Beziehungen in der Regel über das einzelne Projekt hinaus, bleiben also in gewisser Weise nach Projektabschluss insoweit latent vorhanden, als dass bei einem neuen Projekt an diese Beziehungen und das mit ihnen verbundene Wissen über die Abwicklung von Geschäften, wieder angeknüpft wird (vgl. Sydow/Windeler 1999; Manning 2008; Mariotti/Delbridge 2012; Lundin et al. 2015, S. 65 ff.; Oliveira/Lumineau 2017).

Ein Beispiel für ein Projektnetzwerk ist das Netzwerk einer der wichtigsten deutschen Fernsehproduktionsfirmen, das durch fünf bei der Produktionsfirma angestellte Produzenten (P1-P5) in enger Zusammenarbeit mit den auftraggebenden Sendern gemanagt wird. Zudem sind diese Produzenten, wie Darstellung 8.11 ebenfalls zeigt, auf die Zusammenarbeit mit bestimmten Sendern (A, B bzw. private Sender) spezialisiert und in unterschiedlicher Häufigkeit in entsprechende Projekte eingebunden.

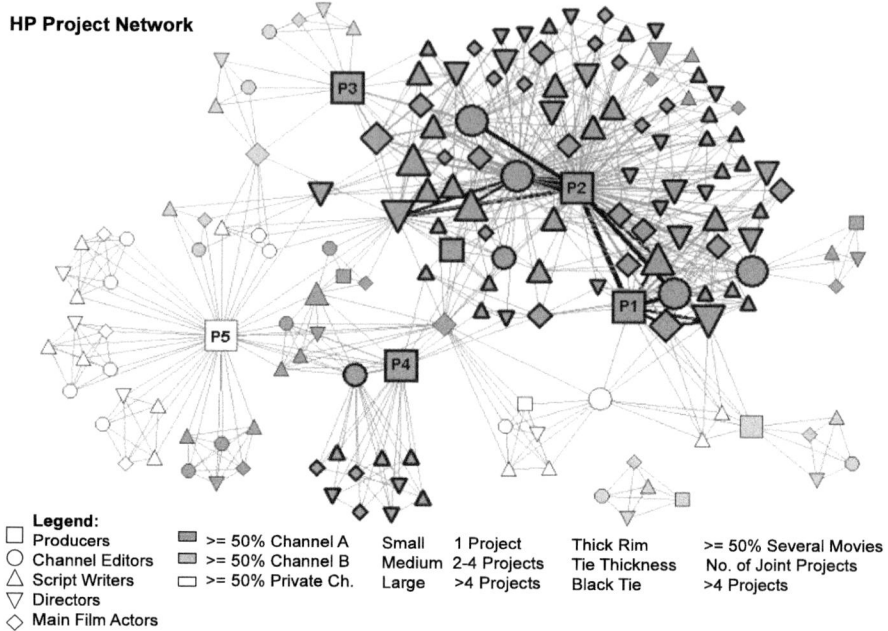

Dar. 8.11: Das Projektnetzwerk von Hood Productions (Manning 2005, S. 412)

Dabei arbeitet in jeder Filmproduktion jeder Produzent nur mit für das spezifische Projekt ausgewählten Regisseuren, Kameraleuten, Autoren, Schauspielern sowie technischen und künstlerischen Mediendienstleistern (z. B. Studiobetrieben, Cuttern) zusammen; das allerdings geschieht wiederkehrend. Genau dieses Spannungsverhältnis von Projekt als »temporärer Organisation« (Lundin/Söderholm 1995) einerseits und Netzwerk als das einzelne Projekt überdauerndem System andererseits wird durch das Konzept des Projektnetzwerks als einem »mehr als temporären System« (Sydow/Windeler 1999) akzentuiert. Zwischen einzelnen Projekten sind diese Beziehungen oft zwar nur latent vorhanden, bieten aber in ihrer Latenz die Möglichkeit, dass schnell wieder an sie angeknüpft wird. Unsere eigenen und auch andere Studien der Fernsehproduktion (z. B. Tempest et al. 1997; Clegg/Burdon 2021) zeigen denn auch, dass eine Produktion oft gar nicht zustande käme, wenn nicht an latente Beziehungen angeknüpft werden könnte und die Beziehungen auf diese Weise immer wieder auch aktualisiert und für ein Projekt in evidente Beziehungen umgewandelt würden. Hinzu kommt, dass verschiedene Institutionen in der Region (z. B. Medientreffs, Messen, Filmhochschulen) nicht nur der Information über neue Projekte dienen, sondern auch dem Management dieser über das einzelne Projekt hinausreichenden Netzwerkbeziehungen. Es ist zu vermuten, dass Projektnetzwerke in anderen projektbasierten Branchen (z. B. Design, Eventorganisation, Werbung, Optik, aber auch Bau) ähnlich verbreitet sind und vergleichbar funktionieren.

Ein reflexives Management dieser Netzwerkebene ist bislang trotzdem eher selten zu beobachten. So gibt es im Feld der Film- und Fernsehproduktion meist keine netzwerkspezifische Regulierung der Aktivitäten und auch keine Festlegung zu Selektionskriterien, die einerseits über das einzelne Projekt hinausreichen, andererseits aber auch nicht feldtypisch sind. Vom Projektmanagement als Form der Sekundärorganisation (vgl. für ein Beispiel Foss 2003) unterscheidet sich das Projektnetzwerk hingegen durch seinen organisationsübergreifenden Charakter. Wird die Zusammenarbeit im Projektnetzwerk informations- und kommunikationstechnisch so unterstützt, dass gegenüber dem Kunden der Eindruck erweckt wird, die Leistung würde von einer (integrierten) Einheit erstellt, spricht man auch von *virtueller* Organisation (vgl. dazu Reichwald et al. 2000, S. 241 ff.).

Diese drei basalen Typen von Netzwerkorganisationen können jeder für sich noch weiter differenziert werden. Beispielsweise werden in der Forschung zu sog. »global value chains« (Gereffi et al. 2005), also Ländergrenzen überschreitenden strategischen Netzwerken, neuerdings drei Typen unterschieden, die Markt und Hierarchie ergänzen: (1) »modular value chains«, die trotz erheblicher Komplexität der Produkte aufgrund wohl definierter technischer und organisatorischer Schnittstellen keine enge Koordination benötigen (z. B. globale Produktionsnetzwerke in der Elektronikindustrie, etwa von *DELL*); (2) »relational value chains«, die deutlich höhere Anforderungen an die Beziehungsqualität stellen (z. B. in der Automobilindustrie, dort insb. in der automobilen Oberklasse); sowie (3) »captive value chains«, die durch eine weitgehende Dominanz des Netzwerks durch das fokale Unternehmen und – damit einhergehend – eine große Abhängigkeit der Lieferanten von eben diesem Unternehmen gekennzeichnet sind. Diese zumeist kleineren Unternehmen sind nicht selten aufgrund hoher Wechselkosten und niedriger eigener Kompetenzen im Netzwerk de facto gefangen (z. B. in der Bekleidungsindustrie). Der Trend zu modularen Produktionsnetzwerken wird häufig überschätzt, da die Modularisierung von Leistungen gleichzeitig in erheblichem Maße Integrationsleistungen erfordert. Nicht zuletzt handelt es sich dabei um eine Wissensintegration, die im Zuge der Arbeit in interorganisationalen Projekten notwendig ist. Im Ergebnis sollte man nicht zwangsläufig aus einer Modularisierung der Produkte auf eine Modularisierung der Organisationsform, hier strategischer Netzwerke, schließen (vgl. Brusoni 2005; Hoetker 2006).

9 Unternehmensnetzwerke – Netzwerkunternehmen

Bestehen interorganisationale Netzwerke überwiegend aus privatwirtschaftlichen oder öffentlichen Unternehmen, werden sie gerne als Unternehmensnetzwerke bezeichnet; die Netzwerkmitglieder entsprechend als Netzwerkunternehmen. Diese Netzwerkunternehmen, wie zum Beispiel die *Lufthansa* oder die *Lot* im Fall der *StarAlliance*, verfügen – je nach Breite des eigenen Leistungsprogramms – über eine entweder funktionale oder divisionale Primärorganisation, die durch eine oder mehrere Sekundärorganisationen (z. B. Projektteams oder Prozessorganisation) überlagert ist. Die konkrete Form der Primär- wie Sekundärorganisation eines Unternehmens ist durchaus bedeutungsvoll, wenn es um die Frage geht, wie überhaupt ein Netzwerk gebildet wird, wie ein Netzwerkunternehmen genau in ein Unternehmensnetzwerk eingebunden ist und wie Netzwerkmanagement aus einer Organisation heraus erfolgt (vgl. z. B. Albers et al. 2016; Brattström/Faems 2020; Cepa/Schildt 2023). Umgekehrt hat die konkrete Form der Netzwerkbildung und des Netzwerkmanagements potenziell Rückwirkungen auf die Organisation eines Netzwerkunternehmens, obwohl das bislang kaum untersucht wurde, aber sicherlich in der Bildung zentraler Allianzabteilungen ein offensichtliches Beispiel hat (vgl. dazu schon Hoffmann 2001, 2003).

Nachdem zunächst die grundsätzlichen Wege der Netzwerkbildung erläutert werden, wird eine Entwicklungsperspektive auf die so entstandenen interorganisationalen Netzwerke eingenommen. Dabei wird vor allem die Frage diskutiert, ob die Netzwerkentwicklung sinnvoll in Phasen unterteilt werden kann und – vielleicht aufgrund der Netzwerken zugeschriebenen Flexibilität etwas überraschend – mit welchem Beharrungsvermögen bzw. welchen Persistenzen im Entwicklungsverlauf zu rechnen ist. Abschließend wird, aufbauend auf früheren Ausführungen (▶ Kap. 7) das Verhältnis von Netzwerk und Konzern geklärt und auch hierbei die Wechselwirkung zwischen der Organisation des Netzwerkunternehmens und des Unternehmensnetzwerks in den Blick genommen.

9.1 Wege der Netzwerkbildung: Quasi-Internalisierung und Quasi-Externalisierung

Ein großer Teil der Popularität der Netzwerkform resultiert aus dem seit Jahren zu beobachtenden Trend zum Outsourcing, d. h. zur Auslagerung oder Externalisierung betrieblicher Funktionen oder – wie im Falle des Business Process Outsourcings – gar ganzer Geschäftsprozesse. *Outsourcing* ist eine Kurzform für »outside resource using«, also die Nutzung organisationsexterner Ressourcen. Im Regelfall wird die Begriffsverwendung darauf beschränkt, wenn es zur Nutzung externer Ressourcen kommt, nachdem eine entsprechende Funktion bzw. im Falle des Business Process Outsourcings ein ganzer Prozess – beispielsweise der globale Einkauf der *Deutschen Bank* (vgl. dazu Schewe/Kett 2007, S. 46 ff.) – ausgelagert worden ist. Dabei bleibt zunächst offen, ob nach Auslagerung die Ressourcennutzung marktlich oder netzwerkförmig organisiert ist. Selbst eine hierarchische Organisation ist nicht ausgeschlossen, wenn – im Sinne eines internen Outsourcings oder einer Aus*gliederung* – die Leistungen von einem Konzernunternehmen bezogen werden. Motive des Outsourcings sind mit dieser Maßnahme tatsächlich oder vermeintlich verbundene Kostenvorteile, eine angestrebte strategische Konzentration auf das Kerngeschäft, möglich werdende Leistungsverbesserungen sowie Finanzierungsvorteile und Risikoverlagerungen. Insgesamt geht es vor allem um eine Steigerung der *strategischen Flexibilität* (vgl. dazu Sydow 1992, S. 110 ff.; Sen et al. 2020). Ob diese Ziele, vor allem das Flexibilitätsziel, tatsächlich in der Praxis erreicht werden, ist unklar. Die empirischen Befunde zu dieser Frage sind widersprüchlich (vgl. Matiaske/Mellewigt 2002). Dies mag nicht weiter verwundern, wenn man sich Messprobleme sowie die Abhängigkeit des Erfolgs der Outsourcing-Strategie von zahlreichen organisationsinternen und -externen Kontingenzen, nicht zuletzt ihrer Umsetzung in marktlicher, netzwerkartiger oder eben hierarchischer Form, vor Augen führt.

Offshoring als ein jüngeres Phänomen ist in gewissem Sinne eine Spezifizierung des Outsourcings. Wie beim Outsourcing geht es auch beim Offshoring häufig um die Aus- oder Verlagerung von bislang selbst wahrgenommenen Funktionen (und damit in der Regel von Arbeit!) auf Dritte. Diese befinden sich allerdings im Ausland, typischerweise in Niedriglohnländern bzw. in zunehmendem Maße in Ländern mit genügend qualifizierten Arbeitskräften (vgl. Manning et al. 2008; Lampel/Bhalla 2011; auch das entsprechende Themenheft des *Journal of Management Studies* 2010). Man spricht denn auch vom Offshore Outsourcing, das marktlich oder netzwerkförmig koordiniert werden kann. Die entsprechende hierarchische Form wird als Captive Offshoring bezeichnet. Beide Formen des Offshorings ergänzen das klassische (Domestic, Onshore) Outsourcing bzw. auch das (interne) Sourcing im (Konzern-)Unternehmen. Die Darstellung 9.1 gibt am Beispiel der Aus- und Verlagerung eines ganzen Geschäftsprozesses (hier: die Lohn- und Gehaltsabrechnung) einen Überblick über diese Formen.

Während Outsourcing- bzw. Offshoring-Entscheidungen in der Regel bewusst getroffen werden, ist – zumindest bislang! – die Netzwerkbildung oftmals unintendiertes Ergebnis. Denn das Management stellt oft erst im Nachgang der entsprechenden Entscheidung fest, dass der »Markt hier versagt« und eine Netzwerklösung (oder gar eine konzerninterne Lösung) naheliegt. Dies ist etwa dann der Fall, wenn ein Rechenzentrum ausgelagert wird. Soweit es sich nicht um reine Standardleistungen handelt, kann der Betrieb eines solchen Zentrums, inklusive der Wartung und Aktualisierung der entsprechenden Hard- und Software, der

		Versorgungsmodell	
		Internes Sourcing (Make)	Externes Sourcing (Buy)
Geographischer Ort	Heimatland	**Domestic (onshore) Internal Sourcing** z.B. Lohn- und Gehaltsabrechnungen durch eigene Personalabteilung	**Domestic (onshore) Outsourcing** z.B. Lohn- und Gehaltsabrechnungen durch ein anderes Unternehmen im Heimatland
	Ausland	**Captive Offshoring** z.B. Lohn- und Gehaltsabrechnungen durch Shared Service Center im Ausland	**Offshore Outsourcing** z.B. Lohn- und Gehaltsabrechnungen durch Dienstleister im Ausland

Dar. 9.1: Outsourcing und Offshoring

informationstechnischen Unterstützung neuer Prozesse etc., in der Regel nur in engster und dauerhafter Abstimmung mit dem Kunden vorgenommen werden. Dasselbe gilt wohl für das Outsourcing von personalwirtschaftlichen Aufgaben. Auch hier wird – neben dem Weg der externen Netzwerkbildung – auch jener des internen Outsourcings mittels eines Shared Service Centers gegangen (Gospel/Sako 2010). Aktuell wird die Diskussion um Offshoring (oft im Kontext von Supply Chains bzw. globalen Produktionsnetzwerken) durch die Ereignisse der Covid-19-Pandemie durchaus kritisch geführt, da insb. die westlichen Industriestaaten realisieren, dass die über Jahre aus primär kurzfristig ökonomischen Gründen vorgenommene Offshoring-Strategie in Niedriglohnländer während der Pandemie zu massiven Lücken z. B. in der Versorgung mit Vorprodukten führte (vgl. z. B. Barbieri et al. 2020; Verbeke 2020; Erickson/Norlander 2022).

Mit dem Outsourcing, der Auslagerung oder der Externalisierung bzw. genauer der Quasi-Externalisierung solcher Funktionen ist allerdings nur der eine Weg der Netzwerkbildung beschrieben (▶ Dar. 9.2). Unabhängig davon, ob die Bildung eines Netzwerks bewusst angestrebt wird oder sich gleichsam faktisch einstellt, kann außer durch Quasi-Externalisierung auch noch der Weg der *Quasi-Internalisierung* beschritten werden. Anders als im Fall wirklicher Internalisierung werden Funktionen zwar nicht in die Organisation (rück-) integriert, wohl aber in einer Weise wahrgenommen, dass auf die Funktionsausübung deutlich Einfluss genommen werden kann. Für diesen zweiten Weg der Netzwerkbildung stehen in der Managementpraxis Begriffe wie strategische Allianzen und Wertschöpfungspartnerschaften, aber auch Konsortien und Arbeitsgemeinschaften (▶ Kap. 6).

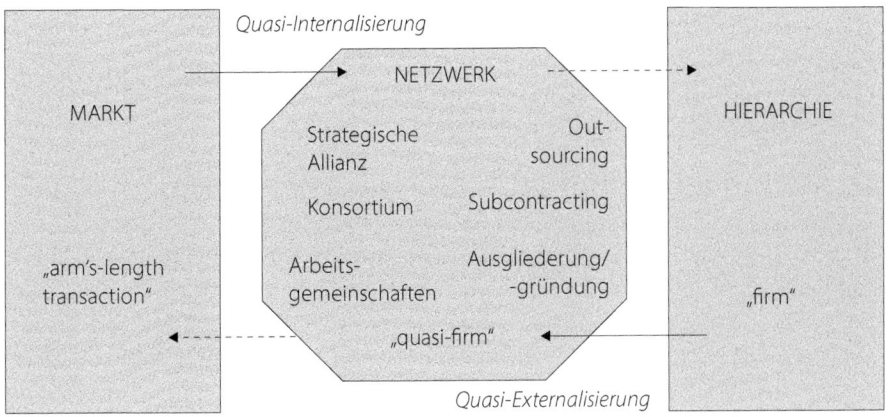

Dar. 9.2: Quasi-Internalisierung und Quasi-Externalisierung als Wege der Netzwerkbildung

Welcher Weg der Netzwerkbildung von Organisationen eingeschlagen wird, ist von den genannten Kontingenzen, der eigenen Entwicklung sowie der weiteren Strategie abhängig. Insbesondere größere Unternehmen verfolgen beide Strategien parallel, indem sie – wie die *Deutsche Bank* – ihr Rechenzentrum auslagern und diese Dienstleistung nun in enger Kooperation (in diesem Fall mit *IBM* als Serviceprovider) erstellen und gleichzeitig einer Finanzdienstleisterallianz beitreten. Letztere impliziert nicht die Auslagerung einer entsprechenden Funktion, beispielsweise des Vertriebs von Versicherungspolicen; vielmehr wird diese Funktion gleichsam aus der Organisation heraus wahrgenommen. Im Übrigen sollte – ebenso wie im Fall der Verbreitung der Netzwerkorganisation generell (▶ Kap. 8) – nicht davon ausgegangen werden, dass sich der eine Weg gegenüber dem anderen durchsetzt. Vielmehr ist immer wieder mit Gegenbewegungen (z. B. Insourcing oder Reshoring) zu rechnen, wenn mit einer Strategie schlechte Erfahrungen gemacht oder beobachtet worden sind oder sich andere Ideen oder Akteure (z. B. Betriebsräte) im Entscheidungsprozess durchsetzen.

9.2 Netzwerkentwicklung: Über Phasen und Persistenzen

Das durch Quasi-Internalisierung wie Quasi-Externalisierung entstandene Zuliefernetzwerk *Toyotas* ist, wie bereits angedeutet (▶ Kap. 8.3), über die Zeit deutlich dichter geworden, etwa indem das Fokalunternehmen die horizontale Kooperation der Zulieferer untereinander systematisch gefördert hat (▶ Dar. 8.8 sowie Wilhelm 2009, S. 116 ff.; Aoki/Wilhelm 2017). Tatsächlich wird mit der Entwicklung von Netzwerken – und auch von regionalen Clustern – häufig die Vorstellung verbunden, dass diese über die Zeit dichter und multiplexer werden und unter Umständen zuerst einen zunehmend höheren, später dann wieder geringeren Zentralisationsgrad aufweisen (vgl. z. B. auch Lorenzoni/Ornati 1988). Aber sind solche Vorstellungen hilfreich? Können nicht allein netzwerkspezifische Beharrungsvermögen und Persistenzen dafür sorgen, dass die Netzwerkentwicklungen sehr idiosynkratisch verlaufen?

Phasenmodelle der Netzwerkentwicklung?

Speziell zur Entwicklung von regionalen Netzwerken und Clustern liegen Entwicklungsmodelle vor, die in Anlehnung an Lebenszyklusverläufe einen entsprechend stilisierten, deutlich linearen Ablauf von Entwicklungs*phasen* postulieren (vgl. z. B. Andersson et al. 2004; Menzel/Fornahl 2010): Danach findet zum Beispiel nach einer ersten, embryonischen Phase zunächst nur eine Agglomeration von Organisationen ohne entsprechende Beziehungen statt. In einer zweiten Phase beginnen die Organisationen mit der Zusammenarbeit und entwickeln mehr oder weniger netzwerkförmige Beziehungen. In einer dritten Entwicklungsphase kommt es zur Gründung sowie zum Eintritt weiterer Organisationen im bzw. in das Cluster und damit zum Wachstum des Systems. Das Cluster wird zudem nach innen wie außen sichtbarer, bildet gegebenenfalls sogar eine »Clusteridentität« (Romanelli/Khessina 2005) aus. Auf diese (Reife-)Phase folgt entweder eine Phase der Transformation, um notwendige Anpassung zu bewältigen, oder aber der Krise und gegebenenfalls des Niedergangs. Die Uhrenindustrie des schweizerischen Jura dient oft als Beispiel für diese letzte Phase. Dort wurde der Niedergang infolge einer umfassenden Restrukturierung unter der Leitung von Unternehmen wie *SMH* verhindert. Dabei erfolgte – neben einer Rückbesinnung auf die in der Region verwurzelten Werte und Fähigkeiten – ein substanzieller Wechsel der Organisationsform in der Region, und zwar von einer Vielzahl von regionalen zu wenigen strategischen Netzwerken (vgl. Glasmeier 2000; Kebir/Crevoisier 2008).

So treffend derartige Beschreibungen für *bestimmte* Netzwerke und Cluster im Nachhinein sein mögen, so wenig kann unseres Erachtens ein überzeugendes generalisierbares, das Management anleitendes Phasenmodell der Netzwerkentwicklung konzipiert werden. Die Entwicklung von Netzwerken, und auch von regionalen Clustern, ist dafür viel zu kontingent und nicht zuletzt auch vom strategischen Handeln wichtiger Akteure (wie der *SMH* in der Schweiz) abhängig (vgl. auch Martin/Sunley 2011). In (vermeintlich) praxisnahen Beiträgen bleibt dennoch die am Lebenszyklus orientierte Sichtweise der Netzwerk- und Clusterentwicklung bedeutsam (vgl. z. B. Spekman et al. 2000). Das kommt damit offensichtlich dem Bedürfnis von Netzwerkmanagern nach Orientierung nach. Auch wenn alternative Entwicklungsmodelle zum Lebenszykluskonzept vorliegen, müssen sie noch um die Akzeptanz durch die Praxis ringen.

Vor allem zwei (Prozess-)Modelle propagieren keine am Lebenszyklus orientierte Vorstellung von Netzwerkentwicklung, sondern lassen eine überwiegend nichtlineare Entwicklung von Kooperationen und Netzwerken zu (vgl. zum Folgenden Ebers 1999; Schwerk 2000; Sydow 2003; vgl. zur Clusterentwicklung das Modell adaptiver Clusterzyklen von Martin/Sunley 2011). Dies gilt *erstens* für das von Peter Ring und Andy Van de Ven (1994) vorgeschlagene Modell eines Entwicklungsprozesses, das zum einen durch eine Abfolge von drei Basisprozessen, nämlich Verhandlung, Commitment und Ausführung, gekennzeichnet ist. Zum anderen wird das Modell von der Grundüberzeugung getragen, dass formelle und informelle Aspekte in jedem dieser Prozesse zum Ausgleich gebracht werden müssen, um Effizienz und Gerechtigkeit im Netzwerk zu erreichen (▶ Dar. 9.3 und neuerdings mit erweiterter Perspektive Ring/Van de Ven 2019).

Im Zuge von Verhandlungen, die sowohl von informellen Prozessen des »sensemaking« (Weick 1995) als auch von formalen Vertragsverhandlungen geprägt sind, kommt es zunächst zur Bildung gemeinsamer Erwartungen und günstigstenfalls zu einem Commitment, das durch einen psychologischen und/oder einen juristischen Vertrag abgesichert ist (▶ Kap. 11). Dieses Commitment wiederum bildet die Grundlage von Ausführungshandlungen durch persönliche Interaktion einerseits und formellere Rolleninteraktion andererseits. Diese personalen und/oder rolleninduzierten Handlungen beeinflussen – und damit schließt sich der Kreis – die Erwartungsbildung. In jedem dieser Subprozesse kommt es darauf an, im Prozess eine mehr oder weniger ausgeglichene Balance von Formalität und Informalität zu erreichen. Die erzielten Ergebnisse werden im Lichte nicht nur von wirtschaftlicher Effizienz, sondern auch empfundener Gerechtigkeit geprüft. Das Ergebnis der jeweiligen Prüfung wirkt auf die Prozess- und Subprozessverläufe zurück. Im Zuge der Netzwerkentwicklung kommt es nach diesem Prozessmodell zu einer größeren Institutionalisierung bzw. sozialen Einbettung der Transaktionsbeziehung.

»Die Institutionalisierung schlägt sich im Rahmen von Verhandlungs-, Verpflichtungs- und Ausführungssequenz in drei Interaktionen bzw. Annahmen nieder:

- Persönliche Beziehungen ergänzen zunehmend formale Rollenbeziehungen, vorausgesetzt die agierenden Verhandlungspartner bleiben dieselben Personen.
- Psychologische Verträge ersetzen durch zunehmendes Vertrauen formale Verträge.
- Mit zunehmender Dauer der interorganisationalen Beziehung spiegeln formale Vereinbarungen informelle Verpflichtungen und Übereinkommen wider, auch über die Amtsdauer der die Kooperation ins Leben gerufenen Personen hinaus« (Schwerk 2000, S. 251 f.).

Trotz dieser eindeutigen Prognosen bezüglich der Netzwerkentwicklung wird von den Autoren eingeräumt, dass der Prozess – und last but not least die Aufrechterhaltung der Balance und die damit erreichten Ergebnisse – vom konkreten Handeln der Akteure abhängig und entsprechend immer ein anderer Verlauf, einschließlich des Abbruchs der Kooperation, möglich ist. Insofern ist das Modell zwar nicht frei von jedweden Linearitätsannahmen, lässt jedoch eindeutig und explizit Kontingenz und nicht-lineare Entwicklungsverläufe zu. Dies gilt in besonderem Maße für die skizzierten Subprozesse und damit notwendig auch für den gesamten Entwicklungsprozess

Teil 3 Entwicklung interorganisationaler Beziehungen

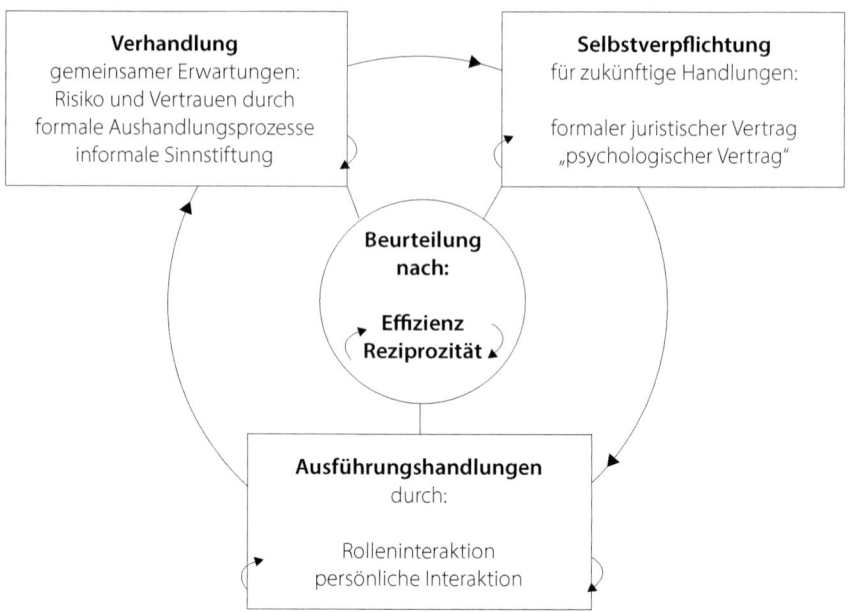

Dar. 9.3: Das Prozessmodell von Ring/Van de Ven (1994) in der Übersetzung von Hoffmann (2001, S. 213)

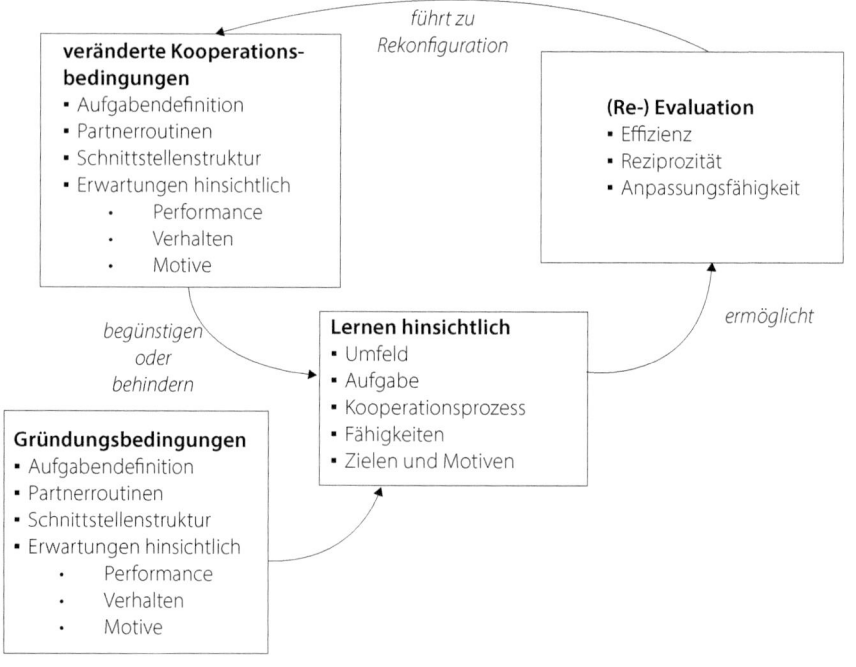

Dar. 9.4: Das Prozessmodell von Doz (1996)

Ein *zweites* nicht-lineares Prozessmodell ist etwa zur selben Zeit von Yves Doz (1996) vorgelegt worden. Dieses Modell streicht zum einen die Bedeutung der initialen Ausgangsbedingungen der interorganisationalen Kooperation für die Netzwerkentwicklung und zum anderen den Prozess des Lernens heraus (▶ Dar. 9.4). Dabei sind die initialen Bedingungen nicht nur per se bedeutsam, »but also as they influence a number of critical subsequent learning processes. As partners learn from their interactions in joint or coordinated activities, they re-evaluate the alliance by monitoring it for efficiency, as well as each other for equity and adaptability. The path from re-evaluation to readjustment is determined by the partners' willingness to keep committing to the relationship, in itself dependent on the quality of the relationships« (Ariño/De La Torre 1998, S. 307).[29] Die Bedeutung der Ausgangsbedingungen in dem Modell von Doz nimmt jedoch mit der Zeit ab; die Sequenz von Lernen, Bewertung und Anpassung bzw. Rekonfiguration gewinnt Oberwasser. »Allerdings machen die Ergebnisse seiner Studie auch deutlich, wie wichtig das Schaffen günstiger Ausgangsbedingungen für interorganisationales Lernen bzw. für den Allianzerfolg ist. Gescheiterte Allianzen zeichnen sich hingegen durch mangelndes bzw. blockiertes Lernen aus« (Hoffmann 2001, S. 214). Auch dieses Modell ist insofern nicht völlig frei von Linearitätsannahmen.

Beide Prozessmodelle beschreiben die Netzwerkentwicklung allerdings nicht im Sinne eines durchgängig linearen Lebenszyklusmodells, sondern rechnen mit positiven wie negativen Rückkopplungen, mit Rekursivität, mit intern wie extern eingeleiteten Krisen, organisationalen und interorganisationalen Lernprozessen, mit einer grundlegenden Umstrukturierung genauso wie mit inkrementalem Wandel der Organisationsform. Beide Modelle tragen insofern der Kontingenz interorganisationaler Wirklichkeiten stärker Rechnung, machen dieses aber unseres Erachtens nicht explizit genug. Das Verhältnis von Flexibilität und Stabilität wird als spannungsreich unterstellt, allerdings genauso wenig explizit wie das Zusammenspiel von Netzwerkmanagement und emergenter Netzwerkentwicklung (▶ Kap. 12.1). Das hat sich erst mit neueren Prozessstudien zur Netzwerkentwicklung (vgl. die Überblicke bei Majchrzak et al. 2015; Clegg et al. 2016; Lahiri et al. 2021; aber auch Schmidt/Braun 2015; Dagnino et al. 2016; Mahama/Chua 2016; Gibb et al. 2017; Ungureanu et al. 2020; Jarvenpaa/Välikangas 2022; Fortwengel 2023; Hilbolling et al. 2022) geändert.

Persistenzen in der Netzwerkentwicklung?

In den mit diesen oder auch noch anspruchsvolleren Konzepten beschriebenen Prozessen der Netzwerkentwicklung kann es – wie bereits angemerkt – zu strukturellem Beharrungsvermögen, zu *Persistenzen* zwischen den am Netzwerk beteiligten Organisationen kommen. Andrew Inkpen und Jerry Ross (2001) etwa führen

---

29 Ariño und De La Torre (1998) schlagen im Übrigen – genauso wie Schwerk (2000, S. 331 ff.) ein Modell vor, das die Ideen von Ring und Van de Ven (1994) mit jenen von Doz (1996) integriert.

die Persistenz von oft aus Flexibilisierungsgründen eingegangenen strategischen Allianzen auf (versunkene) Kosten der Allianzbildung und -auflösung zurück. Derartige Kosten entstehen auch aufgrund reduzierter Möglichkeiten der Partnerwahl aufgrund der Tatsache, dass die infrage kommenden Organisationen sich bereits einer Allianz oder einem Netzwerk angeschlossen haben (vgl. auch Patzelt und Shepherd 2008). Vor einiger Zeit wurde sogar der Begriff der »network inertia« (Kim et al. 2006) bemüht, um das strukturelle Beharrungsvermögen von Netzwerkorganisationen zu thematisieren, denen anscheinend – und dies zu Recht – in puncto Flexibilität nicht mehr alles zugetraut wird (vgl. dazu auch Belderdos et al. 2012; Rider 2012). In dieser Richtung wird sogar im Zusammenhang mit interorganisationalem Vertrauen argumentiert, dem nicht nur ein Flexibilitäts-, sondern auch ein Persistenzpotenzial zugeschrieben wird (vgl. Thorsgren/Wincent 2011; Möllering/Sydow 2019; dazu aber auch schon Kern 1998). Und Dovev Lavie und Lori Rosenkopf (2006) sprechen, wie viele andere auch, sogar explizit von *Pfadabhängigkeiten*, die sich bei strategischen Allianzen im Zusammenhang mit Explorations- und Exploitationsbemühungen herausbilden, meinen damit letztlich aber ebenfalls nur Persistenzen. Insoweit bleibt erstens unklar, ob es hier wirklich um mehr als bloßes strukturelles Beharrungsvermögen geht und zweitens, woraus dieses dann resultieren mag.

Ein Teil der interorganisationalen Beziehungen und Netzwerken zuzuschreibenden Trägheit hat definitiv organisationale Quellen. Sie resultiert ganz offensichtlich aus der Tatsache, dass in Netzwerken Organisationen zusammenarbeiten, die selbst durch Beharrungsvermögen gekennzeichnet sind; ein Beharrungsvermögen, das mit seinen positiven wie negativen Folgen seit den Studien von Michael Hannan und John Freeman (1977 bzw. 1984) vielfach untersucht worden ist. Dieses *organisationale Beharrungsvermögen*, das zum Beispiel Wandel erschwert, gleichzeitig aber in gewissem Maße für Verlässlichkeit unabdingbar ist, hat seine Wurzeln nicht nur in Routinen, begrenzten Erfahrungen und manifesten Interessen, sondern eben auch in organisationalen Pfadabhängigkeiten in Form sich positiv selbst verstärkender Prozesse. Anschauliche Beispiele für Letztgenannte sind:

- das »single-loop learning« (Argyris 1976), das eine Verbesserung des einmal eingeschlagenen Lernpfades impliziert, nicht aber die Reflektion dieses Pfades selbst; es geht insofern um expoitatives, nicht exploratives Lernen,
- der Theorie X-Loop, der den einmal eingeschlagenen Weg fragmentierter Arbeitsorganisation und direktiver Weisung dadurch verfestigt, dass er die Arbeitenden in genau dieser Art und Weise prägt – und in Folge vom Management weiter festgeschrieben wird (McGregor 1960) sowie
- die typischerweise bloß lokale Suche nach Lösungen, die »Betriebsblindheit« und »group think« (Janis 1982) auslösen und damit zu verstärkt lokaler Suche führen (vgl. dazu ausführlich Schreyögg et al. 2003, S. 269 ff.).

Auch das tatsächlich als organisationale Pfadabhängigkeit im engeren Sinne zu identifizierende Beharrungsvermögen von Organisationen lebt potenziell in interorganisationalen Netzwerken weiter fort, weil sich dieselben in dieser Organisationsform ökonomischer Aktivitäten zwar womöglich etwas anders ausrichten, aber eben nicht auflösen. Dies gilt selbst dann, wenn insb. große Organisationen dazu tendieren, in verkrusteten Strukturen bearbeitete Funktionen oder Prozesse (quasi) zu externalisieren. Die Rede von »grenzenlosen« Organisationen im Diskurs über Netzwerke und manch andere vermeintlich postmoderne Organisationsform ist zwar verbreitet, aber nicht zielführend. Im Gegenteil lautet ein bislang nicht bestrittener empirischer Befund: Die Positionierung einer Organisation in einem *rigiden* Netzwerk stellt eine zusätzliche Quelle potenzieller Pfadabhängigkeiten dar (vgl. Walker et al. 1997; Pinske et al. 2018).

Unabhängig vom Beharrungsvermögen, das den in Netzwerken zusammenarbeitenden Organisationen selbst innewohnen mag, ist auch mit einem in den interorganisationalen Beziehungen zu verortenden, *relationalen Beharrungsvermögen* von Netzwerken zu rechnen. Dieses resultiert nicht nur aus transaktionsspezifischen, deshalb oft nicht reversiblen Investitionen der Netzwerkpartner in Anlagevermögen und Humanressourcen (Williamson 1985), sondern auch aus dem praktischen Organisieren, beispielsweise dem Schaffen von Routinen für die Sicherung von Wettbewerbsvorteilen durch und in der Netzwerkorganisation (vgl. z. B. Dyer/Singh 1998; Duschek 2002, S. 256 ff.; Schreyögg et al. 2004; Dyer et al. 2018).

Tatsächlich ist die Bedeutsamkeit gerade von Routinen, etwa im Zusammenhang mit der Selektion neuer Partner, bereits als Quelle relationaler Pfadabhängigkeit apostrophiert worden. So zeigen Stan Xiao Li und Timothy Rowley (2002) in einer Untersuchung der Bildung von Konsortien bzw. Syndikaten (▶ Kap. 6.1) US-amerikanischer Investmentbanken, dass aufgrund einer schon getroffenen Selektionsentscheidung die Tendenz besteht, wieder und wieder dieselben Partner zu wählen. Diese typischerweise bloß ›lokale‹ Suche nach neuen Partnern könnte zwar einer rationalen Logik folgen, die auf die Bedeutung von (Vor-)Kenntnissen und Erfahrungen mit den infrage kommenden Partnerorganisationen und auf die Einsparung von Such- und anderen Transaktionskosten setzt. Vieles spricht jedoch dafür, dass sie oft Ausdruck einer Pfadabhängigkeit ist, in deren Folge die Frage der Selektion und Re-Selektion von Partnern eben nicht (mehr) reflexiv, sondern routinisiert verfestigt angegangen wird. Dies ist besonders problematisch, wenn gerade in der Zusammenarbeit mit Dritten ein beliebter Ausweg aus der lokalen Begrenztheit einer Suche nach Wissen in der Organisation gesehen wird (vgl. z. B. Rosenkopf/Almeida 2003). Die wiederholte Anwendung und die auf diese Art und Weise zu begründenden positiven Rückkopplungen (z. B. in Form von interorganisationalen Lerneffekten) führen jedenfalls zu Pfadabhängigkeiten in Netzwerken – wenn auch vielleicht nicht in dem gerade in bürokratischen Organisationen zu erwartendem Ausmaß.

Ein Stück weit dokumentieren auch Indre Maurer und Mark Ebers (2006) das rekursive Zusammenspiel intra- und interorganisationaler Persistenzen in ihrer Studie von sechs Biotechnologie-Start-ups. Das in relationaler, struktureller und kognitiver Einbettung der Start-ups repräsentierte Sozialkapital hilft den Unternehmen zunächst im Gründungs- und Wachstumsprozess, Kontakte zu schließen und Ressourcen zu mobilisieren. Allerdings wird genau dieses Kapital für sie später zur Last und führt in ein relationales und/oder kognitives Lock-in (vgl. Gargiulo/Benassi 1999); es sei denn, es gelingt den Start-ups, diesen Tendenzen durch ein effektives Beziehungsmanagement erfolgreich gegenzusteuern.

Diese genannten Untersuchungen gehen zwar wie einige weitere deutlich über die bloße Feststellung hinaus, dass die Geschichte (auch) in der Entwicklung von Netzwerkorganisationen eine Rolle spielt. Beispielsweise steigt die Wahrscheinlichkeit eine Allianz einzugehen mit der Häufigkeit früherer bereits aufgenommener Allianzbeziehungen (vgl. Gulati/Gargiulo 1999) – und damit sogar die Wahrscheinlichkeit, dass nicht nur dieselben Vertragsformen, sondern auch Routinen zur Anwenung kommen (vgl. García-Canal et al. 2014). Allerdings sind auch diese Studien nicht wirklich pfadtheoretisch im engeren Sinne informiert. Das allerdings wäre wichtig, wenn in der interorganisationalen Zusammenarbeit – wovon auszugehen ist – tatsächlich Pfadabhängigkeiten entstehen, die dann auch als solche ausgewiesen und erklärt werden müssen.

Tatsächlich wird von diesen Studien weder nach kritischen, prozesswirksamen Ereignissen (*small events*) gefragt, noch werden etwaige Verriegelungen (*lock-ins*) wirklich dingfest gemacht. Beides jedoch sind konstitutive Bausteine eines Pfadabhängigkeitsprozesses. Auch wird in diesen Studien nicht tief genug den für die Pfadtheorie konstitutiven Selbstverstärkungsmechanismen nachgegangen, die ab einem kritischen Moment (*critical juncture*) für die Persistenz einer Pfadabhängigkeitsentwicklung verantwortlich sind. Erst vereinzelt werden neben den genannten Lerneffekten netzwerktypische Mechanismen wie etwa die soziale Einbettung (*social embedding*), die vorzugsweise Vernetzung mit Akteuren, mit denen man bereits zusammengearbeitet hat (*repeated ties*) oder die bereits über zahlreiche Beziehungen verfügen (*preferential attachment*), mit der Pfadabhängigkeit in Verbindung gebracht und damit als mögliche Quellen eines Lock-in diagnostiziert (vgl. Gulati/Gargiulo 1999; Maurer/Ebers 2006; Glückler 2007). Allerdings werden mit diesen netzwerktypischen Bedingungen letztlich noch keine selbstverstärkenden Mechanismen i. e. S., sondern nur mögliche Ausgangspunkte und Ergebnisse ihrer Wirksamkeit benannt.

Erst die Theorie der Pfadabhängigkeit versucht, Pfadabhängigkeiten wirklich als Ergebnis sich selbst verstärkender Prozesse zu untersuchen. Im Anschluss an den von Paul David (1985) und Brian Arthur (1994) eingeführten Begriff der Pfadabhängigkeit und unter Rückgriff auf entsprechende sozialwissenschaftliche Erweiterungen wird diese Theorie am Pfadkolleg der Freien Universität (https://www.wiwiss.fu-berlin.de/forschung/pfadkolleg/index.html) nicht nur auf Prozesse in, sondern auch zwischen Organisationen angewandt.

Dabei werden organisationale Pfade analytisch nicht nur von technologischen, sondern auch von institutionellen Pfaden unterschieden. Gleichwohl ist in der Praxis immer wieder von einem Zusammenwirken dieser Arten von Pfadabhängigkeiten auszugehen (vgl. z. B. – mit Blick auf regionale Cluster – Sydow/Lerch 2007b, S. 200 ff.). Zudem dürfte eine Unterscheidung von (inter-)organisationalen und institutionellen Pfaden im Einzelfall schwerfallen; nicht nur dann, wenn Organisationen als Institutionen aufgefasst werden (vgl. dazu Berthod/Sydow 2013). Pfadabhängigkeiten *zwischen* Organisationen – also *inter*organisationale Pfadabhängigkeiten – dürften im Wesentlichen durch ähnlich gelagerte Ereignisse und selbstverstärkende Prozesse zustande kommen wie in Organisationen und sich deshalb nicht grundsätzlich von Letzteren unterscheiden (vgl. Kuschinsky 2008; Burger/Sydow 2014; Schmidt/Braun 2015; Bach 2020; Stache/Sydow 2023).

Die Konstitution eines (inter-)organisationalen Pfades wird analytisch in drei Phasen unterschieden (▶ Dar. 9.5). In der Phase I – der Preformationsphase – besteht ein noch breiter Handlungsspielraum, obwohl natürlich auch hier die Möglichkeiten von der Vergangenheit mitbestimmt werden. Eine einmal aus welchen Gründen auch immer gewählte Handlung – zum Beispiel die Festlegung auf einen bestimmten Kooperationspartner – mag sich dabei später als das tatsächlich oder auch nur vermeintlich entscheidende *small event* darstellen, von dem ein sich selbst verstärkender Prozess seinen Ausgang nimmt und das nur angesichts seiner später womöglich gravierenden Folgen als ›klein‹ bezeichnet wird. In der Realität wird eher eine Vielzahl solcher Ereignisse zusammenwirken und den Pfad initiieren. Beispielsweise ist im berühmten Fall der QWERTY-Tastatur letztlich nicht entscheidbar, ob der Pfad durch die Anordnung der Typenhebel zur Verlangsamung (!) der Schreibgeschwindigkeit oder zur Ermöglichung des werbekräftigen Schreibens von T-y-p-e-w-r-i-t-e-r auf einer Zeile der Tastatur, das rasche Anlaufen der Massenproduktion oder das intensive Training der Schreibkräfte in den späten 1880er Jahren ausgelöst wurde (vgl. genauer David 1985; vgl. für ein weiteres Fallbeispiel Duschek 2010).

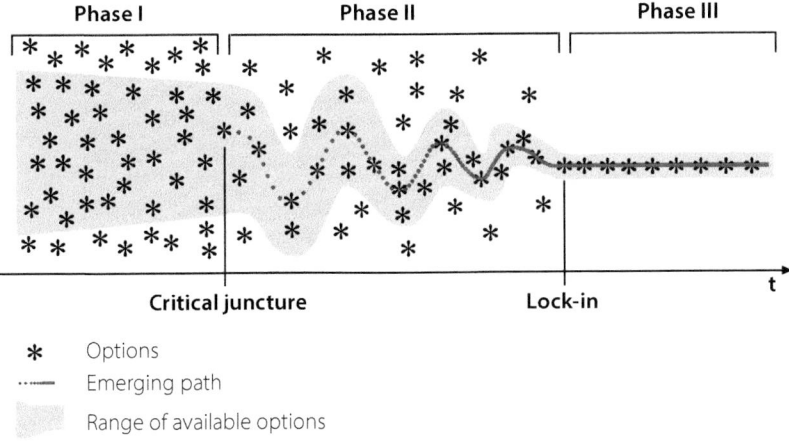

Dar. 9.5: Die Konstitution eines organisationalen Pfades (Sydow et al. 2009, S. 692)

Phase II, die Phase der eigentlichen Pfadabhängigkeit bzw. die Formationsphase beginnt mit genau dem *critical juncture*, von dem an der sich selbst durch positive Rückkopplungen verstärkende Prozess beginnt. Wie angedeutet, können diese positiven Feedbacks durch »increasing returns« verursacht sein, die etwa als Koordinations- und Komplementaritätseffekte oder Lern- und Erwartungseffekte daherkommen (vgl. Sydow et al. 2009, 2020). Als Ergebnis der Wirksamkeit eines oder mehrerer dieser Mechanismen verfestigt sich beispielsweise eine interorganisationale Routine. Gleichwohl ist diese selten alternativlos, jedoch bedarf es erheblicher und zunehmend größerer Anstrengung, den einmal eingeschlagenen organisationalen (Routine-)Pfad zu verlassen.

Der Übergang zur Phase III – der Lock-in-Phase – ist durch eine weitere Einengung des Handlungskorridors gekennzeichnet. Das Auftreten einer entsprechenden Verriegelung in der gewählten Alternative – zum Beispiel die weitere Zusammenarbeit mit dem gewählten Partner – wird immer wahrscheinlicher. Noch mag das Lock-in in seiner Wirkung – zum Beispiel aufgrund weiter sinkender Koordinationskosten oder steigender Lernerträge – durchaus positiv sein. Weil das positive Lock-in jedoch in ein negatives umschlagen kann (vgl. auch Martin/Sunley 2006), etwa weil sich ein potenziell attraktiverer Kooperationspartner bietet, ist bereits das positive Lock-in aus strategischer Perspektive problematisch. Das entsprechende Beharrungsvermögen, allemal wenn es sich als schwer bzw. kaum zu überwindende Pfadabhängigkeit darstellt, verdeutlicht exemplarisch, dass Interorganisationsbeziehungen auch eine »dark side« (Oliveira/Lumineau 2019) aufweisen können.[30]

Ein erstes Beispiel für die Untersuchung von interorganisationalen Pfadabhängigkeiten stellte eine Studie von Nils Kuschinsky (2008) dar, die am Beispiel kollaborativer Produktentwicklung von Automobilherstellern und Systemlieferanten untersucht, wie sich die Interorganisationsbeziehungen verfestigen und zunehmend schwerer zu lösen sind. Ausgelöst durch in bester Absicht getroffene strategische Entscheidungen (*big* statt *small events*) kommt es in den untersuchten Fällen durchweg dazu, dass nicht nur innerhalb eines Produktentwicklungsprojekts der Lieferant nicht mehr gewechselt werden kann, sondern es auch gerade nach einem erfolgreichen Projektverlauf immer unwahrscheinlicher wird, dass die Beziehung gelöst wird, obwohl genau dieses vielleicht aufgrund erforderlich werdender radikaler Neuerungen gefordert ist. In Folge verbessern sich die Routinen der Zusammenarbeit weiter (Koordinationseffekte), entstehen auf beiden Seiten Lern- und Komplementaritätseffekte. Alternativen bleiben dennoch generell verfügbar, sodass kein Lock-in im engeren Sinne entsteht. Gleichwohl fällt den Akteuren der Wechsel nicht nur innerhalb eines laufenden Projekts, sondern auch projektübergreifend schwer. Erwartungsgemäß ist die Wirkung eines Lock-ins im organisationalen Kontext weniger klar als im technologischen Bereich, obwohl er auch dort sozial überformt ist. Umgekehrt legen grundlegende technologische Neuerungen – man denke etwa an die Elektrifizierung des Antriebs – organisatorische Veränderungen nahe. Im Ergebnis dieser Studie erweisen sich Netzwerkbeziehungen als Folge einerseits zwar intendierter Kooperation, andererseits aber auch als unintendiert

---

30 Ohne damit aber gleich – wie z. B. illegale Kartelle (Pressey/Vanharanta 2016) – »dark networks« (Raab/Milward 2003) zu sein.

sich einstellende, allmählich enger werdende Kopplung von Beziehungen, ohne dass ein Ausbrechen im Sinne eines Wechsels sog. Insupplier durch Outsupplier unmöglich ist. Sowohl diese Studie als auch weitere, ebenfalls am Pfadkolleg der Freien Universität erstellte Untersuchungen zur Entstehung interorganisationaler Routinen in einem von zwei Unternehmen getragenen Gemeinschaftsunternehmen (vgl. Mante/Sydow 2009) sowie in einem komplexeren strategischen Netzwerk im optischen Cluster (vgl. Burger/Sydow 2014) zeigen aber, wie methodisch schwierig es ist, Prozesse der Pfadabhängigkeit – und eben nicht nur der Herausbildung von Routinen oder anderen organisatorischen Persistenzen – in interorganisationalen Beziehungen und Netzwerken empirisch dingfest zu machen und zudem noch von anderen Persistenzen zu unterscheiden.

9.3 Konzern als Netzwerk – Netzwerk als Konzern?

Mehr noch als Netzwerke sind Konzerne von derartigen Persistenzen und Pfadabhängigkeiten potenziell betroffen. Konzerne sind eine in letzter Konsequenz nur rechtlich zu bestimmende Organisationsform ökonomischer Aktivitäten (▶ Kap. 7) und als solche von interorganisationalen Netzwerken prinzipiell zu unterscheiden (vgl. Sydow 2001; Wirth/Sydow 2004). Gleichwohl macht es Sinn zu fragen, ob nicht Erkenntnisse für das Management interorganisationaler Beziehungen zu gewinnen sind, wenn man Konzerne *als* Netzwerke analysiert und den Bedingungen nachgeht, unter denen Netzwerke gegebenenfalls rechtlich sogar als Konzern gelten können.

Netzwerke als Konzerne? – Die rechtliche Sicht

Rechtlich sind Unternehmensnetzwerke typischerweise *keine* Konzerne. Weil Konzerne letztlich durch den (unbestimmten) Rechtsbegriff der einheitlichen Leitung bestimmt sind, könnten überhaupt nur jene Unternehmensnetzwerke Konzerne sein, die dauerhaft von einem Unternehmen strategisch geführt werden. Regionale Netzwerke und Projektnetzwerke (und insoweit auch virtuelle Unternehmen) sind deshalb aus dem Kreis der zu untersuchenden Fälle von vornherein auszuschließen. Bei strategischen Netzwerken, die unter Konzernverdacht geraten könnten, äußert sich die Führung in der Regel darin, dass der Markt, auf dem das strategische Netzwerk tätig ist, im Wesentlichen von dem Fokalunternehmen definiert wird. Dieses Unternehmen bestimmt zudem mehr als andere Art und Inhalt der (kollektiven) Strategie (vgl. Sydow 1992, S. 81). Strategische Netzwerke *könnten* insoweit tatsächlich sowohl Unterordnungs- als auch Gleichordnungskonzerne sein. Allerdings kommt es, gerade auch aus juristischer Sicht, entscheidend auf die tatsächlichen Führungs- bzw. Managementpraktiken an.

Unternehmensnetzwerke wären *Gleichordnungskonzerne*, wenn die Unternehmen, ohne voneinander abhängig zu sein, praktisch unter einheitlicher Leitung zusammengefasst sind. Davon kann ausgegangen werden, »wenn die Abstimmung nicht mehr nur einzelne Marktstrategien erfasst, sondern auf Grundfragen der Geschäftspolitik und der Unternehmensleitung ausgedehnt wird. Dabei ist vor allem auf die Vereinheitlichung der Unternehmensplanung abzustellen« (Lange 1998a, S. 1167). Darüber hinaus muss diese einheitliche Leitung insoweit umfassend sein, als sie auch Unternehmensaktivitäten jenseits der konkreten Kooperation umfasst: Strategische Netzwerke »können – von Anfang an oder im Laufe der Zeit – zur Bildung eines Gleichordnungskonzerns führen; Voraussetzung ist auch insofern, daß sich die beteiligten Unternehmen eigener unternehmerischer Aktivitäten, für die sie originäre Führungsentscheidungen zu treffen hätten, außerhalb der Zusammenarbeit enthalten« (Milde 1996, S. 123). Gerade dies ist aber regelmäßig *nicht* der Fall. Die in Netzwerken kooperierenden Unternehmen sind typischerweise nur mit einem Teil ihrer Aktivitäten, »für die sie originäre Führungsentscheidungen zu treffen hätten«, in das Unternehmensnetzwerk einbezogen.

Der Charakter (ganzer) strategischer Netzwerke als *Unterordnungskonzern* wird in der rechtswissenschaftlichen Literatur vereinzelt nachzuweisen versucht. Gisela Theis (1992, S. 252 ff.) zum Beispiel spricht denn auch in der Konsequenz von »Just-in-Time-Konzernen«, »Franchisingkonzernen« und »Allianzkonzernen«. Für diese Netzwerktypen sieht sie den Konzerntatbestand einer einheitlichen Leitung als erfüllbar an. Dabei ist allerdings zu beachten, dass Theis (1992, S. 209 ff.) im deutlichen Unterschied zur herrschenden Meinung dafür plädiert, den Begriff der einheitlichen Leitung so weit und flexibel zu fassen, dass er netzwerkartige Organisationsformen akkommodieren kann. Dies nun wiederum geschieht um den Preis, dass »der Konzernbegriff stark ausfranst [und] seine Ordnungskraft nach [lässt]« (von Werder 1995, S. 649).

Hinzu kommt das rechtswissenschaftliche Argument, dass im Falle strategischer Netzwerke der Einfluss des strategisch führenden Unternehmens nicht *gesellschaftsrechtlich* bedingt oder vermittelt ist. Dies ist selbst bei Netzwerkbeziehungen wie Just-in-Time-Zulieferbeziehungen und den für diese durchaus nicht untypischen wirtschaftlichen Abhängigkeiten und Einflussnahmen in der Tat nicht der Fall, wäre aber nach herrschender Meinung erforderlich, um einen (faktischen) Konzern zu begründen. Auf die gesellschaftsrechtliche Vermittlung kommt es vor allem deshalb an, weil das Konzernrecht – ganz im Gegensatz etwa zum Kartellrecht – in erster Linie ein Schutzrecht für Minderheitsaktionäre der abhängigen Gesellschaften darstellt (vgl. Lange 1998b, S. 431 ff.).

Tatsächlich spitzt sich in der Praxis alles auf die Frage zu, ob bzw. unter welchen Bedingungen die Praktiken einer strategischen Netzwerkführung mit denen einer einheitlichen Leitung gleichzusetzen sind und eben mehr als eine bloß latente Konzernführung begründen. Ein einschlägiges Beispiel hierfür sind Franchisesysteme wie zum Beispiel *McDonald's*. In der Praxis kann die konkrete Führung durch die Konzernzentrale zwar sehr unterschiedlich ausgeprägt sein (vgl. z. B. Hungenberg 1995, S. 237 ff.; Bach 2008, S. 30 ff.), von (strategischen) Netzwerken zu sprechen, ist unseres Erachtens allerdings nur solange zweckmäßig wie der Konzerntatbestand einer einheitlichen Leitung eben *nicht* erfüllt ist. Dies ist selbst bei einer extremen Delegation von Entscheidungsbefugnissen nicht der Fall, schließlich kann die Delegation – wenn auch oft nur unter Inkaufnahme erheblicher betriebswirtschaftlicher Nachteile – jederzeit wieder zurückgenommen werden (vgl. dazu auch Kasperzak 2000). Die praktische Konzernführung geschieht immer im Schatten dieser Möglichkeit eines hierarchischen Eingreifens. Hinzu kommt, dass die Delegation von Entscheidungsbefugnissen im Konzern empirisch mit einem ausgeprägten Konzerncontrolling einhergeht, das Delegationswirkungen in Hinblick auf die damit verknüpften Autonomieimplikationen weitgehend kompensieren kann (vgl. z. B. Schmidt 1992). Die organisationale Autonomie der Konzernunternehmen würde so auf ein Maß reduziert, das die Rede von einem Netzwerk von Unternehmungen nicht mehr gerechtfertigt erscheinen ließe. Mit Blick auf Just-in-Time-Zulieferbeziehungen wird denn auch festgestellt: »Die Grenze zwischen der konzernrechtlichen Erfassbarkeit auf der einen und bloßen austauschvertraglichen Leistungsbeziehungen auf der anderen Seite verläuft dort, wo dem Zulieferer noch wesentliche Entscheidungsspielräume verbleiben« (Lange 1998b S. 443).

Zu demselben Schluss kommt dieser Kommentator im Übrigen auch mit Blick auf die Vertriebsbeziehungen zwischen Automobilherstellern und ihren Vertragshändlern (vgl. Lange 1998b, S. 449 ff.). Schließlich kann in beiden Fällen das Management der (Netzwerk-)Unternehmen, trotz wirtschaftlicher Abhängigkeiten, im rechtlichen Sinne autonom handeln; ein formal-hierarchischer, gesellschaftsrechtlich legitimierter Durchgriff des Fokalunternehmens zumindest ist ausgeschlossen. Insofern kann eine dezentrale Konzernorganisation zwar als »modulares Unternehmen« (Picot et al. 2003), gegebenenfalls auch als *interne* Netzwerkorganisation, nicht aber als (*externes*) Unternehmensnetzwerk begriffen werden.

Selbst strategische Netzwerke sind keine Konzerne. Ungeachtet dessen können Konzerne und Netzwerke in praxi auf vielfältige Art und Weise miteinander verwoben sein. Dabei kommt es darauf an, wie sich diese beiden sozialen Systeme durch die konkreten Managementpraktiken im Einzelnen konstituieren. Erstens kann ein Netzwerk Unternehmen umfassen, die einem (oder sogar mehreren) Konzern(en) angehören (vgl. Faems et al. 2020). Dies ist aus mindestens zwei Gründen sogar zu erwarten. Zum einen ist eine zunehmende Zahl von Unternehmen konzerniert; zum anderen stellt sich die Frage, warum ausgerechnet Konzernunternehmen nicht in Netzwerkstrukturen eingebunden sein sollten. Im Gegenteil, die rechtliche Verselbstständigung von Unternehmensteilen wird sogar damit begründet, dass Unternehmen kooperationsfähiger sind als rechtlich unselbstständige Geschäftseinheiten. Sind Konzernunternehmen wie beispielsweise *FreemantleMedia* als Content produzierende Division der zum *Bertelsmann*-Konzern gehördenden *RTL Group* in Netzwerke eingebunden, werden diese zwar von der Konzernmutter einheitlich geleitet, stehen jedoch zu anderen Unternehmen des Netzwerks (z. B. einem an dem Content interessierten öffentlich-rechtlichen Fernsehsender) in *keiner* Konzernbeziehung.

Zweitens kann – in zeitlicher Perspektive – ein das Netzwerk strategisch führendes Unternehmen durch Akquisition eines anderen Netzwerkunternehmens eine vormalige Netzwerkbeziehung in eine Konzernbeziehung umwandeln, wobei der für Netzwerkbeziehungen charakteristische dominant kooperative Leistungsbezug der Beziehung typischerweise erhalten bliebe. Umgekehrt kann eine Konzernobergesellschaft durch Desinvestition bzw. Ausgründung eines Spin-offs eine Konzernbeziehung in eine Netzwerkbeziehung umwandeln, sofern auch hier der Netzwerkbeziehungen kennzeichnende Leistungsbezug erhalten bliebe.

Schließlich können Konzerne – wie alle Unternehmen – auch intern mehr oder weniger netzwerkartig strukturiert sein (vgl. für ein Beispiel Boos/Furch 1997), wobei diese Strukturen – solange Unternehmen in Netzwerken als soziale Systeme mit Grenzen erhalten bleiben und sich eben nicht vollständig auflösen – eine andere, in letzter Konsequenz nämlich eindeutig hierarchische Qualität aufweisen. Immerhin ist die im Kern hierarchische Koordination und einheitliche Leitung für Organisationen im Allgemeinen und Unternehmen im Besonderen konstitutiv.

Konzerne als Unternehmensnetzwerke? – Die organisatorische Sicht

Ein Konzern wie die *Bertelsmann SE & Co. KGaA* ist aus betriebswirtschaftlich-organisatorischer Sicht *ein* Unternehmen bzw. genauer: *eine* Unternehmung, nicht etwa ein Kollektiv oder ein Netzwerk von Unternehmungen.[31] Trotzdem könnte ein Konzern, ein Eingliederungs- und Vertragskonzern, vor allem aber ein faktischer Konzern praktisch wie ein Unternehmensnetzwerk ausgestaltet und geführt werden. Genau genommen ist auch hier, wie gleich deutlich werden wird, das strategische Netzwerk der relevante Prüfkandidat.

Konkret setzte der Netzwerkcharakter einer Konzernführung allerdings voraus, dass die Entscheidungsdezentralisation in diesem Konzern so weit vorangetrieben worden ist, dass delegierte Entscheidungskompetenzen praktisch *nicht mehr zurückgenommen* werden können und der auf diese Weise den Konzernunternehmen zugebilligte Autonomiespielraum aus diesen Unternehmungen werden lässt. Beides ist beim *Bertelsmann*-Konzern erkennbar nicht der Fall. In der Konsequenz läge rechtlich gesehen dann auch keine einheitliche Leitung und damit kein Konzerntatbestand mehr vor. Gleichwohl mag ein solches Gebilde, zum Beispiel steuerlich und haftungsrechtlich, durchaus noch als Konzern behandelt werden. Eine Rechtsgrundlage bestünde dafür allerdings aufgrund des Fehlens der einheitlichen Leitung nicht mehr. In der Praxis ist ein solcher fehlerhafter Konzern allerdings kaum zu erwarten, liegt doch der Zweck der Konzernbildung – neben der Ersparnis von Steuern – gerade in der kontinuierlichen Ausübung einer einheitlichen Leitung.

---

31 An dieser Stelle ist die ein wenig in Vergessenheit geratene betriebswirtschaftliche Unterscheidung von Unternehm*en* und Unternehm*ung* ausgesprochen hilfreich.

10 Netzwerkbeziehungen im Angesicht von Digitalisierung und Nachhaltigkeit

Durch die Zusammenarbeit in Netzwerken können Organisationen ihre Fähigkeiten und Perspektiven erweitern, was zur Entwicklung innovativer Lösungen führt, die kein einzelnes Unternehmen allein hätte erreichen können. Ein Beispiel dafür sind die derzeitigen Bestrebungen, neuartige und sehr groß ausgelegte Batteriefabriken in Deutschland zu etablieren. Dies jedoch erfordert so viele Ressourcen und Kompetenzen, dass es nur über Kooperationen gelingt – wie es u. a. eine Kooperation zwischen *Mercedes* und *Stellantis* beim Bau der Batteriefabrik in Kaiserslautern zeigt. Der Wandel, der durch solche interorganisationalen Netzwerke angestoßen wird, kann deshalb tiefgreifend und nachhaltig sein, da er auf einer breiteren Basis von Stakeholdern und Ressourcen beruht. Zudem ermöglichen diese Beziehungen den Zugang zu neuen Märkten und Technologien, wodurch die Innovationsfähigkeit gesteigert wird. Darüber hinaus fördern interorganisationale Beziehungen auch die Entwicklung organisationaler Kompetenzen in Bereichen wie Führung, Krisenmanagement und strategische Planung. Durch regelmäßigen Austausch und gemeinsame Projekte werden Promising Practices und erfolgskritische Kenntnisse transferiert, die für die Bewältigung von Herausforderungen und die Implementierung von Veränderungen essenziell sind. Somit sind interorganisationale Beziehungen nicht nur Katalysatoren für Wandel, sondern auch Schlüsselfaktoren für die Anpassungsfähigkeit und das langfristige Überleben von Organisationen in einem sich ständig verändernden, immer stärker krisengeschüttelten globalen Umfeld. Im Folgenden wird auf zwei zentrale Veränderungen dieses veränderten Umfelds eingegangen – das sind die digitale Transformation und der Wandel hin zu mehr sozialer und ökologischer Nachhaltigkeit. Vor diesem Hintergrund wird die Rolle von interorganisationalen Beziehungen im Allgemeinen und von in solche Beziehungen eingebettete und auch ihnen heraus entstehende interorganisationalen Projekte im Besonderen beleuchtet.

10.1 Interorganisationale Projekte und die Digitale Transformation

Interorganisationale Projekte sind Vorhaben, bei denen zwei oder mehr Organisationen zeitlich begrenzt zusammenarbeiten, um gemeinsame Ziele zu erreichen. Neben der zeitlichen Begrenzung und der gemeinsamen Aufgabe sind auch die Zusammenarbeit in einer Teamumgebung sowie der Wandel charakteristisch, der sich einerseits innerhalb des Projekts vollzieht, andererseits aber auch durch das Projekt angestoßen und gestaltet werden kann (Lundin/Söderholm 1995; Sydow/Braun 2018). Diese Form der Zusammenarbeit findet in verschiedenen Bereichen Anwendung, darunter in der Technologieentwicklung, der pharmazeutischen Industrie, im Bauwesen und in der Beratung. Die Gründe für solche projektbezogenen Kooperationen sind vielfältig, beinhalten jedoch häufig den Zugang zu spezialisierten Ressourcen, die Verteilung von Risiken und die Möglichkeit, innovativere Lösungen durch die Kombination unterschiedlicher Kompetenzen zu entwickeln.

Der über das einzelne interorganisationale Projekt hinausweisende Begriff des Projektnetzwerks betont, dass es sich gleichwohl sehr häufig um mehr als nur temporäre Organisationen oder Systeme handelt. Vielmehr entstehen innerhalb von solchen Projekten enge, oft multiplexe Beziehungen zwischen den organisationsübergreifenden Projektpartnern. Diese Beziehungen enden vordergründig mit dem Abschluss eines Projekts, das heißt, die bislang evidenten Beziehungen treten in eine Art Latenzzustand. Kommt es in der Zukunft zu einem weiteren Projekt, ist üblich, dass die bewährten Partner aus der Zusammenarbeit erneut kooperieren. Die latenten Beziehungen werden also wieder zum Leben erweckt. Diese Reaktivierung hat den Vorteil, dass soziale Prozesse des Kennenlernens und des Aufeinander Abstimmens von Prozessen und Routinen, stark verkürzt werden kann. Ebenso ist es denkbar, dass Folgeprojekte bereits auf eine bestehende Vertrauensbasis aufbauen (Sydow/Windeler 1999).

Interorganisationale Projekte, ebenso wie Projektnetzwerke erscheinen geradezu prädestiniert um digitalen Wandel zu gestalten, weil sie eine sehr flexibel einsetzbare und dynamische Organisationsform sind, bei der auch sehr unterschiedliche Partner mit ihren verschiedenen, i. d. R. komplementären Kompetenzen und Ressourcen involviert werden können. Dies ist beispielsweise erkennbar an unzähligen interorganisationalen Projekten im Bereich des Automobilbaus, bei denen klassische Automobilhersteller mit IT- und Softwareunternehmen kooperieren, beispielsweise mit dem Ziel, das autonome Fahren zu ermöglichen bzw. eine intelligente Nutzung der Batteriesysteme (SmartGrid) herzustellen. Insofern sind interorganisationale Projekte ein Vehikel zur Gestaltung organisationalen und technologischen Wandels (Braun/Müller-Seitz 2023). Ein Zusammenhang zwischen interorganisationalen Projekten und digitaler Transformation kann auf zwei Ebenen beleuchtet werden:

Zum einen gibt es wissenschaftliche Erkenntnisse darüber, wie die digitale Transformation die Projektarbeit der Zukunft verändern und etwa zu anderen Projektverläufen führen wird. Beispielsweise zeigt eine Studie von Jennifer Whyte (2019), dass digitale Informationen dazu führen, dass sich die Methoden der Projektabwicklung stark verändern. Untersucht wurde dieses Phänomen anhand von Fallstudien im Großraum London, die u. a. auch die Infrastrukturprojekte rund um den Terminal T5 am Flughafen Heathrow sowie die Olympischen Spiele 2012 in London umfassen. Anhand dieser Fallstudien kann nicht nur gezeigt werden, dass das physische Projektergebnis zunehmend auch digitale Ergebnisse (z. B. Digitale Zwillinge) komplementiert wird. Zudem verweisen die Studien auch auf prozessuale Veränderungen, die auf den Möglichkeiten eines umfassenden Datenaustauschs, Fernzugriff, Such- und Aktualisierungsmöglichkeiten von Daten basieren. Dies führt zu drei wesentlichen Veränderungen: 1. Es entstehen neue Formen integrierter Lösungen, bei denen Produkte und Dienstleistungen digital angereichert werden. Die Autorin unterscheidet hier zwischen »integrated solutions, »digitally supported integrated solutions« und »digitally integrated solutions«. 2. Neue Akteurskonstellationen können sich ergeben, da digitale Daten ermöglichen, dass Aufgaben auf Kunden- und auf Systemintegratorenseite neu verteilt werden. In diesem Zusammenhang unterscheidet Whyte zwischen einer Projektausführung in der Konstellation »owner-operator«, »pop-up client« und »integrated pop-up client« (Whyte 2019, S. 189). Die Komplexität dieser Beziehungsgeflechte wird anhand der bereits genannten Großprojekten in London illustriert. 3. Die Kodifizierung von Wissen in Projekten basiert zunehmend auf digitalen Workflows und Analysemethoden anstatt diskreter Dokumente. Ein Beitrag von Braun und Sydow (2019) zeigt anhand einer Fallstudie – ebenfalls aus der Bauindustrie – dass eine Digitalisierung von Projektarbeit auch erhebliche Auswirkungen auf die erforderlichen Fähigkeiten von interorganisationalen Projektpartnern hat. So wird bereits bei der Auswahl von Partnern (▶ Kap. 11.1) zunehmend die Frage aufgeworfen, ob die notwendigen digitalen Kompetenzen beispielsweise im Aufbau und der Pflege von digitalen Datenmodellen bei möglichen Kooperationspartnern vorhanden sind. Gleichwohl ist diese Anforderung alles andere als trivial, wenn das fokale, das Projektnetzwerk steuernde Unternehmen selbst nur begrenzte digitale Fähigkeiten hat. In diesem Moment kommt es auf eine Neuadjustierung von Rollen an, im Zuge dessen die beteiligten Organisationen neue Routinen etablieren, um sich digitale Anwendungen gemeinsam zu erschließen.

Noch deutlich weitergehend dürften die Veränderungen sein, welche die sich sehr stark entwickelnden Anwendungen von Künstlicher Intelligenz ermöglichen, sei es im Sinne einer »automation« (Substitution) oder im Sinne einer »augmentation« (Unterstützung) menschlicher Arbeitskraft oder einer beides verbindenden »augmenting automation« (Tschang/Almirall 2021). Denkbar ist hierbei die gesamte Bandbreite zwischen einer losen Unterstützung von Projektmanagementaufgaben beispielsweise durch sog. Co-Pilot-Applikationen bis hin zur vollständigen Substituierung einzelner Projektmanagement-Aufgaben, die bisher von Menschen ausgeführt wurden, durch fortgeschrittene Anwendungsszenarien künstlicher Intelligenz (Lächelt et al. 2024). Zum anderen zeigt die jüngere Forschung in diesem Bereich, dass Projekte geeignet sind, um einen umfassenden Wandel permanenter Organisationen hin zu mehr Digitalisierung herbeizuführen. Dies kann sogar Veränderungen auf der Ebene ganzer Branchen oder organisationaler Felder bewirken. Eine Studie von Papachristos et al. (2024, S. 14) untersucht solche Makroeffekte anhand von Großprojekten in England und konstatiert: »The movement of knowledge and key actors across projects catalyses the adoption of digital technologies and change at the core of the organizational field that ripples outwards to its periphery.« Projekte, insb. interorganisationale Projekte (Sydow/Braun 2018; von Danwitz 2018; Roehrich et al. 2023), sind in diesem Sinne das zentrale Vehikel, das digitale Transformation überhaupt in die Organisationen, in interorganisationale Netzwerke oder gar ein ganzes organisationales Feld hinein trägt. Aus volkswirtschaftlicher bzw. gesamtgesellschaftlicher Perspektive dürfte der Hebel, der hiervon ausgeht, weit größer sein als der zuvor dargestellte, im Kern nur die Projektausführung betreffende. Forschungsergebnisse deuten darauf hin, dass es sich hier um kein einfaches Unterfangen handelt und dass es auf eine sehr enge Verzahnung der Projekte mit ihrem Kontext ankommt. Eine Studie von Correani et al. (2020) kann anhand von drei Fallstudien in den Unternehmen ABB, CNH Industrial und Vodafone zeigen, dass es in der Tat auf interorganisationale Projekte ankommt, um digitale Strategien zu implementieren. Projekte schlagen also auch in dieser Hinsicht die Brücke zwischen der strategischen Unternehmensführung einerseits und dem operativen Geschäft andererseits. Laut der Autoren bedarf es hierbei eines sehr feinfühlig abgestimmten Frameworks, das Prozesse, Rollen und digitale Workflows aufeinander abstimmt. Im Zentrum solcher Projekte stehen also neben den rein technischen Fragen als mindestens genauso wichtig und umfassend die Klärung (inter-) organisationaler, vor allem koordinativer und auch sozialer Aspekte. Zu einem ähnlichen Befund kommen auch Liu et al. (2011), die anhand der Falluntersuchung eines globalen E-Banking-Projekts der CBC Bank zeigen, dass Digitalisierungsvorhaben vor allem dann zielführend ablaufen, wenn interorganisationale Projekte einen strategischen Fit – sowohl mit Blick auf die interne Ressourcenausstattung und Fähigkeiten als auch auf die externen Rahmenbedingungen herstellen. Dabei betonen die Autoren klassische, analoge Mechanismen, die auch in Digitalisierungsprojekten in den Vordergrund rücken – darunter: die historisch bedingten Pfade und die vorhandenen Vertrauensbeziehungen. Insgesamt kann also festgehalten werden, dass interorganisationalen Projekten von der Forschung zuerkannt wird, als maßgebliches Vehikel die digitale Transformation gestalten zu können. Dabei bestehen die Herausforderungen nicht nur in der Implementierung, sondern bereits bei der Planung. Dies zumindest dann, wenn man den Begriff der digitalen Transformation ernst nimmt und in Verbindung mit einer grundsätzlichen Änderung des Wertversprechens sowie auch der organisationalen Identität sieht (Wessel et al. 2021). Dies wiederum zieht auf strategischer wie operativer Ebene viele Detailfragen nach sich, die im Projektkontext aber üblich sind – beispielsweise das Management von Spannungsverhältnissen betreffend.

10.2 Netzwerkförmige Plattformen und Geschäftsmodelle

Internetplattformen sind eine Art virtuelle Räume, die über das Internet zugänglich sind und es Nutzern ermöglichen, bestimmte Aufgaben und Transaktionen auszuführen oder mit Inhalten zu interagieren. Diese Plattformen können vielfältig sein und umfassen soziale Netzwerke, E-Commerce-Websites, Online-Datenbanken, Informationsportale, Bildungsressourcen, Unterhaltungsmedien und vieles mehr. Typische Merkmale von Internetplattformen sind:

- Zugänglichkeit: Sie sind typischerweise über das Internet zugänglich, was bedeutet, dass Benutzer von fast überall auf der Welt darauf zugreifen können, vorausgesetzt, sie haben eine Internetverbindung.
- Interaktivität: Nutzer können in der Regel direkt mit den Inhalten der Plattform interagieren, sei es durch das Hochladen eigener Inhalte, das Kommentieren oder Bewerten vorhandener Inhalte, das Kaufen von Produkten oder Dienstleistungen oder das Teilnehmen an Foren und Diskussionen.
- Benutzerzentrierung: Viele Plattformen bieten personalisierte Erlebnisse und Lösungen, die auf den individuellen Präferenzen und dem Verhalten der Nutzer basieren.
- Integration: Oft sind sie mit anderen Diensten und Plattformen integriert, um ein nahtloses Erlebnis zu bieten, wie z. B. die Verknüpfung mit sozialen Medien, Zahlungsgateways oder anderen Webdiensten.
- Skalierbarkeit: Sie sind in der Regel darauf ausgelegt, eine große Anzahl von Benutzern und einen erheblichen Umfang an Daten zu unterstützen.

Beispiele für Internetplattformen sind *Facebook, Amazon, YouTube, Wikipedia* und viele andere. Jede dieser Plattformen dient einem spezifischen Zweck und gestaltet die Art und Weise mit, wie Teilnehmer Informationen suchen, konsumieren und miteinander kommunizieren.

Die Teilnehmer solcher Plattformen, die typischerweise von einer (Plattform-)Organisation betrieben werden, können sowohl Individuen sein als auch Organisationen. Auch wenn gegenüber den Nutzern mitunter ein transaktionaler Eindruck vermittelt wird, zielen die Plattformbetreiber typischerweise darauf ab, dass Aktivitäten nicht – wie im idealtypischen Markt – singulär und spontan erfolgen, sondern dass möglichst wiederholte Aktivitäten stattfinden und mindestens eine Bindung, d. h. längerfristige Geschäftbeziehung mit dem Plattformanbieter, wenn nicht auch mit anderen Plattformteilnehmern entsteht. Stellt man auf diese Beziehungen ab, so ist davon auszugehen, dass auf Internetplattformen sowohl interorganisationale als auch interpersonelle Netzwerke eine wichtige Rolle spielen. McIntyre und Srinivasan (2017) sprechen in diesem Zusammenhang von »platform-mediated networks« und geben einen umfassenden Literaturüberblick über Studien, die Implikationen für das strategische Management von Organisationen bieten (zur genaueren Unterscheidung von Plattformen und Ökosystemen von Netzwerken vgl. McIntyre/Srinivasan 2017; Shipilov/Gawer 2020; Sydow/Auschra 2022). Das grundsätzliche Versprechen, das Plattformen ihren Netzwerkmitgliedern vermitteln besteht darin, dass die Nutzer einen höheren Wert aus Plattformen ziehen, die eine große Anzahl an Nutzern binden (Cennamo/Santalo 2013), wobei der wahrgenommene Wert aus der Interaktion mit eben jenen Nutzern resultiert (Eisenman 2007).

Auch wenn die positiven Seiten dieser Organisationsform, vor allem aus der Sicht der Plattformbetreiber, geradezu grenzenlos erscheinen, so bringen Plattformen auch dunkle Seiten mit sich. Dazu gehören auf interorganisationaler Ebene beispielsweise Abhängigkeiten und Machtasymmetrien, die oft zwischen den Plattformanbietern und ihren Nutzern bestehen. Auf individueller Ebene wiederum wird vermehrt von prekären Beschäftigungssituationen und Scheinselbstständigkeit berichtet, die manche Plattformarbeiter befördern (vgl. z. B. Gegenhuber et al. 2022). Problematisch erscheint zudem, dass Plattformarbeiter wie beispielsweise Fahrer auf der Uber-Plattform unter einer massiven Kontrolle von Algorithmen stehen. Diese Algorithmen sind aus Sicht des Plattformbetreibers eine strategische Ressource und essenziell für deren Kapazitäts- und Preismanagement. Aus Sicht der Plattformarbeiter allerdings resultiert daraus eine durch Algorithmen verursachte Fremdsteuerung, bis hin zu einer Verhaltenskonformität gegenüber dem Management (Pignot 2023).

Auf der Basis von Plattformen entwickeln sich heutzutage immer weitere digitale Geschäftsmodelle, aber auch bestehende Geschäftsmodelle werden angereichert mit digitalen oder Plattformkomponenten. Ein Geschäftsmodell beschreibt die Art und Weise, wie ein Unternehmen Wert bzw. ein Wertversprechen schafft, diesen bzw. dieses an Kunden vermittelt und daraus Gewinn erzielt, wobei der Schwerpunkt zunehmend auf dem Einfluss digitaler Technologien liegt. Die Forschung in diesem Bereich hat zuletzt eine sehr große Popularität erfahren. Patrick Spieth und Kollegen (2024) zeigen in einem Literaturüberblick die ganze Bandbreite der Geschäftsmodellforschung und adressieren insb. wie sich dieses Forschungsfeld vis-à-vis des Innovationsmanagements entwickelt.

Digitale Geschäftsmodelle nutzen das Internet, mobile Technologien, Datenanalytik und selbstlernende Algorithmen, um Produkte und Dienstleistungen zu entwickeln und zu vertreiben, die effizient und oft in Echtzeit auf die Bedürfnisse der Kunden eingehen. In Abhängigkeit der interorganisationalen Konfiguration solcher auf Plattformen basierenden Geschäftsmodellen lassen sich folgende Typen differenzieren (in Anlehnung an Gawer 2021):

- Ein *Single-sided Business Model* fokussiert sich darauf, eine spezifische Kundengruppe mit digitalen Produkten oder Dienstleistungen zu versorgen. Ein typisches Beispiel hierfür ist ein Unternehmen wie *Adobe*, das Software wie Photoshop über ein Abonnementmodell direkt an Endverbraucher verkauft. In diesem Modell interagiert das Unternehmen hauptsächlich mit einer einzigen Seite der Marktteilnehmer – den Endnutzern. Es profitiert von den Skaleneffekten durch digitale Vertriebskanäle und den niedrigen variablen Kosten bei zusätzlichen Nutzern.
- *Dual-sided Business Models* bzw. zweiseitige Geschäftsmodelle dagegen bringen zwei unterschiedliche Nutzergruppen zusammen und schaffen Wert, indem sie Interaktionen zwischen diesen Gruppen erleichtern. Ein bekanntes Beispiel hierfür ist die Plattform *Airbnb*, die Eigentümer von Wohnraum und Reisende zusammenbringt. Diese Plattformen sind besonders wertvoll, da sie Netzwerkeffekte nutzen: Je mehr Anbieter und Nutzer sie anziehen, desto wertvoller wird der Service für alle Beteiligten. Der Betreiber der Plattform moderiert und optimiert diese Interaktionen, oft durch den Einsatz von Technologie zur Verbesserung der Nutzererfahrung und zur Gewährleistung der Sicherheit der Transaktionen.

- *Multi-sided* Plattformen sind noch komplexer und verbinden mehrere unterschiedliche Nutzergruppen oder Marktsegmente. Ein Beispiel hierfür ist ein Unternehmen wie *Uber*. *Uber* verbindet nicht nur Fahrer und Fahrgäste, sondern integriert auch Business-Partnerschaften wie Restaurants (in sein Uber Eats Programm), was eine zusätzliche Dimension der Dienstleistung schafft. Solche Modelle sind darauf ausgelegt, simultan Mehrwert für mehrere Nutzergruppen zu generieren, was den Aufbau und die Koordination der Plattform erheblich komplexer macht. Die Beteiligung mehrerer Organisationen in einem solchen Modell führt zu einer Verzahnung verschiedener Wertschöpfungsketten, was das Ökosystem robust gegenüber externen Veränderungen machen kann. Die Beteiligung mehrerer Organisationen in digitalen Geschäftsmodellen, besonders in multi-sided Plattformen, kann eine Vielzahl von Formen annehmen. Unternehmen können Partner sein, die ihre Dienstleistungen auf der Plattform anbieten, Lieferanten, die die für die Dienstleistung erforderlichen Ressourcen bereitstellen, oder sogar Wettbewerber, die zusammenarbeiten, um einen größeren Markt zu bedienen. Die strategische Allianzbildung und das Management dieser Beziehungen sind entscheidend für den Erfolg solcher Modelle. Durch die Integration verschiedener Akteure und Ressourcen in einem digitalen Rahmenwerk können Unternehmen nicht nur ihre Marktpräsenz erweitern, sondern auch innovative Lösungen bieten, die durch traditionelle Geschäftsmodelle nicht möglich wären.

Insgesamt spiegeln digitale Geschäftsmodelle also die interorganisationale Vernetzung und digitale Durchdringung der Wirtschaft wider. Sie bieten flexible, skalierbare und oft effizientere Wege zur Wertschöpfung und erfordern ein tiefgreifendes Verständnis sowohl der Technologie als auch der Organisation und der sehr dynamischen Marktstrukturen.

10.3 Interorganisationale Beziehungen als Schlüssel zur sozialen und ökologischen Transformation?

Im Diskurs um eine nachhaltige Entwicklung der Wirtschaft ist das Konzept der Nachhaltigkeit dreidimensional konzipiert: Es umfasst ökologische, soziale und ökonomische Dimensionen. Diese Perspektive, oft als »Triple Bottom Line« bezeichnet, erfordert eine ausgewogene Berücksichtigung von Umweltschutz, sozialer Gerechtigkeit und wirtschaftlicher Lebensfähigkeit, um langfristig wirksame und ganzheitliche Fortschritte zu erzielen. Im Rahmen dieser umfassenden Auffassung von Nachhaltigkeit haben die Vereinten Nationen die Agenda 2030 für nachhaltige Entwicklung verabschiedet, die 17 Ziele, sog. Sustainable Development Goals (SDGs) umfasst, die von der Beseitigung von Armut und Hunger über die Gewährleistung einer inklusiven und qualitativen Bildung bis hin zum Schutz des Lebens unter Wasser und an Land reichen. Ziel 17 der SDGs hebt besonders die Bedeutung von Partnerschaften hervor, um diese Ziele zu erreichen, was die

Notwendigkeit einer verstärkten interorganisationalen Zusammenarbeit unterstreicht.

Die Notwendigkeit für Organisationen, über ihre Grenzen hinaus zu kooperieren, um nicht nur wirtschaftliche, sondern auch ökologische und soziale Nachhaltigkeit zu fördern, ist ein zentrales Thema in der heutigen globalisierten Welt. Keine einzelne Organisation, unabhängig von ihrer Größe oder ihrem Einfluss, kann die komplexen und miteinander verwobenen Herausforderungen des 21. Jahrhunderts allein bewältigen. Diese Herausforderungen sind oft globaler Natur und erfordern kollektive, koordinierte Anstrengungen, die über individuelle oder lokale Bemühungen hinausgehen. Ein wesentlicher Grund, warum einzelne Organisationen auf Kooperationen angewiesen sind, ist die zunehmende Komplexität und Vernetzung der globalen Probleme. Klimawandel, Biodiversitätsverlust und soziale Ungleichheiten sind Beispiele für Probleme, die als »grand challenges« (George et al. 2016) keine nationalen Grenzen kennen und daher internationale Lösungen erfordern. Darüber hinaus sind viele dieser Probleme durch ihre Natur miteinander verbunden, was bedeutet, dass Maßnahmen in einem Bereich unbeabsichtigte Konsequenzen in einem anderen haben können. Bereits Starik und Rands (1995) erörterten in ihrem vielbeachteten Beitrag im *Academy of Management Review*, dass »ecologically sustainable organizations« ganz grundsätzlich von einem vielschichtigen Netz an Beziehungen abhängen, die auf verschiedenen Ebenen manifestiert sind – das sind neben der individuellen und organisationalen Ebene auch die politisch-ökonomische, die sozio-kulturell und die ökologische. Dieses Netz spannt nicht nur Kontextbedingungen des hier und jetzt auf, sondern spielt zudem auch in seiner Geschichtlichkeit und seinem Bedeutungskontext eine Rolle. So zeigen Jean M. Bartunek und Julia Balogun (2022), dass gemeinsame interpretative Schemata, bestimmte Beziehungsmerkmale und auch die gemeinsame Nutzung von Raum wesentliche kontextuelle Rahmenbedingungen, die in die nachhaltigkeitsorientierte Interorganisationsbeziehungen eingebettet sind.

Über die verschiedenen Ebenen hinweg bieten interorganisationale Netzwerke eine Plattform für den Austausch von Wissen und jenen anderen Ressourcen, die notwendig sind, um diese komplexen Interdependenzen zu verstehen und effektiv zu adressieren (Henry/Möllering 2023). Beispielsweise zeigt Tulin Dzhengiz (2020) in einem Review, dass interorganisationale Beziehungen maßgeblich dazu beitragen, um einen organisationalen Beitrag zu nachhaltigen Lösungen überhaupt zu ermöglichen. In diesem Beitrag wird auch ein Framework vorgestellt, der Einblick gewährt in die Faktoren, die im interorganisationalen Nachhaltigkeitslernprozess von Bedeutung sind (▶ Dar. 10.1). Aus dem Modell geht hervor, dass ein nachhaltigkeitsorientiertes Verhalten von Organisationen im Netzwerk sehr voraussetzungsvoll ist. Es hängt ab von Einsichten bzw. einem Lernen, das wiederum beeinflusst wird von sehr unterschiedlichen Rahmenbedingungen wie beispielsweise Charakteristika der Kooperationspartner, verschiedenen Umweltbedingungen und relationalen Beziehungsmerkmalen. Der Lernprozess selbst kann durch Catalysten begünstigt oder durch Störfaktoren beeinflusst werden. Die Folgen des Lernens wiederum zahlen bisweilen nur teilweise auf Nachhaltigkeitsdimensionen ein und können ansonsten auch andere intendierte oder unintendierte Implikationen auf Organisations- und Interorganisationsebene haben.

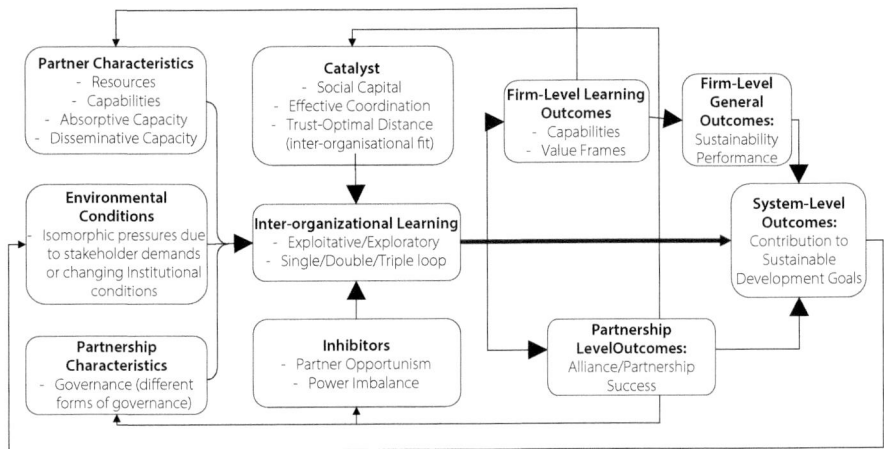

Dar. 10.1: Modell des interorganisationalen Nachhaltigkeitslernens (Quelle: in Anlehnung an Dzhengiz 2020, S. 11)

Ein weiterer Grund für die Bedeutung von interorganisationalen Kooperationen ist der Zugang zu Ressourcen. Viele nachhaltigkeitsorientierte Initiativen erfordern erhebliche Investitionen, sei es in Form von Kapital, technologischem Know-how oder menschlicher Arbeitskraft. Indem Organisationen durch Kooperation Ressourcen bündeln, können sie größere und wirkungsvollere Projekte initiieren, als es ihnen allein möglich wäre (Gasparro et al. 2022). Dies ist besonders relevant in Bereichen wie der erneuerbaren Energieerzeugung, der Entwicklung nachhaltiger Landwirtschaftssysteme oder der Einführung innovativer Recyclingverfahren, wo der technologische und finanzielle Aufwand für einzelne Akteure oft prohibitiv ist. Dabei ist allerdings wichtig zu berücksichtigen, dass beteiligte Organisationen aus unterschiedlichen Sektoren regelmäßig divergierenden Anreizsystemen und sektoralen Logiken ausgesetzt sind. Beispielsweise skizzieren Escher und Brzustewicz (2020) die Sichtweise von profitorientierten Unternehmen auf nachhaltigkeitsorientierte Interorganisationsbeziehungen. Dort wird mithilfe einer qualitativen Studie systematisch untersucht, welche Erwägungen das nachhaltigkeitsorientierte Engagement der Unternehmen bestimmen. Neben den wenig überraschenden Erwägungen mit Blick auf einen Vergleich von Aufwand und Ertrag wird dort auch den engen, persönlichen Verflechtungen eine enorme Bedeutung zugeschrieben. Demgegenüber zeigen Moldavanova und Goerdel (2021), dass im Bereich öffentlicher Organisationen ganz eigene Anreizmuster von Bedeutung sind. Zwar spielen enge personale und organisationale Beziehungen auch hier eine Rolle. Jedoch sind diese auf anderen Mechanismen begründet. Anhand von öffentlichen Kultureinrichtungen in den USA zeigen die Autoren, dass die aktive Netzwerkarbeit, die Repräsentation nach außen zur Erschließung neuer Interessensgruppen sowie die aktive Partizipation einer in vieler Hinsicht diversen Basis an Partnern und Nutzern wesentliche Stützpfeiler sind, um eine »organizational social connectedness« herzustellen, die laut der Autoren maßgeblich auf organisationale Nachhaltigkeit einzahlt. Vor dem Hintergrund dieser Unterschiede erscheint es umso herausfordernder, wenn Organisationen über sektorale Grenzen hinweg kooperieren (▶ Kap. 6.6). Clarke und Fuller (2010) analysieren solche Kooperationen und thematisieren die Wichtigkeit eines gemeinsamen Strategieprozesses, dessen ausdeklinierte Schritte das Kernergebnis dieser Studie darstellt (▶ Dar. 10.2). Hervorzuheben ist dabei, dass dieses Modell sowohl die Kooperationsebene als auch die auf der Organisationsebene notwendigerweise stattfindenden Prozesse mit in den Blick nimmt und zudem sowohl planungsvolle (eher top-down) als auch emergente (eher bottom-up) Aktivitäten sowie auch rekursive Prozesse zulässt.

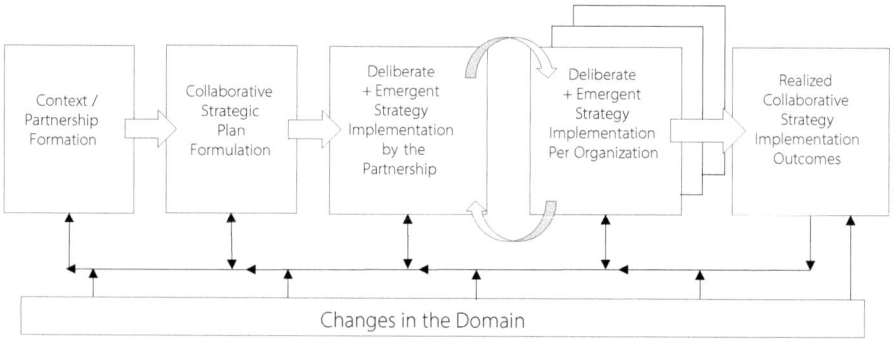

Dar. 10.2: Prozessmodell kollaborativer Strategieentwicklung im Bereich von Nachhaltigkeitskooperationen (Quelle: in Anlehnung an Clark/Fuller 2010, S. 90)

Die Fähigkeit, durch interorganisationale Beziehungen innovative Nachhaltigkeitslösungen zu entwickeln, ist ebenfalls von entscheidender Bedeutung (Henry/Möllering 2023). Innovation ist häufig das Ergebnis des Zusammentreffens verschiedener Perspektiven und Expertisen. In einem Netzwerk können Organisationen von den Erfahrungen und dem spezialisierten Wissen anderer profitieren, was zu kreativeren und effektiveren Lösungen führen kann. Dies ist besonders wichtig in der Nachhaltigkeitsarbeit, wo innovative Ansätze oft den Unterschied zwischen dem Fortbestehen von Problemen und deren Überwindung bedeuten können. Zusätzlich können interorganisationale Partnerschaften die Legitimität und das öffentliche Vertrauen in Nachhaltigkeitsinitiativen stärken. Durch die Zusammenarbeit mit einer Vielzahl unterschiedlicher Stakeholdergruppen, einschließlich Nichtregierungsorganisationen, Regierungen und der Zivilgesellschaft, können Organisationen sicherstellen, dass ihre Bemühungen als relevant, angemessen und transparent wahrgenommen werden. Dies ist besonders wichtig in einem Zeitalter, in dem Verbraucher und Bürger zunehmend Wert auf ethisches und nachhaltiges Handeln von Unternehmen und anderen Organisationen legen (Dzhengiz 2020).

Schließlich spielen interorganisationale Beziehungen eine entscheidende Rolle dabei, den politischen und regulatorischen Rahmen zu gestalten, der für die Förderung nachhaltiger Praktiken notwendig ist. Durch die Bündelung ihrer Stimmen können Organisationen im Wege des Lobbyismus effektiver Einfluss auf politische Entscheidungsprozesse nehmen und sicherstellen, dass nachhaltige Entwicklungsziele auf der Agenda von Entscheidungsträgern bleiben. Dies ist entscheidend, um die langfristigen Veränderungen zu schaffen, die für eine wirklich nachhaltige Zukunft erforderlich sind.

Insgesamt zeigt sich, dass interorganisationale Beziehungen eine unverzichtbare Rolle in der Förderung nicht nur wirtschaftlicher, sondern auch ökologischer und sozialer Nachhaltigkeit spielen. Sie ermöglichen nicht nur den notwendigen Ressourcenaustausch und die Innovationsentwicklung, sondern verstärken auch die Legitimität und politische Durchsetzungskraft nachhaltiger Initiativen. In einem Zeitalter, in dem die Herausforderungen zunehmend global und vernetzt sind, ist die Fähigkeit zur Zusammenarbeit nicht nur wünschenswert, sondern eine unabdingbare Voraussetzung für den Erfolg. Dabei kommt es sowohl auf das Handeln auf Managementebene an als auch auf die nachhaltigkeitsorientierte Haltung und das Verhalten der Mitarbeitenden. Lamm et al. (2015) zeigen, dass Unternehmen, die ihre Mitarbeitenden aktiv darin unterstützen und bestärken, nachhaltigkeitsorientiert zu denken und zu handeln damit auch tatsächlich einen Verhaltens- und einen Nachhaltigkeitseffekt erzeugen können. Dies steht auch im Einklang mit den Erkenntnissen von Malik et al. (2021), die in ihrem Aufsatz die Bedeutung und Merkmale von Citizenship Behaviors beleuchten, welche speziell auf Nachhaltigkeitsziele gerichtet sind. In ihrer quantitativen Analyse konnte in der Tat gezeigt werden, dass die individuellen Verhaltensweisen zugunsten von ökologischen Nachhaltigkeitszielen in ihrer Aggregation einen nachweisbaren Effekt auf die »sustainability performance« des gesamten Unternehmens haben. Dabei gilt es allerdings in aller Regel mit zusätzlichen Spannungsverhältnissen erstens zu rechnen und zweitens kompetent umzugehen; nicht zuletzt, um ökologische und soziale Nachhaltigkeit zum Beispiel über die verschiedenen Stufen eines Lieferantennetzwerks zu erzielen (Wilhelm et al. 2016; Helfen et al. 2018).

Teil 4 Management interorganisationaler Netzwerke

Das Management interorganisationaler Netzwerke ist noch stärker als das Management von Unternehmen durch Paradoxien, Mehrdeutigkeiten und Spannungsverhältnisse gekennzeichnet (vgl. z. B. Staehle 1999, S. 87 f.; Das/Teng 2000b; Huxham/Beech 2003; Provan/Kenis 2008; Sydow 2010; Hargrave/Van de Ven 2017; Fortes et al. 2023). Bekannt war das schon lange bevor die Managementwissenschaft das Phänomen interorganisationaler Netzwerke für sich entdeckte. Beispielsweise verwies schon Erik Boetcher vor über 50 Jahren auf das »Paradoxon der Kooperation«: Kooperationen werden oft zur Erhöhung von wirtschaftlichen Handlungsspielräumen eingegangen, dabei aber kommt es unvermeidlich zu einer Einschränkung der wirtschaftlichen Autonomie der Kooperationspartner (vgl. Boetcher 1974, S. 42).

Tatsächlich werden interorganisationale Netzwerke von Anbeginn ihrer (Wieder) Entdeckung in der modernen Diskussion als eine Organisationsform der »Gleichzeitigkeit« von vermeintlichen Antagonismen wie etwa Autonomie und Abhängigkeit, Selbst- und Fremdregulation, Wissensteilung und -sicherung, Einheit und Vielfalt, Inklusion und Effizienz, Flexibilität und Stabilität oder Kontrolle und Vertrauen verstanden (vgl. insb. Sydow et al. 1995; Sydow/Windeler 1998; de Rond/Bouchikhi 2004; Saz-Carranza/Ospina 2011; Jarvenpaa/Majchrzak 2016; Mahama/Chua 2016; Yakimova et al. 2019; Henry et al. 2022; Swärd et al. 2023). So bekannt und breit diskutiert diese und weitere Paradoxien, zum Beispiel auch das Verhältnis von Wertschaffung und Wertaneignung in interorganisationalen Formen der Zusammenarbeit (Niesten/Stefan 2019), inzwischen sowohl in der Theorie als auch in der Praxis sein mögen, so unscharf bleiben sie bis heute in ihrer wechselseitigen Konstitution und Verschränkung als *Spannungsverhältnisse des Managements von interorganisationalen Netzwerken*. Vor allem in der Praxis werden sie zumeist als Gegensätzlichkeiten gedanklich separiert und sodann als exklusive Alternativen betrachtet. Diese Vorgehensweise ist jedoch fatal, da ein Management von Netzwerken im Sinne absichtsvoller und auf Dauer ausgerichteter, interorganisationaler Steuerung ein bewusstes – reflexives – Ausbalancieren und Austarieren der Spannungsverhältnisse als Grundlage der Entwicklung und Ausgestaltung von Netzwerkbeziehungen unabdingbar macht (vgl. z. B. auch Ortmann 1995, S. 162 u. 175). Angel Saz-Carranza und Sonia M. Ospina (2011) zeigen in ihrer Studie von vier durch eine »network administration organization« (Human/Provan 2000) koordinierte und auf das Management von Einwanderung konzentrierte »whole networks«, dass es entscheidend darauf ankommt, durch entsprechende Aufbauarbeit, Moderation und Framing »Einheit in Vielfalt« zu schaffen.

Im Folgenden wollen wir ein Verständnis des Managements von interorganisationaln Netzwerken (weiter-)entwickeln, das auf einer Konzeption der absichtsvollen und praktischen Ausgestaltung der immanenten Spannungsverhältnisse aufbaut. Unerkannte Bedingungen und unbeabsichtigte Folgen werden dabei jedoch als typische Begleiterscheinungen selbst eines reflexiven Netzwerkmanagements unterstellt. Aufbauend auf vier grundlegenden Managementpraktiken der Netzwerksteuerung werden wir zur exemplarischen Verdeutlichung nicht nur das in der Literatur als »Coopetition« (Nalebuff/Brandenburger 1996 bzw. für Reviews zu dem Thema Bouncken et al. 2015 und Gernsheimer et al. 2021) intensiv diskutierte Verhältnis von Kooperation und Wettbewerb heranziehen, sondern eine Reihe weiterer Spannungsverhältnisse im Netzwerk hervorheben. Anschließend werden wir das für die Dynamik (und Stabilität) von Netzwerken verantwortliche rekursive Zusammenspiel von Netzwerkmanagement und Netzwerkentwicklung ins Zentrum rücken sowie die Bedeutung von spezifischen Kompetenzen des Netzwerkmanagements und der Netzwerkentwicklung generell sowie am Beispiel des interorganisationalen Grenzmanagements verdeutlichen. Gerade in weniger formalisierten, emergenten und heterarchischen Netzwerkformen kann ein Grenzmanagement besonders herausfordernd sein. Zum Abschluss dieses Teilabschnitts über das Management interorganisationaler Netzwerke werden wir entsprechende Erkenntnisse auf das Management von Clustern übertragen und hierbei auch die Relevanz eines Mehrebenenkonzepts des Netzwerkmanagements hervorheben. Zunächst bedarf es jedoch der Klärung einiger Grundzusammenhänge des Managements von Netzwerken.

11 Netzwerkmanagement

Interorganisationale Netzwerke, speziell Unternehmensnetzwerke definieren wir als eine auf die Realisierung von Wettbewerbsvorteilen zielende Organisationsform ökonomischer Aktivitäten, die sich durch komplex-reziproke, eher kooperative denn kompetitive und relativ stabile Beziehungen zwischen rechtlich selbstständigen, wirtschaftlich jedoch zumeist abhängigen Unternehmen auszeichnet (vgl. Sydow 1992, S. 79; ▶ Kap. 8). Netzwerke basieren somit dominant auf kooperativen Beziehungen, inkludieren jedoch ebenfalls – und stets – Momente von Wettbewerb (vgl. auch schon Siebert 1991). Ein Netzwerkmanagement muss somit darauf ausgerichtet sein, eben jenes basale Spannungsverhältnis möglichst intelligent bzw. gezielt auszutarieren, indem die kooperativen Aspekte in Relation zu den kompetitiven in den Praktiken der Netzwerkakteure herausgestellt werden. Wettbewerbliche Momente von Netzwerken sollten also keinesfalls eliminiert, sondern – im Idealfall – für die Realisierung von Wettbewerbsvorteilen im Netzwerk genutzt werden (vgl. etwa Sydow 1992, S. 105 f.; Sydow et al. 1995, S. 41 ff.; Lerch et al. 2007; Wilhelm 2009, S. 28 f.; Pathak et al. 2014; Hoffmann et al. 2018). Um diesem erheblichen Anspruch gerecht zu werden und einem »Netzwerkversagen« (Messner 1995; Gilding et al. 2020) vorzubeugen, sollten die beteiligten Netzwerkakteure ein entsprechendes Management der Netzwerkbeziehungen als eine *originäre Aufgabe* begreifen, die entsprechend über die klassischen Managementfunktionen hierarchischer Koordination von Einzelorganisationen hinausgeht (▶ Kap. 1).

Ohne expliziten Rekurs auf das Spannungsverhältnis von Kooperation und Wettbewerb, jedoch im Wissen um die Notwendigkeit eines systematischen Netzwerkmanagements, unterscheiden Thomas Ritter und Hans-Georg Gemünden (1998) *beziehungsspezifische und -übergreifende* Netzwerkmanagementaufgaben. Erstere stellen dabei auf die Anbahnung und die Koordination der Beziehung sowie den Austausch von Leistungen ab und sind in einem komplexen Prozess nicht nur miteinander, sondern ebenso mit den beziehungsübergreifenden Funktionen verbunden. Beziehungsübergreifende Aufgaben des Netzwerkmanagements umfassen nach Ritter/Gemünden (1998) begrifflich die klassischen Managementaufgaben Planung, Organisation, Personal und Kontrolle, die gleichwohl in Hinsicht auf unternehmungsübergreifende Aufgaben entsprechend spezifiziert und ergänzt werden müssen. Die Autoren stellen zu Recht auf eine Verwobenheit und prinzipielle Gleichberichtigung der Funktionen eines Netzwerkmanagements ab, bleiben aber einer funktionalen Perspektive verhaftet. Demgegenüber lenken wir den Blick verstärkt auf den Prozess des Zusammenspiels der Wahrnehmung von Managementfunktionen durch die Akteure einerseits und der Nutzung von Managementinstitutionen anderseits – und in Verbindung von beidem auf Management*praktiken* (hierzu und zum Folgenden ▶ Kap. 1). Diese Praktiken werden mit Bezug auf die Netzwerkorganisation und die für sie charakteristischen Beziehungen immer häufiger als »relationale Praktiken« (Ness 2009) qualifiziert. Ähnlich betont auch die jüngere Forschung, dass es auf einen engen Fit ankommt, wie ein »Netzwerkorchestrator« (Paquin/Howard-Grenville 2013) den Modus der Zusammenarbeit (formal oder informell), die Intensität der Koordination (aktiv oder passiv) sowie die Form der Steuerung (hierarchisch oder heterarchisch) durch entsprechende Praktiken des Netzwerkmanagements in ein Zusammenspiel bringt (vgl. auch Henry/Möllering 2023; Roehrich et al. 2023).

Hiermit legen wir den Akzent darauf, dass sich das Netzwerkmanagement durch praktisches, wiederkehrendes und an Strukturen (im strukturationstheoretischen Sinne: Regeln und Ressourcen) orientiertes Tun von Mangerinnen und Managern auszeichnet. Wir entsprechen damit zum einen der oft geäußerten Kritik einer funktionalen Simplifizierung des Managementhandelns (vgl. z. B. Mintzberg 1991). Zum anderen spezifizieren wir darüberhinausgehend Netzwerkmanagement in Anlehnung an die Strukturationstheorie von Anthony Giddens (1984) als durch relevante Strukturmerkmale – etwa auf den Ebenen der Organisation, des Netzwerks und/oder der Branchen (▶ Kap. 3) – *ermöglichte und zugleich beschränkte* Handlungspraktiken. Diese Praktiken führen ihrerseits zur Reproduktion oder auch zur Transformation der Strukturen (▶ Kap. 13.2). Zu diesen Strukturen zählen auch die jeweils sedimentierten (Management-)Praktiken und Beziehungsstrukturen innerhalb und zwischen diesen Ebenen. Beim Netzwerkmanagement werden somit nicht bei jedem Vollzug aufs Neue alle möglichen Handlungsalternativen und -bedingungen (neu) bewertet. Vielmehr neigen Managementpraktiken im Zeitablauf dazu, zunehmend zur Routine zu werden – mit positiven (z. B. Entlastungseffekt) wie negativen Begleiterscheinungen. Praktiken eines Netzwerkmanagements können sich somit nicht nur zu formellen oder informellen Institutionen eines kontinuierlichen Managementhandelns entwickeln, sondern im Extremfall deutliche Pfadabhängigkeiten aufweisen, die ein Umlenken schwierig, wenn nicht gar unmöglich machen (▶ Kap. 9.2).

Ein Netzwerkmanagement im Sinne *reflexiver Steuerung* rekurriert nun darauf, dass sich Akteure in der Ausfüllung der Managementfunktionen an situativ relevanten, mehr oder weniger institutionalisierten und mehr oder weniger explizit bewussten Sets von Strukturmerkmalen orientieren und diese im praktischen Handeln kontextsensibel umsetzen, reproduzieren und ggf. transformieren. Aufgrund der begrenzten Rationalität der Akteure sind dabei weder sämtliche Handlungsbedingungen bekannt noch sämtliche Handlungsfolgen antizipierbar. Weil sich dies aufgrund der komplex-reziproken Beziehungsstrukturen in Netzwerken noch potenziert, ist der Erfolg selbst einer noch so reflexiven Steuerung von Netzwerken nicht garantiert. Dieser Zusammenhänge sollten sich Netzwerkmanager und Netzwerkmanagerinnen bewusst sein, wenn sie ihr Handeln auf ein realistisches Steuerungsverständnis aufsetzen wollen (vgl. Sydow/Windeler 2000; Gärtner/Duschek 2011, S. 388 ff.).

Auf diesen Grundüberlegungen zum Netzwerkmanagement aufbauend, wollen wir in Anlehnung an die Systematik von Sydow und Windeler (1994) vier Funktionen und entsprechende Praktiken des Managements von interorganisationalen Netzwerken explizieren. Diese Differenzierung stellt vier zentrale Funktionen des Managements interorganisationaler Beziehungen im Allgemeinen und von Netzwerken im Besonderen heraus: (1) die Selektion von Partnern, (2) die Allokation von Aufgaben, Ressourcen und Verantwortlichkeiten, (3) die Regulation der Zusammenarbeit und (4) die Evaluation des Netzwerks.[32] Die hier genannte Reihenfolge dieser Funktionen des Netzwerkmanagements impliziert keine zeitliche Rangfolge und grenzt sich somit deutlich vom plandeterminierten Managementprozess ab (▶ Kap. 1). Die Funktionen stehen stattdessen in einer prinzipiellen Gleichrangigkeit und sind in den Praktiken der Netzwerkakteure eng miteinander verwoben bzw. rekursiv aufeinander bezogen. Beispielsweise haben Evaluationspraktiken (Rück-)Wirkungen auf den verfügbaren Pool an (potenziellen) Netzwerkakteuren, wobei Bewertungen der interorganisationalen Beziehungen im Netzwerk wiederum eine zumindest stillschweigende Einigung über die als legitim akzeptierten Regeln der Zusammenarbeit und Verteilung der Aufgaben und Verantwortlichkeiten voraussetzen (▶ Dar. 11.1). Die Funktionen des Netzwerkmanagements sind keineswegs begrenzt auf strategische oder regionale Netzwerke, sondern sie lassen sich ebenso auch im Kontext von interorganisationalen Projektnetzwerken verorten. Eine Studie von Braun und Sydow (2024) zeigt beispielsweise, dass besonders professionalisierte Project Management Offices, die ihren Wirkungsbereich auch über die Organisationsgrenzen hinaus definieren, genau die genannten Netzwerkmanagementfunktionen heranziehen, um Projektnetzwerke zu steuern.

Die vier Funktionen sollen im Folgenden in zwei Gruppen – zunächst Selektion und Allokation, sodann Regulation und Evaluation – genauer erläutert werden. Hierbei werden wir uns besonders auf die zentralen Objekte, Kriterien und Prozesse der jeweiligen Funktionen bzw. Praktiken konzentrieren (vgl. zum Folgenden insb. auch Sydow 2010; Sydow/Möllering 2015; Sydow et al. 2016). Verdeutlichen werden wir die vier Netzwerkmanagementfunktionen insb. an einer Branche, die schon seit langer Zeit durch interorganisationale Beziehungen und nicht zuletzt durch Allianznetzwerke gekennzeichnet ist: die (zivile) Luftverkehrsindustrie und hier vornehmlich die *StarAlliance* (▶ Kap. 6.5). Besonders diese Industrie ist dafür bekannt, dass ihre horizontalen Allianzen die Wettbewerbsfähigkeit der Airlines positiv beeinflussen (vgl. Wassmer et al. 2017, S. 386 f.; Payán-Sánchez et al. 2019, S. 2)

---

32 Die jeweiligen Kurzbeschreibungen der Funktionen beschränken sich an dieser Stelle nur auf eine Hervorhebung exemplarischer, gleichwohl zentraler Aspekte. Es wird gleich noch ausgeführt, dass es sich mitunter um einen ganzen Katalog von (Sub-)Funktionen handelt.

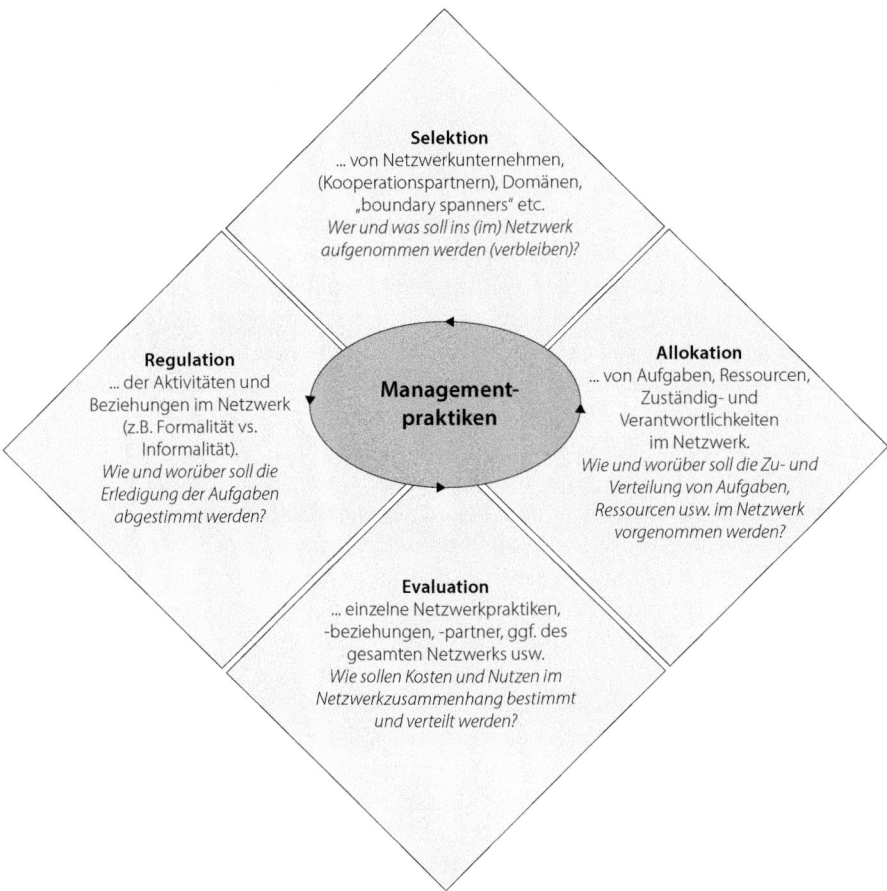

Dar. 11.1: Funktionen und Praktiken des Netzwerkmanagements (Sydow 2010, S. 395)

11.1 Managementpraktiken der Selektion und der Allokation

Praktiken der *Selektion* stellen insb. auf Fragen danach ab, wer und was ins (im) Netzwerk aufgenommen wird bzw. dort verbleiben soll. Selektionsobjekte sind hierbei typischerweise Organisationen, wobei sich – organisationsformtypisch – immer die Frage einer Total- oder Partialinklusion der Netzwerkmitglieder stellt. Beispielsweise gilt es, mitunter gezielt nur bestimmte Funktions- oder Geschäftsbereiche eines potenziellen Netzwerkpartners für die Zusammenarbeit im Netzwerk zu selektieren, während andere Bereiche beispielsweise aufgrund von unmittelbarer Konkurrenz nicht für die Netzwerkarbeit infrage kommen.

Eng hiermit verknüpft ist die Frage nach der *Domäne der Zusammenarbeit*, also eine Auswahlentscheidung vor dem Hintergrund des sog. »scope of alliance« (Khanna 1998) bzw. »relationship scope« (Argyres et al. 2020), innerhalb dessen eine gemeinsame Leistung, ein Produkt oder eine Dienstleistung, spezifiziert und erbracht werden soll. Die Relevanz der Netzwerkdomäne kann gar nicht hoch genug eingeschätzt werden, wie es sich am Beispiel der Luftverkehrsindustrie deutlich zeigt. Diese ist seit fast drei Jahrzehnten maßgeblich durch drei internationale Allianzen geprägt (zu einem Vergleich dieser Allianzen vgl. z. B. Annac Göv 2020), die *StarAlliance* rund um die *Lufthansa*, *United* und *Thai*; *SkyTeam* rund um *AirFrance-KLM*, *Delta* und *Korean* sowie *OneWorld* rund um *American Airlines*, *British Airways* und *Japan Airlines*, die als Allianzen in einem Netzwerkwettbewerb um Exklusivmitgliedschaften von Airlines stehen, und sich deutlich hinsichtlich der Breite und Tiefe ihres jeweiligen allianzbezogenen Leistungsumfanges unterscheiden (vgl. Grosche/Klophaus 2024). Sind die im Rahmen der Selektion anvisierten Umfänge der Leistungserbringung der jeweiligen Netzwerkpartner nicht miteinander kompatibel, ist ein Netzwerkmanagement entsprechend aufwändig. Im ungünstigsten Fall ist sogar das Zustandekommen bzw. der Bestand des Netzwerks gefährdet.

Partner und Netzwerkdomäne sind folglich zwei nicht voneinander trennbare Selektionsobjekte, die sich gegenseitig bedingen. Deutlich wird dieser Zusammenhang durch Selektionspraktiken im Rahmen der *StarAlliance*. Hier wird die Wahl der Partner nicht zuletzt durch eine explizite Differenzierung der Domänen in drei Gruppen angeleitet (vgl. zu weiteren Klassifikationen Joppien 2006, S. 117 ff.). Die erste Gruppe der (potenziellen) Partner setzt sich aus großen, international tätigen Airlines zusammen, die gemeinsam das Potenzial aufbringen müssen, ein globales und gut ausgebautes Flugstreckennetz anzubieten (vgl. auch Wipprich 2008, S. 202 f.). Die zweite und dritte Gruppe setzen sich aus (potenziellen) Netzwerkmitgliedern mittlerer und kleiner Größe zusammen, die einzelne Interkontinental- oder Regionalflüge anbieten, um so das weltumspannende Flugstreckennetz der *StarAlliance* gezielt zu komplementieren.[33] Darüber hinaus haben einzelne Mitglieder der Allianz noch Netzwerkbeziehungen zu Regionalfluggesellschaften, die sich z. B. auf die Erbringung national beschränkter Verkehrsdienstleistungen spezialisiert haben und nicht Mitglieder der *StarAlliance* sind (vgl. Joppien 2006, S. 469).

Die Partnerselektion im Rahmen eines Netzwerkmanagements beschränkt sich jedoch nicht nur auf die Wahl von Organisationen als Netzwerkmitglieder (und ihrer entsprechenden Domäne). Vielmehr stellt sich für Netzwerkunternehmen letztlich immer auch die Frage nach der *Auswahl geeigneten Personals*, welches in der Lage ist, als »boundary spanner« den typischen Anforderungen einer Netzwerkorganisation gerecht zu werden. Die Bandbreite der Anforderungen an das Personal als Selektionsobjekt eines Netzwerkmanagements ist groß. Sie umfasst neben fachlichen Kompetenzen etwa auch eine ausgeprägte Sensibilität gegenüber der Bedeutsamkeit der Interessen und Werte der beteiligten Netzwerkunternehmen, politisches Verhandlungsgeschick sowie die Fähigkeit, in interpersonalen wie interorganisationalen Beziehungen Vertrauen und Commitment aufzubauen, um nur einen kleinen Ausschnitt der notwenigen sozialen Kompetenzen aufzuzeigen (vgl. Sydow 2010).

---

33 Die zweite Gruppe unterscheidet sich von der dritten vornehmlich dadurch, dass die Mitglieder neben Kontinental- auch Interkontinentalflüge anbieten, während sich die Mitglieder der letzteren Gruppe auf hierdurch noch nicht abgedeckte, regional begrenzte Kontinentalverbindungen konzentrieren.

Zunehmend wichtig erscheinen auch die Fähigkeiten beteiligter Organisationen sowie der handelnden Individuen, Fähigkeiten zum Aufbau und zur kollaborativen Nutzung von IT-Systemen vorzuhalten oder aufzubauen, mit denen wiederum neue koordinierende Aufgaben und Rollen einhergehen können (Braun/Sydow 2019).

Umgekehrt stellen die besonderen Kompetenzen und Potenziale der Partnerunternehmen und des Personals ein wesentliches Kriterium der Selektion im Rahmen eines Netzwerkmanagements dar. Hierbei kommt es entscheidend darauf an, dass die Partner – sowohl als Personen wie als Organisationen – nicht nur in Hinblick auf ihre fachlichen (bzw. operativen und strategischen) Kompetenzen und das entsprechende Leistungsspektrum geeignet sind, zur Erfüllung der Netzwerkziele beizutragen, sondern ebenso in Hinsicht eines organisationalen und relationalen Fits harmonieren (vgl. z. B. Müller-Stewens/Gocke 1995; Dyer/Singh 1998; Bierly III/Gallagher 2007).

Je nach Netzwerkdomäne oder Richtung der Netzwerkbeziehung (▶ Kap. 2) ist das Auswahlkriterium dann eher auf eine Ähnlichkeit (Homophilie) oder Unterschiedlichkeit (Komplementarität) entsprechender Kompetenzen und Ressourcen der Partner auszurichten. Diese beiden Selektionskriterien schließen einander jedoch keinesfalls aus, wie es einmal mehr das Beispiel der *StarAlliance* verdeutlichen kann. Hier werden in Bezug auf das Streckennetz ausschließlich Luftverkehrsgesellschaften ausgewählt, die sich bezüglich des Aufbaus und Betriebs eines weltweit umspannenden Flugstreckensystems *komplementär* ergänzen.[34] Der Aufbau eines optimalen bzw. intensiv beflogenen, internationalen Flugstreckennetzes zeichnet sich jedoch andererseits besonders durch den Zugang zu den wichtigsten Drehkreuzen des Luftverkehrs aus, da nur diese sog. Hubs den Kunden der Airlines zahlreiche Umsteigemöglichkeiten und Zubringerdienste bieten. Genau in dieser Hinsicht ist das zentrale Auswahlkriterium der *StarAlliance* dann *Ähnlichkeit*: Nur Fluggesellschaften, die einen Zugang zu einem derartigen (komplementären) international bedeutsamen Hub dauerhaft garantieren können, haben Chancen in das Netzwerk der *StarAlliance* – und damit in die Gruppe der internationalen Global Airlines – aufgenommen zu werden. Darüber hinaus ermöglicht eine gezielte Wahl von Partnern mit internationalen Drehkreuzen zugleich die Möglichkeit der Nutzung vorhandener Netzwerke dieser Airlines mit regionalen Luftverkehrsgesellschaften. Diese regionalen Anbieter sind insb. bedeutsam für den nationalen Zubringerdienst zu den internationalen Hubs und folglich ein wesentlicher Faktor im internationalen Wettbewerb – nicht zuletzt im Wettbewerb der Luftverkehrsnetzwerke untereinander. Entsprechend stellt die Einbettung eines (potenziellen) international aktiven Partners der *StarAlliance* in ein regionales Airlinenetzwerk eine weitere Grundlage der Selektion dar. Neben dem umfassenden »thinking in networks« (Mattsson 1987) der *StarAlliance* schon bei der Partnerauswahl, verdeutlicht dieses Beispiel auch das Wechselspiel der beiden Selektionskriterien mit der regionalen Ebene. Hierbei übersteigt die Selektion sogar die Grenzen der Allianz

---

34 Nicht zuletzt wird auf diese Weise auch der netzwerkinterne Wettbewerb in Grenzen gehalten, was im Vergleich der drei großen Airlineverbünde der *StarAlliance* besonders gelingt (vgl. Joppien 2006, S. 497 f.; Spaeth 2010).

und umfasst Netzwerkbeziehungen zu Regionalfluggesellschaften, die nicht Mitglieder der *StarAlliance* sind. Die *Lufthansa*, aber auch weitere der international tätigen Airlines der *StarAlliance* sind entsprechend Mitglied (auch) in regionalen Netzwerken der Erbringung von Flugdienstleistungen.

Da Selektionsprozesse zur Konstitution von Netzwerkorganisationen systematisch wechsel- und nicht einseitige Entscheidungsprozesse darstellen, ist die tatsächliche positive und negative Auswahl der Netzwerkpartner prinzipiell eine prekäre Aufgabe. Die Offenheit des Auswahlprozesses wird jedoch oftmals dadurch begrenzt, dass Selektionsprozesse geeigneter Partner sehr oft im Kreis bereits bekannter Organisationen stattfinden – »history matters«! Neue Mitglieder des Netzwerks der *StarAlliance* werden beispielsweise stets vor dem Hintergrund ausgewählt, ob aktuelle Mitglieder des Netzwerks schon bilateral Erfahrungen haben sammeln können (vgl. auch Joppien 2006, S. 572). Auf diese Weise wird versucht, die den Selektionsprozess belastende Unsicherheit über die tatsächliche Kompetenz des Kandidaten, sein zu erwartendes Engagement und Commitment für das Netzwerk und damit letztlich das wirtschaftliche und relationale Risiko der Selektion zu begrenzen (vgl. z. B. Mitsuhashi 2002; Meuleman et al. 2010). Die 2009 der *StarAlliance* beigetretene *Continental Airlines* hatte beispielsweise im Vorfeld des Beitritts eine umfassende Partnerschaft mit der *United Airlines*, die Gründungsmitglied der *StarAlliance* ist. Speziell vor dem Hintergrund von Kooperation und Wettbewerb ist sowohl die bilaterale Partnerschaft im Vorfeld der Selektion als auch die anschließende Integration der Airline in die *StarAlliance* in mehrerlei Hinsicht besonders bemerkenswert: (a) Beide Carrier sind international tätige US-amerikanische Gesellschaften und haben somit den gleichen Heimatmarkt, was einen netzwerkinternen Wettbewerb virulent macht. Folglich ist ein besonders reflektiertes Management der Selektionsfunktion in Hinsicht auf die Komplementarität der Netzwerk(teil)domänen wie etwa Flugrouten erforderlich (vgl. auch Spaeth 2010, S. 25); (b) die (erst) ein Jahr vor der Aufnahme in die *StarAlliance* eingegangene bilaterale Kooperation zwischen den beiden Konkurrenten *Continental* und *United* war ein Selektionskriterium des Netzwerkverbunds mit Blick auf die Erprobung der strategischen, operativen und organisationalen Passung des neuen Partners in die *StarAlliance*; (c) *Continental* war vor dem Beitritt in die *StarAlliance* langjähriges Mitglied des *SkyTeam*. Die Herauslösung aus diesem anderen großen strategischen Netzwerk kann vor dem Hintergrund des intensiven Wettbewerbs zwischen diesen Verbünden als ein großer Wettbewerbserfolg der *StarAlliance* angesehen werden (vgl. z. B. Spaeth 2010, S. 25; vgl. zur Bedeutung des Wettbewerbs zwischen Airlinenetzwerken auch Wipprich 2008).[35] Die in den 1990er und 2000er Jahren gegrün-

---

35 *United* und *Continental* fusionierten zum 1. Oktober 2010, schlossen sich also zu einer rechtlich einheitlichen Luftverkehrsgesellschaft zusammen (vgl. zu Fusionen ▶ Kap. 6.2). Mit einem weltweiten Marktanteil von ca. 7 % wird die *United Continental Holding* damit zur weltweit größten Airline (vgl. o. V. 2010a). Trotz der Fusion blieben die Markennamen *United* und *Continental* zunächst erhalten, sodass beide Unternehmen operativ bis 2912 »unabhängig« auftreten konnten. Sowohl das US-Justizministerium als auch die EU-Kommission hatten den Zusammenschluss genehmigt (vgl. zu Kartellen ▶ Kap. 5.1).

deten Airlinenetzwerke standen von Beginn an unter einem starken Wachstumsdruck und Expansionswettbewerb, da die erwarteten Skaleneffekte und Vertriebsvorteile durch gemeinsam vorangetriebene »Codesharing«-Flüge und Loyalitätsprogramme maßgeblich von der Größe des Flugnetzes abhängen (vgl. zur Bedeutung des Codesharings als Wettbewerbsfaktor Klophaus/Jordan 2018; Grosche/Klophaus 2024; vgl. zur weltweiten Flugroutenabdeckung der drei Airlineverbünde auf der Basis einer geografischen Netzwerkanalyse Chan et al. 2021). Nach einer teils turbulenten Konsolidierungsphase, in die auch der Beitritt von *Continental* zur *StarAlliance* fällt, ist seit Ende der 2010er Jahre doch deutlich mehr Stabilität in die Netzwerke eingekehrt, wenn auch einzelne Abgänge (z. B. der voraussichtliche Wechsel des Gründungsmitglieds *Scandinavian Airlines* im Jahr 2024 zu *Skyteam*)[36] und auch Neumitgliedschaften (z. B. *Shenzhen Airlines*) von Fluggesellschaften immer eine gewisse Dynamik aufrechterhalten.

Trotz des hier geschilderten Beispiels rund um die früher selbständige Airline *Continental,* das für ein hochgradig reflexives Netzwerkmanagement steht: Es ist bis heute umstritten, ob tendenziell lokale Selektionsprozesse, also die Suche von potenziellen Partnern unter bekannten Organisationen, eher einer rationalen Logik folgt oder als pfadabhängiger Prozess begriffen werden sollte. Eine rationale Logik würde im Wesentlichen auf positive oder negative Erfahrungen mit den infrage kommenden Unternehmen und somit etwa auf die Bedeutsamkeit von Such- und anderen Transaktionskosten setzen. Allerdings können sich aber auch eher strukturelle und relationale Beharrungsvermögen und letztlich sogar Pfadabhängigkeiten dafür verantwortlich zeichnen, dass die Suche bei Auswahlentscheidungen häufig begrenzt ist (vgl. dazu Li/Rowley 2002; ▶ Kap. 9.2). Nicht selten wird die Auswahl aber auch begrenzt, um dem Zeitdruck Rechnung zu tragen, unter dem Selektionsentscheidungen manchmal getroffen werden müssen (vgl. Bierly III/Gallagher 2007).

Abschließend ist zur Selektion von Netzwerkpartnern festzuhalten, dass die entsprechenden Selektionspraktiken ein kaum zu überschätzendes *Vorsteuerungspotenzial* für sämtliche Aktivitäten im Rahmen der Beziehungen im Netzwerk einnehmen (vgl. hierzu schon Sydow/Windeler 1994). Keinesfalls umfasst die Selektionsfunktion nur eine »Erstauswahl« und wird danach obsolet. Vielmehr stellt sie eine kontinuierlich wahrzunehmende Aufgabe im Sinne von fortlaufenden Re- oder De-Selektionen im Netzwerkentwicklungsprozess dar, die dauerhaft (Rück-)Wirkungen auf die weiteren Funktionen des Netzwerkmanagements (re-)produziert. Dabei muss die De-Selektionsentscheidung nicht von dem fokalen Unternehmen, sondern kann auch vom Netzwerkpartner – bspw. im Lichte sich eröffnender, anderer Optionen (Greve et al. 2013) – ausgehen und nicht – im Sinne eines »partial switching« (Bygballe 2017) – einmal vollständiger Natur sein. Wichtig ist zudem, dass beispielsweise schondie positive Auswahl eines Netzwerkunterneh-

---

36 Dieser aktuell nur angekündigte Wechsel basiert vermeintlich nicht zuletzt auf dem Kauf eines 20 % Anteils der finanziell angeschlagenen *Scandinavian Airlines* durch *AirFrance-KLM,* einem Mitglied von *SkyTeam.*

mens und seiner spezifischen Potenziale oft die Möglichkeiten der Allokation oder Re-Allokation von Ressourcen und Aufgaben im Netzwerk impliziert. Darüber wird wiederum die Notwendigkeit und/oder Möglichkeit der Suche weiterer Partner eingegrenzt. Umgekehrt kann das geplante und ungeplante Ausscheiden eines oder mehrerer Netzwerkpartner, das in der Regel ganz anders motiviert sein dürfte als der Eintritt in ein Netzwerk (vgl. Heidl et al. 2014), erhebliche Konsequenzen für die Beibehaltung von Netzwerkregeln haben (vgl. Gulati et al. 2008). Die oben dargestellten Zusammenhänge der Selektionspraktiken der *StarAlliance* machen das deutlich und zeigen eindrucksvoll die erhebliche Komplexität und hochgradige Reflexivität der Selektionspraktiken.

Bei der *Allokationsfunktion* und entsprechenden Praktiken des Netzwerkmanagements geht es vor allem um Fragen der Verteilung von Aufgaben, Ressourcen (Wissen, Kapital usw.) sowie Zuständig- und Verantwortlichkeiten im Netzwerk. Dies schließt die Verteilung der Orchestrierungsaufgaben im Netzwerk mit ein (Lingens et al. 2022). Wie schon anklang, ist es sinnvoll, diese Zuteilung entsprechend der spezifischen Kompetenzen und Potenziale der Leistungserbringung bzw. der Konkurrenzvorteile der jeweiligen Unternehmungen im Netzwerk vorzunehmen. Zwei zentrale Kriterien der Allokation stellen dabei die Bedarfs- und Leistungsorientierung im Netzwerk dar. Diese beiden Allokationskriterien finden etwa im Rahmen der Aufgabenverteilung, aber auch bei der Verteilung der Zuständigkeiten in den drei oben genannten Airline-Gruppierungen der *StarAlliance* Berücksichtigung. Der dementsprechend hoch bedeutsame und mitunter auch umkämpfte Allokationsprozess kann indes nicht, wie in der Organisationsform der Hierarchie, per Anweisung koordiniert werden. Zumindest in heterarchischen Netzwerken – wie etwa in regionalen Netzwerken – wird die Koordination in einem eher gleichberechtigten Verhandlungsprozess bzw. einem Prozess eines domestizierten Wettbewerbs vorgenommen. Gleichwohl muss der Allokationsprozess auch in diesem Fall nicht zwingend dezentral organisiert sein. Es ist beispielsweise möglich, dass Allokationsprozesse im Rahmen eines gemeinsamen Entscheidungsgremiums zentral organisiert werden. Dies ist bei der *StarAlliance* bei einer Reihe von Entscheidungen der Fall, die sich hierzu zentraler Gremien wie des »Alliance Management Boards« bedient (vgl. Sydow et al. 2016, S. 67 ff.). Zudem ist es auch möglich, dass ein Netzwerkmitglied oder eine Organisation – etwa eine Geschäftsstelle – von den Netzwerkmitgliedern beauftragt wird, zumindest eine Auswahl von Aufgaben zentral für alle Netzwerkmitglieder zu übernehmen. Letzteres ist etwa im Rahmen des regionalen Clusters »Optische Technologien Berlin-Brandenburg« (*OpTecBB*) der Fall (▶ Kap. 3.2 u. 13.2). Analog dazu kann im Rahmen eines Projektnetzwerks ein von den beteiligten organisationalen Partnern gemeinsam betriebenes oder von einer fokalen Unternehmung bereitgestelltes Project Management Office solche Allokationsaufgaben übernehmen (Braun/Sydow 2024). Und im Extremfall ist sogar beides simultan denkbar, also Einheiten, die sowohl die Projektebene als auch die Netzwerkebene simultan unterstützen und dort Funktionen erfüllen (Braun 2018).

Wie die Selektionsfunktion ist auch die Allokationsfunktion eine kontinuierlich wahrzunehmende Aufgabe des Netzwerkmanagements. Die der Netzwerkorganisation wesenstypisch zugeschriebene strategische Flexibilität ist oftmals Resultat der Möglichkeit zur wiederholten Re- bzw. De-Allokation von Aufgaben, Ressourcen und Verantwortlichkeiten im Netzwerk. Einen Anlass zur Neuallokation von Aufgaben im Netzwerk bieten insb. die Aufnahme von neuen Partnern ins Netzwerk oder sich im Zeitablauf herausbildende neuartige Fähigkeiten eines Netzwerkspartners (u. U. stimuliert durch ein gemeinsames Entwicklungsprogramm). Hierdurch erhält die Allokationsfunktion das Potenzial einer Anregung von Wettbewerb innerhalb des Netzwerks, wobei dieses jedoch typischerweise unter den Bedingungen eines domestizierten Wettbewerbs geschehen wird. Eine Re-Allokation der Aufgaben und Ressourcen kann jedoch auch dazu genutzt werden, den Wettbewerb im Netzwerk zu reduzieren. Damit ist nicht zuletzt auch die Hoffnung verbunden, dass damit die Kooperation zwischen den Netzwerkpartnern erleichtert wird.

Die oben schon geschilderte Integration von *Continental Airlines* in die *StarAlliance* ist unter Allokationsgesichtspunkten als domestizierter Wettbewerb zu verstehen. Beispielsweise erzwang *und* ermöglichte die Aufnahme von *Continental* ein Kostensenkungsprogramm durch die kooperative Leistungserbringung über den Nordatlantik sowie eine Optimierung der Routenpläne der auf dem US-amerikanischen Markt tätigen Fluggesellschaften der *StarAlliance* (zu der bis 2014 auch *US Airways* zählt). Die Neuverteilung entsprechender Verantwortlichkeiten und Ressourcen soll letztlich allen Netzwerkpartnern zum Vorteil verhelfen, indem eine bessere Routenauslastung erreicht wird, mehr und neue direkte Umsteigemöglichkeiten für die Passagiere geschaffen werden und insgesamt die Präsenz der *StarAlliance* auf dem US-amerikanischen Markt gestärkt wird (vgl. Spaeth 2010).[37] Nicht zuletzt vor dem Hintergrund des Wettbewerbs von bzw. zwischen Netzwerken (vgl. auch Gomes-Casseres 1996) war der Übertritt von *Continental* aus dem *SkyTeam* zur *StarAlliance* zur Stärkung der Präsenz auf dem bedeutsamen amerikanischen Markt von ausgesprochen großer Relevanz. Schließlich hatte ersteres Netzwerk hierdurch einen seiner drei US-amerikanischen Partner verloren, während die *StarAlliance* einen weiteren US-amerikanischen Partner hinzugewinnen konnte. Gleichzeitig wird damit das Management der *StarAlliance* nicht nur intern in Hinsicht auf die Gleichzeitigkeit von Kooperation und Kompetition anspruchsvoller, sondern der Wettbewerb zwischen den Allianzverbünden erhält eine bis dahin unbekannte Dimension. Tatsächlich gelang es mit der *Continental* erstmalig, eine weltweit aktive und international renommierte Luftverkehrsgesellschaft aus einem der Konkur-

---

37 Dass in dieser Re-Allokation gleichwohl die Brisanz des Spannungsverhältnisses von Kooperation und Wettbewerb steckt, bringt Jeff Smisek, der Vorstandsvorsitzende von *Continental* auf den Punkt: »Die Überlappungen [der Flugrouten] mit US Airways sind größer [als mit United], aber sie ist ein geschätzter Partner« (zitiert aus Spaeth 2010, S. 26; Hervorh. d. Verf.). Letztlich mag die Problematik der Überlappungen vielleicht auch ein Grund für den späteren Wechsel von *US Airways* zum Konkurrenznetzwerk *OneWorld* gewesen sein, wobei jedoch die zeitgleiche Fusion mit *American Airlines*, die Gründungsmitglied von *OneWorld* ist, wohl einen ungleich größeren Anteil am Wechsel hatte.

renzverbünde zu lösen und unmittelbar in einen anderen zu integrieren (vgl. Spaeth 2010, S. 25).

Dass Allokations- und Selektionsfunktion im Rahmen des Netzwerkmanagements eng miteinander verquickt sein können und überdies explizit auch im Interallianzwettbewerb eingesetzt werden, bewies die *StarAlliance* schon Anfang 2000. Zu diesem Zeitpunkt wurde beschlossen, *Austrian Airlines* als Partner in die *StarAlliance* aufzunehmen, obwohl dadurch Überlappungen des Streckennetzes (der Domäne der Aufgabenteilung) in Zentraleuropa mit der *Lufthansa* absehbar waren. Die Strategie, die hinter der Aufnahme der *Austrian Airlines* stand, war jedoch umfassender und ungleich bedeutsamer: Ziel war es nämlich, den drohenden Beitritt der *Austrian Airlines* zu einem der beiden Konkurrenznetzwerke zu verhindern, damit diese kein adäquates Streckennetz in Zentraleuropa aufbauen konnten (vgl. Joppien 2006, S. 498 f.).[38] Seit 2009 ist die *Austrian Airlines* – genauso wie die *Swiss* – in *die Lufthansa Group* integriert.

Spätestens an dieser Stelle wird deutlich, dass eine wesentliche Voraussetzung für die praxisgerechte Wahrnehmung der Allokationsfunktion des Netzwerkmanagements – und zwar sowohl mit Blick auf die Verteilung von Aufgaben, Ressourcen und Verantwortlichkeiten innerhalb des Netzwerks – eine Evaluation sein muss. Beispielsweise gilt es, die Kompetenzen und Ressourcenausstattungen eines Netzwerkpartners erst einzuschätzen, bevor dieser im Netzwerk eine Aufgabe übertragen bekommen bzw. übernehmen kann. Diesbezügliche Einschätzungen sind natürlich besonders bedeutsam, wenn sie im Rahmen von Re-Allokationsprozessen anvisiert werden, bei denen es auch zu Einschränkungen bei etablierten Partnern kommen kann. Nicht zuletzt bei derartigen Herausforderungen eines Netzwerkmanagements wird deutlich, dass kein Allokationsverfahren ohne Regeln – und keine Regulation ohne Ressourcen – auskommt. Diesen Zusammenhang kann man einmal mehr am Beispiel der *StarAlliance* erkennen: Aufgrund andauernder Auseinandersetzungen zwischen *United* und *Mexicana* um Codesharingverträge zwischen letzterer Gesellschaft und *American Airlines*, die Mitglied beim Konkurrenznetzwerk *OneWorld* ist, beendete *Mexicana* einseitig einen Vertrag mit *United*. Daraufhin musste *Mexicana* 2004 die *StarAlliance* verlassen, da sie hiermit gegen eine Regel des Netzwerks verstieß (vgl. z. B. Flottau 2008).[39] Für die *StarAlliance* stellte dieser Ausschluss ein nur aufwändig kompensierbares Allokationsproblem mit zahlreichen Re-Allokationsschritten ihres Flugangebots von und nach Südamerika dar.

---

38 *Austrian Airlines* ist bis heute Mitglied der *StarAlliance* und wurde 2009/2010 in den *Lufthansa* Konzern integriert.
39 Man kann an dieser Stelle nur spekulieren, ob eine Auflösung des bilateralen Vertrags durch *United*, immerhin ein Gründungsmitglied der *StarAlliance* und zudem weltweit eine der größten Airlines, zu ähnlichen Konsequenzen geführt hätte. *Mexicana* ist (erst) Ende 2009 offiziell dem Konkurrenznetzwerk *OneWorld* beigetreten. Im Unterschied zur *StarAlliance* ist *OneWorld* dafür bekannt, dass sie vergleichsweise wenig allianzspezifische Regeln der Zusammenarbeit aufweist (vgl. hierzu und zu den Abstimmungsproblemen von *OneWorld* Fotau 2008). *Mexicana* hat im August 2010 Insolvenz beantragt und das Fluggeschäft eingestellt.

Erst nach der Aufnahme von *Avianca-TACA* und *Copa Airlines* im Jahr 2010 erklärte *StarAlliance* die Partnersuche für das lateinamerikanische Streckennetz für (vorläufig) abgeschlossen (vgl. o. V. 2010b; Spaeth 2011, S. 35).

11.2 Managementpraktiken der Regulation und der Evaluation

Die *Regulationsfunktion* fokussiert Fragenkomplexe, wie und worüber die Erledigung der Aufgaben und die Verteilung der Ressourcen im Netzwerk aufeinander abgestimmt werden. Hierbei geht es folglich um die Entwicklung und Durchsetzung von Regeln der Zusammenarbeit, zum Beispiel mit Hilfe formaler Verträge oder auch mittels informeller Absprachen und Routinen (vgl. auch Burr 1999; Ariño/Reuer 2004, 2006; Sydow 2010; Spencer et al. 2023). Ebenso gilt es, Anreizsysteme sowie das Konflikt-, Informations- und Wissensmanagement fortlaufend zu regulieren und gegebenenfalls den sich im Netzwerk (oder der Umwelt) verändernden Verhältnissen anzupassen.[40] Formale Regeln helfen dabei, nicht selten im Zusammenhang mit entsprechenden Kooperationserfahrungen und ähnlich wie die Selektion geeigneter Partner, den in den Netzwerkbeziehungen ggf. auftretenden Opportunismus in Grenzen zu halten (Dekker 2008).

Eine Regel der Konflikthandhabung wurde oben schon im Kontext der Exklusion von *Mexicana* aus der *StarAlliance* angesprochen. Dieses Beispiel hebt überdies hervor, dass Regulationen generell auch im Sinne eines Entwerfens und Durchsetzens von »Meta-Regeln« für die anderen Funktionen zu verstehen sind. Regulationsobjekte sind somit sämtliche Funktionen des Netzwerkmanagements, sofern sie als »Spielregeln« in den Netzwerkbeziehungen Geltung erhalten. Im Fall von *Mexicana* ging es konkret um die Anwendung von Spielregeln der (Re-)Allokation und letztlich der De-Selektion im Rahmen der *StarAlliance*. Das Beispiel zeigt fernerhin, dass Regulationspraktiken eines Netzwerkmanagements in bestimmten Fällen auf verschiedene Beziehungsebenen rekurrieren können (und müssen). Zum Ausschluss von *Mexicana* führte nämlich eine Nicht-Verlängerung eines bilateralen Vertrags, was rein juristisch betrachtet weder eine Regelverletzung darstellte noch direkt Verträge *der StarAlliance* betraf. Gleichwohl wurde im Rahmen des Netzwerkverbunds diese Vorgehensweise von *Mexicana* – innerhalb eines dyadischen Vertragsgefüges zweier Allianzpartner – als ein Verstoß gegen eine Verhaltensregel des Netzwerks gewertet.

Regulationsprozesse sind generell etwa nach dem Grad der Ordnung (geordnet vs. ungeordnet) oder nach dem Grad der Intentionalität (emergent vs. designed) zu unterscheiden. In der *StarAlliance* wurde beispielsweise erst im Jahr 2004 nach der Aufnahme einer Reihe von neuen Mitgliedern mit regionalen Partnern sowie

---

40 Eckhard et al. (2009) notieren beispielsweise für die deutsche Automobilindustrie eine zunehmende »Amerikanisierung der Geschäftsbeziehungen«. Diese meinen sie in einer zu Lasten informeller Mechanismen zunehmend stärkeren »Verrechtlichung« der Beziehung durch vollständigere und detailliertere Verträge festzustellen.

regionalen Netzwerkverbünden (s. o.) ein formelles Regionalkonzept entwickelt. Hierdurch sollten, gezielter als es bisherige Praxis war, auch kleinere Märkte durch regionale bzw. kontinentale Fluglinien wie *Croatia Airlines* erschlossen und die Zubringerdienste von mittleren und kleinen Airlines zu den Hubs optimiert werden. Darüber hinaus wurde die Etablierung eines vereinheitlichten Systems der Steuerung der Beziehungen zu den Regionalgesellschaften angestrebt (vgl. auch Joppien 2006, S. 469). In diesem Zusammenhang wurde dann auch explizit(er) geregelt, unter welchen Bedingungen welche Regionalpartner etwa an Vielfliegerprogrammen der interkontinental tätigen *StarAlliance*-Mitglieder teilnehmen können usw.

Insbesondere bei großen Netzwerken wie der *StarAlliance* muss ein Netzwerkmanagement immer auch das richtige Maß zwischen Formalität und Informalität, Detaillierungsgrad vs. Unbestimmtheit usw. finden, damit Regelwerke nicht allzu bürokratisch werden (vgl. Ortmann 2011). Ansonsten droht die Gefahr des Flexibilitätsverlusts des Netzwerks und etwaige Re-Allokationsprozesse oder Möglichkeiten der De-Selektion in einer dynamischen Umwelt würden eingeschränkt. Andererseits dürfen die Regelwerke jedoch auch nicht so unbestimmt sein, dass der durchaus bewusst gewählte Freiraum und die Autonomie der Partner im Netzwerk zu Lücken etwa in der Informationsweitergabe und letztlich zu Abstimmungsproblemen zwischen den Partnern führen. Genau dies schien in den Anfangsjahren ein systematisches Problem von *OneWorld* zu sein, deren Netzwerk außer den Codesharingabkommen eher auf einer »Laissez-faire-Haltung« aufbaute, sodass immer wieder Pannen in der Abstimmung passierten, die zu Ausfällen von Flügen etwa aufgrund von Wartungsproblemen der Flotten führten (vgl. Flottau 2008). Inzwischen hat aber auch dieses Netzwerk eine Professionalisierung der Managementpraktiken durchlaufen und konnte mit der Aufnahme von *Qatar* und *Malaysia Airlines* in 2013 sowie *Alaska Airlines* in 2021 seine Reichweite verbessern.

Besonders prekär ist ein Versagen der Regulationsfunktion des Netzwerkmanagements da Regulationspraktiken nicht nur zur Koordination der Beziehungen zwischen den Netzwerkpartnern dienen, sondern auch Außenwirkungen haben, sich also oftmals direkt auf die Kunden und die Qualität der Leistungen auswirken. Netzwerkpraktiken der Regulation richten sich folglich auch an Adressaten außerhalb des Netzwerks. Während die Kunden der *StarAlliance* es beispielsweise begrüßen würden, wenn die Bonusprogramme der Allianz im Ganzen auch auf die Regionalpartner der einzelnen Mitglieder Anwendung fänden, die selbst nicht Mitglieder der *StarAlliance* sind, so würde genau dieses zahlreiche Probleme mit sich bringen. Hierzu zählen etwa der schwierige Erhalt der Flexibilität oder die erschwerte Kontrolle und Sicherstellung der Qualität der Leistungserbringung im Netzwerk. Flexibilität und Spezifität, Stabilität und Fragilität, Kontrolle und Vertrauen, Einheit und Vielfalt, Formalität und Informalität sowie Autonomie und Abhängigkeit stellen dabei ausgesprochen komplexe Spannungsverhältnisse des Netzwerkmanagements, insb. für das Austarieren entsprechender Regulationspraktiken, dar. Deren Komplexität drückt sich insb. darin aus, dass sie niemals nur in eine Richtung der jeweiligen Spannungsverhältnisse aufzulösen sind und überdies rekursiv aufeinander bezogen sein können.

Während die Netzwerkmitgliedschaft bei der *StarAlliance* wie auch bei in Vereinsform organisierten Netzwerken (dazu das Beispiel *OpTecBB* ▶ Kap. 13) eher klar und durchaus umfangreich geregelt ist, besteht bei anderen Netzwerken (und vor allem auch Clustern) eine gewisse Unsicherheit über die Mitgliedschaft, Aufgaben, Verantwortlich- und Zuständigkeiten und damit über die Systemgrenzen (▶ Kap. 12.2) oder auch über den Status eines Mitglieds im Netzwerk (vgl. Huxham/Vangen 2000b). Regulationskriterien wie die Klarheit, Stringenz und Detaillierung der Regelwerke sind zudem vor dem Hintergrund der Ansprüche verschiedener Stakeholder des Netzwerks sowie in Bezug auf ihre Auswirkungen auf eine ganze Reihe von typischen Spannungsverhältnissen des Netzwerkmanagements zu interpretieren und zu entwickeln.

Bei der *Evaluationsfunktion* geht es schließlich um Fragen, wie Kosten und Nutzen im Netzwerkzusammenhang bestimmt und verteilt werden, auch zum Beispiel mit Blick auf Beendigung, Weiterführung oder Wiederaufnahme von Beziehungen. Das Feld möglicher Evaluationsobjekte ist entsprechend weit und kann beispielsweise das ganze Netzwerk, ausgewählte Netzwerkausschnitte, dyadische Beziehungen innerhalb eines Netzwerks, Leistungsbeiträge einzelner Netzwerkpartner zum Netzwerkerfolg oder auch die Spielregeln der Netzwerkorganisation umfassen.[41] Auch die Evaluationskriterien sind mannigfaltig und reichen von den eher offensichtlichen ökonomischen Kriterien der Effizienz und Effektivität bis hin zu den gerade im Rahmen der Netzwerkorganisation besonders bedeutsamen Kriterien der prozessualen und distributiven Gerechtigkeit (vgl. hierfür auch Ring/Van de Ven 1994, 2019; Grandori/Neri 1999; Scheer et al. 2003; Luo 2007a, b; Ariño/Ring 2010; Liu et al. 2012; Poppo/Zhou 2014; Wang/Dyball 2019). Ein Teil dieser Evaluationsdiskussion firmiert im Übrigen neuerdings unter dem Begriff von »performance measurement systems« (Ukko/Saunila 2020), angewandt entweder auf die Zusammenarbeit von Organisationen im Allgemeinen oder entlang der Wertkette im Besonderen.

Die Netzwerkevaluation ist natürlich zuallererst ein Kontroll- und Steuerungsinstrument, entsprechend häufig ist auch von einem Netzwerkcontrolling die Rede (vgl. z. B. Kraege 1997; Hess 2002). Gleichwohl kann sie bei einem der Situation angemessenen Einsatz auch die Entstehung oder auch Wiederherstellung von Vertrauen fördern (vgl. z. B. Coletti et al. 2005; Vélez et al. 2008; Vosselman/Meer-Kooistra 2009). Beispielsweise kann hierdurch quasi im Vorgriff auf entsprechende Sanktionsleistungen bzw. Anreizstrukturen eine Ausgestaltung der Interaktionen im Netzwerk tendenziell »abgesichert« und somit auch transaktions- bzw. beziehungsspezifische Investitionen weniger risikoreich erscheinen lassen. Darüber hinaus kann eine Evaluation, beispielsweise der Leistungs- und Lieferfähigkeit der Netzwerkpartner, systematisch dazu genutzt werden, den netzwerkinternen Wettbewerb zu fördern und auf diese Weise reflexiv das Spannungsverhältnis von Kooperation und Wettbewerb auf eine andere – höhere – Stufe zu stellen (vgl. Aoki/

---

41 Für ein instruktives Beispiel vgl. Sydow/Goebel (2001) und für einen umfassenden Überblick zur Evaluationsproblematik in Netzwerken z. B. Aulinger (2008) oder Provan/Sydow (2008).

Wilhelm 2017). Bei geschickter Ausgestaltung wären die Beziehungen dann nicht nur durch mehr Wettbewerb, sondern auch durch mehr Kooperation geprägt.

Sichergestellt sein muss hierbei indes, dass positive wie negative Sanktionen tatsächlich auch umgesetzt bzw. Regulationen bezüglich der Evaluation auch wirklich in Anschlag gebracht werden. Beispielsweise wurde im Jahr 2006 der Nachfolgegesellschaft der brasilianischen *VARIG* die Mitgliedschaft in der *StarAlliance* entzogen, nachdem sie eine ganze Reihe von netzwerkinternen Evaluationskriterien nicht mehr gerecht werden konnte. Bemerkenswert ist dabei, dass der Nachfolgegesellschaft kurz zuvor alle nötigen Betriebsgenehmigungen, inklusive der besonders wichtigen Zertifizierung als Lufttransportunternehmen von der Nationalen Agentur für Zivilluftfahrt Brasiliens, verliehen wurden. Dieses international anerkannte Qualitätszertifikat reichte offensichtlich nicht an die Standards der *StarAlliance* heran (vgl. auch Wipprich 2008, S. 72 u. 150 f.).

Bezüglich der Förderlichkeit von Evaluation ist für ein Netzwerkmanagement überdies zu berücksichtigen, dass sich (auch) Evaluationsprozesse im Netzwerk an externe Adressaten wie etwa Kunden der gemeinsam erstellten Produkte und Dienstleistungen richten, sodass offen kommunizierte und insb. (vermeintlich) objektiv nachvollziehbare Evaluationskriterien als Garantieversprechen für qualitativ hochwertige Netzwerkleistungen wahrgenommen werden können.

Die für die Beurteilung der Leistungsfähigkeit von Netzwerken bedeutsamen Evaluationen kann sowohl von netzwerkinternen als auch externen Akteuren aus unterschiedlichsten *Anlässen* vorgenommen werden. Auf der Grundlage der Evaluationsergebnisse können neben De-Selektionen unter anderem über die Verteilung kooperativ erwirtschafteter Erträge entschieden, der Bedarf an weiteren Netzwerkpartnern mit bisher fehlenden Kompetenzen konkretisiert, aber auch die Notwendigkeit der Re-Regulation von Evaluationspraktiken festgestellt werden. Letzteres kann beispielsweise zu der Entscheidung führen in Zukunft explizit auf Verfahren der Bewertung zu verzichten, um den Bestand eines durchaus erfolgreich agierenden Netzwerks nicht durch die mittels Bewertungsverfahren (ungewollt) erzeugte Brisanz zu gefährden (vgl. etwa Sydow/Goebel 2001). Mit einer solchen Entscheidung wird beispielsweise die immer im Zusammenhang mit Evaluationspraktiken im besonderen Maße drohende Pfadabhängigkeit vermieden (vgl. zu einem »impact lock-in« Ormiston 2023).

Die Evaluationsnotwendigkeit von Netzwerken, und auch die besonderen Herausforderungen an eine entsprechende Methodik, ist mittlerweile auch von der Accounting-Forschung erkannt worden. Die Verfahren setzen auf verschiedenen Ebenen der Bewertung an, konzentrieren sich dabei aber, sieht man von nach innen gerichtete Evaluationen ab, vor allem auf vertikale Interorganisationsbeziehungen (Supply Chains). Komplexere Netzwerke werden noch weitgehend außer Acht gelassen. Relevante Verfahren sind: Lieferantenbewertung, Total Cost of Ownership-Kalküle, Open Book Accounting und Wertketten-Analysen (vgl. Caglio/Ditillo 2008). Mit Blick auf die externe Rechnungslegung könnte man auch an »Netzwerkbilanzen« (inkl. Sozial- und Umweltbilanzen) und entsprechende, netzwerkbezogene Geschäftsberichte denken. Auch wenn einige Fragen noch ungeklärt sind (vgl.

Kasperzak 2004), wurden vor allem bedingt durch deutsche und europäische Gesetzgebung (z. B. in Form des Lieferkettengesetzes) einige Verbesserungen in der Transparenz und der Aufbereitung präziser Daten entlang von Wertschöpfungsnetzwerken angestoßen (vgl. dazu Haipeter et al. 2023).

11.3 Management von Spannungsverhältnissen in Netzwerken

Netzwerkmanagement als ein Management kooperativer *versus* wettbewerblicher Beziehungen zu verstehen, greift zweifelsfrei zu kurz. Wenngleich Kooperation der dominante Steuerungsmechanismus in Netzwerkbeziehungen sein mag und durch kooperatives Verhalten in Interaktionsbeziehungen zudem die entscheidende Differenz zu Marktbeziehungen zum Ausdruck kommt (vgl. etwa Semlinger 1993), so ist Wettbewerb gleichwohl eine wesenstypische Option in interorganisationalen Netzwerken.

Das ist auch nicht erst seit der Einführung des Begriffs »Coopetition« durch Adam M. Brandenburger und Barry J. Nalebuff (1996) bekannt. Nicht selten wird den Autoren – sowie der sich hieran anschließenden Forschung – sogar vorgeworfen, dass sie nicht wesentlich mehr als ein Buzzword für ein bekanntes Spannungsverhältnis von Netzwerkbeziehungen geschaffen hätten: »Whereras various strategic management studies have already recognized the importance of coopetition (...), most of these contributions have not gone beyond naming, claiming, or even evoking it« (Padula/Dagnino 2007, S. 48). Gelegentlich wird der Forschung zu Coopetition sogar vorgehalten, mit dem Begriff mehr zu verdunkeln als zu erhellen (vgl. etwa Janssen 2000; Miklis 2004). Beispielsweise werden überwiegend Dyaden untersucht und die Rolle des Wettbewerbs in Netzwerken – auch und gerade für den Erfolg der Beziehungen – bleibt unterbeleuchtet (vgl. z. B. Wilhem 2009, S. 37 ff.; Pathak et al. 2014). Wenngleich sich seitdem in der entsprechenden Forschung einiges getan hat (vgl. für einen Überblick der Diskussion und die bis heute relevanten Forschungsfragen und -felder Hoffmann et al. 2018; vgl. zum Versuch einer Multiebenenperspektive Tidström/Rajala 2016 sowie zur theoretischen Rahmung des Paradoxons unter Nutzung einer Reihe von Dualitäten Gnyawali et al. 2016), so kann von einem Verständnis von Coopetition als unvermeidliches und folglich auszutarierendes Spannungsverhältnis von interorganisationalen Netzwerken – das überdies nicht nur in horizontalen, sondern auch in vertikalen Beziehungen eine und zumeist auch deutlich zu unterscheidende Rolle spielt (vgl. z. B. Araujo/Mouzas 1997; Zerbini/Castaldo 2007) – auch heute noch kein Rede sein. Auch geht die im Vergleich zur Coopetition-Diskussion ältere Aufforderung nach einem »cooperate to compete« (Perlmutter/Heenan 1986) nahezu spurlos an dieser vorbei. Noch stärker gilt dieses Versäumnis entsprechend für die Bedeutung des Spannungsverhältnisses von Kooperation und Wettbewerb in Hinsicht auf das Management von Netzwerkbeziehungen. Die erhebliche Bedeutsamkeit einer gründlichen Analyse und einem entsprechend reflektierten Management des Spannungsverhältnisses von Kooperation und Konkurrenz haben wir oben anhand der vier

Managementfunktionen und mittels einer Reihe von konkreten Managementpraktiken des Netzwerkmanagements hervorgehoben. Es besteht jedoch unzweifelhaft noch viel Bedarf an weiterer Forschung zu diesem zentralen Paradoxon des Managements von Netzwerkbeziehungen (vgl. aber Lerch et al. 2007; Wilhelm 2009; Pathak et al. 2014).

Neben Kooperation und Wettbewerb existieren noch weitere Spannungsverhältnisse, die zum Teil jedoch noch weniger im Fokus der Netzwerkforschung stehen. Zu diesen weiteren Spannungsverhältnissen eines Netzwerkmanagements sind unter anderem zu zählen: Vertrauen und Kontrolle, Formalität und Informalität, Autonomie und Abhängigkeit, Flexibilität und Spezifität, Stabilität und Fragilität, Einheit und Vielfalt sowie Ökonomie und Herrschaft (vgl. z.B. Sydow et al. 1995; ▶ Dar. 11.2).[42]

Auch diese Spannungsverhältnisse gilt es in den Praktiken des Netzwerkmanagements sowie in Hinsicht auf die jeweils bedeutsamen Ebenen der Beziehung (wie etwa zwischen einzelnen Mitgliedern einer Allianz, eines Allianznetzwerks als Ganzes oder in Bezug auf etwaige dyadische Beziehungen zu Partnern außerhalb des Netzwerkes) zu berücksichtigen. In Bezug auf die Beziehungen der Mitglieder der *StarAlliance* zu ihren Regionalpartnern gilt es beispielsweise sicherzustellen, dass die für ein flächendeckendes Streckenangebot notwendige Vielfalt der (netzwerkexternen) Regionalpartner nicht die Einheit und somit den Markenkern der Allianz gefährdet. Dem wurde unter anderem entsprochen, indem die Regionalgesellschaften ausschließlich enge Beziehungen zu dem jeweils regional ansässigen Mitglied der *StarAlliance* haben – in der Regel eine der international aktiven Großairlines wie *Lufthansa*. Zudem müssen die Regionalgesellschaften die Qualitäts- und Leistungsstandards der *StarAlliance* erfüllen. Das hierdurch entstehende Netzwerk an dyadischen Beziehungen sichert einerseits die Einhaltung der hohen Standards des Netzwerks, ohne dass die Regionalgesellschaften zugleich Mitglied der *StarAlliance* werden. Anderseits partizipieren die Regionalgesellschaften in der Regel an den Bonusprogrammen ihres jeweils direkten Partners und können ihre Flüge dauerhaft mit einem »Maincarrier« der *StarAlliance* sicherstellen. Dies generiert erhebliche Wettbewerbsvorteile und erhöht die Attraktivität eines Regionalpartnerstatus. Dies wiederum stimuliert den Wettbewerb zwischen potenziellen Regionalpartnern und sichert der *StarAlliance* eine Vielfalt an möglichen Partnern mit hohen Qualitäts- und Leistungsstandards. Neben Einheit und Vielfalt wird in diesem Beziehungsmanagement zugleich noch das Verhältnis zwischen Vertrauen und Kontrolle austariert – und zwar sowohl in Hinsicht auf die bilaterale Beziehungsgestaltung zwischen Regionalpartner und dem einzelnen Netzwerkmitglied als auch zwischen den Mitgliedern innerhalb der *StarAlliance*.

---

42 Das letztgenannte Spannungsverhältnis betrifft die Frage, ob nicht auch wirtschaftlich wenig effektive und effiziente Organisationsformen aufgrund asymmetrischer Machtverhältnisse – und hierbei ist nicht nur an Monopole gedacht – weiter existieren und eben nicht untergehen.

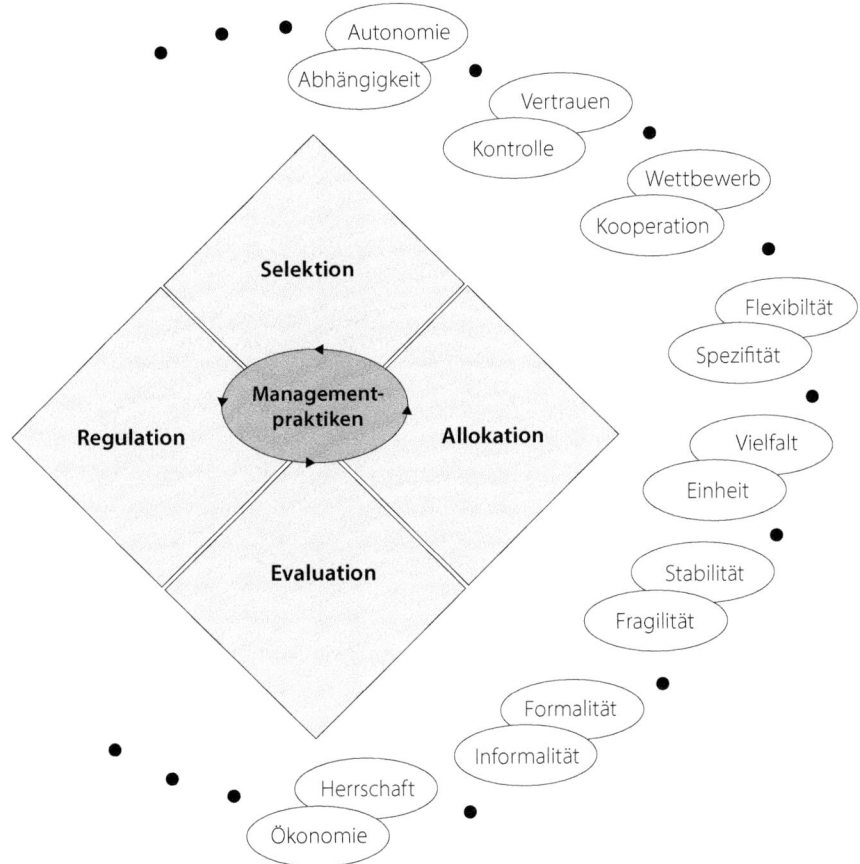

Dar. 11.2: Spannungsverhältnisse des Netzwerkmanagements (Sydow 2010, S. 404)

Die hier geschilderte Geschäftspraktik komplementiert im Rahmen der *StarAlliance* überdies zwei weitere ausgesprochen prekäre Spannungsverhältnisse: Autonomie und Abhängigkeit sowie Ökonomie und Herrschaft. Martin Joppien (2006, S. 573 f.), der lange Zeit Manager der *Lufthansa* war, hebt beispielsweise hervor, dass eine der zentralen strategischen Prinzipien der *StarAlliance* zwar »geringer Zwang, große Freiheitsgrade und weitgehende Autonomie« darstellen, jedoch »jeder Integrationsschritt auch einen zunehmenden Autonomieverlust für die einzelnen Mitglieder« mit sich bringt bzw. »geregelte Herrschaftsverhältnisse« untereinander bedingt, um dauerhaft gemeinsam Erfolg zu generieren. Tatsächlich ermöglicht nun das Management der einzelnen Mitglieder der *StarAlliance* zu ihren Regionalpartnern eine Balance dieser Spannungsverhältnisse zueinander zu unterhalten. Einerseits unterwerfen sich die Netzwerkpartner einem Bündel gemeinsamer Regularien (etwa hinsichtlich der Auswahl von Regionalfluggesellschaften), was ihre Autonomie einschränkt. Andererseits ist diese Einschränkung weder so weitgehend, dass sie individuelle Freiräume der Auswahl sowie der konkreten (bilateralen) Vertrags-

und Beziehungsgestaltung zu den Regionalgesellschaften ausschließt, noch wird deren ökonomische Legitimität und Sinnhaftigkeit in Frage gestellt. Erst der graduelle Autonomie- und Herrschaftsverlust sichert den dauerhaften Wettbewerbserfolg der *StarAlliance* als gemeinsame Marke mit einheitlich hohen Qualitäts- und Leistungsstandards.

12 Netzwerkentwicklung und Netzwerkmanagement

Der Netzwerkorganisation wird gemeinhin ein besonderes Maß an strategischer Flexibilität und somit Wandel- und Entwicklungsfähigkeit zugeschrieben (vgl. schon Miles/Snow 1986; Sydow 1992). Wenngleich man dieser Zuschreibung nicht uneingeschränkt zustimmen kann (▶ Kap. 8 und 9), so trifft sie doch zumindest für die dynamischen Typen der Netzwerkorganisation wie etwa Projektnetzwerke verstärkt zu. Andererseits inkludieren selbst »dynamic networks« oder die sog. »spherical firms« (Miles/Snow 1986, 1995) immer auch (notwendig und konstitutiv) Momente von Stabilität. Beispielsweise überdauern in Projektnetzwerken der Filmindustrie oder den Arbeitsgemeinschaften im Baugewerbe die Beziehungen zwischen den Partnern häufig die einzelnen Projekte. Gerade diese Latenz der Beziehungen erscheint für den Erfolg von dynamischen Netzwerken essentiell, ermöglicht sie doch Anschlussmöglichkeiten an Erfahrungen und Ressourcen (z. B. Wissen) vorangegangener Projekte und nicht zuletzt ein (transaktions-)effizientes Management der Projektnetzwerkorganisation (▶ Kap. 6.3 u. 8.3).

Eine ganz zentrale Frage des Wandels und der Dynamik von Netzwerkorganisationen ist, ob ihre Entwicklung durch ein Netzwerkmanagement überhaupt gezielt beeinflusst werden kann – beispielsweise in Hinblick auf ein Mehr an organisatorischer Flexibilität. Möglicherweise handelt es sich bei einer Netzwerkentwicklung doch eher um einen emergenten (etwa durch unintendierte Konsequenzen planvollen Handelns) oder durch Rigiditäten oder gar Pfadabhängigkeiten und Lock-ins bestimmten Prozess. Zusätzlich gilt zu berücksichtigen, dass die Entwicklung von Netzwerkbeziehungen in eine mehr oder weniger stark ausgeprägte Umweltdynamik (z. B. der Region oder der Branche) eingebettet ist. Die Ebenen der Netzwerk- und Umweltentwicklung sind rekursiv aufeinander bezogen und könnten sich damit womöglich gegenseitig in der Dynamik vorantreiben. In der Konsequenz wird eine gezielte Steuerung der Entwicklung von interorganisationalen Netzwerken fraglich. Kurzum: Wenn ein Netzwerkmanagement stets im Fadenkreuz eines Managements von Spannungsverhältnissen steht (▶ Kap. 11.3), so gilt das ganz besonders für ein Netzwerkmanagement, das sich gezielt mit der Entwicklung bzw. Dynamik von Netzwerken beschäftigt.

Vor diesem Hintergrund erscheint es wenig überraschend, dass ein reflexives Management der Netzwerkentwicklung in der Praxis noch selten zu beobachten ist. Entsprechend ist die Forschung in weiten Teilen noch eher mit der Sammlung von Fragen und Problemstellungen denn mit der Generierung von befriedigenden Antworten hierauf befasst. Wenngleich vieles an dieser Stelle trotz einer verstärkten

Untersuchung von Netzwerkdynamiken (vgl. Chou/Zolkiewski 2012; Paquin/Howard-Grenville 2013; Majchrzak et al. 2015; Clegg et al. 2016; Dagnino et al. 2016; Henry/Möllering 2023) offenbleiben muss, so lassen sich zumindest grundlegende Zusammenhänge zum Verhältnis von Netzwerkentwicklung und Netzwerkmanagement sowie zur Verbindung von Netzwerkentwicklung und entsprechenden Kompetenzen herausarbeiten. Überdies werden wir anhand eines typischen, gleichwohl bis heute immer noch zu selten bewusst gestalteten Gegenstands des Netzwerkmanagements, dem Grenzmanagement, verdeutlichen, wie vielschichtig und spannungsgeladen eine reflexive Netzwerkentwicklung sein kann.

12.1 Zum Verhältnis von Netzwerkentwicklung und Netzwerkmanagement

Die wissenschaftliche Netzwerkforschung zollte der Entwicklung bzw. Evolution interorganisationaler Netzwerke von Anbeginn Aufmerksamkeit (vgl. etwa Levine/White 1961; Benson 1975). Die Vorstellungen über den Verlauf solcher Prozesse lassen sich entweder einem eher deterministischen oder einem eher voluntaristischen Verständnis zuordnen. Im ersten Fall wird – nicht selten unter dem Begriff der Netzwerk*evolution* – davon ausgegangen, dass sich Netzwerke nahezu naturwüchsig entwickeln und zu einem Großteil hinter dem Rücken der Akteure emergieren. Eher voluntaristisch ist hingegen die Annahme der Möglichkeit einer gezielten Steuerung der Netzwerkentwicklung durch Netzwerkintervention. Diese letzte Sichtweise wird zum Beispiel von Anhängern eines »transorganizational development« vertreten (vgl. den Überblick bei Sydow 1992, S. 277 ff. und später bei Gray 2008 oder Tiberius 2010). Zum Teil wird bei entsprechenden Interventionen, sog. »network interventions« sogar auf Daten der strukturellen Netzwerkanalyse zurückgegriffen (Siciliano/Whetsell 2023). Nicht selten werden Prozesse der Netzwerkentwicklung auch unter dem Begriff des Lernens gefasst, wobei der Begriff »networks of learning« (Powell et al. 1996) eher auf die Hervorbringung von Produkt- und Prozessinnovationen zielt und jener des »network learning« (Knight/Pye 2005; Gibb et al. 2017) allgemeiner das Netzwerklernen bezeichnet und so entsprechend deutlicher auch Prozesse der Netzwerkentwicklung bzw. des Netzwerkwandels umfasst. Eine andere Unterscheidung nehmen Tim Brady und Andy Davies (2004) vor, die im Kontext von Projektorganisationen differenzieren zwischen einem Lernen, welches ausschließlich innerhalb eines (interorganisationalen) Projekts stattfindet versus eines Lernens von Projekt zu Projekt auf einer Netzwerkebene sowie von einem Projekt in eine spezifische Stammorganisation.

Speziell in der Betriebswirtschaftslehre wurden Modelle formuliert und in der praxisorientierten Forschung vielfach genutzt, die ganz überwiegend die Entwicklung von Unternehmensnetzwerken und regionalen Clustern im Sinne eines Lebenszyklus abbilden (▶ Kap. 9.2). Seit einiger Zeit erfreuen sich insb. entsprechende Clusterentwicklungskonzepte großer Beliebtheit (vgl. für einen instruktiven Überblick Lerch 2009, S. 85 ff.). Den Charme all dieser Modelle macht aus, dass sie mittels der Formulierung eines *linearen Phasenablaufs* nicht nur eine zeitliche Ordnung der Netzwerkentwicklung suggerieren, sondern entlang der quasi naturgegebenen Entwicklungsstufen das Netzwerkmanagement anzuleiten versprechen. Wenngleich die Lebenszyklusmodelle zwar dem legitimen Bedürfnis eines Netzwerkmanagements nach Orientierung im Umgang mit der Dynamik von Netzwerkbeziehungen entsprechen mögen, so erscheinen unseres Erachtens diese deterministischen Erklärungsversuche wenig sinnvoll. Die Kontingenz der realen Entwicklungsmöglichkeiten von Netzwerken und Clustern lässt sich schlichtweg nicht generell abbilden (vgl. ebenfalls kritisch z. B. Tichy 1991; Bathelt/Glückler 2002, S. 236 f.; Sydow 2003; Martin/Sunley 2011; ▶ Kap. 9.2). Gerade diese Entwicklungskontingenz ist jedoch von konstitutiver Bedeutung in Netzwerkorganisationen, die prinzipiell durch autonome Akteure charakterisiert sind. Die Nutzung von Lebenszyklusmodellen im Sinne von Handlungsanleitungen für ein reales Management der Netzwerkorganisation ist folglich ein Irrweg. Ein Netzwerkmanagement sollte den Vorstellungen und Vorgaben der linearen Phasenmodelle (stets) nur heuristischen Wert beimessen und sich bestenfalls an dort aufgeworfenen Einzelaspekten orientieren. Von Zusammenhängen, die einer linearen und letztlich deterministischen Netzwerkentwicklung verhaftet sind, sollte hingegen Abstand genommen werden.

Deutlich anders gestaltet sich das Verständnis der Netzwerkentwicklung in *nicht-linearen Prozessmodellen* (▶ Kap. 9.2). Hier findet das konkrete und kontingente Handeln der Akteure explizit Berücksichtigung. Entwicklungsprozesse sind grundlegend durch positive wie negative Rückkopplungen, etwa bei formellen Verhandlungsprozessen oder informellen Interaktionen bei der Ausführung, gekennzeichnet (vgl. das Modell von Ring/Van de Ven 1994, 2019). Darüber hinaus besitzen initiale Bedingungen (Aufgabendefinition, Partnererwartungen und -routinen) eine dezidierte Bedeutung. Im Rahmen anhaltender Schleifen organisationaler und interorganisationaler Lern- und Entwicklungsprozesse durchlaufen die (anfänglichen) Kooperationsbedingungen und die darauf aufbauenden Lernprozesse aber inkrementale oder radikale Re-Konfigurationen (vgl. das Modell von Doz 1996). Die Kontingenz der Netzwerkentwicklung ist den nicht-linearen Prozessmodellen somit inhärent. Im Gegensatz zu den Lebenszyklusmodellen geht es in den rekursiven Verläufen der Netzwerkentwicklung der Prozessmodelle ausdrücklich auch um die Ausbalancierung bzw. Austarieren von zentralen Spannungsverhältnissen, die das Management der Netzwerkentwicklung beeinflussen. Beispielsweise gilt es, formelle und informelle Aspekte bei Aushandlungsprozessen (formelle Verträge vs. informelle Sinnstiftung) oder Ausführungshandlungen (formelle Rollenausführung vs. persönliche Interaktion) zum Ausgleich zu bringen. Hierüber soll insb. Einigkeit in der Bewertung der Kooperation bezüglich Effizienz und reziproker Gerechtigkeit hergestellt werden (vgl. etwa Ring/Van de Ven 1994, 2019). Konsequenterweise wirken die Ergebnisse der fortlaufenden Evaluationen auf die Prozesse der Netzwerkentwicklung rekursiv zurück und führen über die Zeit zu einer vermehrten Institutionalisierung der Prozesse und somit auch des Netzwerkmanagements (▶ Kap. 9.2).

Zweifelsfrei beschreiben diese Prozessmodelle das Geschehen der Dynamik und Entwicklung der Netzwerkorganisation komplexer und damit praxisnaher als die Lebenszyklusmodelle. Wie aber die als zentral erachteten Spannungsverhältnisse von Formalität und Informalität oder Flexibilität und Stabilität im Rahmen eines Netzwerkmanagements tatsächlich zum Ausgleich gebracht werden, wird auch in diesen Entwicklungsmodellen nicht wirklich eingefangen. Gleiches gilt für das Zusammenspiel von geplanten und emergenten Entwicklungsdynamiken in einem Netzwerkmanagement. Hier mangelt es an einer Perspektive, die auf die konkreten *Praktiken des Netzwerkmanagements* und deren rekursives Zusammenspiel mit Netzwerkstrukturen rekurriert und so die entscheidenden Spannungsverhältnisse konzeptionell einzufangen versteht (▶ Kap. 11). Um Praktiken des Netzwerkmanagements bei der Netzwerkentwicklung überhaupt konzipieren zu können, bedarf es darüber hinaus grundlegend einer *Netzwerkperspektive*, die explizit darauf abstellt, dass sich Netzwerke mit Blick auf ihre komplexere Beziehungsstruktur deutlich von dyadischen Kooperationen unterscheiden (Provan et al. 2007). Ein umfassendes Verständnis von Netzwerkentwicklung benötigt folglich einen – in den Prozessmodellen bisher fehlenden – klaren Blick auf Akteure, Beziehungen und Positionen im interorganisationalen Netzwerk, ggf. ergänzt um einen Blick auf die Praktiken, nicht zuletzt auf die Praktiken des Netzwerkmanagements. Ebenso bedarf es einer ausdrücklichen Berücksichtigung des aktiven Zusammenwirkens von Organisation, interorganisationalem Netzwerk und Netzwerkumwelt (z. B. des organisationalen Felds) bei der Netzwerkentwicklung. Auch dieses bleibt bisher in den Prozessmodellen ausgeblendet. Auf diese »blinden Flecken« soll im Folgenden genauer eingegangen werden (vgl. dazu auch Sydow 2003).

Sowohl die Entstehung von Netzwerkorganisationen, aber auch die Entwicklung von einem Typus von Netzwerkorganisation zu einem anderen (vgl. Liu/Brookfield 2000; Sydow/Wirth 2000), umfasst grundsätzlich sowohl den Wandel der Akteure als auch der Beziehungen, die sie miteinander unterhalten. Bei den *Akteuren* interorganisationaler Netzwerkorganisationen handelt es sich bekanntermaßen sowohl um korporative als auch um individuelle Akteure. Eine Entwicklung von Netzwerkorganisationen kann sich entsprechend durch Ein- oder Austritt von Mitgliedern in bzw. aus dem Netzwerk vollziehen. Hier sei noch einmal an die erhebliche Verbesserung der Angebotsstruktur der *StarAlliance* auf dem transatlantischen Markt erinnert (▶ Kap. 11.1), die durch die Aufnahme von *Continental Airlines* in das Netzwerk erlangt wurde. Dadurch konnte endlich auch die Flugverkehrsdrehscheibe New York (Newark) direkt angeflogen und eine empfindliche Lücke im Streckenangebot geschlossen werden (vgl. Spaeth 2010, S. 25).

Darüber hinaus kann die Entwicklung aber auch durch den Wandel der vorhandenen (kollektiven) Akteure bzw. ihrer Praktiken bedingt sein. Denkbar ist das etwa über die Entwicklung neuer organisationaler Kompetenzen, über das *Wachstum* eines Netzwerkakteurs mittels M&A oder über die Übernahme einer Netzwerkorganisation durch einen Dritten. Letzteres führte beispielsweise bei der *StarAlliance* zu einem radikalen Schritt des Wandels: Nach der Übernahme des langjährigen Netzwerkmitglieds *VARIG* durch die ebenfalls brasilianische *Gol Trans-*

portes Aéreos in 2007 entschied man sich im Netzwerkverbund kurze Zeit später für eine Exklusion der Nachfolgegesellschaft. Wenngleich der Wandel des Netzwerks nicht geplant – und aufgrund des Wegfalls einer ganzen Reihe von Flugrouten nach Südamerika schon gar nicht erwünscht war – basierte die Entscheidung des Ausschlusses auf einer konsequenten Umsetzung allianzinterner Evaluationspraktiken. Die Folgen dieser bewussten Entscheidung des Netzwerkmanagements waren lange Zeit schmerzhaft zu spüren. Die entstandene Lücke des *StarAlliance* Flugangebots zu südamerikanischen Destinationen konnte erst 2010 durch die Aufnahme der größten brasilianischen Airline, der *TAM* sowie zwei weiteren mittel- und südamerikanischen Fluggesellschaften, *Copa* und *Avianca-TACA*, wieder geschlossen werden (vgl. Spaeth 2011, S. 35).

Bei den *Beziehungen* als Moment der Netzwerkentwicklung stehen vornehmlich Netzwerkbeziehungen im Sinne dominant kooperativer, oftmals vertrauensvoller, zumindest aber verlässlicher Interorganisationsbeziehungen im Zentrum des Wandels. Netzwerkbeziehungen können sich inkremental entwickeln, beispielsweise durch ein Ansteigen oder Absinken des Vertrauensniveaus im Netzwerk. Sie können sich aber auch in einer eher transformativen Weise durch Quasi-Internalisierung und Externalisierung aus stärker marktlichen bzw. hierarchischen Beziehungen ergeben (▶ Kap. 8). *Continental* wurde beispielsweise erst nach einer Phase bilateraler Intensivierung von vormals marktlichen Beziehungen zu *United*, einem der Gründungsmitglieder der *StarAlliance*, in den Netzwerkverbund aufgenommen. Kurze Zeit später folgte dann die Fusion von *Continental* und *United*.

In noch fundamentalerer Art und Weise können die Akteure Netzwerkbeziehungen unmittelbar aufnehmen oder abbrechen, wobei Letzteres nicht notwendig leichter ist, typischerweise aber weniger Zeit erfordern dürfte. Die radikale Trennung der *StarAlliance* von der Nachfolgegesellschaft der *VARIG* ist hierfür ein Beispiel. Die Aufnahme der *TAM* in die *StarAlliance*, die nicht zuletzt der Kompensation der ausgeschlossenen Nachfolgegesellschaft der *VARIG* diente, vollzog sich in einem langwierigen Prozess bilateraler Quasi-Internalisierungen. Vormals eher marktliche Beziehungen zur *TAM* wurden intensiviert und es erfolgte ein allmählicher Vertrauensaufbau zu einzelnen Mitgliedern der *StarAlliance* auf der Basis von regelmäßig in Anschlag gebrachten Selektionskriterien dieser Allianz. Die Netzwerkentwicklung nach der Exklusion des alten Partners rekurrierte folglich konsequent auf Verfahrensweisen des Netzwerkmanagements, wenngleich das zunächst auch einen Rückschritt im Routenangebot der Allianz bewirkte. Im Zentrum der Selektionsentscheidung stand selbst in dieser Krisensituation das Bewusstsein bezüglich des ganz erheblichen Vorsteuerpotenzials dieser Funktion und somit das rekursive Verhältnis der Praktiken des Netzwerkmanagements. Gleichwohl schützte all dieser relationale Aufwand sowie weitere Bemühungen, wie gleich noch aufgezeigt wird, nicht davor, dass die *TAM* 2012 mit *LAN Airlines* zur *LATAM* fusioniert. Die *LAN* wiederum war zu der Zeit Mitglied bei *OneWorld* und die fusionierte *LATAM* ging zur bzw. bleib bei *OneWorld*. Zweifelsfrei ein herber Verlust für die *StarAlliance*, gleichwohl verließ *LATAM* 2020 auch *OneWorld* und ist seitdem in Lateinamerika ohne Allianz – jedoch nicht ohne bilaterale Partnerschaften – unterwegs.

Als weiteres Moment der Entwicklung von Netzwerkorganisationen kommen schließlich die Veränderungen von *Positionen* im Netzwerk hinzu (vgl. z. B. Windeler 2001, S. 259 ff.). Ein Wandel der Positionen im Netzwerk impliziert eine Veränderung nicht nur der Akteure oder der Beziehungen, sondern der gesamten *Akteurs-Beziehungs-Konstellation*. Gleichgültig ob der Wandel sich auf Akteurs-, Beziehungs- oder Positionsebene zeigt, kann er das gesamte Netzwerk betreffen oder aber im Sinne eines »confined change« (Halinen et al. 1999) zunächst auf einzelne Interorganisationsbeziehungen oder Teilnetzwerke beschränkt bleiben. Einen Positionswandel im Netzwerk nach einem »confined change« verursachte beispielsweise auch die Aufnahme von *Continental* als drittes US-amerikanisches Mitglied in die *StarAlliance* (neben *United* und *US Airways*). Mit der Aufnahme von *Continental* war im Wesentlichen eine Ausdehnung des Angebots auf dem transatlantischen Markt anvisiert. Gleichzeitig ergaben sich aber auch einige Überschneidungen im Streckenangebot von *US Airways* und *Continental* (vgl. Spaeth 2010, S. 26), was nicht nur eine Ausdehnung der Angebotsstruktur auf dem transatlantischen Markt verursachte, sondern zugleich auch die etablierte Position der *US Airways* auf diesem Markt veränderte, wenn nicht gar teilweise bedrohte. Dieser »confined change«, der nicht zuletzt auch einen begrenzten Wettbewerb innerhalb der *StarAlliance* forciert (▶ Kap. 11.1), wurde jedoch zur Zeit der Aufnahme der *Continental* in Kauf genommen, da er zu einer Stärkung der Wettbewerbsfähigkeit der *StarAlliance* im Kampf der drei globalen Luftverkehrsallianzen untereinander führt (vgl. Spaeth 2010). Die Entwicklung der Netzwerkorganisation *StarAlliance* im Ganzen und im Inter-Allianzwettbewerb im Besonderen stand folglich im Vordergrund der hier in Anschlag gebrachten Selektions-, Regulations- und Allokationspraktiken. Eine Veränderung begrenzter Akteurs-, Beziehungs- und Positions-Konstellationen im Netzwerkverbund der *StarAlliance* wurde hierbei billigend in Kauf genommen. Immerhin hielt diese Konstellation der »Coopetition« in der *StarAlliance* fünf Jahre: 2014 fusionierte *US Airways* mit dem *OneWorld* Gründungsmitglied *American Airlines* und *US Airways* verließ dergestalt die *StarAlliance*.

Als letztes – und zugleich eng mit den oben geschilderten Netzwerkentwicklungen in den Allianzverbünden der Luftverkehrsgesellschaften – zu beachtendes Moment des Wandels interorganisationaler Netzwerke geht es um die *Praktiken* des Netzwerkmanagements selbst, deren mögliches Ergebnis eine Veränderung bei den Akteuren, den Beziehungen und den Positionen ist – die aber selbstredend von genau diesen auch beeinflusst sind. Der Wandel kann Praktiken der Selektion und Allokation genauso treffen wie der Regulation und Evaluation, oder eben eine Mischung davon. Zu beobachten war ein derartiger Wandel der Praktiken des Netzwerkmanagements bei den Allianzverbünden der Luftverkehrsgesellschaften, vor allem bedingt durch Übernahmen und Fusionen, die die Luftverkehrsbranche immer wieder kennzeichnet. Hierdurch kam es nicht nur zu Verschiebungen der bisherigen Machtverhältnisse innerhalb der Allianzen, sondern auch zu einem Anheizen des Wettbewerbs zwischen den Allianzen – was wiederum neue Vorgehensweisen etwa bei der Re-Selektion, aber auch bei der Allokation und Regulation notwendig machen wird. Kaum war z. B. die Aufnahme der *TAM* in die *StarAlliance* unter Dach und Fach, da droht schon ihr Verlust, da diese vor einer Fusion mit der chilenischen *LAN*, einem der Gründungsmitglieder von *OneWorld*, stand. Ein Wechsel der *TAM* hätte für die *StarAlliance* massive Einschränkungen des gerade neu geordneten Süd- und Mittelamerikageschäfts zur Folge gehabt. Entsprechend nahmen die Verhandlungen bezüglich eines Verbleibs der *TAM* eine neue Dimension an, wie es Jaan Albrecht, Chief Executive Officer der *StarAlliance Services GmbH*, deutlich hervorhob: »Das ist eine für Star völlig neue Herausforderung (...). Wir werden aggressive Diskussionen führen, auch mit *OneWorld*, und *LAN* und *TAM* unsere Zahlen präsentieren, die für Star sprechen« (Spaeth 2011, S. 35). Genau diese aggressive Strategie wird sich jedoch wohl dauerhaft in den Praktiken des Netzwerkmanagements sedimentieren, denn der Airlineindustrie stehen noch weitere Fusionen bevor (vgl. ebd.). Den Kampf um die *TAM* hat die *StarAlliance* 2014 verloren, gleichwohl stehen gerade aktuell wieder mögliche Fusionen großer Luftverkehrsgesellschaften an, die die Welt(en) der globalen Luftverkehrsallianzen wieder neu drehen und zugleich weltweit die Kartellbehörden beschäftigen werden (vgl. z. B. o. V. 2024b).

Für die erste Formation sowie die weitere Entwicklung von Netzwerken kommt es – wie oben dargestellt – entscheidend auch auf die im Prozessmodell von Doz (1996) hervorgehobenen Anfangsbedingungen an. Als initiale Bedingungen können nicht zuletzt die drei bzw. vier hier im Fokus stehenden Dimensionen der Entwicklung interorganisationaler Netzwerke rücken: die Akteure selbst (etwa deren Kompetenzen einschließlich ihrer organisationalen Routinen bzw. Praktiken), die Beziehungen (z. B. horizontal, vertikal oder lateral) sowie ihre Positionen im Netzwerk (im Zentrum oder am Rand, internationale oder regionale Airline), aber eben auch die Netzwerkmanagementpraktiken. Während im originären Prozessmodell von Doz die Aufgabendefinition, die Erwartungen der Partner, die Partnerroutinen sowie die Schnittstellenstruktur als die entscheidenden initialen Bedingungen genannt werden, stellen Doz et al. (2000) Anfangsbedingungen heraus, die den Netzwerkfokus teilweise transzendieren und die Netzwerkentwicklung mit Blick auf alle vier Dimensionen entscheidend prägen können. Zu nennen sind hier

- der Zustand und die Dynamik der Netzwerkumwelt (z. B. Markt, Technologie, staatliche Regulierung),
- die Interessenähnlichkeit der Netzwerkakteure, die aus vorangegangenen Beziehungen, der Zugehörigkeit zu einer gemeinsamen Branche oder Profession und/ oder einer aktuellen Veränderung der Netzwerkumwelt resultieren können sowie
- das Vorhandensein einer sog. »triggering entity« in Form eines fokalen Unternehmens, einer staatlichen Agentur, eines anderen die Netzwerkentwicklung fördernden Champions oder einer Geschäftsstelle.

Beispielsweise erwarten Doz et al. (2000, S. 251) aufgrund ihrer empirischen Analyse von Netzwerkentwicklungsprozessen in US-amerikanischen F&E-Konsortien, dass das Auftreten einer »triggering entity« (z. B. einer Geschäftsstelle) erforderlich ist, wenn die Interessen der Netzwerkakteure eher unterschiedlich und die ursprünglichen Interdependenzen der Akteure gering ausgeprägt sind. In diesem Fall würde sich mit großer Wahrscheinlichkeit ein mehr oder weniger bewusst gestalteter (engineered) Entwicklungspfad des Wandels der Netzwerkorganisation einstellen und sich von einem eher emergenten Pfad in vielerlei Hinsicht unterscheiden. Bemerkenswert ist, dass am Anfang der Netzwerkentwicklung in beiden Fällen zwar durchaus umweltinduzierte Interdependenzen stehen können, sich im Fall der emergenten Entwicklung eine Ähnlichkeit der Interessen und ein »domain consensus« (Doz et al. 2000) aber gleichsam von selbst einstellen sollen. Bei der gestalteten Netzwerkentwicklungsform kommt es hingegen erst infolge der Intervention durch eine »triggering entity« zu einem die Beziehungen stabilisierenden Commitment.

Die Autoren gehen des Weiteren davon aus, dass die Wirkmacht einer solchen Entität entscheidend von ihrer Zentralität abhängig ist, die sie zu Anfang bekleidet oder sich im Entwicklungsprozess im Netzwerk aufbaut. Gleichwohl lassen andere Studien erkennen, dass entscheidende Impulse keinesfalls notwendig vom Zentrum des Netzwerks ausgehen müssen, sondern sich gerade – und keinesfalls immer willkommen – an der Peripherie entfalten können (z. B. Corbo et al. 2024). Ein Netzwerkwandel würde dann eher emergent initiiert werden wie es beispielsweise Huseyin Leblebici et al. (1991) an der Entwicklung der US-amerikanischen Broadcastingindustrie und den dort dem Wandel unterworfenen Organisationen, interorganisationalen Netzwerken und Netzwerkbeziehungen verdeutlichen.

Aufgrund der Allgegenwärtigkeit von Kontingenz und des subtilen Zusammenspiels von geplanten und emergenten Prozessen (vgl. zum Konzept der Emergenz auch Adrot 2023) sowie von flexiblen und stabilen Momenten im Prozess des Wandels ist somit nicht nur mit einem Wechsel von einem dominant geplanten zu einem dominant emergenten Muster zu rechnen, sondern auch mit einer ausgesprochenen Idiosynkrasie der Entwicklungsverläufe von Netzwerkorganisationen (vgl. auch Gulati/Gargiulo 1999). Im Laufe der Zeit werden die in ihrer Bedeutung für die Entwicklung von Netzwerkorganisationen kaum zu überschätzenden initialen Bedingungen überdies durch »revised conditions« (Das/Teng 2002) ersetzt. Nicht zuletzt die Untersuchung von Leblebici et al. (1991) hebt hervor, dass die Richtung, in die derartige Bedingungen revidiert werden bzw. sich verändern, nicht nur von der letztlich immer durch Handlungen verursachten, intendierten wie unintendierten Entwicklung eines interorganisationalen Netzwerks abhängig sind. Tatsächlich ist die Netzwerkentwicklung nicht getrennt von der Entwicklung der (Netzwerk-)Umwelt sowie den Netzwerkunternehmen zu verstehen: Die organisationale Entwicklung der einzelnen Akteure innerhalb und außerhalb eines Netzwerks sowie die Entwicklung der Umwelt bzw. des »organisationalen Feldes« (DiMaggio/Powell 1983) bzw. des »institutionellen Feldes« (Phillips et al. 2000), in das ein interorganisationales Netzwerk und seine Mitgliedsorganisationen eingebettet sind, sind dabei von Bedeutung (Powell et al. 2005; Corbo et al. 2024).

Die Tatsache, dass die Entwicklung von Netzwerkorganisationen bislang so wenig verstanden ist, liegt unter anderem daran, dass die Koevolution von Unternehmensnetzwerk, Netzwerkumwelt und Netzwerkunternehmen noch relativ selten untersucht worden ist: »Little is known about how alliances and their contexts – including the characteristics of the partner firms – co-evolve in a dynamic fashion« (Das/Teng 2002, S. 726). Dieser Befund hat auch nach mehr als zwei Jahrzehnten noch seine Gültigkeit. Das Zusammenspiel, so ist anzunehmen, wird weitaus komplexer, kontingenter und widersprüchlicher sein als im Falle des Wandels von Organisationen, sind doch Organisationen regelmäßig ›nur‹ der Organisationsumwelt ausgesetzt und nicht (zwingend) in interorganisationale Netzwerke mit all ihren direkten und indirekten Konnektivitäten eingebunden. Gerade diese Einbindung bewirkt jedoch, dass organisationaler Wandel nicht nur endogen und exogen, sondern zusätzlich auch *netzwerkendogen*, zum Beispiel durch kritische Ereignisse im Beziehungsgeflecht der Partnerorganisationen, ausgelöst werden kann. Ein weiterer Anlass für einen Netzwerkwandel mögen die Beziehungen zu anderen Netzwerken darstellen. Auch dieses Phänomen gerät der Forschung erst jetzt in den Blick (vgl. z. B. Lin et al. 2010), obwohl es in einem vernetzten organisationalen oder institutionellen Feld naheliegt, dass das Vorliegen von »networked networks« (Sydow et al. 1998) genauso wie die Überbrückung von »structural holes« (Burt 1992) danach verlangt.[43]

Zur Überbrückung eines strukturellen Lochs im Routenplan nach dem Ausschluss der *VARIG* aus der *StarAlliance* versuchten die verbliebenen Mitglieder, die den südamerikanischen und insb. den brasilianischen Luftraum anfliegen dürfen – wie die portugiesische *TAP* – per bilateraler Vertragsgestaltung etwa mit regionalen Fluggesellschaften, diesen Engpass zumindest zum Teil auszugleichen. Das wiederum führte nicht nur zu ganz erheblichen Mehrbelastungen, Kapazitätsengpässen, Routenneuplanungen usw. des jeweiligen Netzwerkmitglieds, sondern machte auch ein zusätzliches Netzwerkmanagement (etwa bzgl. der Selektion möglicher Partner) notwendig, was letztlich in der Aufnahme von *drei* südamerikanischen Luftverkehrsgesellschaften gekrönt wurde, von denen bis heute zwei Partner weiterhin in der *StarAlliance* aktiv sind. Eine von Klophaus und Lordan (2018) auf Basis der »Theorie komplexer Netzwerke« vorgenommene vergleichende Studie der drei globalen Airlineverbünde zeigt überdies, dass sich der Aufwand des Netzwerkmanagements der *StarAlliance* über die Jahre hinweg hinsichtlich des Ziels, ein möglichst robustes globales Flugroutennetz zu entwickeln, gelohnt hat: Das Routen- und Codesharingnetzwerk der *StarAlliance* wird im Vergleich als am wenigsten verwundbar im Falle des Abgangs von Partnern ausgewiesen. Eine ebenfalls die drei globalen Luftverkehrsallianzen vergleichende Studie von Chan et al. (2021) untermauert auf Basis einer Netzwerkanalyse der Flugverbindungen zwischen internationalen Flughäfen die anhaltende Marktdominanz der *StarAlliance*.

Zusätzlich zur Dynamik der einzelnen Mitgliedsorganisationen und des Netzwerks wird im Wandel der zum Beispiel branchenmäßig und regional genauer zu

---

43 Mit strukturellen Löchern wird im Rahmen der Netzwerkanalyse auf fehlende Beziehungen zwischen Akteursgruppen verwiesen. Eine gezielte Überbrückung dieser Löcher im Beziehungsnetzwerk kann zu erheblichen Vorteilen in Hinsicht auf den Zugang zu fehlenden materiellen und immateriellen Ressourcen führen.

spezifizierenden Felder eine wesentliche Triebkraft für die Netzwerkentwicklung gesehen. Nicht zufällig steht, wie oben dargestellt, die Netzwerkumwelt am Beginn der Liste relevanter initialer Bedingungen (vgl. Doz et al. 2000). Bezogen auf die Branche wird zum Beispiel festgestellt, dass »every industry has its own clockspeed – or rate of evolution – depending upon its products, processes and customers« (Fine et al. 2002, S. 70). In Folge kommt es zu notwendigen Anpassungen, nicht nur auf der Ebene der einzelnen Unternehmen, sondern auch auf Ebene der interorganisationalen Netzwerke. Letztere können bei entsprechender Multiplexität, Redundanz und loser Kopplung im Netzwerk eventuell sogar den organisationalen Wandel auf der Ebene einzelner Mitglieder ersetzen (vgl. dazu Staber/Sydow 2002). Besonders in Krisenzeiten wie der Covid-19-Pandemie scheint eine entsprechende Flexibilität und Adaptabilität der Netzwerkorganisation gefragt zu sein (De Rooij et al. 2024), auch und gerade in zeitlicher Hinsicht (Beck et al. 2024).

Schließlich kann auch die Netzwerkorganisation dazu genutzt werden, die (Netzwerk-)Umwelt absichtsvoll zu beeinflussen und mit anderen Worten »strategisch zu institutionalisieren« (Ortmann/Zimmer 2001), um so einer umweltinduzierten Dynamik entgegenzuwirken. Beispielsweise haben der deutsche *Verband der Verkehrsflughäfen* sowie internationale Verbünde von »airport authorities« wie das *Airport Council International Europe* gegen eine *vollständige* Liberalisierung bzw. »unregulierte Deregulierung« des Wettbewerbs für Bodenverkehrsdienstleistungen auf den Flughäfen gekämpft, da diese unter anderem die Abläufe auf den oftmals räumlich stark beengten Flughäfen negativ beeinträchtigen könnte. Nicht zuletzt im Zuge dieser gemeinschaftlichen Bemühungen konnten staatliche Akteure tatsächlich dahingehend beeinflusst werden, eine über die Zeit gestreckte Öffnung der Bodenverkehrsdienstleistungsmärkte zu veranlassen sowie in Einzelfällen die Zahl der Anbieter weiterhin zu begrenzen.[44]

Der Wandel interorganisationaler Netzwerke dürfte sich dabei in einem Feld, das selbst – also über ein fokales Netzwerk hinausgehend – entsprechend vernetzt ist, mit anderen Worten dem Fall der »networked networks« entspricht (vgl. auch Mountford/Geiger 2020), anders vollziehen als in einem eher marktlich oder hierarchisch koordinierten Feld. Regionale Cluster etwa zeichnen sich durch eine hohe Konnektivität und zumeist dem Netzwerkmodus entsprechende Interaktion aus (▶ Kap. 13). Ein schnell und dynamisch wachsender Hot Spot dürfte dabei wiederum ein anderes Netzwerkumfeld abgeben als traditionelle, eher wachstumsschwache Industriedistrikte, die gleichwohl durch ein hohes Maß an Interaktion und damit Vernetzung gekennzeichnet sein können. Entsprechend sind koevolutionäre Prozesse in wachstumsintensiven Hightech-Industrien, wie beispielsweise im Feld der optischen Technologien (vgl. dazu Hendry et al. 1999; Lerch 2009), bei aller Kontingenz im Detail, durch andere Verlaufspfade gekennzeichnet

---

44 Vgl. zur Geschichte der institutionellen Einbettung der Organisation und Deregulierung der Bodenverkehrsdienstleistungen auf dem Flughafen Frankfurt/Main Duschek/Wirth (1999) und Duschek (2014). Bis heute ist die Zahl der Anbieter auf dem Vorfeld des Frankfurter Flughafens auf zwei beschränkt. Am Flughafen London-Heathrow gibt es hingegen mehr als zehn Anbieter von Bodenverkehrsdienstleistungen.

als in Feldern eher traditioneller Technologien. Mit anderen Worten: Ein fokales Netzwerk entwickelt sich manchmal in einem organisationalen Feld, das selbst eine »ecology of networks« (Carley 1999) darstellen kann (vgl. auch Phillips et al. 2000; Lawrence et al. 2002).

Die dynamischen Entwicklungen auf den drei Ebenen: Organisation, Netzwerk und Feld, sind nicht unabhängig voneinander, wie es schon an Beispielen verdeutlicht wurde, sondern miteinander vielfach verschränkt (▶ Kap. 3). Es ist etwa davon auszugehen, dass die Entwicklung der Netzwerkunternehmen (Ebene der Organisation) die Evolution des Unternehmensnetzwerks (Ebene des Netzwerks) beeinflusst, sofern sie eine wichtige Anfangsbedingung für die Netzwerkentwicklung ist. Beispielsweise mag es einer auf eine Kundengruppe gezielt ausgerichteten Abteilung besser gelingen, Kunden als Dienstleister zu ›integrieren‹ (vgl. dazu Grün/Brunner 2002) und auf diese Weise die Beziehungen zu wichtigen ›down stream‹-Partnern kooperativer zu gestalten. Umgekehrt hat die Netzwerkentwicklung (Rück-)Wirkungen nicht nur auf die Entwicklung dyadischer Interorganisationsbeziehungen, sondern auch auf die organisationale Evolution der einzelnen Netzwerkmitglieder. Der Entwicklungsstand des Netzwerks ist insofern eine wichtige ›initial condition‹ für das Verständnis der Organisationsentwicklung der Mitglieder. Immer kommt es jedoch auf die konkreten Praktiken an, mit Hilfe derer sich die Akteure mehr oder weniger machtvoll auf die Strukturen der Organisation, des Netzwerks und/oder des Feldes beziehen und durch die sie diese Strukturen reproduzieren oder auch transformieren, sodass aus »initial conditions« immer wieder »revised conditions« werden. Erst in diesem rekursiven Zusammenspiel, das auf und zwischen verschiedenen Ebenen zu erfassen ist, kann die Entwicklung von Netzwerkorganisationen angemessen verstanden werden.

12.2 Reflexive Netzwerkentwicklung und reflexives Grenzmanagement

Das oben angesprochene rekursive Zusammenwirken verschiedener Ebenen (z. B. Organisation, Netzwerk, Netzwerkumwelt) sowie die hierbei vielschichtig zum Problem werdenden Spannungsverhältnisse – etwa von Formalität und Informalität – sollten im Rahmen eines Managements der Netzwerkentwicklung zweifelsfrei eine große Bedeutung erhalten, allemal wenn es dafür auf ein »trusting across boundaries« (Kroeger/Bachmann 2013) ankommt. Die Realität des Netzwerkmanagements steht der hier aufscheinenden Komplexität jedoch oftmals mehr oder weniger ohnmächtig gegenüber (Toubiana et al. 2017). Ebenso finden sich bis heute in der Netzwerkforschung nur wenige Beiträge, die Licht in das Dunkel der Praktiken reflexiver Netzwerkentwicklung bringen (vgl. aber zum Beispiel mit Blick auf Verhandlungen Ness 2009). Zumeist konzentriert sich die Forschung zudem auf die Beschreibung und Erklärung der Veränderung von Organisationsgrenzen *im* Netzwerk; dabei wird außerdem überwiegend noch eine ökonomische Governanceperspektive eingenommen, die die tatsächlichen Praktiken des Grenzmanagements wenig erhellt (vgl. z. B. die Beiträge in Colombo 1998). Im Folgenden wollen wir einige Facetten reflexiver Netzwerkentwicklung am Beispiel eines reflexiven Grenzmanagements herausarbeiten (vgl. insb. Ortmann/Sydow 1999; Duschek et al. 2001; Thrane/Hald 2006; Kroeger/Bachmann 2013; Levina/Vaast 2013).

Im Zuge der zunehmenden Verbreitung interorganisationaler Beziehungen im Allgemeinen und interorganisationaler Netzwerke im Besonderen rückt auch ein entsprechendes Management der Organisationsgrenzen immer stärker in den Fokus. Ein bewusstes Aufnehmen und Aufrechterhalten bzw. die Steuerung von Netzwerkbeziehungen benötigt gar unabdingbar ein *Grenzmanagement* bzw. ein »interorganisationales Schnittstellenmanagement« (Herbst 2002) und eine entsprechende »boundary work« (Langley et al. 2019). Reale interorganisationale Netzwerke bestehen nämlich keineswegs aus »boundaryless organizations« (Ashkenas et al. 1995) oder »grenzenlosen Unternehmungen« (Picot et al. 2003, 2020), obwohl sich letzteres Verständnis bis heute bewahrt zu haben scheint. Tatsächlich existieren Unternehmen und andere Typen von Organisationen mit ihren Grenzen in interorganisationalen Netzwerken fort. Mehr noch, die Netzwerkform kann eher als Instrument zur Bestandssicherung denn als Mittel zur Auflösung von Organisationen angesehen werden. Dies ist ja auch angesichts der Erkenntnis, dass Grenzen wichtige Funktionen erfüllen, nicht überraschend (vgl. auch Paulsen/Hernes 2003). Handelnden in Organisationen wie Netzwerken geben Grenzen beispielsweise Orientierung, versprechen Zuständigkeiten und bieten Identifikationsmöglichkeiten. Folglich muss ein Grenzmanagement zu einem integralen Bestandteil des Netzwerkmanagements werden und die bekannten Funktionen der Selektion von Netzwerkpartnern, der Allokation von Aufgaben, Ressourcen und Verantwortlichkeiten im Netzwerk, der Regulation der interorganisationalen Zusammenarbeit sowie der Evaluation der Netzwerkpartner, der Netzwerkbeziehungen und des gesamten Netzwerks inkludieren.

Speziell erfordert ein Grenzmanagement ein komplexes Management des situations- und kontextadäquaten nicht nur Bewahrens, sondern auch Öffnens und Schließens von Grenzen zwischen Netzwerkorganisationen und zwischen Netzwerk und Umwelt. Wie herausfordernd das sein mag, kann illustriert werden anhand von interorganisationalen Netzwerken, die wenig formalisiert sind, also vor allem auf informellen Absprachen und Übereinkünften basieren, bei dem im Sinne einer heterarchischen Steuerung auch noch alle Partner in Entscheidungsprozessen – auch des Grenzmanagements – einbezogen werden. Im Extremfall ist es vorstellbar, dass beispielsweise Grenzen der Mitgliedschaft verschwimmen, also nicht jederzeit für alle Beteiligten klar ist, wer überhaupt dazugehört und wer nicht. Vorstellbar ist das bei interorganisationalen Netzwerken, die als Plattform für einen losen, weitgehend informellen Erfahrungsaustausch etabliert werden. In der Praxis ist dieses Modell sehr verbreitet u. a. im Umfeld regionaler Wirtschaftsförderung. Darüber hinaus bedarf es zusätzlich einer entsprechenden Bestimmung der jeweils in den Fokus gerückten Grenzen bzw. Grenzziehungen, denn selbst wenn sich die Frage einer »Auflösung von Unternehmen« im Rahmen interorganisationaler Netzwerke zwar nicht wirklich stellt, so werden die Grenzen zumindest im praktischen

Handeln regelmäßig »verschwimmen«, indem etwa Externe zu (Quasi-)Internen bzw. Interne zu (Quasi-)Externen werden.

Dimension Ebene	Raum und Zeit	Innen und Außen	Formell und Informell	Oben und unten
Intra-organisationale Grenzen				
Organisations-grenzen				
Netzwerk-grenzen				

Dar. 12.1: Ebenen und Dimensionen des Grenzmanagements (Duschek et al. 2001, S. 210)

Selbst wenn das Management der Grenzen von Organisationen in interorganisationalen Netzwerken im Mittelpunkt steht, so muss unseres Erachtens mindestens auf drei Ebenen des Grenzmanagements rekurriert werden; gleichgültig ob z. B. Wissen durch Boundary Spanners nur transferiert oder aber übersetzt oder gar transformiert wird (Carlile 2004; Levina/Vaast 2013): Auf einer *ersten* Ebene geht es darum, die Grenzen der einzelnen Organisationen im Netzwerk (zueinander) zu managen. Diese Ebene eines Netzwerkmanagements (der Grenzen) steht sowohl in Praxis als auch Forschung üblicherweise – und entsprechend den Fokus zu einengend – im Zentrum (mittlere Zeile ▶ Dar. 12.1 sowie Kap. 11; vgl. zu dieser Ebene z. B. Heracleous 2004; Santos/Eisenhardt 2005; Blois 2006). Auf einer *zweiten* Ebene gilt es, die Grenze eines interorganisationalen Netzwerks zu seiner Netzwerkumwelt, also *Netzwerk*grenzen, zu bestimmen und zu gestalten. Dies ist nach Ansicht etwa von Håkansson und Johanson (1988, S. 370) und anderen ausgesprochen schwierig, da »in principle, such industrial networks are unbounded« (z. B. auch Chou/Zolkiewski 2012). Selbst wenn man diese aus einer Netzwerkperspektive formulierte Einschätzung nicht teilt, herrscht in der Praxis über die Mitgliedschaft in einem Netzwerk oft keine Eindeutigkeit (vgl. Huxham/Vangen 2000b). Gleichwohl gibt es in der Praxis neben interorganisationalen Netzwerken mit sehr unscharfen auch solche mit sehr klar konturierten Netzwerkgrenzen. Zu Letzteren sind etwa die drei großen Luftverkehrsallianzen *StarAlliance*, *SkyTeam* und *OneWorld* zu zählen.[45] Auf der *dritten* Ebene geht es schließlich darum, über die Bestimmung und Gestaltung von Organisations- und Netzwerkgrenzen hinaus, organisations*interne* Grenzen, etwa jenen zwischen

---

45 Vgl. zur Notwendigkeit und zu den Problemen von Unternehmungsnetzwerken, die Netzwerkgrenzen zu reproduzieren und sich nach außen als (Netzwerk-)Einheit darstellen zu müssen, die Fallstudien bei Sydow et al. (1995).

Abteilungen oder Sparten, zu managen. Bislang sind es diese Grenzen, die im Zentrum der Diskussion um ein »Schnittstellenmanagement« (Brockhoff/Hauschildt 1993; Specht 1995; Araujo et al. 1999) stehen. Die organisationsinternen Grenzen spielen im Zusammenhang mit einer interorganisationalen Vernetzung eine gar nicht hoch genug einzuschätzende Rolle. Diese kann beispielsweise darin ihre Begründung finden, dass intern bereits sehr ausgeprägte Grenzen die (Quasi-)Externalisierung bestimmter Funktionen oder gar die Aufspaltung einer Organisation erleichtern. Darüber hinaus werden Netzwerkbeziehungen in praxi oftmals auf den Ebenen von Organisationseinheiten hergestellt und deren Beteiligung kann erhebliche Konsequenzen für die interne Struktur, für das interne Regelwerk, den internen Ressourcenzugang und daher für die interne Machtstruktur haben.

Auf allen drei Ebenen geht es praktisch nicht nur darum, die Grenzen – wie zumeist unterstellt – zu öffnen und damit die organisationsübergreifende Zusammenarbeit zu erleichtern. Häufig kann es im Widerspruch zu einer Strategie der »open innovation« (Chesbrough 2003) auch darum gehen, Organisationen und interorganisationale Netzwerke zu schließen. Rhetorisch gefragt: »open innovation, but in closed networks?« (Sydow et al. 2016, S. 243). Eine gewisse Schließung bzw. Abgrenzung erleichtert beispielsweise die Entwicklung von Identität und Vertrauen, aber auch den Schutz vor unkontrolliertem Wissensabfluss, auf der Ebene der Organisation genauso wie auf der Ebene des Netzwerks. Auf allen drei Ebenen – und ganz typisch für eine solche Funktion des Netzwerkmanagements – muss sich ein Grenzmanagement auf eine Reihe von Dimensionen bzw. typische Spannungsverhältnisse des Öffnens und Schließens der Grenzen beziehen (▶ Dar. 12.1).⁴⁶

Beispielsweise gilt es, ein Grenzmanagement entsprechend der Ebenen gezielt nach *Innen und Außen*, d. h. auf die jeweiligen Adressaten hin, auszurichten. Eine Unterscheidung einer Innen- und Außensicht auf Organisationsgrenzen ist folglich deshalb von Bedeutung, weil diese Differenz Möglichkeiten einer bewussten, politischen, interessen- und problemgeleiteten Definition und Nutzung – sowohl im Innen- als auch im Außenverhältnis – bietet. Im Außenverhältnis sind Organisationen oftmals darum bemüht, Kunden, Lieferanten und ggf. auch Wettbewerbern gegenüber einheitlich aufzutreten. Das hat Implikationen für das Management von Organisationsgrenzen bzw. der grenzüberschreitenden Beziehungen, zumal wenn entsprechende Organisationskonzepte wie das Key Account Management das »Beziehungsmanagement« (Diller/Kusterer 1988) unterstützen. Ein Blick aus dem Inneren der Organisation wiederum macht oft deutlich, dass die im Verhältnis zu anderen Organisationen vorgenommenen Grenzziehungen durchaus unterschiedlich interpretiert werden. Die Unterschiedlichkeit von Grenzziehungsprozessen aus der Innenperspektive einer Organisation ist dabei zu einem großen Teil organisationsinternen Grenzen geschuldet. Wieder anders kann sich hingegen die Außendarstellung

---

46 An dieser Stelle beschränken wir uns auf eine exemplarische Darstellung von zwei Spannungsverhältnissen. An anderer Stelle haben wir alle vier Spannungsverhältnisse herausgearbeitet: (1) Raum und Zeit, (2) innen und außen, (3) formell und informell sowie (4) oben und unten (vgl. umfassend insb. Duschek et al. 2001).

einer Netzwerkorganisation in Hinsicht etwa auf eine Aufsichtsbehörde darstellen, da diese den Blick auf interorganisationale Netzwerke nicht aus der Perspektive der Einzelwirtschaftlichkeit oder der Erzielung relationaler Gewinnmöglichkeiten richtet, sondern auf Basis der Wettbewerbspolitik und des Wettbewerbsrechts (▶ Kap. 6.1), was Netzwerkorganisationen dazu veranlasst, sich entsprechend (regelkonform) zu präsentieren. Situations-, adressaten- und gelegenheitsabhängig lassen sich folglich einmal mehr die Identität und Einheit des Netzwerks (vgl. dazu auch Rometsch/Sydow 2006; Rometsch 2008, S. 385 ff.) bzw. einer interorganisationalen Kollaboeration (vgl dazu Öberg 2016; Ungureanu et al. 2020), ein andermal mehr die Differenz und Grenzen zwischen den Einzelorganisationen hervorkehren. Beispielsweise ist die langjährige Kooperation zwischen der *Lufthansa* und *Fraport*, der Betreibergesellschaft des Frankfurter Flughafens, dem Heimatairport der *Lufthansa*, mittlerweile Legende. Am deutlichsten manifestiert sich die Enge der Zusammenarbeit sicherlich in der Tatsache, dass das Terminal 1 aussieht wie ein *Lufthansa*-Terminal, tatsächlich aber von *Fraport* betrieben wird – genauso wie auch die Bodenverkehrsdienstleistungen für die *Lufthansa* am Frankfurter Flughafen auch heute noch exklusiv von *Fraport* ausgeführt werden (vgl. o. V. 2018b). Geht es seitens *Fraport* darum, mit anderen Airlines, gerade auch jenen außerhalb der *StarAlliance*, Verhandlungen über eine engere Zusammenarbeit zu führen, wird es an der ein oder anderen Stelle zweckmäßig sein, die enge Kooperation mit der *Lufthansa* in den Hintergrund treten zu lassen.

Ein Grenzmanagement ist des Weiteren in Hinsicht auf das Spannungsverhältnis von *Formalität und Informalität* auszurichten. Schon in dem Versuch, Organisationsgrenzen über die formale Mitgliedschaft von Mitgliedern zu bestimmen, kommt zum Ausdruck, dass traditionell der Formalität bei der Grenzziehung große Aufmerksamkeit zukommt. Ähnlich wie zwischen Innen und Außen gibt es auch Differenzen zwischen formaler Grenzziehung einerseits und informeller, vielleicht gerade noch tolerierter oder eben auch nicht mehr akzeptierter Praxis andererseits. Ein Grenzmanagement hat sich folglich nicht einfach an der Schneidung entlang der Dimension formell-informell zu orientieren, sondern entlang der Differenz zwischen kodifizierter Interpretation von Regeln und tatsächlich praktizierten Regeln. Obwohl es letztlich auf die regelmäßige Praxis (hier der Grenzziehung) ankommt, heißt das jedoch nicht, »daß die formulierten Regeln – besser formuliert, die Formulierungen von Regeln – bewandtnislos wären. Im Gegenteil: Aus der Differenz zwischen praktizierten und formulierten Regeln gewinnen Organisationen, gewinnen auch deren Grenzen die nötige Flexibilität für situationsangepaßtes, adressatenspezifisches Handeln« (Ortmann/Sydow 1999, S. 216).

Eine neue Brisanz erhält das Grenzmanagement, dessen Dimensionen natürlich auch anders gefasst werden können (z. B. Zobel/Hagedoorn 2020), im Zuge der Internet- und Plattformökonomie und der digitalen Transformation (▶ Kap. 10). So stellen sich die Fragen der Grenzziehung auch im Management von Internetplattformen. Dies wird beispielsweise ersichtlich bei einem Blick auf den *Amazon* Marketplace. In dieser sehr hierarchisch gesteuerten Kooperationsform trifft *Amazon* Entscheidungen, welche interorganisationalen Partner überhaupt Produkte auf der Plattform anbieten dürfen bzw. nach welchen Kriterien sie zugelassen werden. Die Partner untereinander stehen wiederum in einem unerbittlichen Preiswettbewerb. Nach außen gibt es einerseits klare Grenzziehungen zu Plattformen mit anderen Domänen wie beispielsweise *Alibaba* oder *Temu*; gleichwohl bieten viele Händler ihre Produkte gleichzeitig auf verschiedenen Plattformen an. Nach innen wiederum stellen sich ebenso Fragen des Grenzmanagements, beispielsweise welche logistischen Dienstleistungen *Amazon* selbst erstellt und wo auf die Zusammenarbeit mit externen Logistikpartnern zurückgegriffen wird. Im Zuge der digitalen Transformation kann generell davon ausgegangen werden, dass organisationale Grenzziehung in Zukunft noch weiter dynamisiert wird. Beispielsweise ist es heute schon so, dass im Zuge des Internet der Dinge eine flexible Orchestration von Maschinen und Endgeräten auch über Hersteller hinweg möglich ist. Solche Smart Factories eröffnen also technologisch bedingt neue Möglichkeiten auch organisationaler Grenzziehungen.

12.3 Netzwerkentwicklungs- und -managementkompetenzen

Ein auf Netzwerkentwicklung zielendes Netzwerkmanagement, das dürfte schon aufgrund der Notwendigkeit der Berücksichtigung verschiedener Ebenen, Dimensionen und Praktiken deutlich geworden sein, setzt Kompetenzen, genau genommen: *Netzwerkmanagementkompetenzen*, voraus. Das Interesse am Verständnis derartiger Kompetenzen des Netzwerkmanagements ist in Praxis und Forschung in den letzten Jahren zunehmend gestiegen. Zugleich handelt es sich immer noch um ein relative junges Forschungsgebiet innerhalb der Netzwerk- und Allianzforschung. Entsprechend hat sich in kürzester Zeit eine verwirrende Vielfalt an Begriffen und Verständnisweisen herausgebildet (vgl. z. B. Oelsnitz/Graf 2006; Schilke 2007; Kuppke 2008; Mitrega et al. 2012; Wang/Rajagopalan 2015; Wang et al. 2022).[47] Ohne an dieser Stelle auf die zahlreichen Detailunterschiede eingehen zu können, lassen sich jedoch zumindest zwei zentrale Forschungsströmungen ausmachen. Zum einen wird Netzwerkkompetenz als *kollektive Fähigkeit* eines Netzwerks verstanden (vgl. z. B. Dyer/Singh 1998; Zollo et al. 2002; Duschek 2004; Dyer et al. 2018), zum anderen wird Netzwerkkompetenz als *organisationale Fähigkeit* den einzelnen Mitgliedern bzw. einer fokalen Netzwerkunternehmung zugeschrieben (vgl. für viele Anand/Khanna 2000; Draulans et al. 2003; Sako 2004; Heimeriks 2008; Wang/Rajagopalan 2015; Kohtamäki et al. 2018; Wang et al. 2022), wobei letzteres Ver-

---

47 Allein die Menge an unterschiedlichen Begriffen ist inzwischen überbordend und reicht von »Alliance Capability« (z. B. Heimeriks 2008; Heimeriks et al. 2009, Castro/Roldán 2015) oder »Allianzfähigkeit« (Schilke 2007; Schilke/Wirtz 2008; Kupke 2008) über »Network Capability« (Möller/Svahn 2005) oder »Netzwerkkompetenz« (Ritter 1998; Ritter/Gemünden 1998) bis hin zu »Relational Capability« (Dyer/Singh 1998; Gulati 2007; Wang/Zajac 2007) und »Allianzmanagementkompetenz« (Hoffmann 2001, 2003), um nur die bekanntesten Bezeichnungen zu nennen.

ständnis in der Literatur deutlich stärker vertreten ist und oft nur auf das Management dyadischer Interorganisationsbeziehungen bezogen wird. Aktuell wird dabei etwa auch auf die Frage eingegangen, welche Herausforderungen für das Management damit verbunden sind, wenn eine Organisation in mehrere Netzwerke eingebunden ist (van der Woerd et al. 2024).

Viel zu selten wird bisher jedoch erkannt, dass beide Ansätze – organisations- und netzwerkbezogen – nicht nur eine ganze Reihe von Überschneidungen aufweisen (z. B. bezüglich der Funktionen oder der Bedeutung von Lernprozessen), sondern auch in ihrer Wirkungsweise eng zusammen gedacht werden sollten (vgl. etwa Vlaar et al. 2007, S. 438). Beispielsweise ist eine »kooperative Kernkompetenz« (Duschek 1998) bzw. die Erzielung dauerhafter relationaler Wettbewerbsvorteile eines Netzwerks (vgl. Dyer/Singh 1998; Dyer et al. 2018) kaum realisierbar, ohne dass die beteiligten Netzwerkunternehmen jeweils für sich genommen auch über eine ganz erhebliche Netzwerkmanagementkompetenz verfügen, die eine anhaltende und fruchtbare Zusammenarbeit über die Grenzen der einzelnen Organisationen hinaus erst ermöglicht. Faktisch bedingen beide Kompetenzebenen einander rekursiv – und zwar sowohl im Erfolgs- als auch im Misserfolgsfall.

Wenngleich verstärkt für eine Mehrebenenbetrachtung und auch eine Unterscheidung von generellen und speziellen, d. h. auf einen Allianzpartner gerichteten, Fähigkeiten plädiert wird (vgl. Wang/Rajagopalan 2015; Wang et al. 2022), so kann eine »ability for finding, developing and managing alliances« (Lambe et al. 2002, S. 142) jedoch als Minimalkonsens einer Definition von Netzwerkmanagementkompetenz angesehen werden (vgl. ähnlich z. B. Castro/Roldán 2015, S. 66). Vergessen werden sollte auch nicht die Fähigkeit, eine Interorganisationsbeziehung kompetent zu beenden und ggf. wieder aufzunehmen, d. h. zu »rekonstituieren« (Poblete et al. 2022). Über diese rein funktionale Bestimmung einer Netzwerkmanagementkompetenz hinaus (die entsprechend unseres Verständnisses in Hinsicht auf die Selektion, Allokation, Regulation und Evaluation sowie deren Zusammenspiel in den Praktiken des Netzwerkmanagements spezifiziert werden müsste), verweist eine lange Reihe von frühen Untersuchungen darauf, dass eine Netzwerkmanagementkompetenz sehr eng daran gekoppelt ist, Erfahrungen mit der Netzwerkorganisation gesammelt zu haben (vgl. für viele Anand/Khanna 2000; Draulans et al. 2003; Hoang/Rothaermel 2005; Rothaermel/Deeds 2006; und für einen aktuellen Überblick Wang et al. 2022). Tatsächlich wurde in der Forschung die Netzwerkmanagementkompetenz lange Zeit sogar mit der Netzwerkerfahrung gleichgesetzt und überdies nicht selten über die (pure) Anzahl der eingegangenen Allianzen bzw. Netzwerkbeziehungen gemessen (vgl. z. B. Draulans et al. 2003; Sampson 2005; Heimeriks/Duysters 2007). Sicherlich ist diese Gleichsetzung deutlich zu reduktionistisch. Jedoch hatte der Fokus auf Erfahrungen als Basis von Netzwerkmanagementkompetenz den Vorteil, dass von Anbeginn eine Entwicklungsperspektive zur Begriffsbestimmung in Anschlag gebracht wurde (vgl. z. B. Zollo et al. 2002). Entsprechend früh werden hierdurch auch evolutionäre Lernkonzeptionen in die Überlegungen einbezogen. Aus einer derartigen Perspektive ist Netzwerkmanagementkompetenz dann als über die Zeit akkumuliertes und reproduziertes Wissen im Sinne von

Routinen bzw. Praktiken des tatsächlichen Netzwerkmanagementprozesses zu verstehen. Durch dieses Verständnis wird nicht zuletzt einem allzu deliberaten und primär normativ-funktionalen Kompetenzverständnis konsequent ein Riegel vorgeschoben (vgl. Windeler/Sydow 2014). Darüber hinaus geraten auch unmittelbar Fragen der Bedeutung oder gar Notwendigkeit einer zunehmenden Institutionalisierung und Professionalisierung von Netzwerkmanagementkompetenz im Zuge quantitativer und qualitativer Entwicklung von Netzwerkbeziehungen in den Fokus (vgl. z. B. Spekman et al. 1996; Dyer et al. 2001; Kale et al. 2002; Hoffmann 2003, 2007; Heimeriks et al. 2009). In diesem Verständnis umfasst eine Netzwerkmanagementkompetenz dann auch die systematische Reflektion, Replikation, Kommunikation, Speicherung und Verteilung des generellen oder speziellen Allianzmanagementwissens innerhalb einer Netzwerkorganisation bzw. innerhalb eines Netzwerks. Tatsächlich ist empirisch nachweisbar, dass bei zunehmender Relevanz von Netzwerkbeziehungen und entsprechendem Wachstum der Anzahl an Allianzen bzw. des Allianzportfolios Netzwerkmanagementkompetenzen einen zunehmenden Institutionalisierungsprozess durchlaufen (vgl. Hoffmann 2001, 2003). Ein Manager der holländischen Fluggesellschaft *KLM*, die Mitglied im Allianzverbund *SkyTeam* ist, stellt diesen Entwicklungs- bzw. Institutionalisierungsprozess der Netzwerkmanagementkompetenz im Zeitverlauf treffend dar:

»Initially, alliances were managed individually. At that point, we primarily relied on exchanging best practices. However, as we reckoned alliances were a major contributor to the business development of our firm, we started building alliances competences; this was done by consolidating our knowledge. This way, we anticipated, we could develop the discipline called alliance management (...). We created units which specialized in alliance management through which institutional learning could take shape, in which knowledge could be developed and processes could be adopted more easily« (Heimeriks et al. 2007, S. 396).

Dieser schrittweise Entwicklungsprozess einer Netzwerkmanagementkompetenz von einer eher gelegentlichen und personalen Kompetenz über eine systematische Kulminierung des Netzwerkmanagementkompetenzerwerbs durch mehrere Personen und zunehmende organisationale Verstetigung bis hin zur Bildung einer sog. »dedicated alliance function« oder »network administrative organization« mit dem Ziel einer festen Verankerung des Netzwerkmanagements im Strukturgefüge einer (Netzwerk-)Organisation (▶ Dar. 12.2), ist jedoch nicht nur bei einer ganzen Reihe von netzwerkerfahrenen Unternehmen empirisch feststellbar. Es handelt sich vielmehr um eine ausgesprochen erfolgversprechende Strategie des Allianzmanagements, die mittels gezielter Lernprozesse zur Entwicklung der Netzwerkmanagementkompetenz vorangetrieben werden sollte (vgl. Kale/Singh 2007).

Wegweisende Erkenntnisse zur Bedeutung und Entwicklung von Netzwerkmanagement bzw. Allianz(portfolio)kompetenz finden sich schon in den Untersuchungen von Werner H. Hoffmann (2001, 2003, 2007): Wenn beispielsweise der Erfolg eines Unternehmens zunehmend von den Netzwerkbeziehungen und somit dem Netzwerkmanagement abhängt und die Anzahl der Netzwerkbeziehungen und -partner überdies hoch ist, dann ist ein strategisches Netzwerkmanagement eher

1. Nebenamtliche Wahrnehmung	2. Fachpromoter Allianzmanagement	3. Aufbau eines Kompetenzzentrums (CoC)	4. Kompetenzzentrums konzentriert sich auf Portfoliomanagement
• Keine speziellen Stellen, Prozess oder Werkzeuge für das Allianzmanagement	• Einzelne Fachpromoteren kumulieren Allianzmanagementerfahrung • Kein systematischer Wissensaufbau und -transfer	• CoC sammelt sytematisch Erfahrungen auf dem Gebiet des Allianzmanegements und entwickelt daraus standardisierte Methoden und Verfahren • Zentralisierung kritischer Allianzmanagementaufgaben (z.B. Strategische Analyse)	• CoC führt in erster Linie Aufgaben des Portfoliomanagements durch • CoC pflegt und verbessert die Infrastruktur für Allianzmanagement • Dezentralisierung des Managements der einzelnen Allianzen auf Geschäftsbereichsebene

Dar. 12.2: Entwicklungsstufen der Institutionalisierung des Allianzmanagements (Hoffmann 2003, S. 290)

zentral denn dezentral organisiert (Hoffmann 2003, S. 276). Das gilt ganz besonders für vergleichsweise wenig diversifizierte (Groß-)Unternehmen wie etwa die *Lufthansa* bzw. Luftverkehrsgesellschaften insgesamt. Wenn man Hoffmanns organisationalen Analysefokus überwindet, kann man eine Verlängerung der Zentralität der Netzwerkmanagementkompetenz auch auf der interorganisationalen Ebene beobachten: Die *StarAlliance* bedient sich beispielsweise eines zentralen Organs des Netzwerkmanagements, der *StarAlliance Service GmbH* als »network administrative organization« (Human/Provan 2000*)*.

Hoffmann (2001, 2003) spezifiziert den oben genannten Zusammenhang zur Institutionalisierung von Netzwerkmanagementkompetenz noch dahingehend, dass sich die Aufgaben zentraler Organisationseinheiten des Netzwerkmanagements üblicherweise auf strategische Unterstützungsleistungen konzentrieren. Unter derartige Unterstützungsleistungen fallen zum Beispiel die systematische und organisationsweite Sammlung, Verarbeitung und Verbreitung des Netzwerkmanagementwissens und die darauf aufbauende Entwicklung von Praktiken und Tools des Netzwerkmanagements (vgl. dazu auch Sydow/Duschek 2013; Vesalainen et al. 2017). Diese werden dann organisationsweit und einheitlich allen Mitgliedsunternehmen zur Verfügung gestellt. Die laufenden Aufgaben des Netzwerkmanagements werden hingegen in diesem Falle üblicherweise den direkt betroffenen operativen Organisationseinheiten überlassen und somit dezentral vorgenommen (▶ Dar. 12.2).[48] Tatsächlich kann

---

48 Anhand einer ganzen Reihe von möglichen Kontextfaktoren (Unternehmensgröße, Diversifikationsgrad, Anzahl der Partnerschaften, strategische Relevanz von Allianzen usw.) differenziert Hoffmann (2001, 2003) darüber hinaus verschiedene Typen der Institutionalisierung von Netzwerkmanagementkompetenz in Hinsicht auf Zentralität/Dezentralität und Formalität/Informalität der Netzwerkmanagementfunktion.

man genau diese Aufteilung von Aufgaben auch auf der interorganisationalen Ebene beobachten: Die *StarAlliance Service GmbH* übernimmt für die Allianzpartner im Wesentlichen die Entwicklung und Bereitstellung strategischer Unterstützungsleistungen, die ein einheitliches Netzwerkmanagement der Selektion, Allokation, Regulation und Evaluation der *StarAlliance* ermöglichen soll. Die *StarAlliance Service GmbH* ist folglich für die gezielte Entwicklung einer netzwerkweiten und somit umfassenden Kompetenz des Netzwerkmanagements der *StarAlliance* zuständig; das operative bzw. laufende Netzwerkmanagement liegt gleichwohl dezentral in den Händen der Netzwerkpartner. Nicht zuletzt durch diese (kompetente) Organisation der Netzwerkmanagementkompetenz über mehrere Ebenen versucht die *StarAlliance*, den Anforderungen der typischen Spannungsverhältnisse des Netzwerkmanagements wie etwa der Gleichzeitigkeit von Einheit und Vielfalt sowie Flexibilität und Spezifität zu entsprechen (▶ Kap. 11.3).

Eine Besonderheit kann sich in Netzwerken ergeben, die nicht wie im Fall von *StarAlliance* auf kontinuierliche Kooperation ausgerichteten sind, sondern die angesichts großer Umweltdynamik oftmals nur zeitlich befristet, d. h. projektbezogen miteinander kooperieren (vgl. auch Bakker/Knoben 2015). In solchen Projektnetzwerken setzt ein kontinuierliches Netzwerkmanagement voraus, dass die Partner tatsächlich wiederholt über die Zeit und über Projekte hinweg miteinander kooperieren. Insofern ist die Etablierung eines permanenten Netzwerkmanagements hier noch anspruchsvoller, wird aber in vielen Projekten zumindest teilweise durch Project Management Offices auf der Organisationsebene unterstützt. Wie bereits angedeutet, könnte ein solches Project Management Office potenziell auch netzwerkbezogene Aufgaben über die Organisationsgrenzen hinweg wahrnehmen (Braun/Sydow 2024).

13 Netzwerkmanagement und Clusterentwicklung

Cluster und Netzwerke werden – nicht nur in der Praxis, sondern auch in der Forschung – viel zu oft gleichgesetzt (vgl. Kiese 2008, S. 11). Tatsächlich bestehen Cluster jedoch aus mehr oder weniger stark ausgeprägten Netzwerken interorganisationaler Beziehungen in bestimmten Regionen (vgl. auch Staber 1996; Boari/Lipparini 1999; Lerch 2009; Giuliani 2013). Netzwerke sind konstitutive Bestandteile von Clustern. Die Unterscheidung zwischen Cluster und Netzwerk – und der Blick auf das Zusammenwirken von beidem – setzt sich in der betriebswirtschaftlichen ebenso wie in der regionalpolitischen Diskussion erst langsam durch, wird aber im Folgenden sehr pronociert vertreten, weil mit beiden deutlich *verschiedene Ebenen* des Managements interorganisationaler Beziehungen angesprochen sind (▶ Kap. 3.2). Zudem handelt es sich bei Netzwerken und Clustern um *verschiedene Sozialsysteme*, die eigene Strukturmerkmale und Prozessverläufe aufweisen und zudem potenziell unterschiedlich in organisationale oder institutionelle Felder eingebettet sind. Dieses Verständnis hat Konsequenzen für das Management und die Entwicklung von Clustern: Zunächst einmal hat das Netzwerkmanagement auf die Entwicklung des konkret zu gestaltenden Netzwerks Rücksicht zu nehmen (und gerade dann eine solche effektiv mit beeinflussen kann) und das Management regionaler Cluster hat die Clusterentwicklung im Blick zu behalten (und ist gerade dann besonders wirksam bezüglich deren Gestaltung bzw. Steuerung). Darüber hinaus allerdings gilt es beim Netzwerkmanagement auch auf die Clusterentwicklung zu achten, sofern das Netzwerk in ein Cluster eingebettet ist. Auf jeden Fall sollte das Clustermanagement das Management der Netzwerke im Blick gehalten, das nicht unwesentlich dafür sorgt, dass das Cluster leistungsfähig ist und einen Unterschied macht. Diese Aussage stellt nicht nur auf das rekursive Zusammenspiel von Management und Entwicklung ab, sondern unterstellt auch die Sinnfälligkeit einer Unterscheidung von Netzwerk- und Clustermanagement sowie von Netzwerk- und Clusterentwicklung. Erst diese Unterscheidungen öffnen den Blick für ein entwicklungsorientiertes Netzwerk- bzw. Clustermanagement.

Die Unterscheidung von Netzwerken und Clustern (vgl. für eine umfassende Diskussion Hintze 2018, S. 33 ff.) – auch und gerade mit Blick auf ihre Entwicklung und ihr Management – lässt beispielsweise zu, dass sich Netzwerke in Clustern mit ihren besonderen Strukturmerkmalen identifizieren lassen und die Besonderheiten eines Netzwerkmanagements in Clusterkontexten herausgearbeitet werden können. Genau dieses wollen wir im Folgenden tun. Ein besonders aussichtsreicher Typus ist in diesem Zusammenhang das »Netzwerkcluster« (Tichy 2001); er kann vielleicht als Krönung erfolgreicher Clusterpolitik *und* erfolgreichen Netzwerkmanagements im Clusterkontext angesehen werden. Darüber hinaus können, und das ist eine immer noch recht junge Einsicht, durch Netzwerke regionale Cluster in einem organisationalen Feld miteinander verbunden werden, gerade auch im internationalen oder globalen Rahmen. Man spricht in diesem Zusammenhang gerne von Clusterallianzen, die zum Abschluss dieses Kapitels ebenfalls in ersten Zügen mit Blick auf ihr Management betrachtet werden sollen.

13.1 Netzwerkmanagement im regionalen Cluster

Regionale Cluster zeichnen sich, wie schon festgestellt (▶ Kap. 3.2), nicht nur durch eine Agglomeration von Organisationen einer oder mehrerer, miteinander in Beziehung stehender Branchen aus (Porter 1998); vielmehr kommt es ganz entscheidend auf die Interaktion der Organisationen in der Region bzw. im regionalen Feld (und ggf. darüber hinaus) an (vgl. für viele Tallman/Jenkins 2002; Sugden et al. 2006; Duschek et al. 2010; Stephens/Sandberg 2020). Infolge dieser Interaktion können interorganisationale Netzwerke entstehen, die dann selbst wieder zum Medium für weitere Interaktionen werden. Dabei kann die Clusterentwicklung durchaus ihren Ausgang von entsprechenden Netzwerkstrukturen in einem Technologiepark nehmen (Koçak/Can 2012), entscheidend durch ein fokales Unternehmen wie die BBC und Granada im Fernsehcluster in Manchester geprägt sein (Johns 2016) oder auf entsprechende Praktiken der Clusterentwicklung zurückzuführen sein (Stephens/Sandberg 2020). In diesem Sinne gilt, dass in Clustern vorhandene Netzwerke nicht nur Ausdruck von interorganisationaler Zusammenarbeit in der Region sind, sondern die weitere Entwicklung der Beziehungen, im Netzwerk wie im Cluster, ermöglichen, aber gegebenenfalls auch beschränken (vgl. z. B. in Bezug auf Fachkräfteentwicklung Duschek/Schramm 2018). Insofern macht es Sinn, zunächst einmal Netzwerk von Cluster zu unterscheiden und einen Akzent auf die Netzwerkentwicklung im Cluster zu legen. Ein Angebot einer solchen Unterscheidung findet sich in Darstellung 13.1.[49]

Diese Unterscheidung bietet einen geeigneten Startpunkt für eine genauere Analyse. Als erstes Clustercharakteristikum wird – ganz im Sinne der Porter'schen Definition – die regionale Agglomeration von Unternehmen verwendet und dem regionalen, aber auch überregionalen (ggf. sogar im Fall der *StarAlliance* globalen) Charakter von interorganisationalen Netzwerken gegenübergestellt. Eine bloße Agglomeration von Unternehmen wird jedoch seit langem nicht mehr als das primäre oder gar alleinige Merkmal eines Clusters angesehen (vgl. z. B. Martin/Sunley 2003). Vielmehr kommt es auf ein Mindestmaß an Interaktion bzw. Transaktion an; dieses wird dann allerdings oft einfach unterstellt (nicht zuletzt auch

---

49 Vgl. umfassend zu den zahlreichen Typisierungs- und Klassifizierungsmodellen von regionalen Agglomerationen und Clustern sowie der Vielzahl an dort verwandten Differenzierungskriterien und -dimensionen Lerch (2009, S. 80 ff.).

	Cluster-Charakteristika	Netzwerk-Charakteristika
Region	• Regionale Agglomeration von Unternehmen verwandter Branchen • Entwicklung der Region im Fokus (z.B. Ansiedlung neuer Unternehmen)	• Sowohl regional als auch überregional (z.B. Star Alliance)
Wettbewerb und Vertrauen	• Offener Zugang zum Cluster • Gleichzeitig Kooperation ind Konkurrenz ("Cooperation") • Schwache Verbindungen zwischen den Mitgliedern • Gesellschaftliche Institution und Vertrauen auf der Basis regionaler Werte	• Eingeschränkter Zugang ("Club") • Starker Fokus auf Kooperation; kein direkter Wettbewerb • Starke und intensive Verbindungen • Gegenseitiges Vertrauen hat wichtigen Stellenwert
Involvierung der Unternehmen	• Unternehmen als Stakeholder • Geringe Sunk Costs	• Unternehmen als Shareholder • Sunk Costs (durch Investionen in Initiative) • Kooperation bei komplexen Sachverhalten (z.B. F&E Projekten)
Vision	• Gemeinsame Cluster-Vision	• Gemeinsame Ziele und Strategie der Mitglieder
Vertrag	• i.d.R. keine umfangreiche vertragliche Regelung	• Häufig vertraglich geregelt

Dar. 13.1: Cluster und Netzwerke (Pfohl et al. 2010, S. 533)

von Porter). Ist ein Cluster durch ein höheres oder sogar sehr hohes Maß an Interaktion – und in der Konsequenz durch identifizierbare interorganisationale Netzwerke – gekennzeichnet, kann man ein solches System als *einen bestimmten Clustertyp* ausflaggen. Entsprechend ist in der einschlägigen Literatur von »Netzwerkcluster« (Tichy 2001) oder »Cluster mit Netzwerkcharakter« (Pfohl et al. 2010) die Rede. Man kann allerdings auch – was wir bevorzugen würden – grundsätzlich »Netzwerke im Cluster« (Sydow/Lerch 2007a u. v. a.) als zentral für die Rede (Bestimmung) von regionalen Clustern überhaupt ansehen. In diesem Fall müsste man realistischerweise allerdings ebenfalls eine graduelle Ausprägung regionaler Cluster als *mehr oder weniger* durch Netzwerkbeziehungen gekennzeichnet zulassen (vgl. z. B. Visser 2009, S. 179 ff.). In der Konsequenz ergibt sich das Problem, eine Untergrenze eines Vernetzungsgrades für die Verwendung des Clusterbegriffs angeben zu müssen.[50] Je nach Vernetzungsgrad ist dann auch der Zugang zum Cluster für Dritte möglicherweise nicht ganz so offen, der Wettbewerb wie im Netzwerk domestiziert oder zumindest von Kooperation stark beeinflusst und das Cluster außer durch schwache auch durch starke Verbindungen zwischen den Clustermitgliedern gekennzeichnet (▶ Dar. 13.1).

---

50 Vor demselben Problem steht man allerdings auch, wenn man ein Cluster entweder als Netzwerkcluster oder als Cluster mit Netzwerkcharakter von anderen, intern weniger vernetzten Clustern auszeichnen möchte.

Netzwerkcluster bzw. Cluster mit Netzwerkcharakter entsprechen in der Konsequenz unserer Vorstellung von Netzwerken im Cluster (▶ Dar. 13.2) und weisen Cluster in gewisser Weise als auf einer »höheren« Entwicklungsstufe befindlich aus. Als solche werden sie dann, wenig überraschend, nicht selten als Ergebnis erfolgreicher Clusterpolitik und erfolgreichen Clustermanagements begriffen; einer Politik bzw. eines Managements, die bzw. das eben auf die *Entwicklung von Netzwerken im Cluster* setzt. Diese Sichtweise hat sich in der politischen und ökonomischen Wirklichkeit allerdings noch nicht so weit durchgesetzt, wie es unseres Erachtens wünschenswert wäre (vgl. aber zur Bedeutung gezielter Netzwerkentwicklung im Rahmen norwegischer Clusterpolitik die Studie von Elvekroka et al. 2018).

	Cluster-Charakteristika	Cluster mit Netzwerkcharakter	Netzwerk-Charakteristika
Region	• Regionale Agglomeration von Unternehmen verwandter Branchen • Entwicklung der Region im Fokus (z.B. Ansiedlung neuer Unternehmen)		• Sowohl regional als auch überregional (z.B. Star Alliance)
Wettbewerb und Vertrauen	• Offener Zugang zum Cluster • Gleichzeitig Kooperation ind Konkurrenz ("Cooperation") • Schwache Verbindungen zwischen den Mitgliedern • Gesellschaftliche Institution und Vertrauen auf der Basis regionaler Werte		• Eingeschränkter Zugang ("Club") • Starker Fokus auf Kooperation; kein direkter Wettbewerb • Starke und intensive Verbindungen • Vertrauen hat wichtigen Stellenwert
Involvierung der Unternehmen	• Unternehmen als Stakeholder • Geringe Sunk Costs		• Unternehmen als Shareholder • Sunk Costs (durch Investionen in Initiative) • Kooperation bei komplexen Sachverhalten (z.B. F&E Projekten)
Vision	• Gemeinsame Cluster-Vision		• Gemeinsame Ziele und Strategie der Mitglieder
Vertrag	• i.d.R. keine umfangreiche vertragliche Regelung		• Häufig vertraglich geregelt

Legende: ● sehr relevant ⟶ ○ nicht relevant

Dar. 13.2: Strukturmerkmale von Clustern mit Netzwerkcharakter (Pfohl et al. 2010, S. 534)

Vor diesem Hintergrund kann die für dieses Kapitel *zentrale Feststellung* getroffen werden, dass es aufgrund des bereits angedeuteten Zusammenspiels von unterschiedlichen Sozialsystemen auf mehreren Ebenen bei einem auf Clusterentwicklung zielenden Clustermanagements ganz erheblich darauf ankommt, das Management interorganisationaler Netzwerke im Cluster zu unterstützen. Dies soll im Folgenden genauer ausgearbeitet werden.

Von zentraler Bedeutung für ein Netzwerk- bzw. Clustermanagement ist, dass die Entwicklung regionaler Cluster zunächst einmal zwischen *Emergenz und Design* zu verorten ist. Nicht alle Beziehungen im Cluster werden Ergebnis bewussten Managements, schon lange nicht absichtsvollen Clustermanagements (▶ Kap. 13.2) sein. Regionale Cluster stehen zwar seit vielen Jahren ganz oben auf der Agenda der Politik, sowohl auf der Ebene der Europäischen Union als auch des Bundes und fast aller Bundesländer (vgl. dazu auch Kiese 2008, S. 32 ff.). Das heißt allerdings nicht, dass solche Cluster – trotz aller Anstrengungen politischer und auch wirtschaftlicher Akteure – vollständig bewusst geplant und gestaltet werden können. Für die bekanntesten und erfolgreichsten Cluster in der Welt – allen voran das *Silicon Valley* – ist vielmehr festzustellen, dass sich diese *als Cluster* ein Stück weit hinter dem Rücken der Akteure entwickelt haben, mit einem anderen Wort: emergiert sind. Es gibt allerdings auch Beispiele für erfolgreiche Cluster, in denen es ganz entscheidend auf Clusterpolitik und Clustermanagement ankam. Ein solches Beispiel betrifft die Entwicklung im Bereich Informations- und Kommunikationstechnologie in Sophia Antipolis in Südfrankreich, ein anderes betrifft die Entwicklung der Life Sciences im Medicon Valley in Dänemark/Schweden. Aus Deutschland ließen sich anführen: die *BioRegion M* um München-Martinsried, die *Logistik-Initiative Hamburg* oder das Cluster optischer Technologien *OptecBB* in Berlin und Brandenburg. Die Clusterpolitik in diesen Regionen hat ein systematisches Clustermanagement gefördert, welches materiell durch Subventionen sowie immateriell durch die Gestaltung entsprechender Rahmenbedingungen vorgenommen wurde. Beispielsweise wurde ganz gezielt die Entwicklung einer für das Clustermanagement zuständigen Clusterorganisation zur Voraussetzung für den Empfang von Subventionen bzw. eine Förderung im Rahmen von Wettbewerben gemacht.

Gerade das Cluster optischer Technologien in Berlin und Brandenburg soll hier dazu dienen, die Möglichkeiten und Grenzen eines Netzwerkmanagements im regionalen Cluster – und damit den Beitrag eines Netzwerkmanagements für die Clusterentwicklung zu veranschaulichen. Dieses Beispiel zeigt besonders deutlich, dass politische Förderung durch gezielte Clusterpolitik ausgesprochen hilfreich sein kann. Die Clusterentwicklung ist zunächst entscheidend durch das Bundesministerium für Bildung und Forschung (BMBF) mit seinem Wettbewerb zur Förderung der Optischen Technologien im Jahre 2000 angestoßen und von regionalen Akteuren aus Wissenschaft und Wirtschaft aufgegriffen worden. In einem zweiten Schritt wurde sie dann durch die Clusterpolitik der zwei Bundesländer Berlin und Brandenburg (und mit Hilfe entsprechender Landesmittel) weitergeführt und in eine nachhaltige Netzwerkentwicklung überführt. Zudem wird diese Politik im Rahmen der gemeinsamen Innovationsstrategie der beiden Länder stärker koordiniert (vgl. dazu InnoBB 2010). Inzwischen hat sich der Berliner Stadtteil Adlershof – nicht zuletzt durch die Clusterentwicklung im Bereich der optischen Industrien – zu Deutschlands größtem Wissenschafts- und Technologiepark mit 1.330 Unternehmen und 18 wissenschaftlichen Einrichtungen entwickelt, in dem rund 28.000 Beschäftigte tätig sind (hinzu kommen ca. 6.400 Studierende).[51] Das Beispiel zeigt,

---

51 Siehe https://www.adlershof.de/adlershof-in-zahlen

das Cluster eine große gesamtvolkswirtschaftliche Reichweite entfalten und sehr stark in gesellschaftliche Strukturen hineinwirken können.

13.2 Clustermanagement im organisationalen Feld

Das Cluster optischer Technologien in Berlin und Brandenburg umfasst etwa 300 Unternehmen und ca. 30 Forschungseinrichtungen (vgl. Lerch 2009; ▶ Kap. 3.2; zu anderen optischen Clustern in Deutschland vgl. Mossig/Klein 2003; Schricke 2007; Pantazis/Schricke 2008). Das Kompetenznetz Optische Technologien Berlin-Brandenburg e. V. (*OpTecBB*) war 2001 nicht nur ein Vorläufer der aktuellen Clusterentwicklung, sondern einer der sieben Gewinner eines BMBF-Wettbewerbs zur Förderung der optischen Technologien in Deutschland. In diesem Rahmen erhielt es Fördermittel zum Aufbau von regionalen Netzwerk- und Clusterstrukturen. Infolge des im Wettbewerb erworbenen Status als »Kompetenznetz« wurde *OpTecBB* auch vom Berliner Senat und der Landesregierung Brandenburg die Qualität eines förderungswürdigen Zukunftsfeldes zugesprochen.

Neben *OpTecBB* bestehen heute noch weitere institutionalisierte Netzwerke im Feld der optischen Technologien in Berlin-Brandenburg. Hierzu zählen der eher auf einer persönlichen Mitgliedschaft basierende *Laserverbund Berlin-Brandeburg* e. V. (gegr. 1992), das *Kompetenzzentrum Optik Rathenow* bzw. die *Optik Allianz Berlin-Brandenburg* (gegr. 2007) und das eher auf Potsdam und Brandenburg orientierte Netzwerk *PhotonikBB* e. V. (gegr. 2008). Die beiden letztgenannten Netzwerke werden bzw. wurden zu wesentlichen Teilen aus Mitteln im Rahmen der Gemeinschaftsaufgaben »Verbesserung der regionalen Wirtschaftsstruktur« finanziert. Neben dieser institutionellen Schneidung lassen sich mehr oder weniger aktive und vernetzte sowie thematisch fokussierte Akteure und damit »Netzwerke im Cluster« (Sydow/Lerch 2007a) identifizieren. Zu den von ihnen im Netzwerk bearbeiteten Themen zählen die Lasertechnik, die optische Kommunikationstechnologie, die Lichttechnik, die optische Sensorik, die innovative Augenoptik sowie Anwendungen in den Lebenswissenschaften.

Der Verein *OpTecBB* hatte von Anfang an – neben Querschnittsthemen wie Aus- und Weiterbildung, Lobbyismus und Marketing/Public Relations – immer die vertikale und horizontale Vernetzung in technologieorientierten Schwerpunktgruppen – mit anderen Worten die Entwicklung von Netzwerken im Cluster – zum Ziel. Das Ziel war dabei nicht, Vernetzung um der Vernetzung Willen zu betreiben, sondern durch das gegenseitige Kennenlernen technologiegetriebene Ideen für innovative Kooperationsprojekte zu generieren und diese im regionalen Verbund aus wissenschaftlichen Einrichtungen und insb. kleinen und mittleren Unternehmen in marktfähige Produkte und Dienstleistungen zu überführen. Als beispielhafte Konstellation kann das *RSS-Netzwerk* herausgegriffen werden. Sieben Unternehmen und sieben Forschungseinrichtungen aus der Region, die auf dem Gebiet der Röntgenanalytik tätig sind, organisierten zunächst einen technologisch orientierten Planungsprozess und generierten mit Hilfe der aus diesem Prozess entstandenen Roadmaps verschiedene Innovationsprojekte mit wechselnden Akteurskonstellationen, die schließlich in verschiedene Applikationen und Produkte überführt werden konnten. Darstellung 13.3 verdeutlicht zusammenfassend die verschiedenen relevanten Ebenen von organisationalem Feld, thematisch fokussierten Sub-Communities und schließlich konkreter Netzwerke in der Metropolregion Berlin-Brandenburg. Zusätzlich ist zu berücksichtigen, dass die Akteure in derartigen Netzwerken keineswegs ausschließlich mit anderen Netzwerkmitgliedern verbunden sind. Es bestehen vielmehr vielfältige Verbindungen zu anderen Organisationen in anderen Communities und Clustern in derselben oder in anderen Regionen.

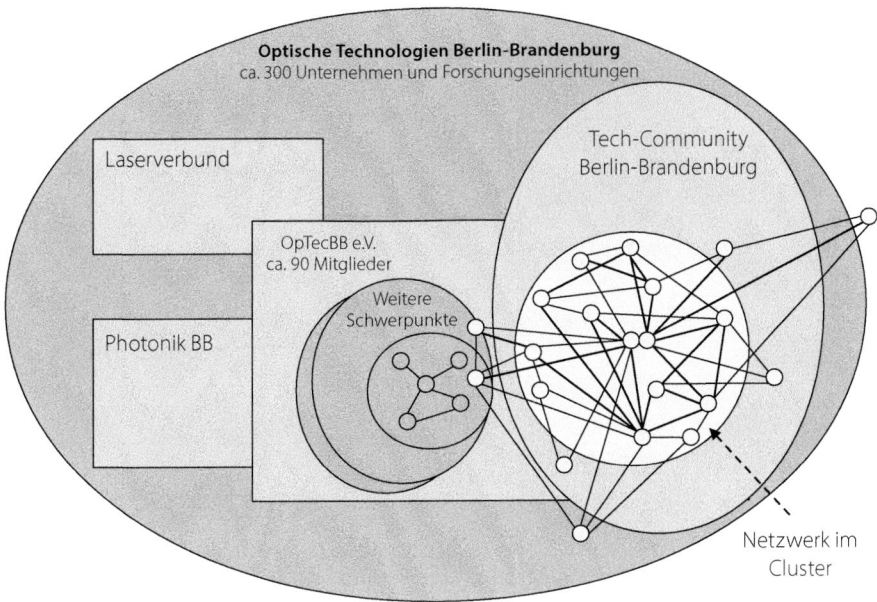

Dar. 13.3: OpTecBB als aktiver Kern des Clusters optischer Technologien Berlin-Brandenburg

Die Vernetzung erfolgt in Clustern im Allgemeinen und in Netzwerken im Cluster im Besonderen entlang verschiedener Dimensionen. Vernetzungsgrade können anhand vorhandener Beziehungen im Vergleich zu den möglichen Beziehungen – ohne zunächst Aussagen über die Qualität oder Intensität der Beziehungen zu machen – gemessen werden. Fortgeschrittenere Analysen differenzieren sowohl nach Intensität (z. B. eng vs. lose) als auch Qualität der Beziehungen. Differenziert werden kann hierbei z. B. nach Kommunikations- oder Transaktionsbeziehungen (vgl. Krätke 2002), nach technologischen oder persönlichen Beziehungen (vgl. Graf 2006) oder nach wissenschaftlichen, kommerziellen und persönlichen Austauschbeziehungen (vgl. Lerch 2009). Darstellung 13.4 zeigt das (potenziell mehrdimensionale) Beziehungsnetzwerk der *OpTecBB*-Mitglieder im Jahr 2006. Anhand der Visualisierung werden neben der großen Dichte der gesamten Netzwerkstruktur

(Anteil tatsächlicher im Verhältnis zu möglichen Beziehungen) mit unterschiedlichen Beziehungsintensitäten auch zentrale und periphere Akteure sichtbar. Zudem sind noch verschiedene Akteursattribute (in diesem Fall die Selbstzuordnung zu thematisch fokussierten Gruppen) ausgewiesen (z. B. auch die Zuordnung zum RSS-Netzwerk).

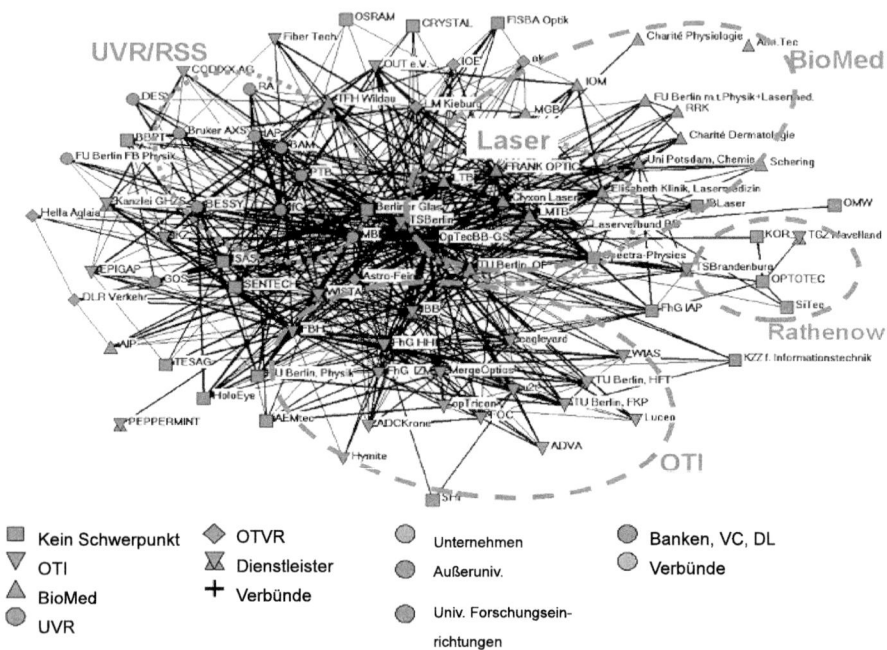

Dar. 13.4: Das Beziehungsnetzwerk von OpTecBB inkl. strukturell identifizierbarer technologischer Schwerpunktgruppen im Jahr 2006

Stehen zudem noch Netzwerkdaten von verschiedenen Zeitpunkten zur Verfügung, können im Sinne komparativ-statischer Analysen Veränderungen in der Netzwerkstruktur, bei einzelnen Beziehungen, Akteurspositionen oder der Komposition von Netzwerken untersucht werden. Neuere Ansätze ermöglichen gar wirklich dynamische Netzwerkanalysen (vgl. Snijders et al. 2007; Heidler 2008; Snijders 2017), neuerdings auch im Rahmen der Analyse von Clustern (vgl. z. B. Giuliani 2013; Desmarchelier/Zhang 2018).

Je nach Entwicklungsstadium und -dynamik stellt ein regionales Cluster einen ganz spezifischen Kontext für das Netzwerkmanagement dar. Auch das zeigt zum Beispiel das Berlin-Brandenburg Cluster aus dem Feld optischer Technologien. Während zu Beginn die meisten Netzwerke im Cluster erst initialisiert werden mussten, ging es sehr bald um deren Routinisierung und später um Revitalisierung dieser Netzwerke. Die Forderung nach einem dem Entwicklungsstadium und der -dynamik angemessenen Management gilt sowohl mit Blick auf alltägliche Operationen (z. B. Auftrags- oder Projektabwicklung) als auch für das auf strategische Netzwerk- bzw. Clusterentwicklung zielende Netzwerk- und Clustermanagement (z. B. personelle Dimensionierung der Geschäftsstelle). Wie alle Kontexte kann es das operative wie strategische Management unterstützen oder aber auch erschweren, etwa indem es für das Netzwerkmanagement zusätzliche Ressourcen (z. B. mit der Geschäftsstelle) bereitstellt oder aber diesem eben solche entzieht.

Eine Studie von acht regionalen Clustern zeigt, wie wichtig das Management von Netzwerken in diesen Systemen zum Beispiel mit Blick auf den Umgang mit Unsicherheit ist (Eisingrich et al. 2010). Sowohl die Stärke von Netzwerkbeziehungen als auch die Offenheit von Netzwerken im Cluster beeinflussen ihre Performanz. Genauer scheint sich die Offenheit von Netzwerken im Cluster bei zunehmender Umweltunsicherheit positiv auf die Performanz auszuwirken, während die Stärke der Beziehungen unter dieser Bedingung an Bedeutung zu verlieren scheint. Dies verweist aber auch darauf, dass die von Pfohl et al. (2010, S. 534; ▶ Dar. 13.2) herausgestellten Charakteristika von »Cluster mit Netzwerkcharakter« letztlich dann doch zu eindimensional und statisch sind. Auch im Kontext des Managements von Clustern geht es immer um ein Management von Spannungsverhältnissen (dazu noch einmal ▶ Kap. 11.3). Folglich sind nicht starke Beziehungen und geschlossene Sozialsysteme per se konstitutiv für die anhaltende Wettbewerbsfähigkeit von Netzwerkclustern, wie es Pfohl et al. jedoch ausdrücklich hervorheben, sondern ein kontextsensibles »mehr oder weniger« an Beziehungsstärke und -offenheit. Eisingrich et al. (2010, S. 251) haben (auch) hierfür einen klaren Blick: »we argue that firms' capacity to manage the balance between strength and open network linkages is a key source of sustainable cluster performance«.

Regionale Cluster können, müssen aber nicht notwendigerweise reflexiv in ihrer Entwicklung gesteuert, d. h. gemanagt werden. Beim Clustermanagement allerdings kommt es entscheidend darauf an, neben der Ebene des gesamten Clusters eben auch die Netzwerke im Cluster zu adressieren. Dass das gelingen kann, zeigt einmal mehr das Beispiel des optischen Clusters in Berlin-Brandenburg. Eine derartige, auf die gezielte Entwicklung von interorganisationalen Beziehungen auf mehreren Ebenen ausgerichtete Aufgabe verlangt jedoch ein Clustermanagement, wie es in der Praxis nicht immer zu finden ist. Die Ausübung oder Unterstützung eines derartig bewussten Managements interorganisationaler Beziehungen bzw. Netzwerke im Cluster kann beispielsweise durch die Einrichtung einer Clustergeschäftsstelle erfolgen oder aber durch die Bereitstellung oder Vermittlung von »Netzwerkservices« (Zeichhardt/Sydow 2009) durch eben diese Geschäftsstelle stimuliert werden. Beispiele für entsprechende Services für die Clusterorganisationen können sein:

- Förderung der Kommunikation im Cluster und in den Netzwerken im Cluster sowie im organisationalen Feld,
- Beratung zu Förderprogrammen der einzelnen Netzwerke oder des Clusters und Unterstützung bei der Antragsausarbeitung,

- Organisation und Durchführung von clusterrelevanten Veranstaltungen und Öffentlichkeitsarbeit,
- Schaffung bzw. Unterstützung eines netzwerk- bzw. clusterinternen Arbeitsmarktes (z. B. in Form einer Intranet-gestützten Job-Börse) und die
- Entwicklung von Leitvisionen, Roadmaps, Strategien und Programmen für das Cluster (vgl. auch Lerch 2009, S. 186).

Regionale Cluster sind dabei in *organisationale Felder eingebettet*, sei es mit Blick auf Region oder Branche oder aber beides. Entsprechend würde man nicht nur die Metropolregion Berlin als Optikcluster, sondern die Region Köln als Fernsehcluster bezeichnen können. Letzteres hat sich um den *WDR* und – seit Mitte der 1980er Jahre – auch um den privaten Fernsehsender *RTL* entwickelt (vgl. Lutz et al. 2003). In der gleichen Region bildete sich allerdings auch noch ein Musikcluster heraus, das sich seit dem Niedergang der großen Labels (in Köln insb. der *EMI*) in einem bedeutenden Umbruch befindet und das im Rahmen der Clusterpolitik des Landes Nordrhein-Westfalens gezielt unterstützt wird.

Diese Einbettung in ein organisationales Feld – in eine Region, in eine Branche oder in beides – ist für Clusterentwicklung und Clustermanagement hoch bedeutsam. Beispielsweise wird es in einer Region, die schon seit vielen Jahrzehnten auf Fernsehproduktion ausgerichtet ist, leichter fallen, politische Unterstützung für einen erforderlichen Umbau des entsprechenden regionalen Clusters zu erlangen, qualifizierte Manager und Managerinnen für das Clustermanagement zu gewinnen sowie im Mediensektor erfahrene Arbeitskräfte mit entsprechenden Qualifikationen und Dienstleister mit entsprechender personaler und technischer Infrastruktur zu finden. Umgekehrt kann man sich aber auch vorstellen, dass ein organisationales Feld Clusterentwicklung und -management erschwert. Dies ist beispielsweise dann der Fall, wenn die Clusterentwicklung in ein kognitives, normatives oder politisches Lock-in mündet (vgl. für das Ruhrgebiet Grabher 1993 sowie zur Persistenz und Pfadabhängigkeit solcher Entwicklungen ▶ Kap. 9.2) oder das Cluster nicht mehr die wirtschaftliche Bedeutung für die Region oder eine Branche hat – und ihm entsprechend politische Aufmerksamkeit auf regionaler Ebene (z. B. durch Stadt und Land) oder auf Branchenebene (z. B. durch den Verband Deutscher Fernsehproduzenten und die zuständige Gewerkschaft) entzogen wird.

Clustermanagement zielt zuallererst auf die Entwicklung und Steuerung eines regionalen Clusters wie das der Kölner Fernseh- oder Musikindustrie oder das der optischen Industrie in und um Berlin. Dabei setzt es vor allem auf das Beziehungsmanagement der im Cluster aktiven Organisationen, in den genannten Beispielen nicht zuletzt Film- und Musikproduzenten sowie wissenschaftliche Einrichtungen und wissenschaftsbasierte Unternehmen. Zusätzlich kommt es in beiden Fällen, wie fast immer bei der Clusterentwicklung, auf die Gründung und Ausgründung von jungen Unternehmen an. Die Gründungsrate wird vor allem im politischen Raum als einer der zentralen Erfolgsindikatoren einer Clusterentwicklung gehandelt (vgl. dazu z. B. Rehfeld 1999; Ketels 2003).

Allerdings ist auch das unmittelbare Umfeld des jeweiligen Clusters für Clustermanagement und -entwicklung relevant. Institutionen außerhalb des Clusters, die aber durchaus in das regionale Feld eingebettet sein können, unterstützen oder behindern die systematische Clusterentwicklung durch Clustermanagement. Ein Beispiel hierfür ist die Industriestruktur einer Region bzw. das »regionale Innovationssystem« (Braczyk et al. 1998). Die Entwicklung eines biotechnologischen Clusters in einer Hightech-Region wie München (*BioM*) stößt beispielsweise auf ganz andere Voraussetzungen als in diesbezüglich relativ unterprivilegierten und sich spät entwickelnden Regionen wie der Steiermark oder Tirol, die deshalb in viel stärkerem Maße auf den Zufluss von Wissen von außerhalb der Regionen sowie auf politische Intervention angewiesen sind (vgl. zu Letzteren Trippl/Tödtling 2007). Auch die Anzahl und Struktur der in der Region ansässigen Organisationen wird die Clusterentwicklung beeinflussen (vgl. das Folgende nach Lerch 2009, S. 150 u. 187 ff.): Im Vergleich der Optikregionen in Deutschland hat Berlin-Brandenburg in Hinsicht auf die Anzahl der Unternehmen die größte Agglomeration in der Industrie der optischen Technologien. Bedingt ist dies jedoch durch die kleinteilige Struktur der Branche in dieser Region. Das wirtschaftliche Potenzial der Region Berlin-Brandenburg ist mit dem des Branchenprimus der Optikregionen Thüringen durchaus vergleichbar, fällt jedoch hinter das von Baden-Württemberg zurück. Was diese drei Regionen jedoch deutlich unterscheidet ist die Struktur der Unternehmen. Während Thüringen und Baden-Württemberg (auch) im Rahmen der Clusterentwicklung auf eine Reihe von etablierten, kapitalstarken und traditionell international agierenden Großunternehmen bauen können, ist Berlin-Brandenburg eher durch kleine, jüngere und letztlich kapitalschwächere sowie auf internationalen Märkten (teilweise noch) weniger aktive Unternehmen gekennzeichnet.

Der Nährboden sowohl von Clusterpolitik als auch von Clustermanagement bzw. die »initial conditions« (Doz 1996) innerhalb der drei Regionen als auch die konkreten Formationsprozesse von Kooperationen (vgl. auch Doz et al. 2000) auf Cluster- aber auch auf Netzwerkebene unterscheiden sich folglich fundamental. Auch die Clusterpolitik in Hinsicht auf Erfahrung, Ressourcenausstattung usw. eines Bundeslandes ist von entscheidender Bedeutung: Ein wohlhabender Flächenstaat wie Bayern fördert beispielsweise die Entwicklung regionaler Cluster in ganz anderer Art und Weise (top-down, politisch definierte Landescluster mit geringem Eigenanteil der Akteure an der Finanzierung) als ein ärmerer Stadtstaat wie Berlin (vgl. zur Clusterpolitik deutscher Länder und Regionen Kiese 2008).

Das vielleicht berühmteste regionale Cluster der Welt, das sog. *Silicon Valley*, ist streng genommen gar kein Cluster. Vielmehr überlagern sich in dieser Region südöstlich der San Francisco Bay mehrere regionale Cluster mit Organisationen aus den Bereichen Halbleiter, Software, Personal Computing und Biotechnologie. Aufgrund der hohen Cluster- und auch Netzwerkdichte sind in dieser Region schon in den 1990er Jahren nicht wenige bekannte Cluster- und Netzwerkstudien durchgeführt worden (vgl. z. B. Saxenian 1994 und Kenney 2000 bzw. z. B. Powell et al. 1996; Hansen 1999; van Burg et al. 2014). Das gleiche gilt für die sog. Industriedistrikte im Dritten Italien, also die Region um Bologna (Brusco 1982; 1990;

Bellandi 1989; Becattini 1990; Pyke/Sengenberger 1992). Die Studien dieser Region belegen zum einen die Vielfalt der Cluster und Netzwerke und lassen – trotz der Bedeutung regionaler Nähe für die Koordination der ökonomischen Aktivitäten – Zweifel an der Vorstellung aufkommen, dass hier ausnahmslos in regionalen Netzwerken, gefasst als eher gleichberechtigte Kooperationen von kleineren und mittleren Unternehmen in einem regionalen Raum (▶ Kap. 6.4), kooperiert wird. Vielmehr werden nicht wenige dieser Netzwerke in den Clustern von fokalen Unternehmen strategisch geführt, die unter Umständen sogar außerhalb der Region platziert sind (vgl. Lorenzoni/Baden-Fuller 1995; Lazerson/Lorenzoni 1999). Wenn dies der Fall ist, stellt sich die Aufgabe eines Clustermanagements ganz anders dar als in einer Region ohne entsprechende strategische Zentren. Beispielsweise kann, sofern unter diesen Umständen überhaupt ein institutionell separates Clustermanagement sinnvoll ist, dieses nicht ohne enge Zusammenarbeit mit Vertretern genau dieser fokalen Unternehmen auskommen.

13.3 Netzwerkcluster und Clusterallianzen

Erfolgreiche Clusterpolitik und erfolgreiches Clustermanagement sollte vor allem einen Typus regionaler Cluster produzieren, der in der Praxis allerdings bislang eher selten zu finden ist: das »Netzwerkcluster« (Tichy 2001). Das *Netzwerkcluster* wird vom »Sterncluster« sowie vom »Pseudocluster« unterschieden und repräsentiert in gewisser Weise die höchste Entwicklungsstufe regionaler Cluster (▶ Dar. 13.5). Während das Pseudocluster aufgrund gänzlich fehlender oder allenfalls vertikaler Beziehungen streng genommen nicht als Cluster, sondern nur als Agglomeration bezeichnet werden sollte (▶ Kap. 13.1), zeichnet sich das Sterncluster durch eine Dominanz von großen Organisationen, vor allem von fokalen Unternehmen, aus, denen die Aufnahme horizontaler Verbindungen nur teilweise gelingt (dazu das Beispiel des *Toyota*-Netzwerks ▶ Dar. 8.9). Das Netzwerkcluster entspricht hingegen der Vorstellung eines Clusters mit Netzwerkcharakter am ehesten, zeichnet es sich doch gerade durch eine Vielzahl von Netzwerkbeziehungen – vertikal und horizontal – im Cluster aus (vgl. Sydow/Lerch 2007a; Lerch 2009; Pfohl et al. 2010).

Dabei kann es sein, dass die Intensität der Vernetzung etwaige Defizite eines regionalen Clusters (z. B. fehlende Großunternehmen oder keine komplette Abbildung der gesamten Wertschöpfungskette in der Region) kompensiert. Dieses ist zum Beispiel im optischen Cluster Berlin-Brandenburg der Fall, das zwar mit Instituten der in der Region ansässigen Universitäten sowie der Fraunhofer-, Helmholtz-, Leibniz- und Max-Planck-Gemeinschaften über große und weltweit anerkannte Forschungseinrichtungen verfügt, kaum aber über große Industrieunternehmen mit Hauptsitz in der Region, die sich aktiv in die Clusterentwicklung einbringen können. Zudem ist dieses Cluster sowohl bei der Belieferung als auch Vermarktung auf die Zusammenarbeit mit Unternehmen im globalen Markt angewiesen. Hier kommt es folglich weniger auf die vollständige Abbildung kompletter

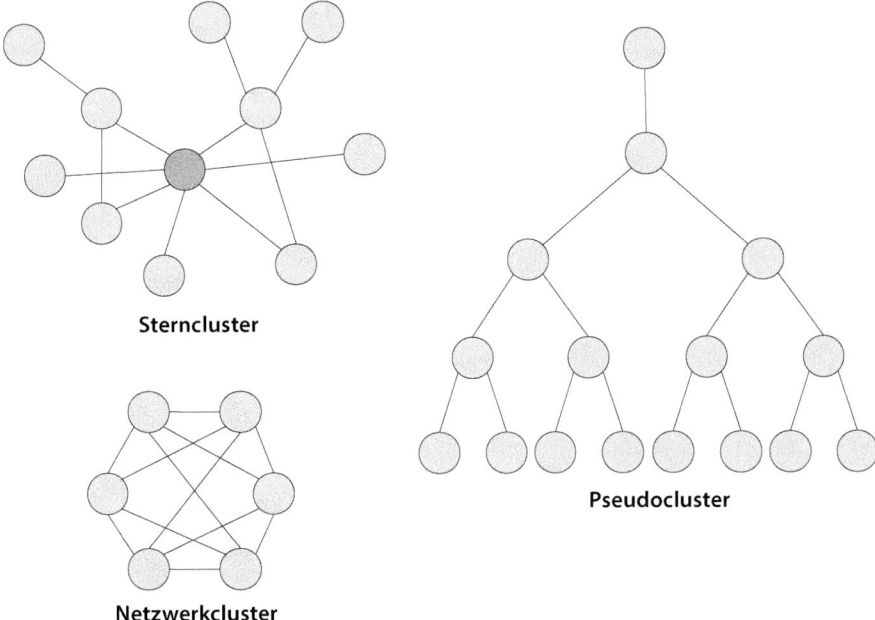

Dar. 13.5: Typen regionaler Cluster (Tichy 2001, S. 191)

Wertketten in der Region als auf deren Einbettung in globale Wertschöpfungssysteme bzw. -netzwerke an. In einer wissenschaftsbasierten Branche (»science-based industry« oder »science-based business«; Pisano 2010), um die es sich im Fall der optischen Technologien handelt, generieren die in der Region ansässigen Unternehmen insb. aus der engen Vernetzung zu den Forschungseinrichtungen und durch effektiven Wissenstransfer und kollaborative Technologieentwicklung Wettbewerbsvorteile. In Hochtechnologie-Clustern zeigt sich zudem, dass neue Unternehmen sehr schnell nach ihrer Gründung auf internationalen Zuliefer- und Absatzmärkten tätig sind bzw. sein müssen.[52]

Eine bisher noch wenig in den Fokus der Forschung wie Praxis geratene Erscheinung stellen sog. *Clusterallianzen* dar.[53] Clusterallianzen sind durch Beziehungen zwischen regionalen Clustern, d. h. deren Geschäftsstellen und/oder Clusterorganisationen in einem organisationalen Feld oder Felder übergreifend gekennzeichnet (vgl. dazu Schüßler et al. 2013). Die Verbindungen zwischen regionalen Clustern können intraregional (z. B. im Falle von Beziehungen zwischen Clustern unter-

---

52 Vgl. zu internationalen Unternehmungsgründungen bzw. sog. »Born Globals«, »International New Ventures«, »Global Start-ups«, »Infant Internationals« oder »Instant Exporters« z. B. Rennie (1993), Oviatt/McDougall (1994), Madsen/Servais (1997) oder Aspelund/Moen (2001).

53 Vgl. aber Saxenian/Hsu (2001) für eine sehr frühe Untersuchung zu Verbindungen zwischen Clustern im Silicon Valley und Taiwan sowie Lerch et al. (2011) für einen Vergleich von drei Clusterallianzen.

schiedlicher Branchen/Technologien in einer bestimmten Region) oder national (z. B. zur strategischen nationalen Abstimmung von Clustern in einem bestimmten Technologiefeld) ausgerichtet sein. Darüber hinaus können sie einen interregionalen oder gar internationalen oder globalen Charakter aufweisen und auf diese Art und Weise einen Beitrag zur transnationalen Vernetzung regionaler Cluster bzw. Clusterakteure leisten.[54] Sowohl die Bildung nationaler als auch transnationaler Netzwerke von regionalen Clustern kann auf Initiative der Clusterakteure selbst oder auf Initiative Dritter erfolgen. Im letztgenannten Fall initiiert entweder der Staat oder eine suprastaatliche Institution wie die Europäische Union, nicht selten im Rahmen entsprechender Förderungsprogramme, die Vernetzung regionaler Cluster (vgl. z. B. Europäische Kommission 2008). Ein Beispiel im Bereich der optischen Technologien ist das *OptecNet Deutschland*, das neun bundesdeutsche Cluster im Feld optischer Technologien miteinander verknüpft. Ein anderes Beispiel stellt das *Automotive Cluster Ostdeutschland* dar, bei dem es sich genau genommen um ein Netzwerk von fünf regionalen (ostdeutschen) Netzwerken aus der Automobilindustrie handelt. Weil sich entsprechende Initiativen vor allem auf Hightech- bzw. wissenschaftsbasierte Cluster beziehen, versprechen sich Staat oder suprastaatliche Akteure davon vor allem eine bessere Koordination der Technologieentwicklung, eine Konvergenz der Regionen sowie eine Abstimmung unter den Clusterakteuren über Clusterentwicklungspraktiken. Ein weiteres Beispiel für eine Clusterallianz stellt der *Cross-Cluster Space Hamburg* dar (vgl. https://www.cross-cluster-space.de/): Hierbei handelt es sich um ein vom Europäischen Fonds für Regionale Entwicklung (EFRE) und der Behörde für Wirtschaft und Innovation (BWI) der Freien und Hansestadt Hamburg seit 2016 in mehreren Phasen gefördertes Forschungsprojekt, das im Wesentlichen der gezielten Vernetzung der acht Hamburger Cluster und weiterer regional ansässiger Netzwerkinitiativen dient, wobei die zentralen Akteure der Vernetzungsinitiativen die jeweils zuständigen Clusterorganisationen bzw. Clustermanagements sind. Es handelt sich folglich um eine organisationale Felder übergreifende intraregionale Clusterallianz.

Die Transnationalisierung von Clustern »permits to preserve a local system of embedded ties, while favouring their international openness through a parallel system of arm's lengths and embedded ties with foreign organizations belonging to other local clusters. In such a multiple embeddedness, frame innovation is favoured, home structure and culture of firms are subject to renewal, and the risks of lock-in and district sterilization are reduced« (Zucchella 2006, S. 32). Einen wesentlichen Grund für die Bildung von Clusterallianzen stellen folglich die Gefahren von technologischen, institutionellen und/oder (inter-)organisationalen Pfadabhängigkeiten (lock-ins) dar (▶ Kap. 9.2). Diese Bedrohungen gelten ganz besonders für etablierte (alte) bzw. traditionelle Cluster, wie die in der Montanindustrie (vgl. schon Grabher 1993) oder die in der Uhrenindustrie (vgl. Glasmeier 1994, 2000),

---

54 Zu nennen sind hier etwa die European Cluster Partnerships, die den Clustern auf der europäischen Ebene eine Stimme verschaffen wollen und gemeinsame Projekte organisieren.

stellen aber auch für sich neu herausbildende Cluster eine grundsätzliche Gefahr dar (vgl. Sydow/Lerch 2007b; Pinske et al. 2018). Tichy (2001) hebt in diesem Zusammenhang gar hervor, dass hoch spezialisierte Cluster in traditionellen Branchen sogar dazu neigen, schneller zu »altern« bzw. die eingebundenen Clusterunternehmen eher »träger« werden im Vergleich zu ihren nicht in entsprechende Cluster eingebundene Konkurrenzunternehmen. Dies ist umso bemerkenswerter als ein originärer Entstehungsgrund von Clustern ja in der Generierung und Aufrechterhaltung der Innovationsfähigkeit von Regionen bzw. der regional agglomerierten Unternehmen gesehen wird (vgl. schon Porter 1990; Lundvall 1992). Andererseits verweist dieser Zusammenhang auf die nicht zu überschätzende Bedeutung eines reflexiven Managements von Netzwerken in regionalen Clustern. Dieses muss nämlich insb. die zentralen Spannungsverhältnisse von engen und losen Beziehungen im Cluster und über die Grenzen des Clusters hinaus und somit ein aktives Clustergrenzmanagement ins Zentrum rücken (zum Management von Organisations- und Netzwerkgrenzen ▶ Kap. 12.2). Eine wesentliche Funktion eines Grenzmanagements von Clustern stellt die (Re)Selektion von (neuen) Unternehmen oder Forschungseinrichtungen mit komplementären Kompetenzen und Ressourcen aus dem regionalen oder auch aus dem überregionalen Feld – wie im Fall von transnationalen Clusterallianzen – oder auch die Etablierung entsprechender Inter-Cluster-Lernallianzen dar (vgl. auch Boschma 1999; Bathelt/Glückler 2000, 2002). Der oben schon angesprochene *Cross-Cluster Space Hamburg* entstand ursprünglich genau aus eben jenem Ziel des clusterübergreifenden Lernens, um Innovationen an den »Rändern der Cluster« zu eruieren, Möglichkeiten für clusterübergreifende Innovationen zu entwickeln und mittels derartiger Clusterbrücken letztlich Trägheiten und Lock-ins zu vermeiden.

Speziell ein Management von Clusterallianzen zur Etablierung von Lernallianzen steht im Falle einer räumlichen Distanz vor der für das Management von Netzwerken in Clustern eher ungewöhnlichen Herausforderung, eine vertrauensvolle Atmosphäre und die für den Austausch von implizitem Wissen notwendige Nähe und Stärke der Beziehungen zwischen den Clusterallianzen bzw. den Netzwerken der jeweiligen Cluster herzustellen. Von ganz außergewöhnlicher Relevanz ist dies im Rahmen des Managements von Clusterallianzen in den sog. »emerging markets«. Gerade regionale Cluster der jungen Märkte werden möglicherweise von Anbeginn ihrer Entwicklung auf die Bildung von Clusterallianzen angewiesen sein, da üblicherweise weder die regionalen Heimatmärkte ausreichendes Absatzpotenzial für die neuen Innovationen aufweisen noch in den Regionen tatsächlich alle jene Ressourcen (Wissen, Technologien usw.) vorhanden sein werden, die zur Entwicklung und Vermarktung wissenschaftsbasierter Technologien unabdingbar sind. Entsprechend finden sich auch speziell in den Hochtechnologiebereichen eine ganze Reihe von nationalen und transnationalen Clusterallianzen (vgl. Lerch 2009, S. 150 ff.; Lerch et al. 2011; Schüßler et al. 2013): Zu nennen ist hier etwa die eine Zeit lang bestehende *Tri-Clusterallianz* zwischen den entsprechenden Optik-Clustern in Berlin-Brandenburg, Tucson (Arizona, USA) und Ottawa (Ontario, Kanada). Im Fokus dieser Clusterallianz standen unter anderem die Vereinfachung des Markteintritts für transnationale Unternehmen in die regionalen Cluster, die Intensivierung des Austauschs von und der Kommunikation zwischen Forschern und anderen Clustermitgliedern, die Förderung der Identifikation und des Erzielens von Synergien zwischen den transnationalen Clustern sowie die Einrichtung einer gemeinsamen Internetpräsenz zur Darstellung der Aktivitäten. Daneben standen Fragen des Managements interorganisationaler Beziehungen im Zentrum, die unter anderem auf die Selektion von neuen transnationalen Partnern in die regionalen Cluster, auf die Selektion von komplementären Cluster-Domänen oder auf die Regulation des transnationalen Wissensaustauschs für die regionalen Cluster abstellten.

Wenngleich Clusterallianzen ein noch sehr junges Phänomen der Clusterforschung und -praxis darstellen, so ist doch zu erwarten, dass die Bedeutung in Zukunft eher ansteigen wird, da sie die notwendige Einbettung von Hochtechnologieclustern in die globale Wettbewerbsstruktur und -dynamik ermöglichen. Auf der Grundlage der allerersten Forschungsergebnisse, die zu diesem Phänomen vorliegen (vgl. Lerch et al. 2011; Schüßler et al. 2013), lässt sich eine vorläufige Typologie entwickeln, die über die einfache Unterscheidung von intra- und interregionalen sowie nationalen und transnationalen Clusterallianzen hinausgeht bzw. quer zu dieser liegt (▶ Dar. 13.6).

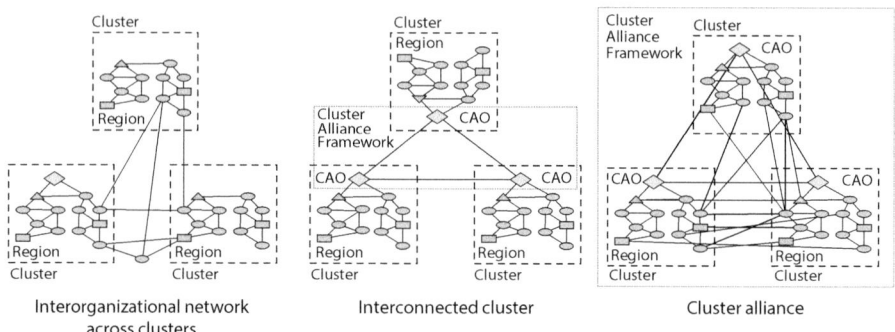

Dar. 13.6: Erste Typen von Clusterallianzen (Lerch et al. 2011)

Beim Typ I entstehen zwischen unterschiedlichen Clustern angehörenden Organisationen Interorganisationsbeziehungen. Obwohl diese Beziehungen auf organisationaler Ebene Ausdruck absichtsvoller Netzwerkentwicklung sein dürften, entstehen sie auf der Ebene der Clusterallianz emergent. Typ II repräsentiert eine absichtsvolle, clusterübergreifende Vernetzung der »network administrative organizations« (Human/Provan 2000) bzw. im Fall von Clusterallianzen entsprechender »cluster administrative organizations« (CAO) der regionalen Cluster. Dieser Typus dürfte im Moment derjenige sein, der am stärksten durch die oben genannten Programme gefördert und beispielhaft durch den *Cross-Cluster Space Hamburg* repräsentiert wird. Der *Cross-Cluster Space Hamburg* etabliert und entwickelt über die involvierten CAOs einen entsprechenden »Cluster Alliance Framework (▶ Dar. 13.6). Beim Typ III handelt es sich einerseits um eine Verbindung der ersten beiden Typen und andererseits um eine höhere Entwicklungsstufe der Inter-Cluster-Beziehungen, d. h. die Häufigkeit und Intensität der Beziehungen zwischen den Clustern steigt. Zudem besteht hier ein institutioneller Rahmen, der die einzelnen regionalen Cluster und damit alle ihnen angehörenden Organisationen umfasst. Dieses Cluster Alliance Framework kann zum Beispiel die Art und Weise regeln, wie zwischen den Clustern Wissen ausgetauscht und neues Wissen aufgebaut werden kann.

Der letzte Typ spiegelt das eigentliche Anliegen nationaler und – vor allem – transnationaler Clusterallianzen wider: die Vernetzung der in den eigentlichen Wertschöpfungsprozess involvierten Organisationen. Gleichzeitig *könnte* dieser Typ der Clusterallianzen – wie das »Netzwerkcluster« (Tichy 2001) auf der Ebene eines einzelnen Clusters – als Krönung erfolgreicher Clusterpolitik *und* erfolgreichen Netzwerkmanagements repräsentieren. In der Praxis ist dieser Typus allerdings noch nicht häufig realisiert. Nicht zuletzt deshalb ist er bislang auch kaum erforscht worden.

Teil 5 Ausblick und Perspektiven

In den Teilen 1 bis 4 haben wir wesentliche Teile des wissenschaftlichen Wissens präsentiert, das gegenwärtig zum Management interorganisationaler Beziehungen im Allgemeinen und von interorganisationalen Netzwerken im Besonderen vorliegt. Dabei haben wir uns bewusst einer expliziten theoretischen Argumentation, ja oft sogar des Verweises auf hinter den Konzepten und Argumenten stehende theoretische Überlegungen enthalten. Dieses soll nun – wenn auch nur exemplarisch – nachgeholt werden. Exemplarisch erstens in dem Sinne, dass nur zwei – allerdings sehr unterschiedliche – Theorien vorgestellt und diskutiert werden, die über das Management interorganisationaler Beziehungen informieren (können). Zweitens in dem Sinne, dass dies nur anhand ausgewählter Problembereiche des Managements interorganisationaler Beziehungen erfolgen kann. Nachdem diese Theorien vorgestellt und auf ausgewählte Problembereiche (z. B. Regulation) angewandt werden, gilt es in diesem Abschlusskapitel – im Sinne einer aktuellen Bestandsaufnahme – Felder und Fragen zu beleuchten, zu denen bislang kaum wissenschaftlich fundiertes Wissen vorliegt. Eine solche Bestandsaufnahme kann zukünftige Forschung anregen und orientieren. Zugleich kann sie aktuelle Praxis infrage stellen und schon dadurch ein höheres Maß an Reflexivität provozieren, das es beim Management interorganisationaler Beziehungen – mehr noch als beim Management in und von Organisationen – derzeit fast noch immer und überall zu steigern gilt.

14 Theorien des Managements interorganisationaler Beziehungen?

Theorien des Managements interorganisationaler Beziehungen beanspruchen, einen auf genau diese Thematik bezogenen und schon zu Beginn dieses Buches abgesteckten Ausschnitt der Managementpraxis erklären bzw. verstehen zu können. Sofern Theorien dieses tatsächlich leisten, können sie darauf aufbauend auch Hinweise und Empfehlungen für die Entwicklung geeigneter Managementpraktiken geben oder zumindest diese Praxis entsprechend informieren.

An beiden Ansprüchen gemessen, dem Erklärungs-/Verstehens- sowie dem Gestaltungs-/Informationsanspruch, stellt sich die Frage, ob die zum Management interorganisationaler Beziehungen vorliegenden Theorieansätze diesen wirklich gerecht werden. Das gilt sowohl für diejenigen Theorieansätze, die der traditionellen Ökonomik verpflichtet sind, aber auch für stärker sozialwissenschaftlich bzw. sozialtheoretisch unterfütterte Ansätze. Während sich die erste Gruppe schwerpunktmäßig der Frage nach dem »Warum« von interorganisationalen Beziehungen und Netzwerken annimmt, verspricht die letztere verstärkt auch und gerade Hinweise zum »Wie« des Managements solcher Beziehungen und Netzwerke. Aus diesem Grunde kann es nicht verwundern, dass wir aus der Perspektive einer Managementlehre (vgl. Staehle 1999; Steinmann/Schreyögg 2005) letztlich sozialtheoretisch informierten (Prozess-)Ansätzen den Vorzug geben, auch wenn wir zunächst mit der Transaktionskostentheorie einen ökonomischen Theorieansatz näher betrachten.

14.1 Ökonomische Ansätze

Zu den der Ökonomik verpflichteten Ansätzen zählt die Transaktionskostentheorie, die wir aufgrund ihrer bis heute anhaltenden Prominenz in der Management-, speziell auch der Netzwerkforschung im Folgenden genauer vorstellen und diskutieren werden. Als zweiter bedeutsamer institutionenökonomischer Ansatz hat sich die Prinzipal-Agenten-Theorie etabliert. Darüber hinaus sind spieltheoretische Ansätze sowie neuerdings auch ressourcenbasierte Ansätze des strategischen Managements von großer Bedeutung. Letztere spiegeln im besonderen Maße das traditionelle ökonomische Denken in Kosten und Nutzen bzw. Ressourcen und Renten wider (vgl. dazu im Einzelnen Sydow 1992, S. 168 ff. sowie Duschek/Sydow 2002).

Der *Transaktionskostenansatz* ist von Oliver Williamson (1975, 1985) unter Rückgriff auf einen bahnbrechenden Aufsatz von Ronald Coase (1937) über die mit der

Nutzung des Marktes verbundenen (Transaktions-)Kosten ausgearbeitet worden. Der Fokus dieses Ansatzes liegt seitdem genereller auf der Organisation von Transaktionen zwischen zwei, zumeist korporativen Akteuren (Organisationen bzw. Unternehmen), mit anderen (»relationaleren«) Worten, auf dyadischen Interorganisationsbeziehungen. Klassisch ging es Williamson darum, die Bedingungen aufzuzeigen, unter denen die Hierarchie dem Markt mit Blick auf eine Minimierung der Transaktionskosten überlegen ist. In dieser Hinsicht steht der Ansatz im starken Kontrast zur neoklassischen Ökonomik, die eine Überlegenheit marktlicher Koordination annimmt. Es verwundert deshalb nicht, dass der Transaktionskostenansatz zum Teil erhebliche praktische Folgen hat, nicht zuletzt etwa mit Blick auf die (vermeintlich in Effizienzvorteilen begründete) Legitimität von Unternehmensübernahmen und -fusionen, also Formen von Unternehmenskonzentration.

Unter einer *Transaktion* versteht Williamson (1975, 1985) dabei eine Übertragung eines Verfügungsrechts (z. B. an einer Ware oder Dienstleistung). *Transaktionskosten* sind entsprechend die mit der Vorbereitung, Abwicklung und Nachbereitung der Übertragung jener Verfügungsrechte verbundenen Informations- und Kontrollkosten. Im Einzelnen handelt es sich bei diesen Kosten nach Arnold Picot (1982) – dem zwei oder drei Jahrzehnte lang wohl exponiertesten Vertreter dieses Ansatzes im deutschsprachigen Raum – um Anbahnungs- und Vereinbarungskosten (ex ante-Transaktionskosten) sowie um Kontroll- und Anpassungskosten (ex post-Transaktionskosten). Als Treiber dieser Transaktionskosten identifiziert Williamson in seinem »Organizational Failure Framework« (das die Bedingungen von Markt- wie von Hierarchie*versagen* anzugeben beansprucht) zum einen personale, zum anderen situative Bedingungen (▶ Dar. 14.1).

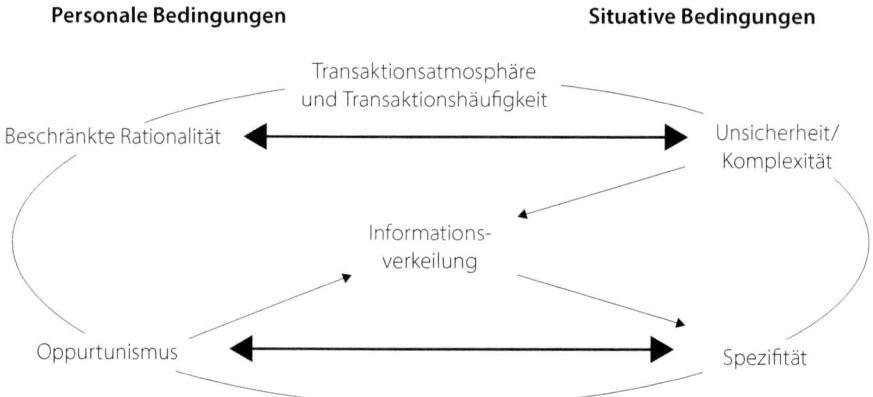

Dar. 14.1: Das Organizational Failure Framework des Transaktionskostenansatzes (Williamson 1975, S. 40)

Zu den *personalen* Bedingungen rechnet Williamson die beschränkte Rationalität sowie den Opportunismus der Akteure. Es wird davon ausgegangen, dass Akteure im

Zweifel nicht nur eigeninteressiert handeln, sondern vielmehr ihren Nutzen sogar unter Inkaufnahme von Arglist und Täuschung maximieren werden (Williamson 1975, S. 26). Während die – im Übrigen auf Herbert Simon (1961) zurückgehende – Annahme der beschränkten Rationalität die Transaktionskostentheorie in die Nähe sozialwissenschaftlicher Theorieansätze rückt, enttarnt die Annahme radikal eigennützlichen Handelns sie als in letzter Konsequenz doch der konventionellen Ökonomik verpflichtet. Dieser Eindruck wird noch verstärkt durch ihre ausschließliche Fokussierung auf wirtschaftliche Effizienz, die (ceteris paribus) als minimale Transaktionskosten einer Vertrags- bzw. Organisationsform gefasst wird und die in klassischer ökonomischer Tradition die einzige Quelle von Legitimität darstellt.

Unter den *situativen* Bedingungen stellt Williamson vor allem den Grad der Spezifität der für die Anbahnung und Abwicklung der Transaktionen notwendigen Investitionen in Sach- und Humanvermögen heraus. Die transaktionsspezifischen Investitionen machen eine entsprechende Übertragung von Verfügungsrechten erst möglich. Sie sind besonders dann hoch, wenn beispielsweise die Maschinen oder das Personal nicht für die Herstellung von Produkten für einen anderen Kunden genutzt werden können und insofern bei Verlust des aktuellen Kunden mit der Gefahr von versunkenen Kosten (sunk costs) verbunden sind. Neben der Spezifität sind noch die Unsicherheit und Komplexität der Transaktionen wichtige Merkmale der Transaktionssituation.

Für sich genommen verursachen allerdings weder die personalen noch die situativen Bedingungen ökonomische Probleme. Beschränkte Rationalität wird erst angesichts *hoher* Transaktionsunsicherheit und -komplexität zum Problem; hier hilft allerdings – so Williamson – eine hierarchische Organisationsform mit ihrer gegenüber Individuen gesteigerten Informationsverarbeitungskapazität weiter. Auf Eigennutz bedachtes Handeln wird auf der anderen Seite nur dann zum Problem, wenn der Markt mit seinem »classical contracting« (▶ Dar. 4.2) nicht funktioniert. Dies ist bei wiederkehrenden Transaktionen (also einer hohen Transaktionshäufigkeit) und gleichzeitig *hohen* spezifischen Investitionen der Fall. Ein funktionierender Markt sorgte nämlich aufgrund der mit ihm verbundenen Handlungsalternativen und dem Wettbewerb dafür, dass Akteure ihre Neigung zum Opportunismus nicht wirklich ausleben können. Kommt es aber aufgrund hoher spezifischer Investitionen in Sach- oder Humanvermögen zu einer monopolartigen Austauschsituation, die die einseitige Ausbeutung des Lieferanten durch den Kunden (bzw. des Kunden durch den Lieferanten) erlaubt, bietet sich auch hier die hierarchische Organisation an; selbst wenn mit dieser letztlich ebenfalls (interne) Transaktionskosten verbunden sind (vgl. dazu Williamson 1975, S. 118 ff.). Dies gilt allemal, wenn es zusätzlich, aufgrund von Opportunismus und Unsicherheit im Vorfeld oder im Nachgang zu den Vertragsverhandlungen zur Informationsverkeilung (information impactedness), d. h. zur nicht ohne Weiteres zu überwindenden Informationsasymmetrie zugunsten einer der Parteien, kommt (vgl. dazu Williamson 1975, S. 31 ff.).

Erst relativ spät gesteht Williamson (1991) ein, dass neben Markt und Hierarchie auch noch hybriden bzw. netzwerkförmigen Organisationsformen ökonomischer

Aktivitäten Aufmerksamkeit geschenkt werden muss. Die Existenz dieser Zwischenform wird in der Logik des Organizational Failure Frameworks ebenfalls auf relative Transaktionskostenvorteile der Hybridform zurückgeführt. Gegenüber dem Markt gründen diese Vorteile unter anderem in

- geringeren Kosten bei der Suche nach Kunden bzw. Lieferanten sowie bei der Vertragsanbahnung, -aushandlung und -kontrolle,
- besserem Informationsfluss zwischen den Akteuren infolge engerer Kopplung und der Möglichkeit des Transfers selbst von nicht-kodifizierbarem Wissen,
- Übertragung auch wettbewerbsrelevanter Informationen bei besserer Kontrolle über Wissensverwendung,
- Stabilität der Interorganisationsbeziehungen bei hohen transaktionsspezifischen Investitionen,
- möglichem Verzicht auf (doppelte) Qualitätskontrolle und
- rascherer Durchsetzung von Innovationen.

Gegenüber der Hierarchie finden die Transaktionsvorteile der Hybridform bzw. des interorganisationalen Netzwerks ihre Begründung in

- der Kombination hierarchischer Koordinationsinstrumente mit dem durch Markttest reduzierten opportunistischen Verhalten,
- gezielter, funktionsspezifischer interorganisationaler Zusammenarbeit,
- größerer Reversibilität der Kooperationsentscheidung,
- größerer Umweltsensibilität des dezentral organisierten Systems sowie
- leichterer Überwindbarkeit organisatorischen Konservatismus bei Anpassung an verändertes Umweltverhalten (vgl. dazu Sydow 1992, S. 143).

Zu einem gleichzeitigen Markt- und Hierarchieversagen – und damit einer Überlegenheit der Hybridform – kommt es nach Williamson ausschließlich bei einem mittleren Grad an Spezifität (▶ Dar. 14.2). Trotz der Einbeziehung der Hybrid- bzw. Netzwerkform bleibt der Autor allerdings gegenüber ihrer längerfristigen Existenz skeptisch und sieht diese Zwischenform vielmehr als Übergangsform auf dem Weg zur langfristig effizienteren Organisationsform des Marktes bzw. der Hierarchie an. Gerade damit aber stellt Williamson sich bzw. seinen Ansatz in Widerspruch zu der anhaltenden Bedeutung hybrider bzw. netzwerkförmiger Organisationsform ökonomischer Aktivitäten in der gegenwärtigen Managementpraxis.

Neben dieser, der zentralen Erklärung/Prognose der Transaktionskostentheorie widersprechenden Wirklichkeit wird auch vielfältige *konzeptionelle Kritik* an diesem Ansatz formuliert. Diese ist zum Teil eher immanenter Natur, wäre also durch eine weitere Entwicklung des Ansatzes prinzipiell überwindbar; zum Teil ist diese Kritik aber auch grundlegender Art und stellt die Gültigkeit dieses Theorieansatzes vollständig infrage. In der Konsequenz gilt es, den Transaktionskostenansatz entweder weiter zu entwickeln bzw. durch andere Ansätze zu ergänzen, ihn gänzlich auf ein anderes (sozialwissenschaftlicheres) Fundament zu stellen oder

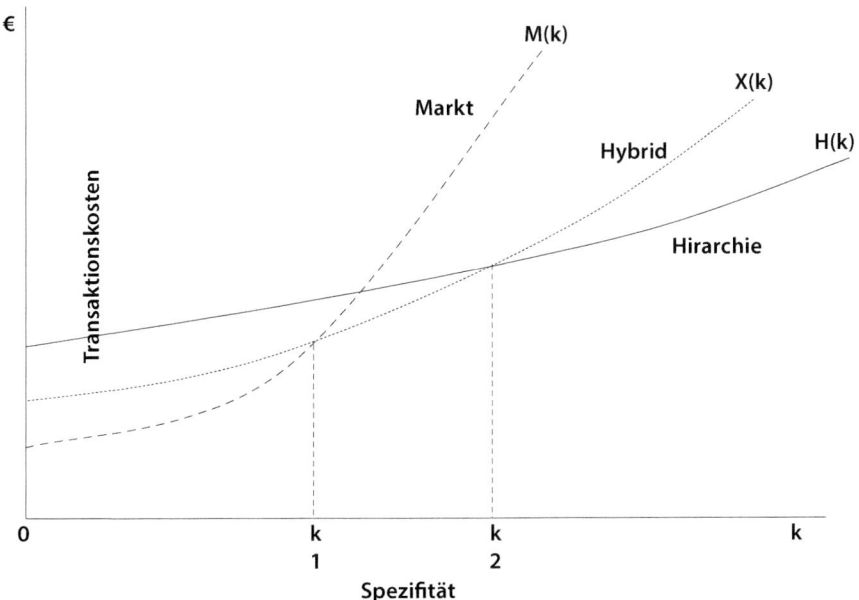

Dar. 14.2: Transaktionskostenverläufe in Abhängigkeit von der Spezifität (Williamson 1991, S. 284)

sich konsequenterweise völlig von diesem Ansatz zu verabschieden (vgl. zum Folgenden Sydow 1999).

Immanent wird gegen die Transaktionskostentheorie zum Beispiel eingewandt, dass die Bedeutung von interorganisationalem Vertrauen unterschätzt wird. Tatsächlich kann Vertrauen – zumindest in einem ökonomischen Verständnis (vgl. Nooteboom et al. 1997; Ripperger 1998) – sehr wohl in den Ansatz integriert werden. Zudem berücksichtigt der Ansatz mit der Transaktionsatmosphäre (▶ Dar. 14.1) bereits in der Transaktionssituation vorhandenes Vertrauen. Auch gegenüber strategischem, nicht ausschließlich auf Minimierung von Transaktionskosten abzielendem Verhalten ist der Ansatz erweiterbar (vgl. Picot 1991).

Radikale – und damit innerhalb des Transaktionskostenansatzes nicht mehr überwindbare – Kritik betrifft insb. die überzogene Opportunismusannahme (self-interest seeking with guile). Diese Annahme verlangt in der Managementpraxis nach einer Wahl und Ausgestaltung einer Vertrags- bzw. Organisationsform, die – im Sinne einer sich selbst erfüllenden Prophezeiung – genau dieses Verhalten erst produzieren mag (vgl. zu diesem zentralen Argument Ghoshal/Moran 1996). Alternativen, wie zum Beispiel die kontinuierliche Entwicklung einer Vertrauensbeziehung, gerieten lange Zeit nicht in den Blick. Die wichtigsten Punkte immanenter und radikaler Kritik sind in Darstellung 14.3 zusammengestellt und sollen hier nicht weiter ausgeführt werden.

Ungeachtet der Kritik an der Transaktionskostentheorie lässt sich positiv festhalten, dass der Ansatz zentral auf die Frage nach dem Warum von (insb. koope-

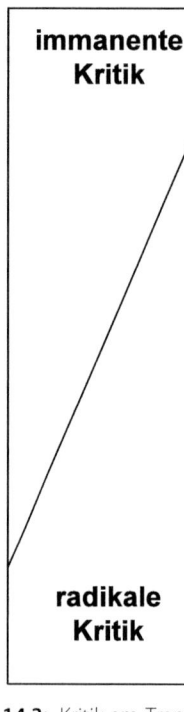

Dar. 14.3: Kritik am Transaktionskostenansatz (Sydow 1999, S. 166)

rativen) Interorganisationsbeziehungen fokussiert und damit die Ökonomik wie die Managementlehre für *Organisationsfragen jenseits der Hierarchie* sensibilisiert. Gleichwohl bedarf es wohl auch zur Beantwortung dieser Frage einer Ergänzung der Transaktionskostentheorie um weitere Theorieperspektiven wie zum Beispiel ressourcenbasierter Ansätze (Crook et al. 2013). Gleichzeitig ist die Theorie dabei aber (bestenfalls komparativ-)statisch ausgelegt, kann also nicht wirklich den Wandel solcher Beziehungen erklären. Dies gilt nicht nur, wenn sich ein Wandel der Form (vom Markt oder von der Hierarchie zum Netzwerk) vollzieht, sondern auch für die konkrete Ausgestaltung beispielsweise netzwerkartiger Interorganisationsbeziehungen. Zwar kann man die Transaktionskostentheorie dazu heranziehen, um Fragen der Vertragsgestaltung zu beantworten, um so insb. den aus der Sicht der Theorie zu erwartenden Opportunismusproblemen Einhalt zu gebieten. Dabei werden neben diversen formalen Governancemechanismen verstärkt sogar relationale Aspekte einbezogen (vgl. z. B. Hoetker/Mellewigt 2009; ▶ Kap. 11.1). Allerdings bleiben die Erklärungen bzw. Gestaltungsaussagen doch recht allgemein. Zudem betrachtet die Transaktionskostentheorie nur dyadische Beziehungen, nicht aber deren Einbettung in komplexere, netzwerkartige Geflechte von Interorganisationsbeziehungen. Akteur und Struktur werden von der Transaktionskostentheorie in »bester« Tradition der Ökonomik als Dualismus konzipiert, d. h. Akteur und Struktur werden gegeneinander in ihrer Bedeutung ausgespielt und das rekursive Zusammenwirken von beidem im Handeln bzw. in den Praktiken wird vernachlässigt. Nicht zuletzt dadurch wird der gegenseitige (koevolutionäre) Entwicklungsprozess ausblendet (▶ Kap. 12). Entsprechend kann auch eine Entwicklung von etwa Vertrauensstrukturen durch die Interaktion von Akteuren gar nicht in den Fokus geraten. Zudem ist die Theorie eindimensional auf Fragen wirtschaftlicher Effizienz orientiert, blendet andere interne wie externe Quellen von Legitimität – gerade auch der Netzwerkorganisation (vgl. dazu aber Human/Provan 2000) – aus. Schließlich unterstellt die Transaktionskostentheorie ein recht lineares Verständnis von Entwicklung auf nur einer Ebene (Transaktion), vernachlässigt die Effekte auf anderen Ebenen (z. B. Organisation und organisationales Feld) und gibt nahezu keine Antworten auf Fragen nach dem *Wie* des Managements interorganisationaler Beziehungen.

14.2 Interorganisationsansätze

Die Zahl der stärker auf sozialwissenschaftlichen bzw. sogar sozialtheoretischen Ansätzen fußenden Interorganisations- und netzwerktheoretischen Ansätze ist noch deutlich größer als die der Ökonomik verpflichteten. Dazu zählen heute vor allem die strukturelle Netzwerkanalyse (und mit ihr der Sozialkapitalansatz), der interaktionsorientierte Netzwerkansatz (vorwiegend schwedischer Provenienz), die System- und Diskurstheorie(n), der Kontingenz- wie der Konsistenzansatz, die Komplexitätstheorie, der Ressourcenabhängigkeitsansatz, die Populationsökologie, der soziologische Neo-Institutionalismus, die Negotiated Order-Theorie, der Sensemaking-Ansatz und die Strukturationstheorie. Selbst die Kurzvorstellung und -diskussion dieser Ansätze (vgl. dazu aber Sydow 1992, S. 191 ff.; Faulkner/de Rond 2000; Windeler 2001, 2005; Cropper et al. 2008, S. 283 ff.; Parmigiani/Rivera-Santos 2011; Jungmann 2020) würde den Rahmen dieses einführenden Buches sprengen. Sie ist allerdings auch nicht erforderlich, um ein sozialtheoretisches Kontrastprogramm zum Transaktionskostenansatz vorzustellen. Dies kann exemplarisch anhand *eines* aus diesem Kanon ausgewählten Theorieansatzes gelingen.

Sozialtheoretisch informierte Ansätze wie insb. die *Strukturationstheorie*, auf die wir uns im Folgenden konzentrieren wollen, überwinden den der Ökonomik (und damit letztlich dem methodologischen Individualismus) verpflichteten Dualismus von Akteur und Struktur zugunsten einer Konzeption, die nicht nur Akteure als »sozial eingebettet« (Granovetter 1985) begreift, sondern sie auch in einem rekursiven Wechselverhältnis zu den Strukturen konzipiert. Mit ihrem Fokus auf Praktiken ist diese Theorie zudem in der Lage, mehrere Ebenen in ihrem Zusammenspiel zu erfassen und Organisationen, Netzwerke und unter Umständen selbst Märkte oder Felder als soziale Systeme mit ihren eigenen, immer auch emergenten Eigenschaften zu thematisieren (▶ Kap. 5.2). Emergente Eigenschaften sind solche, die sich als unintendierte (Neben-)Folge von intentionalem Handeln bzw. Zusammenwirken der Akteure, gleichsam »hinter ihrem Rücken« einstellen, im Ergebnis von den Akteuren somit nur beschränkt beeinflussbar sind. Insbesondere der von Anthony Giddens (1984) ursprünglich als formale Sozialtheorie entwickelten Strukturationstheorie gelingt es unseres Erachtens, den Dualismus von Handlung und Struktur durch eine stärker dialektische, als »Dualität von Struktur« bezeichnete, Konzeption zu ersetzen. Zudem können Sozialsysteme mit ihrer Hilfe nicht nur mit Blick auf ihre immer auch emergenten Eigenschaften, sondern in ihrer multidimensionalen Konstitution erfasst werden. Was dies beides genau bedeutet, wird im Folgenden deutlich werden.

Den Kern der Strukturationstheorie macht das Konzept der *Dualität von Struktur* aus. Dieses geht davon aus, dass Handlungen erst durch Strukturen ermöglicht (allerdings auch begrenzt) werden und umgekehrt Strukturen für ihre Existenz auf eine Reproduktion oder Transformation durch Handlungen angewiesen sind. Dabei lassen sich alle Handlungen und alle Strukturen in drei Dimensionen des Sozialen erfassen: der Bedeutungsdimension (Signifikation), der Macht- und Herrschaftsdimension (Domination) sowie der Legitimitätsdimension (Legitimation). Die Konzeption des Zusammenspiels von Handlung und Struktur als Dualität (statt als Dualismus!) kommt in der Strukturationstheorie darin zum Ausdruck, dass in jeder dieser drei Dimensionen einerseits die Struktur auf die Reproduktion oder Transformation durch Handeln bzw. – wiederkehrend – durch Praktiken angewiesen ist, die Struktur andererseits aber das Handeln (also die Kommunikation, die Machtausübung und die Sanktionierung) bzw. die entsprechenden Praktiken nicht nur begrenzt, sondern auch ermöglicht (▶ Dar. 14.4).

Ein Beispiel aus dem regionalen Netzwerk der *InBroNet*-Makler soll dies verdeutlichen. In einer noch frühen Entwicklungsphase des Netzwerks bemängelt einer der damals noch acht Makler, dass zwei andere *InBroNet*-Mitglieder aus seiner Sicht nicht genug für die Entwicklung des Netzwerks tun würden. Diese Sichtweise kommuniziert er zunächst nur im engsten Kreis der aktiveren Makler. Dabei bezieht er sich notwendig auf die im Netzwerk geltenden Regeln der Bedeutungszuweisung, zum Beispiel das Ausmaß des als »angemessen« angesehenen Engagements für das Netzwerk. In diesem Sinne nutzt er die Regeln als Modalitäten des Handelns im Netzwerk und trägt (bewusst oder unbewusst) dazu bei, sie als Deutungsschemata einer »angemessenen« Entwicklung von *InBroNet* zu reproduzieren und dabei unter Umständen sogar über den Kreis der aktiveren Mitglieder hinaus explizit zu machen. Diese Regeln der Bedeutungszuweisung oder Signifikation, auf die ein Sensemaking-Ansatz zentral abstellen würde (vgl. dazu Jørgensen et al. 2012), erlauben dem Makler erst diese Kommunikation; ohne sie wäre eine Verständigung im Netzwerk nicht möglich. Zugleich werden diese Regeln durch das Gesagte reproduziert, gegebenenfalls aber auch transformiert. Diese kommunikative Handlung und auch schon der Vergleich der von den zwei Maklern erbrachten Leistung mit der von ihnen zu erwartenden Leistung (zur Managementpraktik der Evaluation ▶ Kap. 11.2), verlangt nach Ressourcen, mindestens nach Zeit, aber auch nach einem zumindest potenziellen Vermögen (z. B. Position im Netzwerk, Argumentationskraft), etwaige im Zuge der Diskussion aufscheinende Konflikte auch auszutragen. Diese Ressourcen erlauben dem Makler, der die Beschwerde vorbringt, in das Geschehen mehr oder weniger machtvoll einzugreifen und dadurch seine Herrschaftsposition zu stabilisieren, möglicherweise aber auch – dann aber wohl eher unintendiert – zu unterminieren. Letzteres wäre insb. dann zu erwarten, wenn Art und Inhalt der Kommunikation mit den im Netzwerk herrschenden Normen bzw. Legitimationsregeln im Widerspruch stehen – und der die Beschwerde führende Makler mit entsprechenden Sanktionierungen seines Verhaltens durch die Anderen zu rechnen hätte.

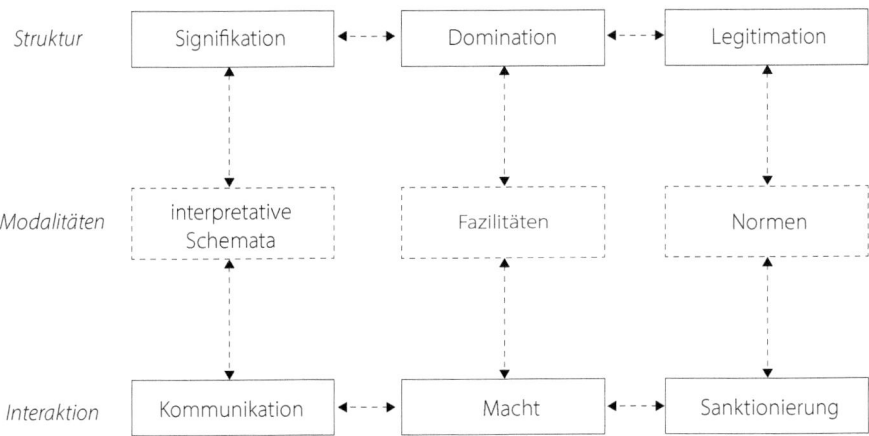

Dar. 14.4: Die Dualität von Struktur in der Strukturationstheorie (Giddens 1984, S. 29)

Netzwerkmanager, einschließlich der *InBroNet*-Makler, werden wie alle individuellen Akteure von der Strukturationstheorie prinzipiell als »knowledgeable agents« (Giddens 1984; ▶ Kap. 1.3) begriffen; als Akteure also, die viel – wenn auch nicht alles – über die im spezifischen Kontext relevanten Strukturen wissen und dieses Wissen in ihren Handlungen auch praktisch anwenden können. Individuelle Akteure sind insofern reflexions- und handlungsmächtige Subjekte, die ihr Tun durchaus bewusst planen und realisieren, gleichzeitig aber auch kognitiven Beschränkungen unterliegen und Routinen entwickeln und damit Reflexion verdrängen. Insbesondere können Akteure niemals alles wissen, beispielsweise nicht alle Bedingungen oder gar alle Konsequenzen ihres Handelns sowie das Geschehen im Allgemeinen vollständig überschauen. Zu dieser, dem Konzept der beschränkten Rationalität von Simon (1961) nicht unähnlichen Annahme der »knowledgeability« kommt hinzu, dass Akteure für ihre Handlungen zwar auf Nachfrage oder in Krisensituationen (mehr oder weniger) gute Gründe angeben, ihre Handlungen insoweit gleichsam rationalisieren können. Gleichwohl neigen Akteure deutlich dazu, vorwiegend auf der Ebene des »praktischen Bewusstseins« (Giddens 1984) zu agieren und Handlungen entsprechend zu routinisieren. Die Folge ist, dass diese Handlungen *als Praktiken* umso wirksamer werden, gleichsam aber auch der Reflexion und Artikulation partiell oder zumindest vorübergehend entzogen werden.

Damit ist also nicht nur im Falle einer Routinisierung von Handlungswissen im Sinne einer besonderen Kompetenz zu rechnen, sondern vor allem auch dann, wenn die Akteure die Handlungsbedingungen (gerade) nicht erkennen können. Nicht zuletzt deshalb produzieren sie ungewünschte Handlungsfolgen, die dann auch noch in der nächsten Handlungssequenz zu nicht mehr erkennbaren Handlungsbedingungen werden. Auf diese Zusammenhänge macht das »stratification model of the agent« aufmerksam, das in Darstellung 14.5 abgebildet ist und mit dem Rückkopplungspfeil auch auf den letztgenannten, die Handlungssituation eskalierenden Zusammenhang verweist.

Akteure können unter Umständen aber auch deutlich reflexiver handeln als skizziert; insb. in krisenhaften oder für sie neuen Situationen – oder wenn sie dabei von der Organisation (und deren Managementsystemen wie etwa einem Evaluationsverfahren) unterstützt oder eben einfach nur danach gefragt werden. Vor allem aber können Akteure – zumindest prinzipiell – immer auch *anders handeln* als es ihnen die Strukturen oder andere machtvolle Akteure nahelegen. Giddens (1984) spricht in diesem Zusammenhang anschaulich von einer »dialectic of control«. Dieses die »Dualität von Struktur« und das »stratification model of the agent« ergänzende, dritte strukturationstheoretische Basiskonzept, stellt darauf ab, dass Individuen selbst unter extremen Zwängen (z. B. starkem normativem Druck oder auch Gewalt) die Möglichkeit haben, anders zu handeln als von ihnen verlangt. Genau diese Fähigkeit weist sie letztlich eben als Akteure aus.

Dar. 14.5: Das »stratification model of the agent« (Giddens 1984, S. 5 in Anlehnung an Windeler 2001, S. 179)

Überträgt man diese drei Konzepte von der Ebene individueller Akteure auf Organisationen, die eingebettet in interorganisationale Beziehungen bzw. Netzwerke als kollektive Akteure handeln (vgl. dazu auch Helfen 2009), so ist davon auszugehen, dass Organisationen

- gemäß der »duality of structure« unter Bezugnahme auf Strukturen – d. h. Regeln und Ressourcen – des Netzwerks, aber auch der eigenen Organisation sowie des organisationalen Feldes (Branche bzw. Region) handeln und diese dabei entweder reproduzieren oder transformieren; dabei unter Bezugnahme auf Regeln der Signifikation, Legitimation und Domination vor allem des organisationalen Feldes (z. B. der Branche) kommunizieren, sanktionieren bzw. Macht ausüben und so in ihrem Handeln ebenso unterstützt wie begrenzt werden,
- dem »stratification model of the agent« folgend zwar durchaus absichtsvoll und zielgerichtet handeln, aber – wie Individuen – einen Großteil ihrer Handlungen routinisiert haben, zudem nicht alle Bedingungen und Folgen ihres Handelns überblicken; vor allem nicht jene, die ihnen als unerkannte Voraussetzungen wieder entgegentreten; und dies, obwohl Organisationen über eine ungleich höhere Informationsverarbeitungskapazität verfügen und geradezu auf Reflexivität ausgelegt sind,
- aufgrund der »dialectic of control« trotz aller strukturellen Zwänge und Machtausübungen anderer Organisationen – zum Beispiel in oligopolistischen Märkten – immer auch anders handeln können.

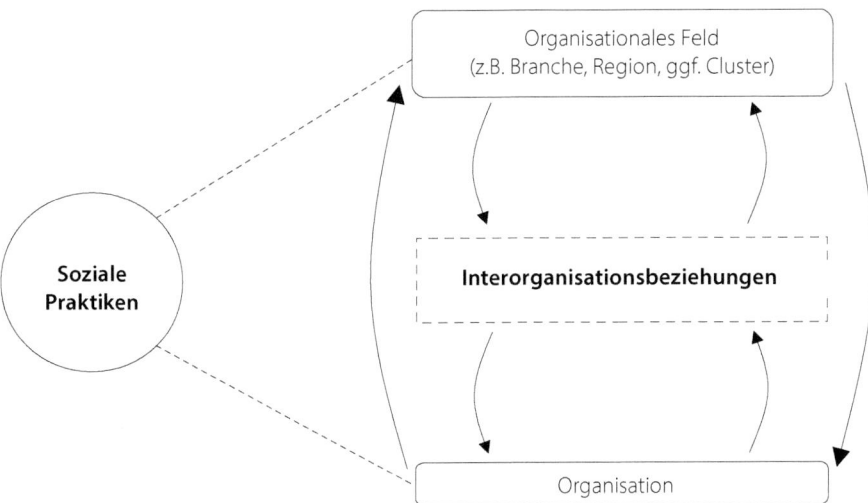

Dar. 14.6: Konstitution interorganisationaler Netzwerke (in Anlehnung an Windeler 2001, S. 124)

Organisationen handeln – wie individuelle Akteure – mittels sozialer Praktiken, nicht zuletzt eben auch interorganisationaler Managementpraktiken. Organisationen beziehen sich bei solchen Praktiken – wie in Darstellung 14.6 durch die Rekursionspfeile angedeutet – sowohl auf die Strukturen organisationaler Felder, ggf. auch »gesellschaftlicher Totalitäten« , als auch auf ihre eigenen (Organisations-)Strukturen und reproduzieren oder transformieren diese durch ihr Handeln bzw. ihre Praktiken. Getragen werden Organisationen dabei – ebenso wie Individuen – von eigenen Interessen oder »Motivationen«, deren Herausbildung als Systeminteresse oder -motivation allerdings alles andere als selbstverständlich, sondern typischerweise umkämpft ist. Die im Netzwerk – oder auch im Feld – vorhandenen Interorganisationsbeziehungen unterstützen die einzelnen Organisationen dabei, indem sie ihnen beispielsweise den Zugriff auf (externe) Ressourcen ermöglichen. Gleichzeitig sind genau diese Beziehungen, nicht zuletzt auch Netzwerkbeziehungen, aber ebenfalls Ergebnis interessengeleiteter, gleichwohl stets kontingenter interorganisationaler Interaktion.

Während man im Falle von *InBroNet* mit seinen kleinen Maklerunternehmen noch akzeptieren mag, dass die Unternehmer bzw. Geschäftsführer für die Organisation handeln bzw. relativ problemlos handeln können, reicht eine derartig »organisationslose« Betrachtung im Falle der *StarAlliance* nicht aus. Hier stellen sich – aus strukturationstheoretischer Sicht zu beantwortende – Fragen, wie es beispielsweise der *Lufthansa* und der *Lot* als veritable Organisationen in diesem strategischen Netzwerk überhaupt möglich ist, gemeinsame Interessen auszuloten und beispielsweise bei *Airbus* oder *Boeing* im Design abgestimmte Flugzeuge in Auftrag zu geben. Folgefragen sind etwa: Wie gelingt es diesen Organisationen überhaupt, bei der Flugzeugbestellung tatsächlich gemeinsam zu handeln? Welche Rolle spielen dabei bestimmte Repräsentanten (boundary spanners) und wie sind ihre Handlungen durch die Organisation (als korporativem Akteur) sanktioniert? Im Ergebnis solcher weiterführender Überlegungen bietet die Strukturationstheorie die Möglichkeit (!) einer genuin dynamischen Analyse der Konstitution nicht nur von Organisationen (und deren Interessen und Identitäten), sondern auch ihrer interorganisationalen Beziehungen und Netzwerke. Dabei leitet die Theorie eine Mehrebenenanalyse an: Die Konstitution *von Netzwerken* wird als intendiertes und teilweise auch unintendiertes Ergebnis des Handelns *von Organisationen* im Kontext von Gesellschaft – hier vor allem eines *organisationalen Feldes* – verstanden. Diese Analyse ist dabei nicht auf eine (ökonomische) Dimension (z. B. Kosten) reduziert, sondern notwendig mehrdimensional. Berücksichtigung finden die Signifikation und Legitimation ebenso wie die Domination. Und alle drei Dimensionen sind eben auch für die Untersuchung des Ökonomischen hoch bedeutsam (vgl. insb. Sydow et al. 1995, S. 33 ff.; Ortmann et al. 2000; Duschek 2014; Whittington 2015): Ökonomischem Handeln ist nicht nur eine Macht- und Herrschaftsdimension immanent, sondern wird vor dem Hintergrund bestehender Signifikations- und Legitimationsstrukturen interpretiert bzw. sanktioniert, wie es oben kurz am Beispiel von *InBroNet* verdeutlicht wurde. Umgekehrt werden durch ökonomisches Handeln eben diese Strukturen reproduziert bzw. transformiert. Dabei wird – typisch für die Strukturationstheorie – nicht von einem problemlosen Nebeneinander dieser Dimensionen ausgegangen, sondern mit Spannungen, Widersprüchlichkeiten, Dilemmata und sogar Paradoxien gerechnet. Damit ist man insgesamt kategorial sehr gut vorbereitet, das Management interorganisationaler Beziehungen – zumal in seinen Spannungsverhältnissen (▶ Kap. 11) – besser zu verstehen.

Die Strukturationstheorie ist im Übrigen dem »neuen« soziologischen Neo-Institutionalismus nicht unähnlich, dem in der Organisationstheorie vorherrschenden Paradigma. Ein wichtiger Grund dafür ist, dass die Strukturationstheorie selbst die Entwicklung des neoinstitutionalistischen Ansatzes in den letzten Jahren stark beeinflusst hat, stellt Erstere etwa doch von Anbeginn an stärker auf die Mächtigkeit und Reflexivität von Akteuren ab. Im Unterschied zu diesem »neuen« Neo-Institutionalismus, der die Mächtigkeit und Reflexivität von Akteuren nunmehr auch für sich entdeckt hat (vgl. insb. Scott 2001) und neuerdings unter Begriffen wie »institutional entrepreneurship« (DiMaggio 1988) oder »institutional work« (Lawrence/Suddaby 2006) zu fassen versucht,[55] ordnet die Strukturationstheorie mit ihrem Konzept der Dualität von Struktur nicht alle Dimensionen des Handelns letztlich der Legitimitätsproblematik unter. Vielmehr untersucht diese Theorie prinzipiell gleichberechtigt und systematisch das Zusammenspiel der drei Dimensionen des Sozialen: Signifikation, Domination *und* Legitimation. Damit trägt sie auch und gerade der herausragenden Bedeutung von Ressourcen im ökonomischen Handeln – nicht zuletzt beim Management interorganisationaler Beziehungen – besser Rechnung (vgl. auch mit Blick auf »network resourcing« Auschra/Sydow 2023).

Trotz dieser Potenziale ist die Strukturationstheorie nicht von Kritik verschont geblieben. Interessant ist allerdings, dass eine Gruppe von Kritikern dieser Theorie vorwirft, allzu sehr auf das Handeln von Akteuren abzustellen und darüber die strukturellen Zwänge von Handlungen – gerade auch in der Sphäre der Ökonomie (z. B. Ressourcenknappheit) – zu vernachlässigen (vgl. z. B. Archer 1995). Eine andere Gruppe von Kritikern bemängelt hingegen die vermeintliche Unterbelichtung des Akteurshandelns in einer letztlich allzu strukturalistischen Erklärung der Wirklichkeit (vgl. z. B. Callinicos 1985). Zwar wollen wir hier nicht so weit gehen und behaupten, dass sich diese beiden Gruppen von Kritik bzw. Kritikern neutralisieren. Vielmehr hat die anhaltende Auseinandersetzung über die wirklichen Erklärungs- bzw. Verstehenspotenziale und die tatsächliche Erklärungs- bzw. Verstehensleistung dieser Theorie ihre Ursache in sehr allgemeinen Konzepten, die naturgemäß nur schwer in empirischen Untersuchungen zu operationalisieren sind. Gerade deshalb ist eine konzeptionelle Konkretisierung dieser allgemeinen Sozialtheorie für ihre Verwendung zum Beispiel zum besseren Verstehen bzw. zur Steigerung der Reflexivität beim Management interorganisationaler Beziehungen notwendig. Dabei kann die Strukturationstheorie durchaus als ein probates Mittel gesehen werden, auch um sehr aktuelle Herausforderungen im Bereich der digitalen Transformation (Jones/Karsten 2008) sowie auch im Kontext wirtschaftlichen und gesellschaftlichen Wandels zugunsten von mehr Nachhaltigkeit (z. B. Tabares et al. 2021) zu verstehen und tieferliegende Mechanismen zu erkunden. Dies allerdings stellt nicht triviale methodische Anforderungen an Forschungsdesign, Datenerhebung und Datenanalyse.

---

55 Dabei wird, wie angedeutet, ausgiebig explizit auf die Strukturationstheorie Bezug genommen (vgl. auch Walgenbach 2002; Walgenbach/Meyer 2008).

14.3 Methodische Anforderungen

Transaktionskostenansatz und Strukturationstheorie unterscheiden sich nicht nur deutlich in Hinblick auf ihre Theoriekonstruktion, sondern auch bezüglich ihrer Anforderungen an Forschungsmethoden. Sofern eine empirische Untersuchung des Managements interorganisationaler Beziehungen vom Transaktionskostenansatz informiert ist, begnügt sie sich im Kern auf (statisch angelegte) Querschnittsuntersuchungen, die zum Beispiel verschiedene Unternehmen oder sonstige Arten von Organisationen – ggf. auch in verschiedenen Branchen oder Regionen – in Hinblick auf die Qualität der von ihnen unterhaltenen Beziehungen analysiert. Dabei spielt naheliegenderweise vor allem die Erfassung der Höhe transaktionsspezifischer Investitionen, nachgelagert auch von Transaktionshäufigkeit und -unsicherheit eine zentrale Rolle. Die entsprechenden Daten werden zumeist – wenn auch nicht immer – mit Hilfe standardisierter Fragebögen in relativ großzahligen Studien erfasst und mit Hilfe statistischer Verfahren (z. B. Korrelations- und Regressionsanalysen, neuerdings unter Zuhilfenahme komplexer Strukturgleichungsmodelle) ausgewertet.[56] Die Spezifität des Anlage- und Humanvermögens wird dabei in der Regel vorausgesetzt und genauso wie die anderen Größen (oft mit Ausnahme der Effizienzwirkungen) durch Befragung von Entscheidungsträgern ermittelt.

Strukturationstheoretisch informierte Forschung stellt im Gegensatz dazu stärker auf vergleichende (Netzwerk-)Fallstudien ab, in deren Rahmen nicht nur der Kontext, sondern auch die jeweilige Netzwerkentwicklung bzw. -dynamik akribisch genau erfasst werden kann; ganz gemäß des strukturationstheoretischen Diktums: »context and history matter!« Forschungspragmatisch wird man zwar oft auf echte Längsschnittstudien verzichten und sich mit einem »temporal bracketing« (Langley 1999) mit ergänzender Rekonstruktion der Vorgeschichte der untersuchten Netzwerkentwicklung begnügen (müssen). Allerdings darf diese methodische Vereinfachung nicht so weit gehen, dass auf eine Untersuchung von Prozessen letztlich verzichtet wird. Denn es gilt: »Causal analysis is inherently sequence analysis« (Rueschemeyer et al. 1992, S. 4). Bei der Untersuchung entsprechender Prozesse und der ihnen zugrunde liegenden Kausalitäten sollte bewusst empirische Reichhaltigkeit durch das Studium eines sehr großen Zeitraums (oder zumindest ausgewählter Episoden) angestrebt werden. Gleichzeitig sollte ausdrücklich auf die Wahrnehmung und Sichtweisen der individuellen und/oder kollektiven Akteure abgestellt und gleichwohl an Strukturen zurückgebunden werden. Die Konstitution der (kollektiven) Wahrnehmung oder Sicht »der« Organisation wird entsprechend problematisiert und im Zusammenspiel von individuellen Akteuren (boundary spanners) und organisationalem System (und den für sie relevanten Strukturen) konzipiert. Die für diese Art der Forschung bevorzugte Methode ist die Interviewreihe, womöglich eingebettet in ethnographische Beobachtungen (vgl. zur Netzwerkethnographie Berthod et al. 2017b).

---

56 Eine Ausnahme stellt der berühmte Fisher Body-Fall dar (vgl. z. B. Klein 2007 sowie die Kontroverse zwischen Goldberg 2008 und Klein 2008).

Trotz dieser Akzentsetzung auf Fallstudienforschung ist die Strukturationstheorie offen für großzahlige quantitative Studien. Insbesondere in den US-amerikanischen Kommunikationswissenschaften ist die Verwendung dieser Theorie in derartig konzipierten Studien sogar vorherrschend (vgl. für ein Beispiel DeScantis/Poole 1994). Giddens (1984) selbst plädiert sogar ausdrücklich für die Zusammenführung einer sog. »strategischen«, auf Handlungen abstellenden Fallanalyse mit einer »institutionellen« Analyse, die stärker auf die Erfassung struktureller Kontingenzen abstellt und oft großzahliger ist. Insofern trifft sich die methodische Offenheit der Strukturationstheorie mit dem zurzeit verstärkt vernehmbaren Plädoyer für ein »mixed-method design« (Tashakkori/Teddlie 2003; Kelle 2019). In diesem schicken sich Wissenschaftler und Wissenschaftlerinnen an, qualitative und quantitative Methoden zu kombinieren und zwar in einer Form, die die traditionelle Arbeitsteilung – qualitative Vorstudie, quantitative Hauptstudie – radikal überwindet. Nicht selten werden qualitative Fallstudien erst auf der Grundlage einer größer angelegten Befragung durchgeführt, in der vorab die interessanten Fälle identifiziert werden.

Bei aller Konzentration auf empirische Untersuchungen, die einer Theorie (hier: der Strukturationstheorie) methodisch angemessen sind, sollten sich Forscher und Forscherinnen, vor allem aber Manager und Managerinnen der Tatsache bewusst sein, dass es in der Wissenschafts- wie in der Managementpraxis ohne (zumindest implizite) Theorie nicht geht. Um praktisch handeln zu können, müssen Akteure Vereinfachungen vornehmen. Genau dies tun – mehr oder weniger angemessen – Theorien auch wenn sie dabei immer notwendig selektiv sind. Die Folgefrage ist allerdings, wie angemessen diese Vereinfachungen bzw. Selektionen sind.

Theorie Erkennt- nisobjekt	Ökonomische Theorie	Netzwerktheorie	Organisationstheorie
Markt	*Markt als Markt*	Markt als Netzwerk	Markt als Organisation
Netzwerk	Netzwerk als Markt	*Netzwerk als Netzwerk*	Netzwerk als Organisation
Organisation	Organisation als Markt	Organisation als Netzwerk	*Organisation als Organisation*

Dar. 14.7: Verhältnis von Theorie und Erkenntnisobjekt (Sydow 1992, S. 126)

Dies sei am Beispiel von ökonomischer Theorie einerseits und Organisations- und Netzwerktheorie andererseits mit Bezug auf die drei zentralen Organisationsformen ökonomischer Aktivitäten (Markt, Netzwerk und Organisation) verdeutlicht (▶ Dar. 14.7). *Ökonomische Theorien* tendieren dazu, alle drei Organisationsformen ökonomischer Aktivitäten zu sehr als Markt bzw. als »vermarktlicht« zu betrachten. Dabei schenken sie beispielsweise der Idee der Transaktion und des Vertrages große Aufmerksamkeit, blenden die Bedeutung sozialer Beziehungen und des Systemischen aber nahezu vollkommen aus. Konkret werden nicht nur Märkte, sondern auch interorganisationale Netzwerke und Organisationen gleichsam als »Märkte« bzw. als Nexus im Markt verhandelter Beziehungen aufgefasst. Mag man die Sicht auf »Märkte als Märkte« (deshalb kursiv gestellt in Darstellung 14.7) noch akzeptieren, erscheint die Rekonstruktion von Netzwerken und Organisationen als Märkte theoretisch und methodisch unangemessen. *Netzwerktheorien* fokussieren auf die Einbettung von Transaktionen bzw. Interaktionen in Beziehungsgeflechte, anders ausgedrückt, es wird davon ausgegangen: »it's the connections« (Zaheer et al. 2010). Nicht nur interorganisationale Netzwerke, sondern eben auch Organisationen und sogar Märkte werden im Kern als Netzwerke aufgefasst, um der Spannung zwischen notwendiger Komplexitätsreduktion und Übervereinfachung effektiv zu begegnen. *Organisationstheorien* schließlich neigen mit derselben Intention dazu, nicht nur Organisationen, sondern auch Märkte und Netzwerke als organisierte, im Kern regelbasierte Sozialsysteme aufzufassen. Auch hier scheint die konzeptionelle Vorentscheidung – Organisation ist für Organisationstheorie wichtig – durch. Diese durch die jeweilige Theorie induzierten Vereinfachungen laufen Gefahr, dem tatsächlichen Phänomen nicht (mehr) angemessen zu sein, indem die falschen Vereinfachungen bzw. Selektionen vorgenommen werden. Die Problematik, dass beim Ebenen und/oder Kontexte übergreifenden »theory borrowing« (Whetten et al. 2009) extreme theoretische und methodische Vorsicht geboten ist, wird erst in jüngster Zeit verstärkt thematisiert (z. B. Kenworthy/Verbeke 2015). Gerade für das Ebenen bzw. Kontexte übergreifende Management interorganisationaler Beziehungen – und nicht zuletzt für die Forschung dazu! – ist die Einsicht in diese Problematik allerdings bedeutsam.

15 Noch nicht am Ende: Ungelöste und unerforschte Probleme des Managements interorganisationaler Beziehungen

»Understanding how to manage across organizational boundaries has been argued to be almost as significant as knowing how to manage within organizations« (Huxham/Vangen 2000b, S. 772). Diesem Statement können wir uns nur anschließen und sind damit nicht allein: die Rede von der »Netzwerkgesellschaft« (Messner 1995) oder der »virtual organization« (vgl. z. B. Chesbrough/Teece 2002) sind nur zwei prominente Beispiele für die stetig wachsende Bedeutung von interorganisationalen bzw. vernetzten Beziehungen in Wirtschaft und Gesellschaft. Gleichzeitig kennzeichnen genau diese Begriffe aber auch die anhaltende Unsicherheit bezüglich des betrachteten Phänomens. Dirk Messner (1995) etwa stellte schon früh die gleichermaßen deutliche wie in ihren Steuerungsfragen doch so unklare Macht der zunehmenden Vernetzung der Wirtschaft zur Diskussion und Henry W. Chesbrough und David J. Teece (2002) fragen sich schon im Titel ihres Beitrags: »when is virtual virtuous?« Neu belebt wird die Diskussion um Netzwerke, Plattformen und Ökosysteme seit einer Weile im Kontext der sich rasant verbreitenden Plattformökonomie (vgl. z. B. Sydow/Auschra 2022).

Das Interesse am Phänomen und dem Management von interorganisationalen Beziehungen im Allgemeinen und von interorganisationalen Netzwerken im Besonderen ist nach wie vor groß, die offenen Fragen gleichzeitig zahlreich. Zwar sind die Menge und Qualität der bisherigen Antworten und somit das Wissen zum Management interorganisationaler Beziehungen für die immer noch relativ kurze Zeit der Forschung schon beachtlich, aber keinesfalls befriedigend! Insbesondere bedarf es unseres Erachtens in vielerlei Hinsicht einer stärkeren theoretischen und auch methodischen Durchdringung des Phänomens bzw. der Phänomene. Auch und gerade im Bereich von Interorganisationsbeziehungen und interorganisationalen Netzwerken kann eine gleichzeitig theoriebasierte und empirisch ausgerichtete Managementforschung die Reflexivität der Managementpraxis signifikant steigern – ohne dass hier suggeriert werden soll, dass jede Lösung eines praktischen Managementproblems notwendig auf wissenschaftliche Theorie und Methodik angewiesen ist.

Von dieser Annahme ausgehend sollen im Folgenden Fragen bzw. Problemfelder entlang der Gliederung des hier vorliegenden Bandes adressiert werden, zu denen der aktuelle Forschungsstand – trotz aller Fortschritte (vgl. auch Lumineau/Oliveira 2018) – nicht wirklich als befriedigend zu bezeichnen ist und folglich die Ausführungen ein Stück weit offenbleiben mussten:

Im *Teil I* (Einführung, Grundlagen und Forschungsstand) stehen Managementpraktiken, Qualitäten und Ebenen interorganisationaler Beziehungen in ihren Grundzügen im Fokus. Die Forschung zu Management*praktiken* ist im Kontext von Interorganisationsbeziehungen noch immer recht jung und die Forschungsergebnisse sind entsprechend rar. Jedoch ist der »practice turn« (Whittington 2006) der Management- und Strategieforschung von Anbeginn theoriebasiert ausgerichtet (vgl. z.B. Schatzki 2001; Jarzabkowski et al. 2007; Gärtner 2007) und nicht zuletzt auch strukturationstheoretisch informiert (vgl. Sydow/Windeler 1994, 1998; Jarzabkowski 2005, 2008; Whittington 2015; Tasselli/Kilduff 2021; ▶ Kap. 14). Die Grundlagen einer reflektierten Analyse des Managements von Interorganisationsbeziehungen sind gelegt – mehr allerdings noch nicht. Als entsprechend vorübergehend müssen folglich auch die Ausführungen dazu verstanden werden. Sie ähneln eher einem dynamischen Forschungsprogramm, denn einem gesicherten Lehrbuchwissen. Gleiches gilt auch für die Verhältnisse von Netzwerk und Organisation, Netzwerk und Feld (inkl. Cluster), Netzwerk und Individuum sowie Netzwerk und Gesellschaft, welche wir hier ebenfalls in ihren Grundzügen dargestellt haben. Eine umfassende Klärung des Zusammenwirkens dieser Beziehungsebenen interorganisationalen Managements wird ohne Ausbau und konsequente Anwendung der mittlerweile von vielen Wissenschaftlern und Wissenschaftlerinnen geforderten und betriebenen Mehrebenenanalyse (vgl. z.B. Parkhe et al. 2006; Zaheer et al. 2010; Lipparini et al. 2014; Gray/Purdy 2018; Lahiri et al. 2021; die Diskussion im *Journal of Management*, Heft 2/2011) nicht gelingen. Nach wie vor wird dabei sowohl den individuell Handelnden als auch dem gesellschaftlichen Kontext des Handelns bzw. der Praktiken zu wenig konzeptionelle Aufmerksamkeit zuteil; allemal in ihrem Ebenen übergreifenden Zusammenwirken (Lumineau/Oliveira 2018, S. 450).

Teil II (Formen interorganisationaler Beziehungen) kann nur einen Ausschnitt aus der inzwischen kaum noch zu überblickenden Fülle an Erscheinungsformen interorganisationaler Beziehungen präsentieren. Dieser Makel wurde jedoch bewusst in Kauf genommen, um im Rahmen der jeweiligen Darstellung immer wieder explizit Rekurs auf eine Netzwerkperspektive und entsprechende Beispiele nehmen zu können. Erst hierdurch wird die Betrachtung relationaler Ausprägungen auch von vermeintlich marktlichen Formen interorganisationaler Beziehungen möglich. Andererseits kann von einer dezidierten Netzwerkperspektive prozess- geschweige denn praktikenorientierten Untersuchungen gerade der (vermeintlich) offensichtlichen Netzwerkbeziehungen, etwa in Form von Allianzen oder Joint Ventures, bis heute nicht die Rede sein. Viel zu oft werden selbst komplexe Allianzsysteme nur als dyadische Beziehungen betrachtet und Joint Ventures viel zu selten unter Berücksichtigung ihrer triadischen Grundform untersucht; und das auch noch in statischer Art und Weise, die der besonders wichtigen Dimension der Zeit bzw. generell Temporalitäten zu wenig Aufmerksamkeit schenkt (Lumineau/Oliveira 2018, S. 451 ff.). Hier besteht eine empfindliche Forschungslücke und es bleibt folglich noch viel Platz für eine tatsächliche Netzwerk(er)forschung von nur scheinbar gut bekannten Formen interorganisationaler Netzwerkbeziehungen. Zudem haben wir Fragen der *internationalen* bzw. *transnationalen* Dimension interorganisationaler Beziehungen gänzlich außen vor gelassen, obwohl wir uns dessen bewusst sind, dass diese fast von Anbeginn in der Forschung zu interorganisationalen Beziehungen und Netzwerken sehr viel Aufmerksamkeit erfahren hat (vgl. z. B. Ghoshal/Bartlett 1990; Inkpen/Beamish 1997; Contractor/Lorange 2002; Holtbrügge/Welge 2010, S. 112 ff.; Beamisch/Lupton 2016). Das Gleiche gilt auch für die *ökologische und soziale* Dimension, die in den letzten Jahren verstärkt in den Blick der Managementforschung und nicht zuletzt auch der Netzwerkforschung gerät (vgl. z. B. Kirchgeorg 2005; Helfen et al. 2018, 2021). Das Umweltthema ruft soziale Bewegungen und Nicht-Regierungsorganisationen sowie häufig auch Regierungen auf den Plan. Ähnlich wie mit der Forderung nach Produktion unter menschengerechten Arbeitsbedingungen durch Nicht-Regierungsorganisationen sowie nationale und globale Gewerkschaften wird damit das Management interorganisationaler Beziehungen in einen noch breiteren Stakeholder-Rahmen gestellt (vgl. Vorbohle 2010). Auch hier gilt es, die begonnenen Forschmungsbemühungen, nicht zuletzt in Hinsicht auf die Bedeutung zunehmender Vernetzung, gezielt zu verstärken.

Teil III (Entwicklung interorganisationaler Beziehungen) zielt einerseits auf ein historisches Verständnis der Netzwerkform ab, das die Kontingenz der Entwicklung in ihrer jeweiligen Epoche deutlich hervorhebt. Anderseits wird die Notwendigkeit einer Entwicklungsperspektive von interorganisationalen Beziehungen herausgestellt, die dezidert die zeitliche Dimension von Managementpraktiken im Sinne eines »history matters« fokussiert. Dieser Perspektive wird bisher eine noch zu geringe Bedeutung sowohl in der Managementforschung als auch in dem praktischen Management beigemessen, obwohl erst sie die Entwicklung einzigartiger Netzwerkressourcen (bis hin zu Netzwerkpersistenzen) erklären kann. Hier gilt es, in Zukunft einerseits ein größeres Bewusstsein gegenüber der Netzwerkgeschichte und des »Schattens der Zukunft« auf gegenwärtiges Handeln zu entwickeln und andererseits den Erfordernissen von Prozesstheorien und Longitudinalstudien in wissenschaftlichen Untersuchungen gerecht zu werden. Darüber hinaus sind Netzwerkpersistenzen und Pfadabhängigkeiten als spezielle »dark side of networks« (Victor/Stephens 1994) verstärkt konzeptionell zu fassen und zu analysieren.

Teil IV (Management interorganisationaler Netzwerke) befasst sich mit den zahlreichen Spannungsverhältnissen des Managements von Interorganisationsbeziehungen im Allgemeinen und von Netzwerkbeziehungen im Besonderen. Deren praktisches Management erfordert größte Aufmerksamkeit, um eine reflexive Netzwerkentwicklung und im besten Fall zugleich auch die Entwicklung einer reflexiven Kompetenz des Netzwerkmanagements nach sich zu ziehen. Gleichzeitig sind die Anforderungen an ein Management von derartigen Spannungsverhältnissen immens, was sich nicht zuletzt in dem bisher noch eingeschränkten Zugang zu systematischen Erfahrungen spiegelt. Diese Problematik wird durch die Notwendigkeit einer nicht nur prozessualen und praktikenbasierten, sondern dialektischen Perspektive auf Managementpraktiken in adäquaten wissenschaftlichen Untersuchungen verstärkt (Das/Teng 2000b; Vlaar et al. 2007; Alimadadi et al. 2019; Farjoun/Fiss

2022; Stegehuis et al. 2023). Einer derartigen Perspektive bedarf es auch, um das Zusammenspiel von Netzwerkmanagement und Clustermanagement zu eruieren. Noch viel zu oft werden Cluster und Netzwerke in eins gesetzt, anstatt die grundlegende Bedeutung von Netzwerkbeziehungen für die Konstitution und Entwicklung von Clustern zu fokussieren und – umgekehrt – regionale Cluster als einen besonderen Kontext des Managements von interorganisationalen Netzwerken zu begreifen. Durch die Gleichsetzung greifen zahlreiche Maßnahmen für das Management von Clustern sowie Clusterentwicklungsprogramme zu kurz. Darüber hinaus zielen regionale Agglomerationskonzepte ohne eine dezidierte Netzwerkperspektive am Wesen von Clustern und somit am Wettbewerbspotenzial regionaler Netzwerke in Clustern vorbei.

Teil V (Ausblick und Perspektiven) beleuchtet zum Ende des hier vorliegenden Bandes die Bedeutung theoretischer und methodischer Reflektion des Managements interorganisationaler Beziehungen. Wenngleich wir uns gegen eine explizite theoretische Argumentation in diesem Band entschieden haben und an dieser Stelle nur exemplarisch zwei Theorien und grundlegende Hinweise zur Methodik aufgreifen, so sehen wir die Notwendigkeit und das Potenzial methodischer und theoretischer Analysen von Interorganisationsbeziehungen gleichwohl sehr genau. Tatsächlich erfolgte die Netzwerkforschung von Anbeginn theoretisch informiert und weist mittlerweile eine ganz erhebliche Vielfalt an relevanten Theorien auf (vgl. z. B. Sydow 1992; Faulkner/de Rond 2000; Monge et al. 2008; Parmigiani/Rivera-Santos 2011). In Zukunft sollten jedoch die unvermeidlichen Begrenztheiten monotheoretischer Erklärungen sowie des Theorienvergleichs überwunden und verstärkt die Chancen zunehmender Erklärungskraft durch kommensurable Verbindungen von Theorien gestärkt werden. Theoretisch und methodisch vielversprechend ist zum Beispiel der Versuch, die verschiedenen Zweige des Neo-Institutionalismus mit der Strukturationstheorie von Anthony Giddens zu vereinen. Aktuell wird dies nicht nur unter dem Begriff der Institutionalisierungsarbeit (institutional work) angestrebt (vgl. z. B. Barley/Tolbert 1997; Bloodgood/Morrow 2000; Scott 2001; Hasse/Krücken 2005; Lawrence/Suddaby 2006; Mense-Petermann 2006; Cooney 2007; Wilkesmann 2009; Ritvala/Kleymann 2012; Helfen/Sydow 2013; Gidley/Palmer 2021), sondern auch des »practice-driven institutionalism« (Smets et al. 2017; Zilber 2021). Gleichwohl steht eine umfassende Zusammenführung von Neo-Institutionalismus und Strukturationstheorie zur gezielten Analyse des Managements interorganisationaler Beziehungen noch aus.

Allein die hier nur kursorisch aufgezeigten möglichen Baustellen einer Fortentwicklung des Verständnisses des Managements interorganisationaler Beziehungen verweisen auf einen noch langen und wohl auch steinigen Weg. Gleichwohl lohnt es sich, diesen Weg nicht nur zu beschreiben, sondern gezielt auszubauen. Um es abschließend mit den Worten von Jay R. Galbraith (1998, S. 102) auszudrücken:

»There is no doubt that the future will see the development of more and more networked organizations. They are an effective response to the many changes taking place in the business environment«.

Aufgrund genau dieser wachsenden Relevanz und praktischen Vielfalt war es das Ziel dieses Buches ein besseres Verständnis der Funktionsweise und des Managements von Netzwerkorganisationen anzubieten.

Literaturverzeichnis

Ackermann, K. F. (2011): Anforderungen der Unternehmensvernetzung an das Personalmanagement und eigenaktive Selbstvernetzung der Personalmanager. In: Klemper, H.-G./Pedell, B./Schäfter, H. (Hrsg.): *Management vernetzter Produktionssysteme.* München, S. 61–76.

Adams, J. S. (1980): Interorganizational processes and organizational boundary activities. In: *Research in Organizational Behaviour* 2, S. 321–355.

Adrot, A. (2023): ›Not too good to be true‹: A proposal to further benefit from emergence in management research. In: *M@n@gement* 26 (1), S. 85–94.

Agostini, L./Nosella, A. (2019): Inter-organizational relationships involving SMEs: A bibliographic investigation into the state of the art. In: *Long Range Planning* 52 (1), S. 1–31.

Ahlert, D. (1981): Absatzstrategien des Konsumgüterherstellers auf der Grundlage vertraglicher Vertriebssysteme mit dem Handel. In: Ahlert, D. (Hrsg.): *Vertragliche Vertriebssysteme zwischen Industrie und Handel.* Wiesbaden, S. 43–98.

Ahlert, D./Evanschitzky, H./Wunderlich, M. (2003): Kooperative Unternehmensnetzwerke: Nationale und internationale Entwicklungs- und Wachstumsperspektiven des Franchising. In: Zentes, J./Swoboda, B./Morschett, D. (Hrsg.): *Kooperationen, Allianzen und Netzwerke.* Wiesbaden, S. 563–586.

Ahrne, G./Brunsson, N. (2005): Organizations and meta-organizations. In: *Scandinavian Journal of Management* 21 (4), S. 429–449.

Aiken, M./Hage, J. (1968): Organizational interdependence and intra-organizational structure. In: *American Sociological Review* 33 (6), S. 912–930.

Albach, H. (1992): Strategische Allianzen, strategische Gruppen und strategische Familien. In: *Zeitschrift für Betriebswirtschaft* 62 (6), S. 663–670.

Albers, S./Wohlgezogen, F./Zajac, E. J. (2016): Strategic alliance structures: An organization design perspective. In: *Journal of Management* 42 (3), S. 582–614.

Albinsson, P./Perera, B. (2012): Alternative marketplaces in the 21st century: building community through sharing events. In: *Journal of Consumer Behaviour* 11 (4), S. 303–315.

Alimadadi, S./Bengtson, A./Salmi, A. (2019): Disruption, dissolution and reconstruction: A dialectical view on inter-organizational relationship development. In: *Scandinavian Journal of Management* 35 (3), S. 1–13.

Allarakhia, M./Walsh, S. (2012): Analyzing and organizing nanotechnology development: Application of the institutional analysis development framework to nanotechnology consortia. In: *Technovation* 32 (3–4), S. 216–226.

Anand, B. N./Khanna, T. (2000): Do firms learn to create value? The case of alliances. In: *Strategic Management Journal* 21 (3), S. 295–315.

Andersson, T./Schwaag Serger, S./Sörvik, J./Wise Hansson, E. (2004): *The cluster policies whitebook.* Malmö.

Anglani, F./Pennetta, S./Reaiche, C./Boyle, S. (2023): Crossing digital frontiers with cultural intelligence-a new paradigm for project managers. In: *International Journal of Project Management* 41 (8), S. 1–13.

Annac Göv, S. (2020): Strategic Alliances in airline business: Comparison of Skyteam, Oneworld, Star Alliance groups. In: *Journal of Administrative Sciences* 18 (38), S. 815–837.

Aoki, K./Wilhelm, M. (2017): The role of ambidexterity in managing buyer-supplier relationships: The Toyota case. In: *Organization Science* 28 (6), S. 1080–1097.

Araujo, L./Dubois, A./Gadde, L. E. (1999): Managing interfaces with suppliers. In: *Industrial Marketing Management* 28 (5), S. 497–506.

Araujo, L./Mouzas, S. (1997): Competition and cooperation in vertical marketing systems. In: Gemünden, H. G./Ritter, T./Walter, A. (Hrsg.): *Relationships and networks in international markets*. Oxford, S. 145–165.

Archer, M. S. (1995): *Realist social theory*. Cambridge.

Argyres, N./Bercovitz, J./Zanarone, G. (2020): The role of relationship scope in sustaining relational contracts in interfirm networks. In: *Strategic Management Journal* 41 (2), S. 222–245.

Argyris, C. (1976): Single-loop and double-loop models in research on decision making. In: *Administrative Science Quarterly* 21 (3), S. 363–375.

Ariño, A./De La Torre, J. (1998): Learning from failure: Towards an evolutionary model of collaborative ventures. In: *Organization Science* 9 (3), S. 306–325.

Ariño, A./Reuer, J. J. (2004): Designing and renegotiating strategic alliance contracts. In: *Academy of Management Executive* 18 (3), S. 37–48.

Ariño, A./Reuer, J. J. (2006) (Hrsg.): *Strategic alliances, governance and contracts*. New York.

Ariño, A./Ring, P. S. (2010): The role of fairness in alliance formation. In: *Strategic Management Journal* 31 (1), S. 1054–1087.

Arnold, J. (2006): *Existenzgründung – Netzwerke & Partnerschaften*. Ulm und Burgrieden.

Arthur, W. B. (Hrsg.) (1994): *Increasing returns and path dependency in the economy*. Ann Arbor.

Ashkenas, R./Ulrich, D./Jick, T./Kerr, S. (1995): *The boundaryless organization*. San Francisco.

Aspelund, A./Moen, O. (2001): A generation perspective on small firms' internationalization – From traditional exporters and flexible specialists to born globals. In: Axinn, C. N./Matthyssens, P. (Hrsg.): *Reassessing the internationalization of the firm*. Amsterdam, S. 197–225.

Aulinger, A. (2008): Unternehmensnetzwerke und Verbundnetzwerke. In: Aulinger, A. (Hrsg.): *Netzwerk-Evaluation*. Stuttgart, S. 15–34.

Auschra, C./Sydow, J. (2023): Resourcing goal-directed networks: toward a practice-based perspective. In: *Journal of Public Administration Research and Theory* 33 (2), S. 232–245.

Autry, C. W./Skinner, L. R./Lamb, C. W. (2008): Interorganizational citizenship behaviors: An empirical study. In: *Journal of Business Logistics* 29 (2), S. 53–74.

Aydin Ozden, S. A./Khashabi, P. (2023): Patent remedies and technology licensing: Evidence from a supreme court decision. In: *Strategic Management Journal* 44 (9), S. 2311–2338.

Bach, M. (2020): *Ärztenetzwerke zwischen Pfadabhängigkeit und Pfadbruch*. Dissertation. Freie Universität Berlin.

Bach, N. (2008): *Effizienz der Führungsorganisation deutscher Konzerne*. Wiesbaden.

Bachmann, R./Lane, C. (1997): Vertrauen und Macht in zwischenbetrieblichen Kooperationen – Zur Rolle von Wirtschaftsrecht und Wirtschaftsverbänden. In: *Managementforschung* 7, S. 79–110.

Badi, S., (2024): The role of blockchain in enabling inter-organisational supply chain alignment for value co-creation in the construction industry. In: *Construction Management and Economics* 42 (3), S. 266–288.

Baker, W. E. (1981): *Markets as networks: A multi-method study of trading networks in securities market*. Doctoral dissertation. Department of Sociology. Northwestern University. Chicago, Ill.

Baker, W. E. (1984): The social structure of a national securities market. In: *American Journal of Sociology* 89 (4), S. 775–811.

Baker, W. E./Faulkner, R. R. (1993): The social organization of conspiracy: Illegal networks in the heavy electrical equipment industry. In: *American Sociological Review* 58 (6), S. 837–860.

Bakker, R. M./DeFillippi, R. J./Schwab, A,/Sydow, J. (2016): Temporary organizing: Promises, processes, problems. In: *Organization Studies* 37 (12), S. 1703–1719.

Bakker, R. M./Knoben, J. (2015): Built to last or meant to end: Intertemporal choice in strategic alliance portfolios. *Organization Science* 26 (1), S. 256–276.

Barabási, A.-L. (2002): *Linked: The new science of networks*. Cambridge.

Barbieri, P./Boffelli, A./Stefano, E./Fratocchi, L./Kalchschmidt, M./Samson, D. (2020): What can we learn about reshoring after Covid-19? In: *Operations Management Research* 13 (3–4), S. 131–136.

Barley, S. R./Tolbert, P. S. (1997): Institutionalization and structuration: Studying the links between action and institution. In: *Organization Studies* 18, S. 93–117.

Barney, J. (1991): Firm resources and sustained competitive advantage. In: *Journal of Management* 17 (1), S. 99–120.
Bartlett, C. A./Ghoshal, S. (1990): *Internationale Unternehmensführung*. Frankfurt und New York.
Bartunek, J. M./Balogun, J. (2022): Context and how it matters: Mobilizing spaces for organization-community sustainable change. In: *Strategic Organization* 20 (4), S. 832–845.
Bass, B. M. (1985): *Leadership and performance beyond expectations*. New York.
Bass, B. M./Riggio, R. E. (2006): *Transformational leadership*. Mahwah, NJ.
Bathelt, H./Glückler, J. (2000): Netzwerke, Lernen und evolutionäre Regionalentwicklung. In: *Zeitschrift für Wirtschaftsgeographie* 44 (3–4), S. 167–182.
Bathelt, H./Glückler, J. (2002): *Wirtschaftsgeographie*. Stuttgart.
Battilana, J./Lee, M. (2014): Advancing research on hybrid organizing–Insights from the study of social enterprises. In: *Academy of Management Annals* 8 (1), S. 397–441.
Bauder, W. (1988): *Der Franchise-Vertrag*. Tübingen.
Baumol, W. J. (1992): Horizontal collusion and innovation. In: *Economic Journal* 102, S. 129–137.
Baumol, W. J. (2001): When is inter-firm coordination beneficial? The case of innovation. In: *International Journal of Industrial Organization* 19 (5), S. 727–737.
Bea, F. X. (1988): Diversifikation durch Kooperation. In: *Die Betriebswirtschaft* 41 (50), S. 2521–2526.
Beamish, P. W./Lupton, N. C. (2009): Managing joint ventures. In: *Academy of Management Perspectives* 23 (2), S. 75–94.
Beamish, P. W./Lupton, N. C. (2016): Cooperative strategies in international business and management: Reflections on the past 50 years and future directions. In: *Journal of World Business* 51 (1), S. 163–175.
Becattini, G. (1990): The Marshallian industrial district as a socio-economic notion. In: Pyke, F./Becattini, G./Sengenberger, W. (Hrsg.): *Industrial districts and inter-firm co-operation in Italy*. International Institute of Labour Studies. Genf, S. 37–51.
Beck, T. E./Solansky, S. T./Davis, D. J./Ford-Eickhoff, K. (2024): Temporal adaptive capacity: A competency for leading organizations in temporary interorganizational collaborations. In: *Group & Organization Management* 49 (1), S. 114–140.
Becker, A. (1996): *Rationalität strategischer Entscheidungsprozesse*. Wiesbaden.
Behar, B. I. (2009): *Verbundstrukturen im deutschen Krankenhausmarkt*. Wiesbaden.
Belderbos, R./Gilsing, V./Lokshin, B. (2012): Persistence of, and interrelation between, horizontal and vertical technology alliances. In: *Journal of Management* 38 (6), S. 1812–1834.
Bell, G. G. (2005): Clusters, networks, and firm innovativeness. In: *Strategic Management Journal* 26 (3), S. 287–295.
Bellandi, M. (1989): The role of small firms in the development of Italian manufacturing industry. In: Goodman, E./Bamford, J./Saynor, P. (Hrsg.): *Small firms and industrial districts in Italy*. London und New York, S. 31–68.
Benson, J. K. (1975): The interorganizational network as a political economy. In: *Administrative Science Quarterly* 20 (2), S. 229–249.
Benz, A. (Hrsg.) (2004): *Governance-Regieren in komplexen Regelsystemen*. Wiesbaden.
Berger, M. (2015): Vertragsgestaltung: Anforderungen an Kauf-, Vertriebs- und Lizenzverträge. In: Brenner, H./Misu, C. (Hrsg.): *Internationales Business Development: Export-Märkte, Risikoanalysen, Strategien*. Wiesbaden, S. 119–137.
Berghoff, H./Sydow, J. (Hrsg.) (2007): *Unternehmerische Netzwerke*. Stuttgart.
Berthod, O./Grothe-Hammer, M./Müller-Seitz, G./Raab, J./Sydow, J. (2017a): From high-reliability organizations to high-reliability networks: the dynamics of network governance in the face of emergency. In: *Journal of Public Administration Research and Theory* 27 (2), S. 352–371.
Berthod, O./Grothe-Hammer, M./Sydow, J. (2017b): Network ethnography: A mixed-method approach for the study of practices in interorganizational settings. In: *Organizational Research Methods* 20 (2), S. 299–323.
Berthod, O./Sydow, J. (2013): Locked in the iron cage? When institutionalization is (not) a path-dependent process. In: Sydow, J./Schreyögg, G. (Hrsg.): *Self-reinforcing processes in and among organizations*. London, S. 204–229.

Bertrand, O./Lumineau, F. (2016): Partners in crime: The effects of diversity on the longevity of cartels. In: *Academy of Management Journal* 59 (3), S. 983–1008.
Bierly III, P. W. E./Gallagher, S. (2007): Explaining alliance partner selection: Fit, trust and strategic expediency. In: *Long Range Planning* 40 (2), S. 134–153.
Binder, C. U. (1994): *Beteiligungsführung in der Konzernunternehmung*. Köln.
Blois, K. (2006): The boundaries of the firm – A question of interpretation. In: *Industry and Innovation* 13 (2), S. 135–150.
Blomqvist, K./Cook, K. S. (2018): Swift trust: State-of-the-art and future research directions. In: Searle, R. H./Nienaber, A. M. I./Sitkin, S. B. (Hrsg.): *The Routledge companion to trust*. London, S. 29–49.
Bloodgood, J. M./Morrow, J. L. (2000): Strategic organizational change within an institutional framework. In: *Journal of Managerial Issues* 12, S. 208–226.
Boari, C./Lipparini, A. (1999): Networks within industrial districts: Organising knowledge creation and transfer by means of moderate hierarchies. In: *Journal of Management and Governance* 3 (4), S. 339–360.
Boetcher, E. (1974): *Kooperation und Demokratie in der Wirtschaft*. Tübingen.
Bohn, S./Braun, T. (2021): Field-configuring projects: How projects shape the public reflection of electric mobility in Germany. In: *International Journal of Project Management* 39(6), S. 605–619.
Böllhoff, D./Brast, C./Grüger, N. (2007): Demerger als Instrument strategischer Konzernorganisation. In: *Zeitschrift Führung+Organisation* 76 (1), S. 23–30.
Boltanski, L./Chiapello, E. (2003): *Der neue Geist des Kapitalismus*. Konstanz.
Boos, F./Furch, H. (1997): Netzwerke sind eine intelligente Form von Zentralismus. In: Ahlemeyer, H. W./Königswieser, R. (Hrsg.): *Komplexität managen*. Wiesbaden, S. 205–214.
Boschma, R. A. (1999): Evolutionary economics and economic geography. In: *Journal of Evolutionary Economics* 9 (4), S. 411–430.
Bouncken, R. B./Gast, J./Kraus, S./Bogers, M. (2015): Coopetition: a systematic review, synthesis, and future research directions. In: *Review of Managerial Science* 9, S. 577–601.
Braczyk, H.-J./Cooke, P./Heidenreich, M. (Hrsg.) (1998): *Regional innovation systems*. London.
Bradach, J. L. (1997): Using the plural form in the management of restaurant chains. In: *Administrative Science Quarterly* 42 (2), S. 276–303.
Bradach, J. L./Eccles, R. G. (1989): Price, authority and trust: From ideal types to plural forms. In: *Annual Review of Sociology* 15, S. 96–118.
Brandenburger, A. M./Nalebuff, B. J. (1996): *Co-opetition*. New York.
Brandt, S. (2012): *Licensing kompakt: Praxisleitfaden für Lizenzgeber und -nehmer*. Wiesbaden.
Brady, T./Davies, A. (2004): Building project capabilities: from exploratory to exploitative learning. In: *Organization Studies* 25 (9), S. 1601–1621.
Brass, D. J./Galaskiewicz, J./Greve, H. R./Tsai, W. (2004): Taking stock of networks and organizations: A multilevel perspective. In: *Academy of Management Journal* 47 (6), S. 795–817.
Brattström, A./Faems, D. (2020): Interorganizational relationships as political battlefields: How fragmentation within organizations shapes relational dynamics between organizations. In: *Academy of Management Journal* 63 (5), S. 1591–1620.
Braun, T. (2013): *Kooperatives Verhalten in interorganisationalen Projekten*. Köln.
Braun, T. (2018): Configurations for interorganizational project networks: The interplay of the PMO and network administrative organization. In: *Project Management Journal* 49 (4), S. 53–61.
Braun, T./Ekstedt, E./Lundin, R./Sydow, J. (2024): Managing stability and change in interorganizational projects: The ambiguous role of digital tools for relational dynamics. In: *Project Management Journal* (im Druck).
Braun, T./Ferreira, A. I./Schmidt, T./Sydow, J. (2018): Another post-heroic view on entrepreneurship: The role of employees in networking the start-up process. In: *British Journal of Management* 29(4), S. 652–669.
Braun, T./Ferreira, A./Sydow, J. (2013): Citizenship behavior and effectiveness in temporary organizations. In: *International Journal of Project Management* 31 (6), S. 862–876.
Braun, T./Müller-Seitz, G. (2023): *Digitale Transformation: Wandel durch Projekte*. München.
Braun, T./Müller-Seitz, G./Sydow, J. (2012): Project citizenship behavior? An explorative analysis at the project-network-nexus. In: *Scandinavian Journal of Management* 28 (4), S. 271–284.

Braun, T./Schmidt, T. (2016): Netzwerkentwicklung bei veränderten Unsicherheitswahrnehmungen: Dynamiken eines Partnernetzwerks im Angesicht von Cloud Computing, in: *Managementforschung* 26, S. 121–160.
Braun, T./Sydow, J. (2019): *Projektmanagement und temporäres Organisieren*. Stuttgart.
Braun, T./Sydow, J. (2024): The mandate of project management offices beyond organizational boundaries – Still a blind spot for organizational design? In: *Project Management Journal* 55 (5), S. 507–519.
Bretzke, W.-R. (2008): *Logistische Netzwerke*. Berlin etc.
Brinkel, G. (2016): *Erfolgreiches Franchise-System-Management: Eine empirische Untersuchung anhand der deutschen Franchise-Wirtschaft*. Wiesbaden.
Brockhoff, K./Hauschildt, J. (1993): Schnittstellen-Management – Koordination ohne Hierarchie. In: *Zeitschrift Führung+Organisation* 62 (6), S. 396–403.
Bronner, R./Mellewigt, T. (2001): Entstehen und Scheitern Strategischer Allianzen in der Telekommunikationsbranche. In: *Zeitschrift für betriebswirtschaftliche Forschung* 53, S. 728–751.
Bruder, I./Sydow, J. (2021): Social Entrepreneurship. In: *Wirtschaftswissenschaftliches Studium* 50 (10), S. 10–15.
Bruder, I./Sydow, J. (2025): Governing inter-organizational collaboration through purpose borrowing: How social enterprises' normative aspirations influence business partners' practices. In: *Journal of Management Studies* 62 (im Druck).
Bruhn, M. (2009): *Relationship Management*. 2. Aufl. München.
Brusco, S. (1982): The Emilian model: Productive decentralisation and social integration. In: *Cambridge Journal of Economics* 6 (2), S. 167–184.
Brusco, S. (1990): The idea of the Industrial District: Its genesis. In: Pyke, F./Becattini, G./Sengenberger, W. (Hrsg.): *Industrial Districts and inter-firm co-operation in Italy*. International Institute for Labour Studies. Genf, S. 10–19.
Brusoni, S. (2005): The limits of specialization: Problems solving and coordination in ›modular networks‹. In: *Organization Studies* 26 (12), S. 1885–1907.
Bryman, A./Bresnen, M.J./Beardsworth, A.D./Ford, J.R./Keil, E.T. (1987): The concept of the temporaray system: The case of the construction project. In: *Research in Sociology of Organizations* 6, S. 253–283.
Buckley, P.J. (2021): The return of cartels? In: *Management and Organization Review* 17 (1), S. 35–39.
Bühler, S./Jäger, F. (2005): Industrieökonomische Aspekte der Kooperation. In: Zentes, J./Swoboda, B./Morschett, D. (Hrsg.): *Kooperationen, Allianzen und Netzwerke*. 2. Aufl. Wiesbaden, S. 95–120.
Bühner, R. (1996): *Gestaltung von Konzernzentralen*. Wiesbaden.
Burger, M./Sydow, J. (2014): How inter-organizational networks can become path-dependent: Bargaining practices in the photonics industry. In: *Schmalenbach Business Review* 66 (1), S. 73–99.
Burns, J.M. (1978): *Leadership*. New York.
Burr, W. (1999): Koordination durch Regeln in selbstorganisierenden Unternehmensnetzwerken. In: *Zeitschrift für Betriebswirtschaft* 69 (10), S. 1159–1179.
Burr, W. (2003): Motive und Voraussetzungen bei Lizenzkooperationen. In: Zentes, J./Swoboda, B./Morschett, D. (Hrsg.): *Kooperationen, Allianzen und Netzwerke*. Wiesbaden, S. 543–562.
Burt, R. (1992): *Structural holes: The social structure of competition*. Cambridge.
Buttrick, J. (1952): The inside contracting system. In: *Journal of Economic History* 12 (3), S. 205–221.
Bygballe, L.E. (2017): Toward a conceptualization of supplier-switching processes in business relationships. In: *Journal of Purchasing and Supply Management* 23 (1), S. 40–53.
Caglio, A./Ditillo, A. (2008): A review and discussion of management control in inter-firm relationships: Achievements and future directions. In: *Accounting, Organizations and Society* 33, S. 865–898.
Callinicos, A. (1985): Anthony Giddens: A contemporary critique. In: *Theory and Society* 14 (2), S. 133–166.
Cao, Z./Lumineau, F. (2015): Revisiting the interplay between contractual and relational governance: A qualitative and meta-analytic investigation. In: *Journal of Operations Management* 33, S. 15–42.

Carley, K. M. (1999): On the evolution of social and organizational networks. In: *Research in the Sociology of Organizations* 16, S. 3–30.
Carlile, P. R. (2004): Transferring, translating, and transforming: An integrative framework for managing knowledge across boundaries. In: *Organization Science* 15 (5), S. 555–568.
Castells, M. (1996): *Rise of the network society*. Cambridge, Mass.
Castro, I./Roldán, J. L. (2015): Alliance portfolio management: Dimensions and performance. In: *European Management Review* 12 (2), S. 63–81.
Cennamo, C./Santalo, J. (2013): Platform competition: Strategic trade-offs in platform markets. In: *Strategic Management Journal* 34 (11), S. 1331–1350.
Cepa, K./Schildt, H. (2023): Data-induced rationality and unitary spaces in interfirm collaboration. In: *Organization Science* 34 (1), S. 129–155.
Chalker, M./Loosemore, M. (2016): Trust and productivity in Australian construction projects: a subcontractor perspective. In: *Engineering, Construction and Architectural Management* 23 (2), S. 192–210.
Chan, C.-H./Chu, T.-H./Wu, J.-H. P./Wen, T.-H. (2021): Spatially characterizing major airline alliances: A network analysis. In: *International Journal of Geo-Information* 10 (1), S. 1–15.
Chang, S. (2024): Interorganizational networks in dynamics of disaster: Comprehensive approach to network effectiveness. In: *Journal of Contingencies and Crisis Management* 32 (1), e12544.
Chandler, A. D. (1962): *Strategy and structure*. Cambridge, Mass.
Chandler, A. D. (1977): *The visible hand*. Cambridge, Mass.
Chesbrough, H. W. (2003): *Open innovation: The new imperative for creating and profiting from technology*. Boston.
Chesbrough, H. W./Teece, D. J. (2002): Organizing for innovation: When is virtual virtuous? In: *Harvard Business Review* 80 (1), S. 127–138.
Child, J./Faulkner, D./Tallmann, S. (2005): *Cooperative strategy*. 2. Aufl. Oxford.
Child, J./Ganter, H.-D./Kieser, A. (1987): Technological innovation and organizational conservatism. In: Pennings, J. M./Buitendam, A. (Hrsg.): *New technology as organizational innovation*. Cambridge, Mass., S. 87–115.
Chou, H. H./Zolkiewski, J. (2012): Decoding network dynamics. In: *Industrial Marketing Management* 41 (2), S. 247–258.
Chu, J. S./Davis, G. F. (2016): Who killed the inner circle? The decline of the American corporate interlock network. In: *American Journal of Sociology* 122 (3), S. 714–754.
Clarke, A./Fuller, M. (2010): Collaborative strategic management: Strategy formulation and implementation by multi-organizational cross-sector social partnerships. In: *Journal of Business Ethics*, 94 (1), S. 85–101.
Clegg, S./Burdon, S. (2021): Exploring creativity and innovation in broadcasting. In: *Human Relations* 74(6), S. 791-813.
Clegg, S./Josserand, E./Mehra, A./Pitsis, T. S. (2016): The transformative power of network dynamics: A research agenda. In: *Organization Studies* 37 (3), S. 277–291.
Clegg, S. R./Pitsis, T. S./Rura-Polley, T./Marosszeky, M. (2002): Governmentality matters: Designing an alliance culture of inter-organizational collaboration for managing projects. In: *Organization Studies* 23 (3), S. 317–337.
Clemons, E. K./Reddi, S. P./Row, M. C. (1993): The impact of information technology on the organization of economic activity: The »move to the middle« hypothesis. In: *Journal of Information Systems* 10 (2), S. 9–35.
Coase, R. H. (1937): The nature of the firm. In: *Economica* 4 (16), S. 396–405.
Coleman, J. S. (1988): Social organization of the corporation. In: Meyer, J. R./Gustafson, J. M. (Hrsg.): *The U. S. business corporation: An institution in transition*. Cambridge, Mass., S. 93–111.
Coletti, A. L./Sedatole, K. L./Towry, K. L. (2005): The effect of control systems on trust and cooperation in collaborative environments. In: *Accounting Review* 80 (2), S. 477–500.
Colombo, M. G. (Hrsg.) (1998): *The changing boundaries of the firm*. London.
Contractor, F. J./Lorange, P. (Hrsg.) (1988): *Cooperative strategies in international business*. Lexington, MA.
Contractor, F. J./Lorange, P. (Hrsg.) (2002): *Cooperative strategies and alliances*. Amsterdam etc.
Cooney, K. (2007): Fields, organization, and agency: Toward a multilevel theory of institutionalization in action. In: *Administration and Society* 39 (6), S. 687–718.

Corbo, L./Corrado, R./Ferriani, S. (2024): Network pathways of peripheral firm entry: Empirical evidence from the global airline industry. In: *Research Policy* 53 (4), S. 1–15.

Correani, A./De Massis, A./Frattini, F./Petruzzelli, A. M./Natalicchio, A. (2020): Implementing a digital strategy: Learning from the experience of three digital transformation projects. *California Management Review*, 62 (4), S. 37–56.

Couture, F./Jarzabkowski, P.K./Lé, J. (2023): Triggers, traps, and diconnect: How governance obstracles hinder progress on grand challenges. In: *Academy of Management Journal* 66 (6), S. 1651-1680.

Cresti, B. (2005): US domestic barter: An empirical investigation. In: *Applied Economics* 37 (17), S. 1953–1966.

Crook, T. R./Combs, J. G./Ketchen Jr, D. J./Aguinis, H. (2013): Organizing around transaction costs: What have we learned and where do we go from here? In: *Academy of Management Perspectives* 27 (1), S. 63–79.

Cropper, S./Ebers, M./Huxham, C./Ring, P. S. (Hrsg.) (2008): *The Oxford handbook of inter-organizational relations*. Oxford.

Dacin, M. T./Dacin, P, A./Tracey, P. (2011): Social entrepreneurship. A critique and future directions. In: *Organization Science* 22 (5), S. 1203–1213.

Dacin, T./Oliver, C./Roy, J.-P. (2007): The legitimacy of strategic alliances: An institutional perspective. In: *Strategic Management Journal* 28 (2), S. 169–187.

Daft, R. L. (2010): *Management*. 9. Aufl. Mason, Ohio.

Dagnino, G. B./Levanti, G./Mocciaro Li Destri, A. (2016): Structural dynamics and intentional governance in strategic interorganizational network evolution: A multilevel approach. In: *Organization Studies* 37 (3), S. 349–373.

Dajsuren, Y./van den Brand, M. (2019): *Automotive systems and software engineering*. Cham.

Das, T. K./Teng, B.-S. (2000a): A resource-based theory of strategic alliances. In: *Journal of Management* 26 (1), S. 31–61.

Das, T. K./Teng, B.-S. (2000b): Instabilities of strategic alliances: An internal tension perspective. In: *Organization Science* 11 (1), S. 77–101.

Das, T. K./Teng, B.-S. (2002): The dynamics of alliance conditions in the alliance development process. In: *Journal of Management Studies* 39 (5), S. 725–746.

D'Aspremont, C./Jacquemin, A./Jaskold, G. J./Weymark, J. A. (1983): On the stability of collusive price leadership. In: *Canadian Journal of Economics* 16 (1), S. 17–25.

David, P. A. (1985): Clio and the economics of QWERTY. In: *American Economic Review* 75 (2), S. 332–337.

Davis, L. (2008): Licensing strategies of the new »intellectual property vendors«. In: *California Management Review* 50 (2), S. 6–30.

Deken, F./Berends, H./Gemser, G./Lauche, K. (2018): Strategizing and the initiation of interorganizational collaboration through prospective resourcing. In: *Academy of Management Journal* 61 (5), S. 1920–1950.

Dekker, H. C. (2008): Partner selection and governance design in interfirm relationships. In: *Accounting, Organizations and Society* 33 (7–8), S. 915–941.

DeSanctis, G./Monge, P. (1999): Introduction to the special issue: Communication processes for virtual organizations. In: *Organization Science* 10 (6), S. 693–703.

De Rond, M./Bouchikhi, H. (2004): On the dialectics of strategic alliances. In: *Organization Science* 15 (1), S. 56–69.

De Rooij, D./Timen, A./Raab, J. (2024): Adaptive organizational network response in a crisis: The case of five European airports during the COVID-19 pandemic. In: *Public Administration Review* 84 (3), S. 400–413.

Derleder, P./Knops, K.-O./Bamberger, H. G. (2003): *Handbuch zum deutschen und europäischen Bankrecht*. 2. Aufl. Heidelberg.

DeSanctis, G./Poole, M. S. (1994): Capturing the complexity in advanced technology use: Adaptive structuration theory. In: *Organization Science* 5 (2), S. 121–147.

Desmarchelier, B./Zhang, L. (2018): Innovation networks and cluster dynamics. In: *Annals of Regional Science* 61 (39), S. 553–578.

Dewenter, R./Linder, M. (2017): Kartelle in zweiseitigen Märkten. In: *Wirtschaft und Wettbewerb* 67 (1), S. 19–27.

Dhaundiyal, M./Coughlan, J. (2020): Understanding strategic alliances life cycle: A 30-year literature review of leading management journals. In: *Theory and Practice* 21 (2), S. 519–530.
Diller, H./Kusterer, M. (1988): Beziehungsmanagement – Theoretische Grundlagen und explorative Befunde. In: *Marketing – ZFP* 10 (3), S. 211–220.
DiMaggio, P. J. (1988): Interest and agency in institutional theory. In: Zucker, L. G. (Hrsg.): *Institutional patterns and organizations.* Cambridge, Mass., S. 3–21.
DiMaggio, P. J./Powell, W. W. (1983): The iron cage revisited: Institutional isomorphism and collective rationality in organizational fields. In: *American Sociological Review* 48 (2), S. 147–160.
Dittrich, K./Duysters, G./de Man, A. P. (2007): Strategic repositioning by means of alliance networks: The case of IBM. In: *Research Policy* 36 (10), S. 1496–1511.
Doherty, B./Haugh, H./Lyon, F. (2014): Social enterprises as hybrid organizations. A review and research agenda. In: *International Journal of Management Reviews* 16 (4), S. 417–436.
Donaghey, J./Reinecke, J. (2018): When industrial democracy meets corporate social responsibility – A comparison of the Bangladesh accord and alliance as responses to the Rana Plaza disaster. In: *British Journal of Industrial Relations* 56 (1), S. 14–42.
Doz, Y. (1996): The evolution of cooperation in strategic alliances: Initial conditions or learning processes? In: *Strategic Management Journal* 17 (special issue), S. 55–83.
Doz, Y./Olk, P. M./Ring, P. S. (2000): Formation processes of R&D consortia: Which path to take? Where does it lead? In: *Strategic Management Journal* 21 (special issue), S. 239–266.
Draulans, J./de Man, A.-P./Volberda, H. W. (2003): Building alliance capability: Management techniques for superior alliance performance. In: *Long Range Planning* 36 (2), S. 151–166.
Duschek, S. (1998): Kooperative Kernkompetenzen – Zum Management einzigartiger Netzwerkressourcen. In: *Zeitschrift Führung+Organisation* 67 (4), S. 220–236. Wieder abgedruckt in: Ortmann, G./Sydow, J. (2001) (Hrsg.): *Strategie und Strukturation.* Wiesbaden, S. 173–189.
Duschek, S. (2002): *Innovation in Netzwerken.* Wiesbaden.
Duschek, S. (2004): Inter-firm resources and sustained competitive advantage. In: *Management Revue* 15 (1), S. 53–73.
Duschek, S. (2010): Strategisches Pfadmanagement: »Beyond Path Dependence«. In: *Managementforschung* 20, S. 223–259.
Duschek, S. (2014): Strategisches Management eines Netzwerkorganisators: Ressourcenbasierte Wettbewerbsvorteile aus strukturationsbasierter Perspektive. In: Sydow, J./Wirth, C. (Hrsg.): *Organisation und Strukturation: Eine fallbasierte Einführung.* Wiesbaden, S. 57–125.
Duschek, S./Lerch, F./Sydow, J. (2010): Netzwerkberatung in Clustern. In: *Gruppendynamik & Organisationsberatung* 41, S. 125–143.
Duschek, S./Niethammer, R. (2011): Durch kooperative Ressourcenvorteile raus aus der Krise und rein in die Weltspitze der Automobilindustrie. In: Pechlaner, H./Fischer, E. (Hrsg.): *Kooperative Kernkompetenzen – Management von Netzwerken in Regionen und Destinationen.* Wiesbaden, S. 93–108.
Duschek, S./Ortmann, G./Sydow, J. (2001): Grenzmanagement in Unternehmungsnetzwerken: Theoretische Zugänge und der Fall eines strategischen Dienstleistungsnetzwerks. In: Ortmann, G./Sydow, J. (Hrsg.): *Strategie und Strukturation – Strategisches Management von Unternehmen, Netzwerken und Konzernen.* Wiesbaden, S. 191–233.
Duschek, S./Schramm, F. (2018) (Hrsg.): *Kompetenzmanagement in Clustern und Organisationen: Fachkräfteentwicklung im demografischen Wandel.* München.
Duschek, S./Sydow, J. (2002): Ressourcenorientierte Ansätze des strategischen Managements – Zwei Perspektiven auf Unternehmungskooperation. In: *Wirtschaftswissenschaftliches Studium* 31 (8), S. 426–431.
Duschek, S./Wirth, C. (1999): Mitbestimmte Netzwerkbildung – Der Fall einer außergewöhnlichen Dienstleistungsunternehmung. In: *Industrielle Beziehungen* 6 (1), S. 73–110.
Dussauge, P./Garrette, B. (1999): *Cooperative strategy.* New York.
Dyer, J./Nobeoka, K. (2000): Creating and managing a high performance knowledge sharing network: The Toyota case. In: *Strategic Management Journal* 21 (3), S. 345–367.
Dyer J. H./Singh H./Hesterly W. S. (2018): The relational view revisited: A dynamic perspective on value creation and value capture. In: *Strategic Management Journal* 39 (12), S. 3140–3162.

Dyer, J. H./Hatch, N. (2004): Toyotas Geheimnis. In: *Wirtschaftswoche* Nr. 20 vom 06.05.2004, S. 76–79.

Dyer, J. H./Kale, P./Singh, H. (2001): How to make strategic alliances work. In: *Sloan Management Review* 42 (4), S. 37–43.

Dyer, J. H./Singh, H. (1998): The relational view: Cooperative strategy and sources of interorganizational competitive advantage. In: *Academy of Management Review* 23 (4), S. 660–679.

Dzhengiz, T. (2020): A literature review of inter-organizational sustainability learning. In: *Sustainability* 12 (12), S. 1–52.

Ebers, M. (1997): Explaining inter-organizational network formation. In: Ebers, M. (Hrsg.): *The formation of interorganizational networks*. Oxford, S. 3–40.

Ebers, M. (1999): The dynamics of inter-organizational relationships. In: *Research in the Sociology of Organizations* 16, S. 31–56.

Eccles, R. G. (1981): The quasi-firm in the construction industry. In: *Jornal of Economic Behavior and Organization* 2, S. 335–357.

Eckhard, B./Mellewigt, T./Weller, I. (2009): Vertragsgestaltung in der Automobilindustrie: Transaktionsmerkmale, Erfahrungslernen und Wissensmanagement. In: *Zeitschrift für betriebswirtschaftliche Forschung* 61 (8), S. 499–530.

Eden, C./Huxham, C. (2001): The negotiation of purpose in multi-organizational collaborative groups. In: *Journal of Management Studies* 38 (3), S. 373–391.

Einsele, D. (2006): *Bank- und Kapitalmarktrecht*. Tübingen.

Eisenman, T. R. (2007): *Managing networked businesses*. Brighton, MA.

Eisingerich, A. B./Bell, S. J./Tracey, P. (2010): How can clusters sustain performance? The role of network strength, network openness, and environmental uncertainty. In: *Research Policy* 39 (2), S. 239–253.

Ekanayke, S. (2008): The role of trust in joint venture control: A theoretical framework: In: *Journal of American Academy of Business* 12 (2), S. 120–126.

Elfenbein, D. W./Zenger, T. R. (2014): What is a relationship worth? Repeated exchange and the development and deployment of relational capital. In: *Organization Science* 25 (1), S. 222–244.

Ellis, N./Ybema, S. (2010): Marketing identities: Shifting circles of identification in interorganizational relations. In: *Organization Studies* 31 (3), S. 279–305.

Elvekroka, I./Veflen, N./Nilsen, E. R./Gausdal, A. H. (2018): Firm innovation benefits from regional triple-helix networks. In: *Regional Studies* 52 (9), S. 1214–1224.

Emmerich, V./Sonnenschein, J./Habersack, M. (2001): *Konzernrecht*. 7. Aufl. München.

Endres, E./Wehner, T. (1995): Störungen zwischenbetrieblicher Kooperation – Eine Fallstudie zum Grenzstellenmanagement in der Automobilindustrie. In: *Managementforschung* 5, S. 1–45. Wieder abgedruckt in: Sydow, J. (Hrsg.) (2010): *Management von Netzwerkorganisationen*. 5. Aufl. Wiesbaden, S. 295–339.

Endres, S./Weibler, J. (2019): Undstanding (non)leadership phenomena in collaborative interorganizational networks and advancing shared leadership theory: an interpretive grounded theory study. In: *Business Research* 13 (1), S. 275–309.

Engels, M. (1997): Unternehmen im Unternehmen – Ein organisatorisches Konzept im internationalen Vergleich. In: *Zeitschrift Führung+Organisation* 66 (4), S. 218–223.

Erickson, C. L./Norlander, P. (2022): How the past of outsourcing and offshoring is the future of post-pandemic remote work: A typology, a model and a review. In: *Industrial Relations Journal* 53 (1), S. 71–89.

Escher, I./Brzustewicz, P. (2020): Inter-organizational collaboration on projects supporting sustainable development goals: the company perspective. In: *Sustainability*, 12 (12), S. 1–26.

Eßig, M. (1999): *Cooperative Sourcing*. Frankfurt etc.

Europäische Kommission (2008): Auf dem Weg zu Clustern von Weltrang in der Europäischen Union: Die Umsetzung der breit angelegten Innovationsstrategie. *KOM (2008) 652*. Brüssel, 17.10.2008.

Evan, W. (1965): The organization set: Toward a theory of interorganizational relations. In: *Management Science* 11 (10), S. 217–230.

Faems, D./Bos, B./Noseleit, F./Leten, B. (2020): Multistep knowledge transfer in multinational corporation networks: when do subsidiaries benefit from unconnected sister alliances? In: *Journal of Management* 46 (3), S. 414–442.

Farjoun, M./Fiss, P. C. (2022): Thriving on contradiction: Toward a dialectical alternative to fit-based models in strategy (and beyond). In: *Strategic Management Journal* 43 (2), S. 340–369.

Faulkner, D. O./De Rond, M. (2000): Perspectives on cooperative strategy. In: Faulkner, D. O./De Rond, M. (Hrsg.): *Cooperative strategy*. Oxford, S. 3–39.

Fayol, H. (1916): *Administration industrielle et générale*. Paris.

Felfe, J. (2008): *Mitarbeiterbindung*. Göttingen.

Fernandes, A. R./Dube, N. (2023): Paradox-responding in humanitarian temporary supply networks: Exploring strategies and enabling mechanisms. In: *International Journal of Production Management* 43 (11), S. 1781–1806.

Ferreira, A. I./Braun, T./Carvalho, H./Abrantes, A. C./Sydow, J. (2022): Networking to death: On the dark side of start-ups' external networking. In: *International Journal of Entrepreneurial Behavior and Research* 28 (9), S. 289–310.

Fine, C. H./Vardan, R./Pethick, R./El-Hout, J. (2002): Rapid-response capability in value-chain design. In: *Sloan Management Review* 43 (4), S. 69–75.

Fontanari, M. L. (1995): Voraussetzungen für den Kooperationserfolg – Eine empirische Analyse. In: Schertler, W. (Hrsg.): *Management von Unternehmenskooperationen*. Wien, S. 115–187.

Fortes, M. V. B./Agostini, L./Wegner, D./Nosella, A. (2023): Paradoxes and tensions in interorganizational relationships: A systematic literature review. *Journal of Risk and Financial Management*, 16 (35), S. 1–16.

Fortwengel, J. (2023): Tracing the affective journey of an interorganizational network: Positive and negative cycles of relational energy in a network space. In: *Scandinavian Journal of Management* 39 (3), S. 1–12.

Fortwengel, J./Sydow, J. (2020): When many Davids collaborate with one Goliath: How interorganizational networks (fail to) manage size differentials. In: *British Journal of Management* 31 (2), S. 403–420.

Fosfuri, A. (2006): The licensing dilemma: Understanding the determinants of the rate of technology licensing. In: *Strategic Management Journal* 27 (12), S. 1141–1158.

Foss, N. J. (2003): Selective intervention and internal hybrids: Interpreting and learning from the rise and decline of the Oticon spaghetti organization. In: *Organization Science* 14 (3), S. 331–349.

Fottau, J. (2008): One-World Allianz mit hausgemachten Sorgen. In: *NZZ-Online* vom 15. April 2008, http://www.nzz.ch/magazin/mobil/oneworld-allianz_mit_hausgemachten_sorgen_1.710238.html; Zugriff am 15.01.2011.

Freeman, R. E. (1984): *Strategic management: A stakeholder approach*. Boston.

Freeman, R. E. (2023): The politics of stakeholder theory: Some future directions. In Dmytriyev, S. D./Freeman, R. E. (Hrsg.): *R. Edward Freeman's Selected works on stakeholder theory and business ethics*. Cham, S. 119–132.

Freitag, M. (2016): *Kommunikation im Projektmanagement: Aufgabenfelder und Funktionen der Projektkommunikation*. 2 Aufl. Wiesbaden.

Frese, E. (1995): Profit Center und Verrechnungspreis – Organisationstheoretische Analyse eines aktuellen Problems. In: *Zeitschrift für betriebswirtschaftliche Forschung* 47 (10), S. 942–954.

Friedman, A. L. (1977): *Industry and labour*. London.

Gaitanides, M./Stock, R. (2004): Interorganisationale Teams: Transaktionskostentheoretische Überlegungen und empirische Befunde zum Teamerfolg. In: *Zeitschrift für betriebswirtschaftliche Forschung* 56, S. 436–451.

Galbraith, J. R. (1998): Designing the networked organization: Leveraging size and competencies. In: Mohrman, S. A./Galbraith, J. R./Lawler, E. E. (Hrsg): *Tomorrow's organization*. San Francisco, S. 76–102.

Garcia-Canal, E./Valdés-Llaneza, A./Ariño, A. (2003): Effectiveness of dyadic and multi-party joint ventures. In: *Organization Studies* 24 (5), S. 743–770.

García-Canal, E./Valdés-Llaneza, A./Sánchez-Lorda, P. (2014): Contractual form in repeated alliances with the same partner: the role of inter-organizational routines. In: *Scandinavian Journal of Management* 30 (1), S. 51–64.

Gargiulo, M./Benassi, M. (1999): The dark side of social capital. In: Leenders, R. T. A. J./Gabbay, S. M. (Hrsg.): *Corporate social capital and liability*. Boston, S. 298-322.

Garmaier, G. (2010): *Wirtschaftsethische Aspekte des Franchisings*. Wiesbaden.

Garrette, B./Castañer, X./Dussauge, P. (2009): Horizontal alliances as an alternative to autonomous production: Product expansion mode choice in the worldwide aircraft industry 1945-2000. In: *Strategic Management Journal* 30 (8), S. 885-894.

Gärtner, C. (2007): *Innovationsmanagement als soziale Praxis*. München und Mering.

Gärtner, C./Duschek, S. (2011): Kollektive Intelligenz in Netzwerken: Gezielt durch Tools aufbauen. In: *Zeitschrift Führung+Organisation* 80 (6), S. 387-393.

Gärtner, C./Duschek, S./Ortmann, G./Schüßler, E./Müller-Seitz, G./Hülsbeck, M. (2017): Emergence of responsiveness across organizations, networks and clusters from a dynamic capability perspective. In: *Journal of Competences, Strategy & Management* (9), S. 7-32.

Gärtner, C./Duschek, S. (2018): Integratives Kompetenzmanagement. In: Duschek, S./Schramm, F. (Hrsg.): *Kompetenzmanagement in Clustern und Organisationen*. Augsburg und München, S. 79-93.

Gasparro, K./Zerjav, V./Konstantinou, E./Casady, C. B. (2022): Vanguard projects as intermediation spaces in sustainability transitions. In: *Project Management Journal* 53 (2), S. 196-210.

Gawer, A. (2021): Digital platforms' boundaries: The interplay of firm scope, platform sides, and digital interfaces. In: *Long Range Planning*, 54 (5), S. 1-16.

Gegenhuber, T./Schuessler, E./Reischauer, G./Thäter, L. (2022): Building collective institutional infrastructures for decent platform work: The development of a crowdwork agreement in Germany. In: *Research in the Sociology of Organizations* 79, S. 43-68.

George, G./Fewer, T. J./Lazzarini, S./McGahan, A. M./Puranam, P. (2024): Partnering for grand challenges: A review of organizational design considerations in public-private collaborations. In: *Journal of Management* 50(1), S. 10-40.

George, G./Howard-Grenville, J./Joshi, A./Tihanyi, L. (2016): Understanding and tackling societal grand challenges through management research. In: *Academy of Management Journal* 59 (6), S. 1880-1895.

Gereffi, G./Humphrey, J./Sturgeon, T. (2005): The governance of global value chain. In: *Review of International Political Economy* 12 (1), S. 78-104.

Gerke, A./Dickson, G./Desbordes, M./Gates, S. (2017): The role of interorganizational citizenship behaviors in the innovation process. In: *Journal of Business Research* 73, S. 55-64.

Gernsheimer, O./Kanbach, D. K./Gast, J. (2021): Coopetition research-A systematic literature review on recent accomplishments and trajectories. In: *Industrial Marketing Management* 96 (1), S. 113-134.

Gerybadze, A. (2008): Einsatz von Klugheit im Innovationsprozess: Intelligente neue Formen der Durchsetzung von Standards. In: Scherzberg, A./Betsch, T./Peukert, H./Thumfart, A./Walgenbach, P./Wegener, G. (Hrsg.): *Klugheit: Begriff - Konzept - Anwendungen*. Tübingen, S. 113-128.

Gerpott, T. J. (1999): *Strategisches Technologie- und Innovationsmanagement*. Stuttgart.

Gerum, E./Mölls, S. (2009): Unternehmensordnung. In: Bea, F. X./Dichtl, E./Schweitzer, M. (Hrsg.): *Allgemeine Betriebswirtschaftslehre*. Band 1: Grundfragen. 10. Aufl. Stuttgart, S. 225-311.

Ghoshal, S./Barlett, C. A. (1990): The multinational corporation as an interorganizational network. In: *Academy of Management Review* 15 (4), S. 603-625.

Ghoshal, S./Moran, P. (1996): Bad for practice: A critique of the transaction cost theory. In: *Academy of Management Review* 21 (1), S. 13-47.

Gibb, J./Sune, A./Albers, S. (2017): Network learning: Episodes of interorganizational learning towards a collective performance goal. In: *European Management Journal* 35 (1), S. 15-25.

Giddens, A. (1984): *The constitution of society*. Cambridge.

Giddens, A. (1990): *The consequences of modernity*. Cambridge.

Gidley, D./Palmer, M. (2021): Institutional work: A review and framework based on semantic and thematic analysis. In: *M@n@gement* 24 (4), S. 49-63.

Gilding, M./Brennecke, J./Bunton, V./Lusher, D./Molloy, P. L./Codoreanu, A. (2020): Network failure: Biotechnology firms, clusters and collaborations far from the world superclusters. In: *Research Policy* 49 (2), S. 1-17.

Gittel, J. H./Weiss, L. (2004): Coordination networks within and across organizations: A multi-level framework. In: *Journal of Management Studies* 41 (1), S. 127–153.
Giuliani, E. (2013): Network dynamics in regional clusters: Evidence from Chile. In: *Research Policy* 42 (8), S. 1406–1419.
Glasmeier, A. (1994): Flexible districts, flexible regions? The institutional and cultural limits to districts in an era of globalization and technological paradigm shifts. In: Amin, A./Thrift, N. (Hrsg.): *Globalization, institutions, and regional development in Europe*. Oxford, S. 118–146.
Glasmeier, A. (2000): *Manufacturing time: Global competition in the watch industry, 1795-2000*. New York und London.
Glaum, M./Hutschenreuter, T. (2010): *Mergers & Acquisitions*. Stuttgart.
Glückler, J. (2007): Economic geography and the evolution of networks. In: *Journal of Economic Geography* 7 (5), S. 619–634.
Gnyawali, D. R./Madhavan, R./He, J./Bengtsson, M. (2016): The competition–cooperation paradox in inter-firm relationships: A conceptual framework. In: *Industrial Marketing Management* 53 (1), S. 7–18.
Goh, E./Loosemore, M. (2017): The impacts of industrialization on construction subcontractors: a resource based view. In: *Construction Management and Economics* 35 (5), S. 288–304.
Goldberg, V. P. (2008): Lawyers asleep at the wheel? The GM–Fisher Body contract. In: *Industrial and Corporate Change* 17 (5), S. 1071–1084.
Gomes-Casseres, B. (1994): Group versus group: How alliance networks compete. In: *Harvard Business Review* 72, S. 62–74.
Gomes-Casseres, B. (1996): *The alliance revolution*. Cambridge, Mass.
Gospel, H./Sako, M. (2010): The unbundling of corporate functions: the evolution of shared services and outsourcing in human resource management. In: *Industrial and Corporate Change* 19 (5), S. 1367–1396.
Grabher, G. (1993): The weakness of strong ties: The lock-in of regional development in the Ruhr area. In: Grabher, G. (Hrsg.): *The embedded firm: On the socioeconomics of industrial networks*. London, S. 255–277.
Graf, H. (2006): *Networks in the innovation process*. Cheltenham.
Grandori, A./Neri, M. (1999): The fairness properties of interfirm networks. In: Grandori, A. (Hrsg.): *Interfirm networks: Organizational and industrial competitiveness*. London, S. 41–66.
Granovetter, M. (1973): The strength of weak ties. In: *American Journal of Sociology* 78 (6), S. 1360–1380.
Granovetter, M. (1974): *Getting a job*. Cambridge, Mass.
Granovetter, M. (1985): Economic action and social structure: The problem of embeddedness. In: *American Journal of Sociology* 91 (3), S. 481–510.
Gray, B. (2008): Intervening to improve interorganizational partnerships. In: Cropper, S./Ebers, M./Huxham, C./Ring, P. S. (Hrsg.): *The Oxford handbook of interorganizational relations*. Oxford, S. 664–690.
Gray, B./Purdy, J. (2018): *Collaborating for our future: Multistakeholder partnerships for solving complex problems*. Oxford.
Greipl, E./Träger, U./Grefermann, K. (1982): *Wettbewerbswirkungen der unternehmerischen Patent- und Lizenzpolitik unter besonderer Berücksichtigung kleiner und mittlerer Unternehmen*. Berlin und München.
Greve, H. R./Baum, J. A. C./Mitsuhashi, H./Rowley, T. J. (2010): Built to last but falling apart: Cohesion, friction, and withdrawal from interfirm alliances. In: *Academy of Management Journal* 53 (2), S. 302–322.
Greve, H. R./Mitsuhashi, H./Baum, J. A. (2013): Greener pastures: Outside options and strategic alliance withdrawal. In: *Organization Science* 24 (1), S. 79–98.
Grimpe, C./Hussinger, K. (2014): Pre-empted patents, infringed patents and firms' participation in markets for technology. In: *Research Policy* 43 (3), S. 543–554.
Grindley, P. C./Teece, D. J. (1997): Managing intellectual capital: Licensing and cross-licensing in semiconductors and electronics. In: *California Management Review* 39 (2), S. 8–41.
Grosche, T./Klophaus, R. (2024): Codesharing and airline partnerships within, between and outside global alliances. In: *Journal of Air Transport Management* 117 (1), S. 1–12.
Grün, O./Brunner, J.-C. (2002): *Der Kunde als Dienstleister*. Wiesbaden.

Gulati, R. (1998): Alliances and networks. In: *Strategic Management Journal* 19 (4), S. 293–317.
Gulati, R. (2007): *Managing network resources*. New York.
Gulati, R./Gargiulo, M. (1999): Where do interorganizational networks come from? In: *American Journal of Sociology* 104 (5), S. 1439–1493.
Gulati, R./Sytch, M./Mehrotra, P. (2008): Breaking up is never easy: Planning for exit in a strategic alliance. In: *California Management Review* 50 (4), S. 147–163.
Gulick, L. H./Urwick, L. (Hrsg.) (1937): *Papers on the science of administration*. New York.
Gust, E.-M. (2001): *Customer Value Management in Franchisesystemen*. Wiesbaden.
Gutounig, R. (2015): *Wissen in digitalen Netzwerken Potenziale Neuer Medien für Wissensprozesse*. Wiesbaden.
Hagedoorn, J. (2002): External sources of innovative capabilities: The preferences for strategic alliances or mergers and acquisitions. In: *Journal of Management Studies* 39 (2), S. 167–188.
Hagedoorn, J./Lorenz-Orlean, S./van Kranenburg, H. (2008): Inter-firm technology transfer: partnership-embedded licensing or standard licensing agreements? In: *Industry and Corporate Change* 18 (3), S. 529–550.
Haipeter, T./Helfen, M./Kirsch, A./Rosenbohm, S. (2023) (Hrsg.): *Soziale Standards in globalen Lieferketten*. Bielefeld.
Håkansson, H. (1989): *Corporate technological behaviour*. London und New York.
Håkansson, H. (Hrsg.) (1982): *Industrial marketing and purchasing of industrial goods – An interaction approach*. New York.
Håkansson, H. (Hrsg.) (1987): *Industrial technological development*. London etc.
Håkansson, H./Johanson, J. (1988): Formal and informal cooperation strategies in international industrial networks. In: Contractor, F. J./Lorange, P. (Hrsg.): *Cooperation strategies in international business*. Lexington, Mass., S. 369–379.
Halinen, A./Salmi, A./Havila, V. (1999): From dyadic change to changing business networks: An analytical framework. In: *Journal of Management Studies* 36 (6), S. 779–794.
Hällgren, M./Rouleau, L./De Rond, M. (2018): A matter of life or death: How extreme context research matters for management and organization studies. In: *Academy of Management Annals* 12 (1), S. 111–153.
Hamel, G. (1991): Competition for competence and interpartner learning within international strategic alliances. In: *Strategic Management Journal* 12 (Special Issue), S. 83–104.
Hanna, A. A./Smith, T. A./Kirkman, B. L./Griffin, R. W. (2021): The emergence of emergent leadership: A comprehensive framework and directions for future research. In: *Journal of Management* 47 (1), S. 76–104.
Hannan, M. T./Freeman, J. (1977): The population ecology of organizations. In: *American Journal of Sociology* 82 (5), S. 929–964.
Hannan, M. T./Freeman, J. (1984): Structural inertia and organizational change. In: *American Sociological Review* 49 (2), S. 149–164.
Hansen, M. T. (1999): The search-transfer problem: The role of weak ties in sharing knowledge across organizational subunits. In: *Administrative Science Quarterly* 44 (1), S. 82–112.
Hargrave, T. J./Van de Ven, A. H. (2017): Integrating dialectical and paradox perspectives on managing contradictions in organizations. In: *Organization Studies* 38 (3–4), S. 319–339.
Harrigan, K. R. (1988): Strategic alliances and partner asymmetries. In: *Management International Review* 28 (4), S. 53–72.
Hasse, R./Krücken, G. (2005): *Neo-Institutionalismus*. 2. Aufl. Bielefeld.
Haucap, J./Heimeshoff, U./Schultz, L. M. (2010): Legal and illegal cartels in Germany between 1958 and 2004. In: Ramser, H. J./Stadler, M. (Hrsg.): *Marktmacht*. Tübingen, S. 71–94.
Haucap, J./Heldmann, C. (2023): On the sociology of cartels. In: *European Journal of Law and Economics* 56 (2), S. 289–323.
Hauschildt, J./Salomo, S. (2007): *Innovationsmanagement*. 4. Aufl. München.
Hayek, F. A. von (1972): *Die Theorie komplexer Systeme*. Tübingen.
He, Q./Meadows, M./Angwin, D./Gomes, E./Child, J. (2024): Problematizing strategic alliance research: Challenges, issues and paradoxes in the new era. In: *International Journal of Management Reviews* 26 (1), S. 3–7.
Hedlund, G. (1986): The hypermodern MNC – A heterarchy? In: *Human Resource Management* 25 (1), S. 9–36.

Hedlund, G. (1994): A model of knowledge management and the N-form corporation. In: *Strategic Management Journal* 15 (S2), S. 73–90.

Heidl, R. A./Steensma, H. K./Phelps, C. (2014): Divisive faultlines and the unplanned dissolutions of multipartner alliances. *Organization Science* 25 (5), S. 1351–1371.

Heidler, R. (2008): Zur Evolution sozialer Netzwerke. Theoretische Implikationen einer akteursbasierten Methode. In: Stegbauer, C. (Hrsg.): *Netzwerkanalyse und Netzwerktheorie.* Wiesbaden, S. 359–372.

Heimeriks, K. H. (2008): *Developing alliance capabilities.* London.

Heimeriks, K. H./Duysters, G. (2007): Alliance capability as a mediator between experience and alliance performance: An empirical investigation into the alliance capability development process. In: *Journal of Management Studies* 44 (1), S. 25–49.

Heimeriks, K. H./Duysters, G./Vanhaverbeke, W. (2007): Learning mechanisms and differential performance in alliance portfolios. In: *Strategic Organization* 5 (4), S. 373–408.

Heimeriks, K. H./Klijn, E./Reuer, J. J (2009): Building capabilities for alliance portfolios. In: *Long Range Planning* 42 (1), S. 96–114.

Helfat, C. E./Kaul, A./Ketchen, D. J. Jr./Barney, J. B./Chatain, O./Singh, H. (2023): Renewing the resource-based view: New contexts, new concepts, and new methods. In: *Strategic Management Journal* 44, S. 1357–1390.

Helfen, M. (2009): Soziale Netzwerke und Organisation – Die soziale Einbettung des Verhaltens von und in Unternehmen. In: *Managementforschung* 19, S. 179–220.

Helfen, M./Schüßler, E./Sydow, J. (2018): How can employment relations in global value networks be managed towards social responsibility. In: *Human Relations* 71 (12), S. 1640–1665.

Helfen, M./Schüßler, E./Sydow, J. (2021): Hin zu mehr Netzwerkverantwortlichkeit in der globalen Bekleidungsindustrie: Eine praxistheoretische Betrachtung. In: Wirth, C. (Hrsg.): *Konkurrenzen und Solidaritäten.* Baden-Baden, S. 107–124.

Helfen, M./Sydow, J. (2013): Negotiating as institutional work: The case of labor standards and International Framework Agreements. In: *Organization Studies* 34 (8), S. 1073–1098.

Hendry, C./Brown, J./DeFillippi, R./Hassink, R. (1999): Industry clusters as commercial knowledge and institutional networks. Opto-electronics in six regions in the UK, USA and Germany. In: Grandori, A. (Hrsg.): *Inter-firm networks.* London, S. 151–184.

Henn, G. (2003): *Patent- und Know-how-Lizenzvertrag.* 5. Aufl. Heidelberg.

Hennart, J.-F. (1993): Explaining the swollen middle: Why most transactions are a mix of ›market‹ and ›hierarchy‹. In: *Organization Science* 4 (4), S. 529–547.

Henry, L. A./Möllering, G. (2023): Sluggish, but innovative? Orchestrating collaboration in multi-stakeholder networks despite low commitment. In: *Innovation* 25 (3), S. 282–304.

Henry, L. A./Rasche, A./Möllering, G. (2022): Managing competing demands: Coping with the inclusiveness-efficiency paradox in cross-sector partnerships. In: *Business & Society* 61 (2), S. 267–304.

Heracleous, L. (2004): Boundaries in the study of organization. In: *Human Relations* 57 (1), S. 95–103.

Herbst, C. (2002): *Interorganisationales Schnittstellenmanagement.* Frankfurt etc.

Hertner, P. (2011): Das Netzwerkkonzept in der historischen Forschung. Ein kurzer Überblick. In: Bommes, M./Tacke, V. (Hrsg.): *Netzwerke in der funktional differenzierten Gesellschaft.* Wiesbaden, S. 67–86.

Hess, T. (2002): *Netzwerkcontrolling.* Wiesbaden.

Hilbolling, S./Deken, F./Berends, H./Tuertscher, P. (2022): Process-based temporal coordination in multiparty collaboration for societal challenges. In: *Strategic Organization* 20 (1), S. 135–163.

Hintze, A. (2018): *Entwicklung und Implementierung einer Cluster-Dachmarke: Konzeptualisierung auf strukturationstheoretischer Basis am Beispiel des Luftfahrtclusters Metropolregion Hamburg.* Working Papers des Forschungsclusters OPAL der Helmut-Schmidt-Universität. Hamburg.

Hirschman, A. O. (1970): *Exit, voice, and loyalty.* Cambridge, Mass.

Hoang, H./Rothaermel, F. T. (2005): The effect of general and partner-specific alliance experience on joint r&d project performance. In: *Academy of Management Journal* 48 (2), S. 332–345.

Höpner, M./Krempel, L. (2006): *Ein Netzwerk in Auflösung: Wie die Deutschland AG zerfällt.* Manuskript. Max-Planck-Institut für Gesellschaftsforschung. Köln.
Hoetker, G. (2006): Do modular products lead to modular organizations? In: *Strategic Management Journal* 27 (6), S. 501–518.
Hoetker, G./Mellewigt, T. (2009): Choice and performance of governance mechanisms: Matching alliance governance to asset type. In: *Strategic Management Journal* 30 (10), S. 1025–1044.
Hoffman, A. J. (1999): Institutional evolution and change: Environmentalism and the U. S. chemical industry. In: *Academy of Management Journal* 42 (4), S. 351–371.
Hoffmann, W./Lavie, D./Reuer, J. J./Shipilov, A. (2018): The interplay of competition and cooperation. In: *Strategic Management Journal* 39 (12), S. 3033–3052.
Hoffmann, W. H. (2001): *Management von Allianzportfolios.* Stuttgart.
Hoffmann, W. H. (2003): Allianzmanagementkompetenz – Entwicklung und Institutionalisierung einer strategischen Ressource. In: *Managementforschung* 13, S. 93–150.
Hoffmann, W. H. (2007): Strategies for managing a portfolio of alliances. In: *Strategic Management Journal* 28 (8), S. 827–856.
Hofstede, G. (1980): Culture and organizations. In: *International Studies of Management & Organization*, 10(4), 15–41.
Holewa, P. (2009): Bartering makes a surprise comeback. In: *JCK-online*, September 2009, S. 84–87.
Holt, P. (2023): Trust, communication and conflict and the franchisor franchisee relationship. In: *Franchising World* 55 (1), S. 66–68.
Holtbrügge, D./Welge, M. K. (2010): *Internationales Management.* 5. Aufl. Stuttgart.
Hua, G./Zhang, Y./Cheng, T. C. E./Wang, S./Zhang, J. (2020): The newsvendor problem with barter exchange. In: *Omega* 92 (4), S. 102–149.
Human, S. E./Provan, K. G. (2000): Legitimacy building in the evolution of small-firm networks: A comparative study of success and demise. In: *Administrative Science Quarterly* 45 (2), S. 327–365.
Hungenberg, H. (1995): *Zentralisation und Dezentralisation.* Wiesbaden.
Huybrechts, B./Nicholls, A./Edinger, K. (2017): Sacred alliance or pact with the devil? How and why social enterprises collaborate with mainstream businesses in the fair trade sector. In: *Entrepreneurship & Regional Development* 29 (7–8), S. 586–608.
Huxham, C./Beech, N. (2003): Contrary prescriptions: Recognizing good practice tensions in management. In: *Organization Studies* 24 (1), S. 69–93.
Huxham, C./Vangen, S. (2000a): Leadership in the shaping and implementation of collaboration agendas: How things happen in a (not quite) joined-up world. In: *Academy of Management Journal* 43 (6), 1159–1175.
Huxham, C./Vangen, S. (2000b): Ambiguity, complexity and dynamics in the membership of collaboration. In: *Human Relations* 53 (6), S. 771–806.
Ihrig, F. (1991): Strategische Allianzen. In: *Wirtschaftswissenschaftliches Studium* 20 (1), S. 29–31.
Inkpen, A. C./Beamish, P. W. (1997): Knowledge, bargaining power, and the instability of international joint ventures. In: *Academy of Management Review* 22 (1), S. 177–202.
Inkpen, A. C./Curall, S. C. (2004): The coevolution of trust, control, and learning in joint ventures. In: *Organization Science* 15 (5), S. 586–599.
Inkpen, A. C./Ross, J. (2001): Why do some strategic alliances persist beyond their useful life? In: *California Management Review* 44 (1), S. 132–148.
InnoBB (2010): *Gemeinsame Innovationsstrategie der Länder Berlin und Brandenburg (InnoBB).* Diskussionsvorlage zum Innovationsgipfel am 02.12.2010 vorgelegt von der Arbeitsgruppe Gemeinsame Innovationsstrategie der Länder Berlin und Brandenburg.
Isidor, R./Schwens, C./Kabst, R./Hornung, F. (2012): Internationaler Joint Venture Erfolg: Eine Meta-Analyse. In: *Zeitschrift für Betriebswirtschaft* 82, S. 539–583.
Ivanov, D./Dolgui, A. (2020): Viability of intertwined supply networks: extending the supply chain resilience angles towards survivability. A position paper motivated by COVID-19 outbreak. In: *International Journal of Production Research* 58 (10), S. 2904–2915.
Janis, I. L. (1982): *Victims of group think.* 2. Aufl. Boston.

Janssen, S. A. (2000): Konkurrenz der Konkurrenz. In: Janssen, S. A./Schleissing, S. (Hrsg.): *Konkurrenz und Kooperation.* Marburg, S. 13–63.

Jarillo, J. C. (1988): On strategic networks. In: *Strategic Management Journal* 9 (1), S. 31–41.

Jarvenpaa, S. L./Majchrzak, A. (2016): Interactive self-regulatory theory for sharing and protecting in interorganizational collaborations. In: *Academy of Management Review* 41 (1), S. 9–27.

Jarvenpaa, S. L./Välikangas, L. (2022). Toward temporally complex collaboration in an interorganizational research network. In: *Strategic Organization* 20 (1), 110–134.

Jarzabkowski, P. (2005): *Strategy as practice: An activity-based approach.* London.

Jarzabkowski, P. (2008): Shaping strategy as a structuration process. In: *Academy of Management Journal* 51 (4), S. 621–650.

Jarzabkowski, P./Balogun, J./Seidl, D. (2007): Strategizing: The challenges of a practice perspective. In: *Human Relations* 60 (1), S. 5–27.

Jarzabkowski, P./Seidl, D./Balogun, J. (2022): From germination to propagation: Two decades of Strategy-as-Practice research and potential future directions. In: *Human Relations* 75 (8), S. 1533–1559.

Jeon, D.-S./Lefouili, Y. (2018): Cross-licensing and competition. In: *RAND Journal of Economics* 49 (3), S. 656–671.

Johns, J. (2016): The role of lead firms in cluster evolution: The case of the Manchester television cluster. In: *Norsk Geografisk Tidsskrift-Norwegian Journal of Geography* 70 (3), S. 162–175.

Johnson, G./Scholes, K./Whittington, R. (2010): *Exploring corporate strategy.* 8. Aufl. Harlow, Essex.

Jones, G./Colpan, A. M. (2010): Business groups in historical perspectives. In: Colpan, A. M./Hikino, T./Lincoln, J. (Hrsg): *The Oxford handbook of business groups.* Oxford, S. 67–92.

Jones, M. R./Karsten, H. (2008): Giddens's structuration theory and information systems research. In: *MIS Quarterly* 32 (1), S. 127–157.

Joppien, M. G. (2006): *Strategisches Airline-Management.* 2. Aufl. Bern etc.

Jørgensen, L./Jordan, S./Mitterhofer, H. (2012): Sensemaking and discourse analyses in inter-organizational research: A review and suggested advances. In: *Scandinavian Journal of Management* 28 (2), S. 107–120.

Jungmann, R. (2020): Netzwerke zwischen Organisationen. Theoretische Perspektiven der Governanceforschung. In: Apelt, M./Bode, I./Hasse, R./Meyer, U./von Groddeck, V./Wilkesmann, M./Windeler, A. (Hrsg.): *Handbuch Organisationssoziologie.* Wiesbaden, S. 1–23.

Kale, P./Dyer, J. H./Singh, H. (2002): Alliance capability, stock market response, and long-term alliance success: The role of the alliance function. In: *Strategic Management Journal* 23 (8), S. 747–767.

Kale, P./Singh, H. (2007): Building firm capabilities through learning: The role of the alliance learning process in alliance capability and firm-level alliance success. In: *Strategic Management Journal* 28 (10), S. 981–1000.

Kale, P./Singh, H. (2009): Managing strategic alliances: What do we know now, and where do we go from here? In: *Academy of Management Perspectives* 23 (3), S. 45–62.

Kanter, R. M./Meyer, P. S. (1991): Interorganizational bonds and intraorganizational behavior – How alliances and partnerships change the organization forming them. In: Etzioni, A./Lawrence, P. R. (Hrsg.): *Socioeconomics.* New York, S. 329–344.

Kasperzak, R. (2000): Der Konzern – eine Organisationsform zwischen Unternehmung und Markt? In: *Wirtschaftswissenschaftliches Studium* 29 (3), S. 151–157.

Kasperzak, R. (2004): Netzwerkorganisationen und das Konzept der rechnungslegenden Einheit. In: *Zeitschrift für Betriebswirtschaft* 74 (3), S. 223–247.

Katila, R./Rosenberger, J. D./Eisenhardt, K. M. (2008): Swimming with sharks: Technology ventures, defense mechanisms and corporate relationships. In: *Administrative Science Quarterly* 53 (2), S. 295–332.

Katz, M. L./Ordover, J. A. (1990): R&D cooperation and competition. In: *Brookings Papers on Economics* 17, S. 527–543.

Kebir, L./Crevoisier, O. (2008): Cultural resources and regional development: The case of the cultural legacy of watchmaking. In: *European Planning Studies* 16 (9), S. 1189–1205.

Kelle, U. (2019): Mixed methods. In: Baur, N./Blasius, J. (Hrsg.): *Handbuch Methoden der empirischen Sozialforschung.* 2. Aufl. Wiesbaden, S. 159–172.
Kenney, M. (Hrsg.) (2000): *Understanding Silicon Valley.* Paolo Alto.
Kenworthy, T. P./Verbeke, A. (2015): The future of strategic management research: Assessing the quality of theory borrowing. In: *European Management Journal* 33 (3), S. 179–190.
Kern, H. (1998): Lack of trust, surfeit of trust: Some causes of the innovation crisis in German industry. In: Lane, C./Bachmann, R. (Hrsg.): *Trust within and between organizations.* Oxford, S. 203–213.
Ketels, C. (2003): *The development of the cluster concept – Present experiences and further developments.* NRW conference on clusters. 05.12.2003 in Duisburg.
Khanna, T. (1998): The scope of alliance. In: *Organization Science* 9 (3), S. 340–355.
Kiese, M. (2008): *Clusterpolitik in Deutschland.* Dortmund.
Kieser, A. (1994): Why organization theory needs historical analyses – And how this should be performed. In: *Organization Science* 5 (4), S. 608–620.
Kilduff, M./Krackhardt, D. (1994): Bringing the individual back in: A structural analysis of the internal market for reputation in organizations. In: *Academy of Management Journal* 37 (1), S. 87–108.
Kilduff, M./Krackhardt, D. (2008): *Interpersonal networks in organizations.* Cambridge.
Killing, J. P. (1983): *Strategies for joint venture success.* New York.
Kim, J. W./Higgins, M. C. (2007): Where do alliances come from? The effects of upper echelons on alliance formation. In: *Research Policy* 36, S. 499–514.
Kim, T.-Y./Oh, H./Swaminathan, A. (2006): Framing interorganizational network change: A network inertia perspective. In: *Academy of Management Review* 31, S. 704–720.
Kipping, M./Üsdiken, B. (2014); History in organization and management theory: More than meets the eye. In: *Academy of Management Annals* 8 (1), S. 535–588.
Kislov, R./Hyde, P./McDonald, R. (2017): New game, old rules? Mechanisms and consequences of legitimation in boundary spanning activities. In: *Organization Studies* 38 (10), S. 1421–1444.
Kirchgeorg, M. (2005): Kreislaufstrategische Netzwerke. In: Zentes, J./Swoboda, B./Morschett, D. (Hrsg.): *Kooperationen, Allianzen und Netzwerke.* 2. Aufl. Wiesbaden, S. 475–504.
Klein, B. (2007): The economic lessons of Fisher Body-General Motors. In: *International Journal of the Economics of Business* 14 (1), S. 1–36.
Klein, B. (2008): The enforceability of the GM–Fisher Body contract: comment on Goldberg. In: *Industrial and Corporate Change* 17 (5), S. 1085–1096.
Klein, S. (1996): *Interorganisationssysteme und Unternehmensnetzwerke.* Wiesbaden.
Kleymann, B./Seristö, H. (2004): *Managing strategic airline alliances.* Aldershot, Hampshire.
Klophaus, R./Lordan, O. (2018): Codesharing network vulnerability of global airline alliances. In: *Transportation Research* 111 (1), S. 1–10.
Knight, L./Pye, A. (2005): Network learning: An empirically derived model of learning by groups of organizations. In: *Human Relations* 58 (3), S. 369–392.
Koçak. Ö./Can, Ö. (2012): Determinants of inter-firm networks among tenants of science technology parks. In: *Industrial and Corporate Change* 23 (2), S. 467–492.
Kogut, B. (1989): The stability of joint ventures: Reciprocity and competitive rivalry. In: *Journal of Industrial Economics* 38 (2), S. 183–198.
Kohtamäki, M./Rabetino, R./Möller, K. (2018): Alliance capabilities: A systematic review and future research directions. In: *Industrial Marketing Management* 68 (1), S. 188–201.
Kollmer, H./Dowling, M. (2004): Licensing as a commercialisation strategy for new technology-based firms. In: *Research Policy* 33 (8), S. 1141–1151.
Koontz, H./O'Donnell, C. (1955): *Principles of management.* New York.
Koschmann, M. A./Kuhn, T. R./Pfarrer, M. D. (2012): A communicative framework of value in cross-sector partnerships. *Academy of Management Review* 37 (3), S. 332–354.
Kourti, I. (2021): Managing the identity paradox in inter-organisational collaborations. In: *European Management Review* 18 (4), S. 445–459.
Kraege, R. (1997): *Controlling strategischer Unternehmungskooperationen.* München und Mering.
Krätke, S. (2002): Netzwerkanalyse von Produktionsclustern. Das Beispiel der Filmwirtschaft in Potsdam/Babelsberg. In: *Zeitschrift für Wirtschaftsgeographie* 46 (2), S. 107–123.

Kreuter, A./Solbach, B. (1997): Die rechtliche Verselbständigung von Profit-Centern. In: *Zeitschrift Führung+Organisation* 66 (4), S. 224–230.
Kriepenford, P. (1989): Internationale Lizenzpolitik. In: Becker, B./Oesterle, M.-J. (Hrsg.): *Handwörterbuch Export und internationale Unternehmung.* Stuttgart, Sp. 1332–1339.
Krischer, G. (1996): Konsortien in der Automobilindustrie. In: Bellmann, K./Hippe, A. (Hrsg.): *Management von Unternehmensnetzwerken.* Wiesbaden, S. 229–235.
Kroeger, F., & Bachmann, R. (2013): Trusting across boundaries. In: Langan-Fox, J./Cooper, C. L. (Hrsg.): *Boundary-spanning in organizations.* London, S. 253–284.
Krücken, G./Meier, F. (2003): »Wir sind alle überzeugte Netzwerktäter« – Netzwerke als Formalstruktur und Mythen der Innovationsgesellschaft. In: *Soziale Welt* 54 (1), S. 71–92.
Krüger, W./Werder, A. v./Grundei, J. (2007): Center-Konzepte: Strategieorientierte Organisation von Unternehmensfunktionen. In: *Zeitschrift Führung+Organisation* 76 (1), S. 4–11.
Kruse, J. (1995): Kollusion. In: *Wirtschaftswissenschaftliches Studium* 24 (11), S. 564–572.
Kumar, P./Liu, X./Zaheer, A. (2022): How much does the firm's alliance network matter? In: *Strategic Management Journal* 43 (8), S. 1433–1468.
Kupke, S. (2008): *Allianzfähigkeit von Unternehmen.* Wiesbaden.
Kuschinsky, N. (2008): *Stabilisierung von Hersteller-Lieferantenbeziehungen als pfadabhängiger Organisationsprozess.* Frankfurt.
Lächelt, V./Arroyo Portillo, J./Braun, T. (2024): KI-Pilot zur Unterstützung von Entscheidungen in ambiguen Situationen in Projekten. In: Bernert, C./Scheurer, S./Wehnes, H. (Hrsg.): *KI in der Projektwirtschaft.* Tübingen, S. 169–178.
Laforet, L./Bilek, G. (2021): Blockchain: an inter-organisational innovation likely to transform supply chain. In: *Supply Chain Forum: An International Journal* 22 (3), S. 240–249.
Lahiri, S./Kundu, S./Munjal, S. (2021): Processes underlying interfirm cooperation. In: *British Journal of Management* 32 (1), S. 7–19.
Lambe, C. J./Spekman, R. E./Hunt, S. D. (2002): Alliance competence, resources, and alliance success: Conceptualization, measurement, and initial test. In: *Journal of the Academy of Marketing Science* 30 (2), S. 141–158.
Lamm, E./Tosti-Kharas, J./King, C. E. (2015): Empowering employee sustainability: Perceived organizational support toward the environment. In: *Journal of Business Ethics* 128 (1), S. 207–220.
Lampel, J./Bhalla, A. (2011): Living with offshoring: The impact of offshoring on the evolution of organizational configurations. In: *Journal of World Business* 46, S. 346–358.
Lane, C./Bachmann, R. (1997): Co-operation in inter-firm relations in Britain and Germany: The role of social institutions. In: *British Journal of Sociology* 48 (2), S. 226–254.
Lang, H. (1984): Franchising als Instrument der Kostenbeeinflussung durch den Franchisegeber. In: *Jahrbuch für Absatz- und Verbrauchsforschung* 30 (1), S. 40–67.
Lange, K. W. (1998a): Die virtuelle Fabrik. Neue Form überbetrieblicher Unternehmenskooperation. In: *Betriebs-Berater* 53 (23), S. 1165–1171.
Lange, K. W. (1998b): *Das Recht der Netzwerke.* Heidelberg.
Langley, A. (1999): Strategies for theorizing from process data. In: *Academy of Management Review* 24 (4), S. 891–710.
Langley, A./Lindberg, K./Mørk, B. E./Nicolini, D./Raviola, E./Walter, L. (2019): Boundary work among groups, occupations, and organizations: From cartography to process. In: *Academy of Management Annals* 13 (2), S. 704–736.
Langlois, R. N. (1991): The capabilities of industrial capitalism. In: *Critical Review* 5 (4), S. 513–530.
Lavie, D./Rosenkopf, L. (2006): Balancing exploration and exploitation in alliance formation. In: *Academy of Management Journal* 49 (4), S. 797–818.
Lawrence, T. B./Hardy, C./Phillips, N. (2002): Institutional effects of interorganizational collaboration: The emergence of proto-institutions. In: *Academy of Management Journal* 45 (1), S. 281–290.
Lawrence, T. B./Suddaby, R. (2006): Institutions and institutional work. In: Clegg, S. R./Hardy, C./Lawrence T. B./Nord, W. R. (Hrsg.): *The Sage handbook of organization studies.* 2. Aufl. London, S. 215–254.
Lazerson, M. H. (1993): Factory or putting-out? Knitting networks in Modena. In: Grabher, G. (Hrsg.): *The embedded firm.* London, S. 203–226.

Lazerson, M. H./Lorenzoni, G. (1999): The firms that feed industrial districts: A return to the Italian source. In: *Industrial and Corporate Change* 8 (2), S. 235–266.
Lazonick, W. (1991): *Business Organization and the myth of the market economy.* Cambridge.
Leblebici, H./Salancik, G. R./Copay, A. (1991): Institutional change and the transformation of interorganizational fields: An organizational history of the U. S. radio broadcasting industry. In: *Administrative Science Quarterly* 36 (3), S. 333–363.
Lechner, C. (1999): *Die Entwicklung von Allianzsystemen.* Bern etc.
Lechner, C./Dowling, M. (1999): The evolution of industrial districts and regional networks: The case of the biotechnology region Munich/Martinsried. In: *Journal of Management and Governance* 3 (4), S. 309–338.
LeClair, M. S. (2011): *Cartelization, antitrust and globalization in the US and Europe.* London.
Lerch, F. (2009): *Netzwerkdynamiken im Cluster: Optische Technologien in der Region Berlin-Brandenburg.* Diss. Freie Universität Berlin.
Lerch, F./Schüßler, E./Decker, C. (2011): *Varieties of knowledge governance in cluster alliances.* 27th EGOS Colloquium. Göteborg.
Lerch, F./Sydow, J./Wilhelm, M. (2007): Wenn Wettbewerber zu Kooperationspartnern (gemacht) werden – Einsichten aus zwei Netzwerken in einem Cluster optischer Technologien. In: *Managementforschung* 17, S. 207–255.
Levina, N./Vaast, E. (2013): A field-of-practice view of boundary-spanning in and across organizations: Transactive and transformative boundary-spanning practices. In: Langan-Fox, J./Cooper, C. L. (Hrsg.): *Boundary-spanning in organizations.* London, S. 285–307.
Levine, S./White, P. E. (1961): Exchange as a conceptual framework for the study of interorganizational relationships. In: *Administrative Science Quarterly* 5 (4), S. 583–601.
Li, S. X./Rowley, T. J. (2002): Inertia and evaluation mechanisms in interorganizational partner selection: Syndicate formation among U. S. investment banks. In: *Academy of Management Journal* 45 (6), S. 1104–1119.
Lin, H.-M./Chen, M./Sher, P. J./Mei, H.-C. (2010): Inter-network co-evolution: Reversing the fortunes of declining industrial networks. In: *Long Range Planning* 43 (5–6), S. 611–638.
Lincoln, J. R./Shimotani, M. (2010): Business networks in postwar Japan: Whither the keiretsu? In: Colpan, A. M./Hikino, T./Lincoln, J. R. (Hrsg.): *The Oxford handbook of business groups.* Oxford, S. 127–156.
Lingens, B./Huber, F./Gassmann, O. (2022): Loner or team player: How firms allocate orchestrator tasks amongst ecosystem actors. In: *European Management Journal* 40 (4), S. 559–571.
Lipparini, A./Lorenzoni, G./Ferriani, S. (2014): From core to periphery and back: A study on the deliberate shaping of knowledge flows in interfirm dyads and networks. In: *Strategic Management Journal* 35 (4), S. 578–595.
Littler, C. R. (1982): *The development of the labour process in capitalist societies.* London.
Liu, D. Y./Chen, S. W./Chou, T. C. (2011): Resource fit in digital transformation: Lessons learned from the CBC Bank global e-banking project. In: *Management Decision* 49 (10), S. 1728–1742.
Liu, R.-J./Brookfield, J. (2000): Stars, rings and tiers: Organizational networks and their dynamics in Taiwan's machine tool industry. In: *Long Range Planning* 33 (3), S. 322–348.
Liu, Y./Chen, S. W./Chou, T. C. (2011): Resource fit in digital transformation: Lessons learned from the CBC Bank global e-banking project. In: *Management Decision* 49 (10), S. 1728–1742.
Liu, Y./Huang, Y./Luo, Y./Zhao, Y. (2012): How does justice matter in achieving buyer–supplier relationship performance? In: *Journal of Operations Management* 30 (5), S. 355–367.
Lönngren, J./Van Poeck, K. (2021): Wicked problems: A mapping review of the literature. In: *International Journal of Sustainable Development & World Ecology* 28 (6), S. 481–502.
Lorenzoni, G./Baden-Fuller, C. (1995): Creating a strategic center to manage a web of partners. In: *California Management Review* 37 (3), S. 146–163.
Lorenzoni, G./Ornati, O. A. (1988): Constellations for firms and new ventures. In: *Journal of Business Venturing* 3 (1), S. 41–57.
Lowry, S. T. (1976): Bargain and contract theory in law and economics. In: *Journal of Economic Issues* 10 (1), S. 1–19.
Luhmann, N. (1984): *Soziale Systeme.* Frankfurt.

Lundin, R./Söderholm, A. (1995): A theory of the temporary organization. In: *Scandinavian Journal of Management* 11 (4): S. 437–455.

Lundin, R. A./Arvidsson, N./Brady, T./Ekstedt, E./Midler, C./Sydow, J. (2015): *Managing and working in project society: Institutional challenges of temporary organizations*. Cambridge.

Lundvall, B.-Å. (1992): Introduction. In: Lundvall, B.-Å. (Hrsg.): *National systems of innovation*. London, S. 1–19.

Luo, Y. (2007a): Procedural fairness and interfirm cooperation in strategic alliances. In: *Strategic Management Journal* 29, S. 27–46.

Luo, Y. (2007b): The independent and interactive roles of procedural, distributive, and interactional justice in strategic alliances. In: *Academy of Management Journal* 50 (3), S. 644–664.

Lutz, A./Sydow, J./Staber, U. (2003): TV content production in media regions: The necessities and difficulties of public policy support for a project-based industry. In: Brenner, T./Fornahl, D. (Hrsg.): *Cooperation, networks and institutions in regional innovation systems*. Aldershot, S. 194–219.

Macneil, I. R. (1974): The many futures of contracts. In: *Southern California Law Review* 47, S. 691–816.

Macneil, I. R. (1978): Contracts: Adjustment of long-term economic relations under classic, neoclassical, and relational contract law. In: *Northwestern University Law Review* 72, S. 854–906.

Madsen, T. K./Servais, P. (1997): The internationalization of born globals: An evolutionary process? In: *International Business Review* 6 (6), S. 561–583.

Mahama, H./Chua, W. F. (2016): A study of alliance dynamics, accounting and trust-as-practice. In: *Accounting, Organizations and Society* 51 (1), S. 29–46.

Mahnkopf, B. (1994): Markt, Hierarchie und soziale Beziehungen – Zur Bedeutung reziproker Beziehungsnetzwerke in modernen Marktgesellschaften. In: Beckenbach, N./van Treeck, W. (Hrsg.): Umbrüche gesellschaftlicher Arbeit. In: *Soziale Welt* Sonderband 9, S. 65–84.

Majchrzak, A./Jarvenpaa, S. L./Bagherzadeh, M. (2015): A review of interorganizational collaboration dynamics. In: *Journal of Management* 41 (5), S. 1338–1360.

Malik, S. Y./Hayat Mughal, Y./Azam, T./Cao, Y./Wan, Z./Zhu, H./Thurasamy, R. (2021): Corporate social responsibility, green human resources management, and sustainable performance: is organizational citizenship behavior towards environment the missing link? In: *Sustainability* 13 (3), 1–24.

Manning, S. (2005): Managing project networks as dynamic organizational forms: Learning from the TV movie industry. In: *International Journal of Project Management* 23, S. 410–414.

Manning, S. (2008): Embedding projects in multiple contexts – A structuration perspective. In: *International Journal of Project Management* 26 (1), S. 30–37.

Manning, S./Massini, S./Lewin, A. Y. (2008): A dynamic perspective on next-generation offshoring: The global sourcing of science and engineering talent. In: *Academy of Management Perspectives* 22 (3), S. 35–54.

Manning, S./Sydow, J. (2006): Von der Organisationsberatung zur Netzwerkberatung? – Vom Beratungsunternehmen zum Beratungsnetzwerk? In: Sydow, J./Manning, S. (Hrsg.): *Netzwerke beraten*. Wiesbaden, S. 1–18.

Mante, A./Sydow, J. (2009): *Inter-organizational routines: Imprinting and coordinating R&D practices in international alliances*. Paper presented at the Annual Meeting of the Academy of Management. Chicago, 10.–13. August 2009.

Marchington, M./Vincent, S. (2004): Analysing the influence of institutional, organizational and interpersonal forces in shaping inter-organizational relations. In: *Journal of Management Studies* 41 (6), S. 1029–1056.

Mariotti, F./Delbridge, R. (2012): Overcoming network overload and redundancy in interorganizational networks: The roles of potential and latent ties. In: *Organization Science* 23 (2), S. 511–528.

Marquis, C./Qiao, K. (2024): History matters for organizations: an integrative framework for understanding influences from the past. In: *Academy of Management Review* 49 (im Druck).

Murray, A./Kuban, S./Josefy, M./Anderson, J. (2021): Contracting in the smart era: The implications of blockchain and decentralized autonomous organizations for contracting and corporate governance. In: *Academy of Management Perspectives* 35(4), S. 622–641.

Martin, R./Sunley, P. (2003): Deconstructing clusters: Chaotic concept or policy panacea? In: *Journal of Economic Geography* 3 (1), S. 5–35.
Martin, R./Sunley, P. (2006): Path dependence and regional economic evolution. In: *Journal of Economic Geography* 6 (4), S. 395–437.
Martin, R./Sunley, P. (2011): Conceptualizing cluster evolution: Beyond the life cycle model? In: *Regional Studies* 45 (10), S. 1299–1318.
Matiaske, W./Mellewigt, T. (2002): Motive, Erfolge und Risiken des Outsourcings – Befunde und Defizite der Outsourcing-Forschung. In: *Zeitschrift für Betriebswirtschaft* 72 (6), S. 641–659.
Matthes, J. M./Sainib, A./Dubeyc, V. K. (2021): Performance implications of marketing agreement, cooperation, and control in franchising. In: *Journal of Marketing Theory and Practice* 29 (3), S. 387–408.
Mattson, L.-G. (1987): Management of strategic change in a ›market-as-networks‹ perspective. In: Pettigrew, A. M. (Hrsg.): *The management of strategic change*. Oxford, S. 234–260.
Maurer, I./Ebers, M. (2006): Dynamics of social capital and their performance implications: Lessons from biotechnology start-ups. In: *Administrative Science Quarterly* 51 (2), S. 262–292.
Mayer, K. J./Teece, D. J. (2008): Unpacking strategic alliances: The structure and purpose of alliance versus supplier relationships. In: *Journal of Economic Behavior and Organization* 66 (1), S. 106–127.
Mayntz, R. (1972): *Soziologie der Organisation*. Reinbek bei Hamburg.
McDougall, N./Davis, A. (2024): The local supply chain during disruption: Establishing resilient networks for the future. In: *Journal of Cleaner Production* 462, S. 1–12.
McGregor, D. (1960). *The human side of enterprise*. New York.
McIntyre, D. P./Srinivasan, A. (2017): Networks, platforms, and strategy: Emerging views and next steps. In: *Strategic Management Journal* 38 (1), S. 141–160.
Meffert, H. (2010): *Marketing-Management*. Wiesbaden.
Mense-Petermann, U. (2006): Das Verständnis von Organisation im Neo-Institutionalismus: Lose Kopplung, Reifikation, Institution. In: Senge, K./Hellmann, K.-U. (Hrsg.): *Einführung in den Neo-Institutionalismus*. Wiesbaden, S. 62–75.
Menzel, M.-P./Fornahl, D. (2010): Cluster life cycles-dimensions and rationales of cluster evolution. In: *Industrial and Corporate Change* 19 (1), S. 205–238.
Messner, D. (1995): *Die Netzwerkgesellschaft*. Köln.
Messner, M./Scheytt, T./Becker, A. (2007): Messen und Managen: Controlling und die (Un) Berechenbarkeit des Managements. In: Vollmer, H./Mennicken, A. (Hrsg.): *Zahlenwerk. Kalkulation, Organisation, Gesellschaft*. Wiesbaden, S. 87–104.
Metzlaff, K. (2003): *Praxishandbuch Franchising*. München.
Meuleman, M./Lockett, A./Manigart, S./Wright, M. (2010): Partner selection decisions in interfirm collaborations: The paradox of relational embeddedness. In: *Journal of Management Studies* 47 (6), S. 995–1019.
Meyer, B. (1999): Multi-later electronic barter is an indispensable tool in today's world. In: *Barter News* 47, S. 11.
Midler, C. (1995): »Projectification« of the firm: the Renault case. In: *Scandinavian Journal of Management* 11 (4), S. 363–375.
Miklis, M. (2004): *Coopetitive Unternehmungsnetzwerke*. Marburg.
Milde, T. (1996): *Der Gleichordnungskonzern im Gesellschaftsrecht*. Berlin.
Miles, R. E./Snow, C. C. (1986): Organizations: New concepts for new forms. In: *California Management Review* 28 (3), S. 62–72.
Miles, R. E./Snow, C. C. (1995): The new network firm. In: *Organizational Dynamics* 23 (4), S. S. 5–18.
Mintzberg, H. (1991): *Mintzberg über Management*. Wiesbaden.
Mintzberg, H. (1994): *The rise and fall of strategic planning*. Glasgow.
Mitrega, M./Forkmann, S./Ramos, C./Henneberg, S. C. (2012): Networking capability in business relationships – Concept and scale development. In: *Industrial Marketing Management* 41 (5), S. 739–751.
Mitsuhashi, H. (2002): Uncertainty in selecting alliance partners: The three reduction mechanisms and alliance formation processes. In: *International Journal of Organizational Analysis* 10 (2), S. 109–133.

Möhlmann, M. (2021): Unjustified trust beliefs: Trust conflation on sharing economy platforms. In: *Research Policy 50* (3), S. 1–15.

Möller, K./Svahn, S. (2005): Managing in emergence: Capabilities for influencing the birth of new business fields. In: Sanchez, R./Freiling, J. (Hrsg.): *A focused issue on the marketing process in organizational competence*. Amsterdam, S. 73–97.

Möllering, G. (2010): Kartelle, Konsortien, Kooperationen und die Entstehung neuer Märkte. In: *Zeitschrift für Betriebswirtschaftliche Forschung* 62, S. 769–795.

Möllering, G./Sydow, J. (2019): Trust trap? Self-reinforcing processes in the constitution of inter-organizational trust. In: Sasaki, M. (Hrsg.): *Trust in contemporary society*. Leiden, S. 141–160.

Moldavanova, A./Goerdel, H. T. (2021): Understanding the puzzle of organizational sustainability: Toward a conceptual framework of organizational social connectedness and sustainability. In: Boyd, N. M./Martin, E. C. (Hrsg.): *Sustainable public management*, London, S. 57–83.

Monge, P./Heiss, B. M./Margolin, D. B. (2008): Communication network evolution in organizational communities. In: *Communication Theory* 18 (4), S. 449–477.

Mordhorst, C. F. (1994): *Ziele und Erfolg unternehmerischer Lizenzstrategien*. Wiesbaden.

Morgan, E. J. (2009): Controlling cartels – Implications of EU policy reforms. In: *European Management Journal* 27, S. 1–12.

Mossig, I./Klein, J. (2003): Das Produktionscluster der Optischen Industrie im Raum Wetzlar: Ansatzpunkte für eine clusterorientierte Strukturpolitik. In: *Raumforschung und Raumordnung* 61 (4), S. 237–251.

Mountford, N./Geiger, S. (2020): Duos and duels in field evolution: How governments and interorganizational networks relate. In: *Organization Studies* 41 (4), S. 499–522.

Müller-Jentsch, W. (1989): Qualitative Tarifpolitik im sozio-ökonomischen Strukturwandel: In: Dabrowski, H./Jacobi, O./Schudlich, E./Teschner, E. (Hrsg.): *Gewerkschaftliche Tarif- und Betriebspolitik im Strukturwandel*. Band 1. Düsseldorf, S. 79–98.

Müller-Jentsch, W. (2008): Der Verein – ein blinder Fleck der Organisationssoziologie. In: *Berliner Journal für Soziologie* 18 (3), S. 476–502.

Müller-Seitz, G. (2012): Leadership in interorganizational networks: A literature review and suggestions for future research. In: *International Journal of Management Reviews* 14 (4), S. 428–443.

Müller-Stewens, G./Brauer, M. (2010): *Corporate Strategy & Governance*. Stuttgart.

Müller-Stewens, G./Gocke, A. (1995): *Kooperation und Konzentration in der Automobilindustrie: Strategien für Zulieferer und Hersteller*. Frankfurt.

Nalebuff, B. J./Brandenburger, A. M. (1996): *Coopetition – kooperativ konkurrieren*. Frankfurt und New York.

Napier, E. A. (2019): MNE-NGO global partnerships as a form of CSR strategy: how well are they working? In: Leonidou, L. C./Katsikeas, C. S./Samiee, S./Leonidou, C. N. (Hrsg.): *Socially responsible international business*. Cheltenham, S. 407–432.

Ness, H. (2009): Governance, negotiations, and alliance dynamics: Explaining the evolution of relational practice. In: *Journal of Management Studies* 46 (3), S. 451–480.

Niesten, E./Stefan, I. (2019): Embracing the paradox of interorganizational value co-creation–value capture: A literature review towards paradox resolution. In: *International Journal of Management Reviews* 21 (2), S. 231–255.

Noguera, J./Linz, S. J. (2006): Barter, credit and welfare: A theoretical inquiry into the barter phenomenon in Russia. In: *Economics of Transition* 14 (4), S. 719–745.

Nooteboom, B./Berger, H./Noorderhaven, N. G. (1997): Effects of trust and governance on relational risks. In: *Academy of Management Journal* 40 (2), S. 308–338.

North, D. C. (1977): Markets and other allocation systems in history. In: *Journal of European Economic History* 6 (3), S. 703–716.

o. V. (2010a): Aktionäre stimmen Fusion zu. In: *Airliners.de* vom 20.09.2010 http://www.airliners.de/management/ strategie/aktionaere- stimmen-fusion-zu/22171; Zugriff am 03.01.2011.

o. V. (2010b): Star Alliance nimmt Avianca-TACA und Copa auf. In: *Airliners.de* vom 10.11.2010, http://www.airliners.de/management/marketing/star-alliance-nimmt-avianca-taca-und-copa-auf/22624; Zugriff am 03.03.2011.

o. V. (2016): LKW-Herstellern droht riesige Kartellstrafe. In: *Süddeutsche Zeitung* Online vom 30.05.2016. https://www.sueddeutsche.de/wirtschaft/preisabsprachen-lkw-herstellern-droht-groesste-eu-kartellstrafe-der-geschichte-1.3011320. Zugriff am 18.09.2024.

o. V. (2018a): China: Shanghai Electric gets licence for Siemens Gamesa's 8MW turbine. In: *OffshoreWIND.biz*. https://www.offshorewind.biz/2018/03/02/china-shanghai-electric-gets-licence-for-siemens-gamesas-8mw-turbine/. Zugriff am 18.09.2024.

o. V. (2018b): Lufthansa lässt sich in Frankfurt weiter von der Fraport abfertigen. In: *airportzentrale.de* vom 20.12.2018. https://www.airportzentrale.de/lufthansa-laesst-sich-in-frankfurt-weiter-von-der-fraport-abfertigen/59316/. Zugriff am 18.09.2024.

o. V. (2023a): Wirtschaftscluster Hamburg. In: Congress Center Hamburg, https://www.cch.de/planen/wirtschaftscluster-hamburg. Zugriff am 18.09.2024

o. V. (2023b): What if Germany stopped making cars? Economist July 31st 2023. https://www.economist.com/business/2023/07/31/what-if-germany-stopped-making-cars

o. V. (2024a): Der Prozess gegen das »Lkw-Kartell« wird wieder aufgerollt. In: *Frankfurter Allgemeine* Online vom 28.03.2024. https://www.faz.net/aktuell/wirtschaft/unternehmen/muenchen-prozess-gegen-lkw-kartell-um-560-millionen-euro-wird-aufgerollt-19617943.html. Zugriff am 18.09.2024.

o. V. (2024b): EU fordert offenbar strengere Auflagen zu Lufthansa-ITA-Fusion. In: *Handelsblatt* vom 16.05.2024. https://www.handelsblatt.com/unternehmen/handel-konsumgueter/uebernahme-eu-fordert-offenbar-strengere-auflagen-zu-lufthansa-ita-fusion/100037856.html. Zugriff am 18.09.2024.

Öberg, C. (2016): What creates a collaboration-level identity? In: *Journal of Business Research* 69 (9), S. 3220–3230.

O'Donnell, R. W./O'Malley, J. J./Huis, R. J./Halt, G. B. Jr. (2008): *Intellectual property in the food technology industry. Protecting your innovation.* New York.

Oelsnitz, D. von der (2005): Kooperation: Entwicklung und Verknüpfung von Kernkompetenzen. In: Zentes, J./Swoboda, B./Moschett, D. (Hrsg.): *Kooperationen, Allianzen und Netzwerke.* 2. Aufl. Wiesbaden, S. 183–210.

Oelsnitz, D. von der/Graf, A. (2006): Inhalt und Aufbau interorganisationaler Kooperationskompetenz – Eine Konstruktbestimmung. In: *Managementforschung* 16, S. 83–120.

Oliveira, N./Lumineau, F. (2017): How coordination trajectories influence the performance of interorganizational project networks. In: *Organization Science* 28 (6), S. 1029–1060.

Oliveira, N./Lumineau, F. (2019): The dark side of interorganizational relationships: An integrative review and research agenda. In: *Journal of Management* 45 (1), S. 231–261.

Olk, P./Earley, C. P. (1996): Rediscovering the individual in the formation of international strategic alliances. In: *Research in the Sociology of Organizations* 14, S. 223–261.

Olk, P./Earley, C. P. (2000): Interpersonal relationships in international strategic alliances: Cross-cultural exchanges and contextual factors. In: Faulkner, D. O./De Rond, M. (Hrsg.): *Cooperative strategy.* Oxford, S. 307–323.

Olk, P./Gabbay, S. M./Chung, T. (2004): The impact of personal and organizational ties on strategic alliance characteristics: A study of alliances in the USA, Israel and Taiwan. In: Ariño, A./Pankaj ,C./Ricart, J. E. (Hrsg.): *Creating value through international strategy.* New York, S. 201–213.

Organ, D. W. (1988): *Organizational citizenship behavior: The good soldier syndrome.* Lexington, MA.

Orlikowski, W. (2010): Technology and organization: Contingency all the way down. In: *Research in the Sociology of Organization* 29, S. 239–246.

Ormiston, J. (2023): Why social enterprises resist or collectively improve impact assessment: The role of prior organizational experience and »impact lock-in«. In: *Business & Society* 62 (5), S. 989–1030.

Ortmann, G. (1995): *Formen der Produktion.* Opladen.

Ortmann, G. (2005): Das fatale Apriori des Marktes – Kommentar zum Beitrag von Jochen Koch. In: *Managementforschung* 15, S. 229–237.

Ortmann, G. (2011): Von Netzen und fetten Fischen. In: *Zeitschrift Führung+Organisation* 80 (6), S. 398.

Ortmann, G./Sydow, J. (1999): Grenzmanagement in Unternehmungsnetzwerken: Theoretische Zugänge. In: *Die Betriebswirtschaft* 59 (2), S. 205–220.

Ortmann, G./Sydow, J./Windeler, A. (2000): Organisation als reflexive Strukturation. In: Ortmann, G./Sydow, J./Türk, K. (Hrsg.): *Theorien der Organisation*. 2. Aufl. Wiesbaden, S. 315–354.
Ortmann, G./Zimmer, M. (2001): Strategisches Management, Recht und Politik. In: Ortmann, G./Sydow, J. (Hrsg.): *Strategie und Strukturation*. Wiesbaden, S. 309–349.
Osterloh, M./Frey, B. S./Frost, J. (1999): Was kann das Unternehmen besser als der Markt? In: *Zeitschrift für Betriebswirtschaft* 69 (11), S. 1245–1262.
Oviatt, B. M./McDougall, P. P. (1994): Toward a theory of international new ventures. In: *Journal of International Business Studies* 25 (1), S. 45–64.
Özman, M. (2017): *Strategic management of innovation networks*. Cambridge.
Padula, G./Dagnino, G. B. (2007): Untangling the rise of coopetition. In: *International Journal of Management & Organization* 37 (2), S. 32–52.
Pagenberg, J./Geissler, B. (1997): *Lizenzverträge*. 4. Aufl. Köln etc.
Pahl-Schönbein, J. (2011): *Konzerninterne Dienstleister*. Wiesbaden.
Pantazis, N./Schricke, E. (2008): Clusterentwicklung und Unternehmensgründungen am Beispiel der Optischen Technologien in Südostniedersachen. In: Kiese, M./Schätzl, L. (Hrsg.): *Cluster und Regionalentwicklung*. Dortmund, S. 67–82.
Paquin, R. L./Howard-Grenville, J. (2013): Blind dates and arranged marriages: Longitudinal processes of network orchestration. In: *Organization Studies* 34 (11), S. 1623–1653.
Papachristos, G./Papadonikolaki, E./Morgan, B. (2024): Projects as a speciation and aggregation mechanism in transitions: Bridging project management and transitions research in the digitalization of UK architecture, engineering, and construction industry. In: *Technovation* 132 (1), S. 1–21.
Parhankangas, A./Arenius, P. (2003): From a corporate venture to an independent company: a base for a taxonomy for corporate spin-off firms. In: *Research Policy*, 32 (3), S. 463–481.
Parkhe, A./Wasserman, S./Ralston, D. A. (2006): New frontiers in network theory development. In: *Academy of Management Review* 31 (3), S. 560–568.
Parmigiani, A./Rivera-Santos, M. (2011): Clearing the path through the forest: A meta-review of interorganizational relatonships. In: *Journal of Management* 37 (4), S. 1108–1136.
Pathak, S. D./Wu, Z./Johnston, D. (2014): Toward a structural view of co-opetition in supply networks. In: *Journal of Operations Management* 32 (5), S. 254–267.
Patru, D./Lauche, K./van Kranenburg, H./Ziggers, G. W. (2015): Multilateral boundary spanners: Creating virtuous cycles in the development of health care networks. In: *Medical Care Research and Review* 72 (6), S. 665–686.
Patzelt, H./Shepherd, D. A. (2008): The decision to persist with underperforming alliances: The role of trust and control. In: *Journal of Management Studies* 47 (5), S. 1217–1243.
Paulsen, N./Hernes, T. (2003) (Hrsg.): *Manging boundaries in organizations*. London.
Payan-Sanchez, Belen/Perez-Valls, M./Plaza-Ubeda, A. J. (2019): The contribution of global alliances to airlines' environmental performance. In: *Sustainability* 11 (17), S. 1–16.
Pearce, D. W. (Hrsg.) (1986): *The MIT dictionary of modern economics*. 3. Aufl. Cambridge, Mass.
Peckert, F./Klapperich, J./Kiewitt, A./Aschenbrenner, S. H. (2008): *Franchise und Kooperation 2008*. Frankfurt.
Perlmutter, H. V./Heenan, D. A. (1986): Cooperate to compete globally. In: *Harvard Business Review* 64 (2), S. 136–152.
Pfeffer, J./Salancik, G. R. (1978): *The external control of organizations*. New York.
Pfohl, H.-C./Bode, A./Alig, S. (2010): Netzwerkspezifische Wettbewerbsvorteile durch Cluster – Eine Betrachtung aus Perspektive des Relational View. In: *Wirtschaftswissenschaftliches Studium* 39 (11), S. 531–537.
Phillips, N./Lawrence, T./Hardy, C. (2000): Inter-organizational collaboration and the dynamics of institutional fields. In: *Journal of Management Studies* 37 (1), S. 23–43.
Phillips, W./Alexander, E. A./Lee, H. (2019): Going it alone won't work! The relational imperative for social innovation in social enterprises. In: *Journal of Business Ethics* 156, S. 315–331.
Picot, A. (1982): Transaktionskostenansatz in der Organisationstheorie: Stand der Diskussion und Aussagewert. In: *Die Betriebswirtschaft* 42 (2), S. 267–284.
Picot, A. (1991): Ein neuer Ansatz zur Gestaltung der Leistungstiefe. In: *Zeitschrift für betriebswirtschaftliche Forschung* 43 (4), S. 336–357.

Picot, A./Böhme, M. (1999): *Controlling in dezentralen Unternehmensstrukturen.* München.
Picot, A./Reichwald, R. (1994): Auflösung der Unternehmung? Vom Einfluß der IuK-Technik auf Organisationsstrukturen und Kooperationsformen. In: *Zeitschrift für Betriebswirtschaft* 64 (5), S. 547–570.
Picot, A./Reichwald, R./Wigand, R. (2003): *Die grenzenlose Unternehmung.* 5. Aufl. Wiesbaden.
Picot, A./Reichwald, R./Wigand, R. T./Möslein, K. M./Neuburger, R./Neyer, A.-K. (2020): *Die grenzenlose Unternehmung: Information, Organisation & Führung.* 6. Aufl. Wiesbaden.
Pignot, E. (2023): Who is pulling the strings in the platform economy? Accounting for the dark and unexpected sides of algorithmic control. In: *Organization* 30 (1), S. 140–167.
Pinkse, J./Vernay, A. L./D'Ippolito, B. (2018): An organisational perspective on the cluster paradox: Exploring how members of a cluster manage the tension between continuity and renewal. In: *Research Policy* 47 (3), S. 674–685.
Piore, M. J./Sabel, C. F. (1985): *Das Ende der Massenproduktion.* Berlin.
Pisano, G. (2010): The evolution of science-based business: Innovating how we innovate. In: *Industrial and Corporate Change* 19 (2), S. 465–482.
Plinke, W. (1989): Die Geschäftsbeziehung als Investition. In: Specht, G./Engelhard, H. W. (Hrsg.): *Marketing-Schnittstellen.* Stuttgart, S. 305–325.
Poblete, L. A./Mizruchi, M. S./Murnighan, J. K. (2022): The reconstitution of broken interfirm relations. In: *Long Range Planning* 55 (4), S. 1–19.
Podolny, J. M./Baron, J. N. (1997): Resources and relationships: Social networks and mobility in the workplace. In: *American Sociological Review* 62 (5), S. 673–693.
Poppo, L./Zhou, K. Z. (2014): Managing contracts for fairness in buyer-supplier exchanges. In: *Strategic Management Journal* 35, S. 1508–1527.
Porter, M. E. (1985): *Competitive advantage.* New York.
Porter, M. E. (1990): *The competitive advantage of nations.* New York.
Porter, M. E. (1998): Clusters and the new economics of competition. In: *Harvard Business Review* 76 (6), S. 77–90.
Porter, M. E./Fuller, M. B. (1989): Coalitions and global strategy. In: Porter, M. E. (Hrsg.): *Competition in global industries.* Boston, MA, S. 315–343.
Powell, W. W. (1990): Neither market nor hierarchy: Network forms of organization. In: *Research in Organizational Behavior* 12, S. 295–336.
Powell, W. W./Koput, K. W./Smith-Doerr, L. (1996): Interorganizational collaboration and the locus of innovation: Networks of learning in biotechnology. In: *Administrative Science Quarterly* 41 (1), S. 116–145.
Powell, W. W./White, D. R./Koput, K. W./Owen-Smith, J. (2005): Network dynamics and field evolution: The growth of interorganizational collaboration in the life sciences. In: *American Journal of Sociology* 110 (4), S. 1132–1205.
Pressey, A. D./Vanharanta, M. (2016): Dark network tensions and illicit forbearance: Exploring paradox and instability in illegal cartels. In: *Industrial Marketing Management* 55 (1), S. 35–49.
PriceWaterhouseCooper/Gesellschaft für Konsumforschung/Sattler, H./Markenverband (2006): *Praxis von Markenbewertung und Markenmanagement in deutschen Unternehmen.* Frankfurt.
Provan, K. G./Fish, A./Sydow, J. (2007): Interorganizational networks at the network level: A review of empirical literature on whole networks. In: *Journal of Management* 33 (3), S. 479–516.
Provan, K. G./Kenis, P. (2008): Modes of network governance: Structure, management, and effectiveness. In: *Journal of Public Administration Research and Theory* 18 (2), S. 229–252.
Provan, K. G./Sydow, J. (2008): Evaluating interorganizational relationships. In: Cropper, S./Ebers, M./Huxham, C./Ring, P. S. (Hrsg.): *The Oxford handbook of interorganizational relationships.* Oxford, S. 691–716.
Pyke, F./Sengenberger, W. (Hrsg.) (1992): *Industrial districts and local economic regeneration.* International Institute for Labour Studies. Genf.
Quayle, A./Grosvold, J./Chapple, L. (2019): New modes of managing grand challenges: Cross-sector collaboration and the refugee crisis of the Asia Pacific. In: *Australian Journal of Management* 44 (4), S. 665–686.

Raab, J./Kenis, P. (2009): Heading toward a society of networks: Empirical developments and theoretical challenges. In: *Journal of Management Inquiry* 18 (3), S. 198–210.

Raab, J./Milward, H. B. (2003): Dark networks as problems. In: *Journal of Public Administration Research and Theory* 13 (4), S. 413–439.

Rassenfosse, de G./Palangkaraya, A./Webster, E. (2016): Why do patents facilitate trade in technology? Testing the disclosure and appropriation effects. In: *Research Policy* 45 (7), S. 1326–1336.

Rehfeld, D. (1999): *Produktionscluster: Konzeption, Analysen und Strategien für eine Neuorientierung der regionalen Strukturpolitik*. München.

Reichwald, R./Möslein, K./Sachenberger, H./Englberger, H. (2000): *Telekooperation: Verteilte Arbeits- und Organisationsformen*. 2. Aufl. Berlin etc.

Reihlen, M./Mone, M. (2012): Professional service firms, knowledge-based competition, and the heterarchical organization form. In: Reihlen, M./Werr, A. (Hrsg.): *Handbook of research on entrepreneurship in professional services*. Cheltenham, S. 107–126.

Reiss, M./Günther, A. (2010): Mehrseitige Märkte: Paradigmawechsel vom Markt- zum Netzwerkansatz. In: *Wirtschaftswissenschaftliches Studium* 39 (4), S. 176–181.

Rennie, M. W. (1993): Global competitiveness: Born global. In: *McKinsey Quarterly* 4, S. 45–52.

Renz, T. (1998): *Management in internationalen Unternehmensnetzwerken*. Wiesbaden.

Reuer, J./Ariño, A. (2007). Strategic alliance contracts: Dimensions and determinants of contractual complexity. In: *Strategic Management Journal* 28 (3), S. 313–330.

Rider, C. I. (2012): How employees' prior affiliations constrain organizational network change: A study of US venture capital and private equity. In: *Administrative Science Quarterly* 57 (3), S. 453–483.

Ring, P. S./Van de Ven, A. H. (1994): Developmental processes of cooperative interorganizational relationships. In: *Academy of Management Review* 19 (1), S. 90–118.

Ring, P. S./Van de Ven, A. H. (2019): Relational bonds underlying cooperative inter-organizational relations in different societal contexts. In: *Research in the Sociology of Organizations* 64 (1), S. 13–37.

Ripperger, T. (1998): *Ökonomik des Vertrauens*. Tübingen.

Ritter, T. (1998): *Innovationserfolg durch Netzwerk-Kompetenz*. Wiesbaden.

Ritter, T./Gemünden, H.-G. (1998): Die netzwerkende Unternehmung: Organisationale Voraussetzungen netzwerk-kompetenter Unternehmen. In: *Zeitschrift Führung+Organisation* 67 (5), S. 260–265.

Ritvala, T./Kleymann, B. (2012): Scientists as midwives to cluster emergence: An institutional work framework. In: *Industry and Innovation* 19 (6), S. 477–497.

Robbins, S. P./Coulter, M. (2008): *Management*. 10. Aufl. Upper Saddle River, NJ.

Robey, D./Im, G./Wareham, J. D. (2008): Theoretical foundations of empirical research on interorganizational systems: Assessing past contributions and guiding future directions. In: *Journal of the Association for Information Systems* 9 (9), S. 497–518.

Robinson, D. K. R./Rip, A./Mangematin, V. (2007): Technological agglomeration and the emergence of clusters and networks in nanotechnology. In: *Research Policy* 36 (6), S. 871–879.

Roehrich, J. K./Kalra, J./Squire, B./Davies, A. (2023): Network orchestration in a large interorganizational project. In: *Journal of Operations Management* 69 (7), S. 1078–1099.

Romanelli, E./Khessina, O. M. (2005): Regional industrial identity: Cluster configurations and economic. In: *Organization Science* 16 (4), S. 344–358.

Rometsch, M. (2008): *Organisations- und Netzwerkidentität*. Wiesbaden.

Rometsch, M./Sydow, J. (2006): On identities of networks and organizations – The case of franchising. In: Kornberger, M./Gudergan, S. (Hrsg.): *Only connect: Neat words, networks and identities*. Copenhagen, S. 19–47.

Rosenkopf, L./Ameida, P. (2003): Overcoming local search through alliances and mobility. In: *Management Science* 49 (6), S. 751–766.

Rothaermel, F. T./Deeds, D. L. (2006): Alliance type, alliance experience and alliance management capability in high-technology ventures. In: *Journal of Business Venturing* 21 (4), S. 429–460.

Rueschemeyer, D./Stephens, E. H./Stepens, J. D. (1992): *Capitalist development and democracy*. Chicago.

Sako, M. (2004): Supplier development at Honda, Nissan and Toyota: comparative case studies of organizational capability enhancement. In: *Industrial and Corporate Change* 13 (2), S. 281–308.
Samimi, E./Sydow, J. (2021): Human resource management in project-based organizations: revisiting the permanency assumption. In: *International Journal of Human Resource Management* 32 (1), S. 49–83.
Sampson, R. (2005): Experience effects and collaborative returns in r&d alliances. In: *Strategic Management Journal* 26 (11), S. 1009–1031.
Santos, F.M./Eisenhardt, K.M. (2005): Organizational boundaries and theories of organization. In: *Organization Science* 16 (5), S. 491–508.
Saxenian, A. (1994): *Regional advantage.* Cambridge, Mass.
Saxenian, A./Hsu, J.-Y. (2001): The Silicon Valley – Hsinchu connection: Technical communities and industrial upgrading. In: *Industrial and Corporate Change* 10 (4), S. 893–920.
Saz-Carranza, A./Ospina, S.M. (2011): The behavioral dimension of governing interorganizational goal-directed networks – Managing the unity-diversity tension. In: *Journal of Public Administration Research and Theory* 21 (2), S. 327–365.
Schatzki, T.R. (2001): Introduction: Practice theory. In: Schatzki, T./Knorr Cetina, K./Savigny, E. von (Hrsg.): *The practice turn in contemporary theory.* London und New York, S. 1–14.
Scheer, L.K./Kumar, N./Steenkamp, J.-B.E.M. (2003): Reactions to perceived inequity in U.S. and Dutch interorganizational relationships. In: *Academy of Management Journal* 46 (3), S. 303–316.
Schewe, G./Kett, I. (2007): *Business Process Outsourcing.* Berlin etc.
Schilke, O. (2007): *Allianzfähigkeit.* Wiesbaden.
Schilke, O./Cook, K.S. (2015): Sources of alliance partner trustworthiness: Integrating calculative and relational perspectives. In: *Strategic Management Journal* 36 (2), S. 276–297.
Schilke, O./Wirtz, B.W. (2008): Allianzfähigkeit. Eine Analyse zur Operationalisierung und Erfolgswirkung im Kontext von F&E-Allianzen. In: *Zeitschrift für betriebswirtschaftliche Forschung* 60, S. 479–516.
Schilling, M.A./Steensma, H.K. (2001): The use of modular organizational forms: An industry-level analysis. In: *Academy of Management Journal* 44 (6), S. 1149–1168.
Schirmer, F. (1991): Aktivitäten von Managern: Ein kritischer Review über 40 Jahre »Work Activity«-Forschung. In: *Managementforschung* 1, S. 205–253.
Schmidt, A./Heinrichs, S./Walter, A. (2011): Technologiebasierte Spin-offs – Ein Forschungsüberblick zu Einflussgrößen ihrer Entwicklung. In: *Zeitschrift für Betriebswirtschaft* 81 (6), S. 677–714.
Schmidt, B.T. (1992): *Integrierte Konzernführung.* Aachen.
Schmidt, K. (1997): *Gesellschaftsrecht.* 3. Aufl. Köln etc.
Schmidt, T./Braun, T. (2015): When cospecialization leads to rigidity: Path dependence in successful strategic networks. In: *Schmalenbach Business Review* 67 (1), S. 489–515.
Schoeneborn, D./Kuhn, T.R./Kärreman, D. (2019): The communicative constitution of organization, organizing, and organizationality. In: *Organization Studies* 40 (4), S. 475–496.
Schrader, S. (1991): *Barter in networks: A revived form of inter-firm exchange.* Working Paper, Alfred P. Sloan School of Management. Cambridge, Mass.
Schrader, S. (1993): Barter in networks: A revived form of interfirm exchange. In: Ebers, M. (Hrsg.): *Proceedings of the workshop on Inter-organizational networks: Structures and processes.* Berlin, 6–7 September 1995, S. 495–520.
Schreyögg, G. (1991): Der Managementprozeß – neu gesehen. In: *Managementforschung* 1, S. 255–289.
Schreyögg, G./Geiger, D. (2024): *Organisation.* 7. Aufl. Wiesbaden.
Schreyögg, G./Koch, J. (2020): *Management: Grundlagen der Unternehmensführung.* Wiesbaden.
Schreyögg, G./Koch, J./Sydow, J. (2004): Routinen und Pfadabhängigkeit. In: Schreyögg, G./von Werder, A. (Hrsg.): *Handwörterbuch der Organisation.* 4. Aufl. Stuttgart, Sp. 1296–1303.
Schreyögg, G./Sydow, J./Koch, J. (2003): Organisatorische Pfade – Von der Pfadabhängigkeit zur Pfadkreation? In: *Managementforschung* 13, S. 257–294.
Schricke, E. (2007): *Lokalisierungsmuster und Entwicklungsdynamik von Clustern der Optischen Technologien in Deutschland.* Berlin.

Schwarz, G. (2013): *Konfliktmanagement. Konflikte erkennen, analysieren, lösen.* 9. Aufl. Wiesbaden.

Schubert, W./Küting, K. (1981): *Unternehmungszusammenschlüsse.* München.

Schuessler, E./Frenkel, S. J./Wright, C. F. (2019): Governance of labor standards in Australian and German garment supply chains: The impact of Rana Plaza. In: *ILR Review* 72 (3), S. 552–579.

Schüßler, E./Decker, C./Lerch, F. (2013): Networks of clusters: A governance perspective. In: *Industry and Innovation* 29 (4), S. 357–377.

Schüssler, E./Rüling, C. C./Wittneben, B. B. (2014): On melting summits: The limitations of field-configuring events as catalysts of change in transnational climate policy. In: *Academy of Management Journal* 57(1), S. 140–171.

Schumacher, T./Krautzberger, M./Wörner, M. (2022): Enacting leadership legitimacy under terms of limited formal and informal power in a heterarchical network of organizations. In: *Journal of Applied Behavioral Science* 58 (4), S. 752–778.

Schumpeter, J. A. (1954): *History of economic analysis.* New York.

Schwerk, A. (2000): *Dynamik von Unternehmenskooperationen.* Berlin.

Scott, R. W. (2001): *Institutions and organizations.* 2. Aufl. Thousand Oaks, Calif. etc.

Seal, W./Berry, A./Cullen, J. (2004): Disembedding the supply chain: institutionalized reflexivity and inter-firm accounting. In: *Accounting, Organizations and Society* 29 (1), S. 73–92.

Semlinger, K. (1993): Effizienz und Autonomie in Zuliefernetzwerken – Zum strategischen Gehalt von Kooperation. In: *Managementforschung* 3, S. 309–354. Wieder abgedruckt in: Sydow, J. (Hrsg.) (2010): *Management von Netzwerkorganisationen.* 5. Aufl. Wiesbaden, S. 29–74.

Sen, S./Kotlarsky, J./Budhwar, P. (2020): Extending organizational boundaries through outsourcing: toward a dynamic risk-management capability framework. In: *Academy of Management Perspectives* 34 (1), S. 97–113.

Sengenberger, W. (1987): *Struktur und Funktionsweise von Arbeitsmärkten.* Frankfurt und New York.

Shipilov, A./Gawer, A. (2020): Integrating research on interorganizational networks and ecosystems. In: *Academy of Management Annals* 14 (1), S. 92–121.

Siciliano, M. D./Whetsell, T. (2023): Network interventions: Applying network science for pragmatic action in public administration and policy. In: *Perspectives on Public Management and Governance* 6 (2–3), S. 67–79.

Siebert, H. (1991): Ökonomische Analyse von Unternehmensnetzwerken. In: *Managementforschung* 1,, S. 291–311. Wieder abgedruckt in Sydow, J. (Hrsg.) (2010): *Management von Netzwerkorganisationen.* 5. Aufl. Wiesbaden, S. 7–27.

Simon, H. (1961): *Administrative behavior.* 2. Aufl. New York.

Smets, M./Aristidou, A./Whittington, R. (2017): Towards a practice-driven institutionalism. In: Greenwood, R./Meyer, R. E./Lawrence, T. B./Oliver, C. (Hrsg.): *The Sage handbook of organizational institutionalism.* Thousand Oaks, Calif., S. 365–391.

Smith, A. (2007 [1827]): *An inquiry into the nature and causes of the wealth of Nations.* Edinburgh.

Snijders, T. A. (2017): Stochastic actor-oriented models for network dynamics. In: *Annual Review of Statistics and its Application* 4 (1), S. 343–363.

Snijders, T. A./Steglich, C. E./Schweinberger, M. (2007): Modeling the co-evolution of networks and behavior. In: Montfort, K. van/Oud, H./Satorra, A. (Hrsg.): *Longitudinal models in the behavioral and related sciences.* Mahwah, NJ, S. 41–71.

Snow, C. C./Miles, R. E./Coleman Jr., H. J. (1992): Managing 21st century network organizations. In: *Organizational Dynamics* 20 (3), S. 5–20.

Soda, G./Usai, A. (1995): *Institutional embeddedness and interorganizational networks in the Italien costruction industry.* Paper presented at the ESP-Workshop on »Networks in their Industries«. 1.–2. Dezember, Geneva.

Soda, G./Zaheer, A. (2012): A network perspective on organizational architecture: Performance effects of the interplay of formal and informal organization. In: *Strategic Management Journal* 33 (6), S. 751–771.

Sombart, W./Meerwarth, R. (1923): Hausindustrie. In: Elster, D./Weber, A./Wieser, F. (Hrsg.): *Handwörterbuch der Staatswissenschaften.* 5. Band. 4. Aufl. Jena, S. 179–207.

Sørensen, S. B./Hoetker, G./Leiblein, M. J./Mellewigt, T. (2023): Crossing the streams of plural governance research: Simultaneously considering franchising, dual distribution, and concurrent sourcing. In: *Journal of Management* 49 (8), S. 2831–2862.
Spaeth, A. (2010): Allianzwechsel. In: *Flug Revue* (1), S. 25–26.
Spaeth, A. (2011): Star wächst in Südamerika. In: *Flug Revue* (1), S. 35.
Specht, G. (1995): Schnittstellenmanagement. In: Tietz, B./Köhler, R./Zentes, J. (Hrsg.): *Handwörterbuch des Marketing*. 2. Aufl. Stuttgart, Sp. 2265–2275.
Specht, G./Beckmann, C./Amelingmeyer, J. (2002): *F&E-Management – Kompetenz im Innovationsmanagement*. 2. Aufl. Stuttgart.
Spekman, R. E./Isabella, L. A./MacAvoy, T. (2000): *Alliance competence*. New York etc.
Spekman, R. E./Isabella, T. C./MacAvoy, T./Forbes, T. (1996): Creating strategic alliances which endure. In: *Long Range Planning* 29 (3), S. 346–357.
Spencer, B./Salvato, C./Rerup, C. (2023): Routine regulation as a source for managing conflict within alliances: An integrative framework. In: *Industrial and Corporate Change* 32 (6), S. 1333–1351.
Spieth, P./Breitenmoser, P./Röth, T. (2024): Business model innovation: Integrative review, framework, and agenda for future innovation management research. In: *Journal of Product Innovation Management* (im Druck).
Staber, U. (1996): Networks and regional development: Perspectives and unresolved issues. In: Staber, U. H./Schaefer, N. V./Sharma, B. (Hrsg.): *Business networks – Prospects for regional development*. Berlin und New York, S. 1–22.
Staber, U./Sautter, B. (2011): Who are we, and do we need to change? Cluster identity and life cycle. In: *Regional Studies* 45 (10), S. 1349–1361.
Staber, U./Sydow, J. (2002): Organizational adaptive capacity: A structuration perspective. In: *Journal of Management Inquiry* 11 (4), S. 408–424.
Stache, F./Sydow, J. (2023): Breaking a path by creating a new one – How organizational change boosts children's cancer care. In: *Organization Studies* 44 (3), S. 351–376.
Staehle, W. H. (1992): *Funktionen des Managements*. 3. Aufl. Bern und Stuttgart.
Staehle, W. H. (1999): *Management*. 8. Aufl. München.
Standifer, R./Bluedorn, A. (2009): Alliance management teams and entrainment: Sharing temporal mental models. In: *Human Relations* 59 (7), S. 903–927.
Starik, M./Rands, G. P. (1995): Weaving an integrated web: Multilevel and multisystem perspectives of ecologically sustainable organizations. In: *Academy of Management Review* 20 (4), S. 908–935.
Staron, M. (2021): *Automotive software architectures*. Cham.
Steensma, H. K./Marino, L./Weaver, K. M./Dickson, P. H. (2000): The influence of national culture on the formation of technology alliances by entrepreneurial firms. In: *Academy of Management Journal* 43 (5), S. 951–973.
Stearns, L. B./Allan, K. D. (1996): Economic behavior in institutional environments: The corporate merger wave of the 1980s. In: *American Sociological Review* 61 (4), S. 699–718.
Stegehuis, X./von Raesfeld, A./Nieuwenhuis, L. (2023): Inter-organizational tensions in servitization: A dialectic process model. In: *Industrial Marketing Management* 109, S. 204–220.
Steinmann, H. (2012): Besprechung des Buches »Management interorganisationaler Beziehungen« von J. Sydow und S. Duschek. In: *Zeitschrift für betriebswirtschaftliche Forschung* 64, S. 254–257.
Steinmann, H./Hennemann, C. (1993): Personalmanagementlehre zwischen Managementpraxis und mikroökonomischer Theorie. Versuch einer wissenschaftstheoretischen Standortbestimmung. In: Weber, W. (Hrsg.): *Entgeltsysteme*. Stuttgart, S. 41–78.
Steinmann, H./Schreyögg, G. (2005): *Management*. 6. Aufl. Wiesbaden.
Stephens, A. M./Sandberg, J. (2020): How the practice of clustering shapes cluster emergence. In: *Regional Studies* 54 (5), S. 596–609.
Strautmann, K. P. (1993): *Ein Ansatz zur strategischen Kooperationsplanung*. München.
Stumpf, H./Groß, M. (1998): *Der Lizenzvertrag*. 7. Aufl. Heidelberg.
Sugden, R./Wei, P./Wilson, J. R. (2006): Clusters, governance and the development of local economies: A framework for case studies. In: Pitelis, C./Sugden, R./Wilson, J. R. (Hrsg.): *Clusters and globalization*. Cheltenham etc., S. 61–81.

Susanek, A. (2007): *Lieferbeziehungen, Liefervereinbarungen und Kaufoptionen als Instrumente zur Gestaltung effizienter Investitionsanreize in Joint Ventures.* Berlin.
Swärd, A. R./Kvålshaugen, R./Bygballe, L. E. (2023): Unpacking the duality of control and trust in inter-organizational relationships through action-reaction cycles. In: *Journal of Management Studies* 60 (8), S. 2091-2124.
Swart, J./Cross, D./Kinnie, N./Snell, S. (2022): Networked-based strategic human resource management: Managing people within and beyond the boundaries of organizations. In: Sherer, P. D. (Hrsg.): *A research agenda for strategic human resource management.* Cheltenham, S. 145-166.
Swart, J./Kinnie, N. (2014): Reconsidering boundaries: Human resource management in a networked world. In: *Human Resource Management* 53 (2), S. 291-310.
Swedberg, R. (2005): Markets in society. In: Smelser, N. J./Swedberg, R.(Hrsg.): *The handbook of economic sociology.* 2. Aufl. Princeton, N. J., S. 233-253.
Sydow, J. (1992): *Strategische Netzwerke.* Wiesbaden.
Sydow, J. (1999): Führung in Netzwerkorganisationen – Fragen an die Führungsforschung. In: *Managementforschung* 9, S. 279-292. Wieder abgedruckt in: Sydow, J. (Hrsg.) (2010): *Management von Netzwerkorganisationen.* 5. Aufl. Wiesbaden, S. 359-372.
Sydow, J. (1999): Quo Vadis Transaktionskostentheorie? – Wege, Irrwege, Auswege. In: Edeling, T./Jann, W./Wagner, D. (Hrsg.): *Institutionenökonomie und Neuer Institutionalismus in der Organisationstheorie.* Opladen, S. 165-176.
Sydow, J. (2001): Zum Verhältnis von Netzwerken und Konzernen: Implikationen für das strategische Management. In: Ortmann, G./Sydow, J. (Hrsg.): *Strategie und Strukturation.* Wiesbaden, S. 271-298.
Sydow, J. (2003): Dynamik von Netzwerkorganisationen: Entwicklung, Evolution, Strukturation. In: Hoffmann, W. H. (Hrsg.): *Die Gestaltung der Organisationsdynamik.* Stuttgart, S. 327-356.
Sydow, J. (2004): Network development by means of network evaluation? – Explorative insights from a case in the financial service industry. In: *Human Relations* 57 (2), S. 201-220.
Sydow, J. (2010): Management von Netzwerkorganisationen – Zum Stand der Forschung. In: Sydow, J. (Hrsg.): *Management von Netzwerkorganisationen.* 5. Aufl. Wiesbaden, S. 373-470.
Sydow, J./Auschra, C. (2022): Netzwerke, Plattformen und Ökosysteme: Organisationstheoretische Klärungen. In: *Kölner Zeitschrift für Soziologie und Sozialpsychologie* 74(Suppl 1), S. 35-57.
Sydow, J./Braun, T. (2018): Projects as temporary organizations: An agenda for further theorizing the interorganizational dimension. In: *International Journal of Project Management* 36 (1), S. 4-11.
Sydow, J./Duschek, S. (2013) (Hrsg.): *Netzwerkzeuge. Tools für das Netzwerkmanagement.* Wiesbaden.
Sydow, J./Duschek, S./Möllering, G./Rometsch, M. (2003): *Kompetenzentwicklung in Netzwerken.* Wiesbaden.
Sydow, J./Goebel, H. (2001): Ein Netzwerk von Versicherungsmaklern – Entwicklung durch Evaluation? In: *Zeitschrift Führung+Organisation* 79 (2), S. 75-83.
Sydow J./Helfen, M. (2016): *Produktion als Dienstleistung – Plurale Netzwerkorganisation als Herausforderung für die Arbeitsbeziehungen.* Arbeitspapier der Friedrich-Ebert-Stiftung (FES). Berlin. http://library.fes.de/pdf-files/id-moe/12845-20161109.pdf
Sydow, J./Lerch, F. (2007a): *Developing photonics clusters.* AIM White Paper. Advanced Institute of Management Research (AIM). London.
Sydow, J./Lerch, F. (2007b): Pfade der Netzwerkentwicklung im Feld optischer Technologien – Die Region Berlin-Brandenburg zwischen Emergenz und Planung. In: Berghoff, H./Sydow, J. (Hrsg.): *Unternehmerische Netzwerke.* Stuttgart, S. 197-232.
Sydow, J./Lerch, F./Huxham, C./Hibbert, P. (2011): A silent cry for leadership: Organizing for leading (in) clusters. In: *Leadership Quarterly* 22, S. 328-343.
Sydow, J./Möllering, G. (2015): *Produktion in Netzwerken.* 3. Aufl. München.
Sydow, J./Schmidt, T. (2025): Entrepreneurship as strategic network creation: A relational practices perspective. In: *European Management Review* 22 (im Druck).
Sydow, J./Schreyögg, G./Koch, J. (2009): Organizational path dependence: Opening the black box. In: *Academy of Management Review* 34 (4), S. 689-709.

Sydow, J./Schreyögg, G./Koch, J. (2020): On the theory of organizational path dependence: Clarifications, replies to objections, and extensions. In: *Academy of Management Review* 45 (4), S. 717–734.
Sydow, J./Schüßler, E./Müller-Seitz, G. (2016): *Managing inter-organizational relations: Debates and cases.* London.
Sydow, J./van Well, B./Windeler, A. (1998): Networked networks: Financial services networks in the context of their industry. In: *International Studies of Management & Organization* 27 (4), S. 47–75.
Sydow, J./Windeler, A. (1994): Über Netzwerke, virtuelle Integration und Interorganisationsbeziehungen. In: Sydow, J./Windeler, A. (Hrsg.): *Management interorganisationaler Beziehungen.* Opladen, S. 1–21.
Sydow, J./Windeler, A. (1997): Komplexität und Reflexivität in Unternehmungsnetzwerken. In: Ahlemeyer, H. W./Königswieser, R. (Hrsg.): *Komplexität managen.* Wiesbaden, S. 147–162.
Sydow, J./Windeler, A. (1998): Organizing and evaluating interfirm networks – A structurationist perspective on network management and effectiveness. In: *Organization Science* 9 (3), S. 265–284.
Sydow, J./Windeler, A. (1999): Projektnetzwerke: Management von (mehr als) temporären Systemen. In: Engelhard, J./Sinz, E. (Hrsg.): *Kooperation im Wettbewerb.* Wiesbaden, S. 211–235. Wieder abgedruckt in: Sydow, J./Windeler, A. (Hrsg.) (2004): *Organisation der Content-Produktion.* Wiesbaden, S. 37–54.
Sydow, J./Windeler, A. (2000): Steuerung von und in Netzwerken – Perspektiven, Konzepte, vor allem aber offene Fragen. In: Sydow, J./Windeler, A. (Hrsg.): *Steuerung von Netzwerken.* Wiesbaden, S. 1–24.
Sydow, J./Windeler, A. (2003): Reflexive development of inter-firm networks. In: Buono, A. F. (Hrsg.): *Enhancing inter-firm networks and interorganizational strategies.* Greenwich, Conn., S. 169–186.
Sydow, J./Windeler, A./Krebs, M./Loose, A./van Well, B. (1995): *Organisation von Netzwerken.* Opladen.
Sydow, J./Wirth, C. (2000): Produktionsformen von Mediendienstleistungen im Wandel – Von einer Variante der Netzwerkorganisation zur anderen. In: Kaluza, B./Blecker, T. (Hrsg.): *Produktions- und Logistikmanagement in Virtuellen Unternehmen und Unternehmensnetzwerken.* Berlin etc., S. 147–174.
Tabares, S./Morales, A./Calvo, S./Moreno, V. M. (2021): Unpacking B corps' impact on sustainable development: An analysis from structuration theory. In: *Sustainability* 13 (23), S. 1–21.
Tacke, V. (1997): Systemrationalisierung an ihren Grenzen – Organisationsgrenzen und Funktionen von Grenzstellen in Wirtschaftsorganisationen. In: *Managementforschung* 7, S. 1–44.
Tallman, S./Jenkins, M. (2002): Alliances, knowledge flows, and performance in regional clusters. In: Contractor, F. J./Lorange, P. (Hrsg.): *Cooperative strategies and alliances.* Amsterdam etc., S. 163–187.
Tang, L./Wang, T./Fan, Q./Liu, L. (2023): When does competitive learning occur? The impact of alliance network embeddedness on technological invasion. In: *British Journal of Management* 34 (2), S. 1023–1041.
Tashakkori, A./Teddlie, C. (Hrsg.) (2003): *Handbook of mixed methods in social & behavioral research.* Thousand Oaks, Calif.
Tasselli, S./Kilduff, M. (2021): Network agency. In: *Academy of Management Annals* 15 (1), S. 68–110.
Taylor, F. W. (1911): *The principles of scientific management.* New York.
Teece, D. J. (1986): Profiting from technological innovation. In: *Research Policy* 15 (6), S. 285–305.
Teece, D. J. (1992): Competition, cooperation, and innovation: Organizational arrangements for regimes of rapid technological progress. In: *Journal of Economic Behavior and Organization* 18 (1), S. 1–25.
Tempest, S./Starkey, K./Barnatt, C. (1997): Diversity or divide? In search of flexible specialization in the UK television industry. In: *Industrielle Beziehungen* 4 (1), S. 38–57.

Teubener, H. (1999): *Lizenzvergabe als Alternative zur Eigeninvestition des Industriebetriebes.* Göttingen und Braunschweig.
Theis, G. (1992): *Neue Konzernstrategien und einheitliche Leitung im faktischen Konzern.* Stuttgart.
Theisen, M. R. (2000): *Der Konzern.* 2. Aufl. Stuttgart.
Thorgren, S./Wincent, J. (2011): Interorganizational trust: Origins, dysfunctions and regulation of rigidities. In: *British Journal of Management* 22 (1), S. 21-41.
Thrane, S./Hald, K. S. (2006): The emergence of boundaries and accounting in supply fields: The dynamics of integration and fragmentation. In: *Management Accounting Research* 17 (3), S. 288-314.
Thrane, S./Mouritsen, J. (2012): Social technology and atability/transformation of alliance networks. In: Das, T. K. (Hrsg.): *Management dynamics in strategic alliances.* Charlotte, NC, S. 237-266.
Tiberius, V. (2010): Transorganizational Development. In: *Wirtschaftswissenschaftliches Studium* 39 (4), S. 208-210.
Tiberius, V. A./Reckenfelderbäumer, M. (2004): *Die Schaltbrettunternehmung.* Zürich.
Tichy, G. (1991): The product-cycle revisited: Some extensions and clarifications. In: *Zeitschrift für Wirtschafts- und Sozialwissenschaften* 111, S. 27-54.
Tichy, G. (2001): Regionale Kompetenzzyklen – Zur Bedeutung von Produktlebenszyklus und Clusteransätzen im regionalen Kontext. In: *Zeitschrift für Wirtschaftsgeographie* 45 (3-4), S. 181-201.
Tidström, A./Rajala, A. (2016): Coopetition strategy as interrelated praxis and practices on multiple levels. In: *Industrial Marketing Management* 58 (1), S. 35-44.
Tirole, J. (1992): Collusion and the theory of organizations. In: Laffont, J.-J. (Hrsg.): *Advances in Economic Theory 2.* Cambridge, S. 151-206.
Toubiana, M./Oliver, C./Bradshaw, P. (2017): Beyond differentiation and integration: The challenges of managing internal complexity in federations. In: *Organization Studies* 38 (8), S. 1013-1037.
Trippl, M./Tödtling, F. (2007): Developing biotechnology clusters in non-high technology regions – The case of Austria. In: *Industry and Innovation* 14 (1), S. 47-67.
Tschang, F. T./Almirall, E. (2021): Artificial intelligence as augmenting automation: Implications for employment. In: *Academy of Management Perspectives* 35 (4), S. 642-659.
Ukko, J./Saunila, M. (2020): Understanding the practice of performance measurement in industrial collaboration: From design to implementation. In: *Journal of Purchasing and Supply Management* 26 (1), S. 1-12.
Ungureanu, P./Bertolotti, F./Mattarelli, E./Bellesia, F. (2020): Collaboration and identity formation in strategic interorganizational partnerships: An exploration of swift identity processes. In: *Strategic Organization* 18 (1), S. 171-211.
Uzzi, B. (1997): Social structure and competition in interfirm networks: The paradox of embeddedness. In: *Administrative Science Quarterly* 42 (1), S. 35-67.
Van Burg, E./Berends, H./Van Raaij, E. M. (2014). Framing and interorganizational knowledge transfer: A process study of collaborative innovation in the aircraft industry. In: *Journal of Management Studies* 51 (3), S. 349-378.
Van de Brake, H. J., van der Vegt, G. S., & Essens, P. J. M. D. (2024): More than just a number: Different conceptualizations of multiple team membership and their relationships with emotional exhaustion and turnover. In: *Journal of Applied Psychology* 109 (5), 714-729.
Van den Oord, S./Kenis, P./Raab, J./Cambré, B. (2023): Modes of network governance revisited: Assessing their prevalence, promises, and limitations in the literature. In: *Public Administration Review* 83 (6), S. 1564-1598.
Van der Kamp, M./Tjemkes, B./Duplat, V./Jehn, K. (2023): On alliance teams: Conceptualization, review, and future research agenda. In: *Human Relations* 76 (9), S. 1382-1413.
Van der Woerd, O./Janssens, J./van der Scheer, W./Bal, R. (2024): Managing (through) a network of collaborations: A case study on hospital executives' work in a Dutch urbanized region. In: *Public Management Review* 26 (5), S. 1299-1321.
Vangen, S./Hayes, J. P./Conforth, C. (2015): Governing cross-sector, interorganizational collaborations. In: *Public Management Review* 17 (9), S. 1237-1260.

Vedula, S./Doblinger, C./Pacheco, D./York, J. G./Bacq, S./Russo, M. V./Dean, T. J. (2022): Entrepreneurship for the public good: A review, critique, and path forward for social and environmental entrepreneurship research. In: *Academy of Management Annals* 16 (1), S. 391–425.
Vélez, M. L./Sánchez, J. M./Álvarez-Dardet, C. (2008): Management control systems as interorganizational trust builders in evolving relationships: Evidence from a longitudinal case study. In: *Accounting, Organization and Society* 33 (7–8), S. 968–994.
Velte, P./Eulerich, M. (2014): Entwicklung der Personalverflechtungen in Deutschland un Einfluss auf die Unternehmensperformance. In: *Wirtschaftswissenschaftliches Studium* 43 (9), S. 456–462.
Verbeke, A. (2020): Will the COVID-19 pandemic really change the governance of global value chains? In: *British Journal of Management* 31 (3), S. 444–446.
Vesalainen, J./Hellström, M./Valkokari, K. (2017): Managerial tools and the network-as-practice perspective. In: Vesalainen, J./Valkokari, K./Hellström, M. (Hrsg.): *Practices for network management: In search of collaborative advantage*. Cham, S. 323–339.
Victor, B./Stephens, C. (1994): The dark side of the new organizational forms. In: *Organization Science* 5 (4), S. 479–482.
Visser, E.-J. (2009): The complementary dynamic effects of clusters and networks. In: *Industry & Innovation* 16 (2), S. 167–195.
Vivek, S. D./Richey, R. G. (2013): Understanding performance of joint ventures: Modeling the interactional strength of fit between partners. In: *International Journal of Logistics Management* 24 (3), S. 356–379.
Vlaar, P. W./Faems, D. (2008): *Collaborative relationships as conduits for change: When alliances and organizations co-evolve.* Paper presented at the Annual Meeting of the Academy of Management, Anaheim, Calif.
Vlaar, P. W. L./Van Den Bosch, F. A. J./Volberda, H. W. (2007): Towards a dialectic perspective on formalization in interorganizational relationships: How alliance managers capitalize on the duality inherent in contracts, rules and procedures. In: *Organization Studies* 28 (4), S. 437–466.
Von Danwitz, S. (2018): Managing inter-firm projects: A systematic review and directions for future research. In: *International Journal of Project Management* 36 (3), S. 525–541.
Vorbohle, K. (2010): *Lokale Antworten auf globale Herausforderungen – Integrative Kooperationen zwischen Unternehmen und Nonprofit-Organisationen im Kontext von Corporate Social Responsibility.* Marburg.
Vosselman, E./Meer-Kooistra, J. v. d. (2009): Accounting for control and trust building in interfirm transactional relationships. In: *Accounting, Organizations and Society* 34 (2), S. 267–283.
Walgenbach, P. (2002): Neoinstitutionalistische Organisationstheorie – State of the Art und Entwicklungslinien. In: *Managementforschung* 12, S. 155–202.
Walgenbach, P./Meyer, R. (2008): *Neoinstitutionalistische Organisationstheorie.* Stuttgart.
Walker, G./Kogut, B./Shan, W. (1997): Social capital, structural holes and the formation of an industry network. In: *Organization Science* 8 (2), S. 109–125.
Walras, L. (1954): *Elements of pure economics: Or the theory of social wealth.* Homewood,Ill.
Wandelt, S./Wang, K. (2024): Towards solving the airport groundforce dilemma: A literature review on hiring, scheduling, retention, and digitalization in the airport industry. In: *Journal of the Airport Transport Research Society* 2, 100004.
Wandtke, A. A./Bullinger, W. (2006): *Praxiskommentar zum Urheberrecht.* 2. Aufl. München.
Wang, A./Dyball, M. C. (2019): Management controls and their links with fairness and performance in inter-organisational relationships. In: *Accounting and Finance* 59 (3), S. 1835–1868.
Wang, L./Zajac, E. J. (2007): Alliance or acquisition? A dyadic perspective on interfirm resource combinations. In: *Strategic Management Journal* 28 (13), S. 1291–1317.
Wang, P./Jiang, X./Dong, M. C. (2022): Alliance experience and performance outcomes: A meta-analysis. In: *Strategic Organization* 20 (2), S. 412–432.
Wang, Y./Rajagopalan, N. (2015): Alliance capabilities: Review and research agenda. In: *Journal of Management* 41 (1), S. 236–260.

Warren, R. L. (1967): The interorganizational field as a focus of investigation. In: *Administrative Science Quarterly* 12 (3), S. 396–419.
Wassmer, U. (2010): Alliance portfolios: A review and research agenda. In: *Journal of Management Studies* 36 (1), S. 141–171.
Wassmer, U./Li, S./Madhok, A. (2017): Resource ambidexterity through alliance portfolios and firm performance. In: *Strategic Management Journal* 38 (2), S. 384–394.
Watkins, E./Stark, D. (2018): The Möbius organizational form: Make, buy, cooperate, or coopt? In: *Sociologica* 12 (1), S. 65–80.
Weber, M. (1976/1921): *Wirtschaft und Gesellschaft*. 5. Aufl. Tübingen.
Weibler, J. (2023): *Personalführung: Personen, Beziehungen, Kontexte, Wirkungen*. 4. Aufl. München.
Weiber, R./Kleinaltenkamp, M./Geiger, I. (2022): *Business- und Dienstleistungsmarketing: die Vermarktung integrativ erstellter Leistungsbündel*. Stuttgart.
Weick, K. E. (1995): *Sensemaking in organizations*. Thousand Oaks, Calif.
Werder, A. von (1995): Konzernmanagement. In: *Die Betriebswirtschaft* 55 (5), S. 641–661.
Wessel, L./Baiyere, A./Ologeanu-Taddei, R./Cha, J./Blegind-Jensen, T. (2021): Unpacking the difference between digital transformation and IT-enabled organizational transformation. In: *Journal of the Association for Information Systems* 22 (1), S. 102–129.
Whetten, D. A./Felin, T./King, B. G. (2009): The practice of theory borrowing in organization studies: Current issues and future directions. In: *Journal of Management* 35 (3), S. 537–563.
Whyte, J. (2019): How digital information transforms project delivery models. In: *Project Management Journal* 50 (2), S. 177–194.
Whittington, R. (2006): Completing the practice turn in strategy research. In: *Organization Studies* 27 (5), S. 613–634.
Whittington, R. (2015): Giddens, structuration theory and strategy as practice. In: Golsorkhi, D./Rouleau, L./Seidl, D./Vaara, E. (Hrsg.): *Cambridge handbook of strategy as practice*. 2. Aufl. Cambridge, S. 109–126.
Wilhelm, M. (2009): *Kooperation und Wettbewerb in Automobilzuliefernetzwerken*. Marburg.
Wilhelm, M./Blome, C./Wieck, E./Xiao, C. Y. (2016): Implementing sustainability in multi-tier supply chains: Strategies and contingencies in managing sub-suppliers. In: *International Journal of Production Economics* 182, S. 196–212.
Wilkesmann, M. (2009): *Wissenstransfer im Krankenhaus*. Wiesbaden.
Williamson, O. E. (1975): *Market and hierarchies*. New York und London.
Williamson, O. E. (1985): *The economic institutions of capitalism*. New York etc.
Williamson, O. E. (1991): Comparative economic organization: The analysis of discrete structural alternatives. In: *Administrative Science Quarterly* 36 (2), S. 269–296.
Windeler, A. (2001): *Unternehmungsnetzwerke*. Wiesbaden.
Windeler, A. (2005): Netzwerktheorien: Vor einer relationalen Wende? In: Zentes, J./Swoboda, B./Morschett, D. (Hrsg.): *Kooperationen, Allianzen und Netzwerke*. 2. Aufl. Wiesbaden, S. 211–233.
Windeler, A./Jungmann, R. (2023): Complex innovation, organizations, and fields: Toward the organized transformation of today's innovation societies. In: *Current Sociology* 71 (7), S. 1293-1311.
Windeler, A./Sydow, J. (2014) (Hrsg.): *Kompetenz: Sozialtheoretische Perspektiven*. Wiesbaden.
Wipprich, M. (2008): *Größe und Struktur von Unternehmensnetzwerken*. Tübingen.
Wirth, C./Sydow, J. (2004): Hierarchische Heterarchien – heterarchische Hierarchien: Zur Differenz von Konzern- und Netzwerksteuerung in der Fernsehproduktion. In: Sydow, J./Windeler, A. (Hrsg.): *Organisation der Content Produktion*. Wiesbaden, S. 125–147.
Witt, D./Seufert, G./Emberger, H. (1996): Typologisierung und Eigenarten von Verbänden. In: *Zeitschrift für öffentliche und gemeinnützige Unternehmen* 19 (4), S. 414–427.
Wöhe, G. (1990): *Einführung in die Allgemeine Betriebswirtschaftslehre*. 17. Aufl. München.
Wöhe, G. (2005): *Einführung in die Allgemeine Betriebswirtschaftslehre*. 22. Aufl. München.
Wolf, H. (2000): Das Netzwerk als Signatur der Epoche. In: *Arbeit* 9 (2), S. 95–104.
Wooten, M./Hoffman, A. J. (2017): Organizational fields: Past, present and future. In: Greenwood, R./Meyer, R. E./Lawrence, T. B./Oliver, C. (Hrsg.): *The Sage handbook of organizational institutionalism*. Thousand Oaks, Calif., S. 55–74.
Wriebe, C. M. (2001): *Netzwerkstrategien als symbiotische Kooperationen*. Frankfurt etc.

Würthner, C. (2001): *Transnationale Dienstleistungssysteme*. Sternenfels.

Xiao, C./Wilhelm, M./Van der Vaart, T./Van Donk, D. P. (2019): Insides the buying firm: Exploring responses to paradoxical tensions in sustainable supply management. In: *Journal of Supply Chain Management* 55 (1), S. 3–20.

Yakimova, R./Owens, M./Sydow J. (2019): Formal control influence on franchisee trust and brand-supportive behavior within franchise networks. In: *Industrial Marketing Management* 76 (1), S. 123–135.

Yang, Y. (2006): *The Taiwanese notebook computer production network in China: Implications for upgrading of the Chinese electronics industry*. Arbeitspapier des Personal Computer Industry Center (PCIC) an der University of California. Irvine.

Yin, X./Zajac, E. J. (2004): The strategy/governance structure fit relationship: Theory and evidence in franchising arrangements. In: *Strategic Management Journal* 25 (4), S. 365–383.

Young-Hyman, T./Kleinbaum, A. M. (2020): Meso-foundations of interorganizational relationships: How team power structures shape partner novelty. In: *Organization Science* 31 (6), S. 1385–1407.

Zaheer, A./Gözübüyük, R./Milanov, H. (2010): It's connections: The network perspective in interorganizational research. In: *Academy of Management Perspectives* 24 (1), S. 62–77.

Zeichhardt, R./Sydow, J. (2009): Strategien für die Konzipierung von Netzwerkservices. In: Bundesministerium für Wirtschaft und Technologie (Hrsg.): *Innovative Netzwerkservices*. Berlin, S. 30–36.

Zerbini, F./Castaldo, M. (2007): The nature of buyer-supplier relationships in co-design activities. In: *International Journal of Operations & Production Management* 22 (12), S. 1389–1410.

Zietsma, C./Groenewegen, P./Logue, D. M./Hinings, C. R. (2017): Field or fields? Building the scaffolding for cumulation of research on institutional fields. In: *Academy of Management Annals* 11 (1), S. 391–450.

Zilber, T. B. (2021): Practice-driven institutionalism: A path toward a fruitful borrowing. In: *Research on the Sociology of Organizations* 70, S. 225–241.

Zobel, A. K./Hagedoorn, J. (2020): Implications of open innovation for organizational boundaries and the governance of contractual relations. In: *Academy of Management Perspectives* 34 (3), S. 400–423.

Zollo, M./Reuer, J. J./Singh, H. (2002): Interorganizational routines and performance in strategic alliances. In: *Organization Science* 13 (6), S. 701–713.

Zucchella, A. (2006): Local cluster dynamics: Trajectories of mature industrial districts between decline and multiple embeddedness. In: *Journal of Institutional Economics* 2 (1), S. 21–44.

Stichwortverzeichnis, Firmen- und Netzwerkverzeichnis

A

ABB   172
Abhängigkeit   112, 121, 122, 199
Abnehmer   21
Adidas   37
Adobe   174
Adoption   134
Agglomeration   55, 156, 222, 232, 258
AGKAMED Holding   98
Ähnlichkeit   187
Air Canada   14, 53
Air France   27, 54
Airbnb   174
Airbus   27, 45, 250
Airport Council International Europe   210
Akquisition   118, 167
Alaska Airlines   194
Alienware   44
Allianz(management)fähigkeit   113
Allianzabteilung   152
Allianzen   29, 47, 57, 218
Allianzfähigkeit   216
Allianzmanagementkompetenz   216
Allianznetzwerk   109, 112
Allianzportfolios   52, 218
Allianzsystem   109
Allianzsysteme   112
Allokation   25, 190
American Airlines   192
Anti-Trust-Politik   137
Anweisung   124
Arbeit   153
Arbeiter   132
Arbeitsgemeinschaft   106, 110, 154, 201
Arbeitsgemeinschaft Fernsehforschung   108
Arbeitsmarkt   137, 230
Arbeitsteilung   124
Arbeitsverträge   40
Aus- und Weiterbildung   134

Ausgangsbedingungen   159
Ausgliederung   118, 153
Ausgründung   118, 168, 230
Auslagerung   152
Austrian Airlines   192
Automation   171
Automotive Cluster Ostdeutschland   234
Autonomie   112, 118
Avianca-TACA   193, 205
Avon   115

B

Bagatellkartelle   93
Banken   35
Barter   81
BBC   222
BCG   115
Beharrungsvermögen   159, 189
Bertelsmann   120, 141, 167
Beschaffung   31, 34, 44, 142
Beschaffungsmanagement   19
Beteiligungsgesellschaften   122
Beteiligungsunternehmen   118
Betriebsblindheit   160
Betriebsrat   21, 22
Bewertung   184
Bewusstsein   25, 247
Beziehungsgeflecht   42
Beziehungsmanagement   49, 162, 214
Beziehungsqualität   29
Bio- und Nanotechnologie   53
BioM   55, 231
BioRegion M   225
Biotechnologie   48, 55
BMBF   55
Boeing   27, 250
Börse   87
Boundary Spanners   48, 51, 186, 252
Boundary Work   38, 212

Branche 26, 45, 56, 134
Branchenverbände 57
Budgetierung 18
Bundesministerium für Bildung und Forschung 225
Burger King 104
Business Group 118
Business Process Outsourcing 153
buy 43

C

China 44
Chrysler 118
CIT 44
Citizenship Behavior 63, 67, 68
Cluster 14, 29, 45, 48, 55, 210, 221, 258
Clusterallianzen 233
Clusteridentität 156
Clustermanagement 224, 258
Clusterpolitik 137, 222, 224, 231
CNH Industrial 172
Co-Branding 33
Co-Management 21–23
Commitment 157, 186, 188
Continental 198
Continental Airlines 188, 204
Controlling 142
cooperate 43
Coopetition 197
Copa 205
Copa Airlines 193
Croatia Airlines 194

D

Daimler 43, 118
Definition 182
Delegation 167
Dell 37, 44, 146, 151
Delta 54
Design 224
Desintegration 118
Deutsche Bank 153, 155
Deutschland AG 119
Deutungsschema 246
dialectic of control 248
Dichte 139, 155
Dienstleistungsgesellschaft 133
Diffusion 134

Digitalisierung 171, 172
Diskurs 48
Diversifikation 34, 100, 122
Diversität 139
divisional 142
Domäne der Zusammenarbeit 185
Domination 26, 249, 250
downstream 30
Dual Sourcing 27
Dualismus 244
Dualität 246, 251
Dyade 244
dynamisches Netzwerk 145

E

E-Mobilität 139
Ebenen 210, 221, 227, 229, 256
Effektivität 195
Effizienz 157, 195, 240, 241, 245
Eigentümer 20, 35
Eigentümerstruktur 139
Eingliederungskonzern 119
einheitliche Leitung 120, 122
Einstellung 63
Emergenz 202, 224
EMI 230
Entscheid 19
Entscheidungsdezentralisation 168
Entscheidungsprozess 19
Entwicklung 124
equity-alliances 111
Erklärung 239
Evaluation 26, 54, 184, 192, 195, 203, 205, 246
Evolution 124, 202
exit 41
Externalisierung 118, 152

F

F&E 91, 122, 140, 141
F&E-Allianz 34, 110
Fabrik 128, 131
Fähigkeit 216
faktischer Konzern 119
Fallstudien 252
Feld 136, 138, 209
Feuerwehr Düsseldorf 116
Filialleitung 22

Filialsystem   33, 103
Finanzdienstleistungen   146
Finanzholding   122
Finanzpolitik   137
Flexibilität   129, 133, 143, 153, 159, 191, 194, 201
Flextronics   44
Formalität   50, 194, 215
Forschung und Entwicklung   23
Forschungseinrichtungen   57
Forschungsmethoden   252
Franchisesystem   166
Franchising   33, 102, 110
Fraport AG   45, 215
FreemantleMedia   167
Frühkapitalismus   127
Führung   13, 18, 22, 49
Fusion   42, 123, 205

G

Gemeinschaftsproduktion   34
Gemeinschaftsunternehmen   113, 165
General Electric   141
Generalunternehmer   105
Genossenschaft   98
Gerechtigkeit   157, 195, 203
Geschäftsbereichsorganisation   142
Geschäftsbeziehung   14, 29, 36, 39, 43, 102
Geschäftsmodelle   174
Geschäftsprozess   153
Geschäftsstelle   148, 207
Geschichte   162
Gesellschaft   26, 36, 45, 58, 136
Gestaltung   239
Gewerkschaften   21, 35, 57
Gleichordnungskonzern   120, 165
global value chains   151
Globalisierung   133
Gol Transportes Aéreos   205
Governance   39
Granada   222
Grand Challenge   117, 176
Greenpeace   35
Grenzgänger (boundary spanners)   37
Grenzmanagement   211, 235
Grenzstellen   23, 55
group think   160
Gründung   230
Gruppe   45, 49

H

H&M   37
Handwerker   129
Heimarbeiter   129
Herrschaft   17, 20, 36, 199, 247
Heterarchie   142, 145
Hierarchie   39, 43, 104, 118, 140
Hierarchieversagen   240
hierarchische Interorganisations-
   beziehungen   40
High-Reliability Network   117
Historie   126
Holdingkonzerne   121
Homophilie   187
horizontal   33
horizontale Beziehung   30
horizontale Interorganisations-
   beziehung   33
horizontale Kooperation   90, 96, 155
Humanressourcen   31
Hybride Organisation   117
hybride Strategien   133
Hybridform   242

I

IBM   155
Identität   48, 215
Implementierung   19
InBroNet   54, 148, 246, 250
Individuum   45, 46, 59
Industriedistrikte   210, 231
Industriestruktur   231
informale Beziehungen   140
informaler Sektor   37
Informalität   194, 215
Information   19
Informations- und Kommunikations-
   technik   133, 147, 151
Informationssystem   38
Informationstechnik   60, 154
informelle Aspekte   157
Infrastruktur   137
initiale Bedingungen   203, 207, 208
Innovation   53, 133, 202, 235
Innovationskooperation   91
Innovationsmanagement   46
Innovationssysteme   29
Insourcing   155

Institution 134
institutional entrepreneurship 251
institutional work 251
Institutionalisierung 203, 218
Institutionalisierung von Reflexivität 51
Institutionenökonomie 39
integriertes Netzwerk 141
Interessenverbände 35
interlocking directorates 119
Internationales 257
internes Netzwerk 140, 167
Interorganisationale Netzwerke 52, 182
Interorganisationsbeziehung 29, 30
Intervention 202, 231
intraorganisationales Netzwerk 140
Intrapreneurship 142
Investitionen 241, 252

J

Japan 59
Joint Venture 44, 110, 111, 113, 256
Just-in-Time-Zulieferbeziehung 166

K

Kampagne für Saubere Kleidung 35, 37
Kapital 118
Karriere 52, 59
Kartelle 91
Kartellrecht 137
Katastrophe 37, 116
Kausalität 252
Keiretsu 59
Kernkompetenz 31, 217
Key-Account-Management 23, 37, 214
kleine und mittlere Unternehmen 14
KLM 54, 218
knowledgeable agents 247
kollektive Strategie 144
Kollusion 34, 89
Kommunikation 21, 73, 74, 246
Kompetenz 38, 45, 52, 187, 188, 192, 202, 216, 257
Kompetenzzentrum Optik Rathenow 226
Komplementarität 187
Komplementatoren 39
Komplexität 241
Konkurrenz 34
Konservatismus 139

Konsortium 108, 110, 154
Konstitution 250
Kontingenz 19, 135, 140, 157, 203, 208, 210, 257
Kontraktfertigung 57
Kontrolle 198
Konzentration 13, 34, 54, 118
Konzern 13, 15, 34, 42, 113, 118, 124, 146, 153, 165
Konzernführung 42
Kooperation 13, 42, 112, 137, 144, 182, 188, 195
Kooperationserfahrungen 140
Kooperationsneigung 45, 47
Koordinationskosten 164
Kosten 133, 195
Kostenkalkulation 129
Krisen 159
Kultur 40, 45
Kunden 23, 35, 38, 194
Kundenbetreuungsteam 50
Künstliche Intelligenz 21, 38

L

labour-only-subcontracting 105
LAN 207
Längsschnittstudien 252
Laserverbund Berlin-Brandeburg 226
Laterale Beziehung 30
Laterale Führung 72
Laterale Interorganisationsbeziehung 34
Lebenszyklus 156, 202
Legitimation 26, 246, 249, 250
Legitimität 200, 240, 241, 245, 246
Leiharbeit 57, 106
Lernen 159, 202, 217
Lieferanten 21, 35
Lieferantenbewertung 196
Lieferantenmanagement 23
Lizenz 99
Lizenzierung 99, 110
Lobbyismus 21
Lock-in 162, 230
Logistik 31, 32, 38
Logistik-Initiative Hamburg 225
lokale Suche 161
Lot 152, 250
Lufthansa 14, 27, 45, 53, 95, 114, 152, 188, 198, 215, 219, 250

M

Macht 15, 27
make 43
Malaysia Airlines 194
Management 13, 14
Managementfunktionen 17, 24, 183
Managementholding 122
Managementinstitution 21, 24
Managementkapazität 139
Managementkompetenz 139
Managementmythos 21
Managementpraktiken 23, 183, 249, 256
Managementprozess 19, 184
Managementrollen 21
Manufaktur 128, 131
Marke 37, 198
Markenkooperation 33
Marketing 31, 33, 122, 140–142
Marketingmanagement 19
Markt 13, 39, 43, 77, 89, 127, 135
Marktkontrolle 128
Marktpreise 142
Marktversagen 96
Massenproduktion 130
McDonald's 104, 166
Mehr-Ebenen-Analyse 55, 59, 250, 256
Mehrebenen 217
Mehrheitsbeteiligung 121
Meister 22
Mercedes 169
Merger & Acquisition 137
Meta-Organisationen 97, 98
Meta-Regeln 193
Mexicana 192
Minderheitsbeteiligung 111
MIPS-Allianz 112
Mitbestimmung 22
Mittelstandskartelle 93, 95
Mittleres Management 22
mixed-method 253
MLP 146
modular value chains 151
modulare Organisation 142
Modularisierung 151
Motivation 23, 38, 63, 104, 250
move-to-the-market 134
move-to-the-middle 133
Multi-Stakeholder-Ansatz 35
multiplex 40
Multiplexität 139, 155

Multistakeholder Partnerschaft 115

N

Nachhaltigkeit 169, 175–179
Nanotechnologie 108
NCB 68
Neo-Institutionalismus 245, 250, 258
Neoklassik 240
network administrative organization 148
Network Emotions 69
networking 141
Netzwerkanalysen 228
Netzwerkberatung 134
Netzwerkbeziehungen 42
Netzwerkbilanz 196
Netzwerkcluster 221, 223, 232
Netzwerkcontrolling 195
Netzwerkdomäne 186
Netzwerkdynamik 202
Netzwerke 13, 29, 42, 45, 82, 89, 124, 135, 221, 245
Netzwerke/Hybride 39
Netzwerkentwicklung 201, 257
Netzwerkerfahrung 217
Netzwerkerfolg 195
Netzwerkethnographie 252
Netzwerkgesellschaft 59, 124, 255
Netzwerkgröße 138
Netzwerkidentität 71
Netzwerkkompetenz 216
Netzwerkkultur 139
Netzwerklernen 202
Netzwerkmanagement 181, 201, 222, 258
Netzwerkmanagementkompetenz 217
Netzwerkmanager 247
Netzwerkorchestrierung 183
Netzwerkperspektive 204, 213, 256
Netzwerksteuerung 124
Netzwerktypen 144
Netzwerkumwelt 207
Netzwerkwissenschaft 60
Nicht-Regierungsorganisation 13, 21, 35, 36
non-equity-alliances 111
Normungs- und Typungskartelle 93
Nutzen 195

O

Objektprinzip 142
Offshoring 136, 153
Ökologie 257
Ökonomie 250
Ökosystem 175
OneWorld 192, 194, 213
Open Book Accounting 196
Open Innovation 14, 214
Opportunismus 240, 243
OpTecBB 14, 55, 190, 195, 226
OptecNet Deutschland 234
Optik Allianz Berlin-Brandenburg 226
optische Technologie 56
Organisation 13, 15, 39, 45, 50, 118, 139, 152, 160
organisationale Felder 45, 56, 230, 249, 250
Organisationsgrenzen 131, 144, 211
Organisationsgröße 139
Osram 121
Outsourcing 136, 152
Oxfam 115

P

Palmolive 82
Panasonic 115
Paradoxon der Kooperation 180
PCB 68
Persistenzen 159, 257
Personal 186
Personaleinsatz 18
Personalführung 18
Personalwirtschaft 32
Persönlichkeit 140
Pfadabhängigkeit 133, 160, 183, 189, 201, 234, 257
Phasenmodelle 156
PhotonikBB 226
Planung 17
Plattformen 172–174, 215
plural form 105, 135
plurale Organisationsform 43
Portfolio-Management 144
Positionen 206
Praktiken 204, 206, 211, 245, 249
Preis 81, 87, 106, 124, 129
Preisabsprache 34
Primärorganisation 142, 152

Prinzipal-Agenten-Theorie 239
Produktentwicklung 164
Produktion 31, 140–142
Produktionsmanagement 19
Produktmanagement 142
Professionalisierung 38, 218
Profit-Center 121, 144
Profit-Center-Organisation 142
Projekt 105, 150, 164, 201
Projektmanagement 142, 151
Projektnetzwerke 145, 149, 201
Propagandistinnen 33
Prospective Resourcing 14
Prospitalia 98
Prozess 252
Prozessperspektive 35
Prozesstheorie 257
Psychologische Verträge 157
Public Private Partnership 13, 115
Purpose 117

Q

Quasi-Externalisierung 118, 154
Quasi-Internalisierung 154
Querschnittsuntersuchungen 252

R

Rationalität 19, 240, 247
Raum 60
Rechnungswesen 51
Reflexivität 25, 28, 45, 50, 255
Regeln 26, 40
Region 26, 45, 56, 221
regionale Cluster 155, 162
regionale Netzwerke 132, 145, 148
regionales Innovationssystem 231
Regulation 25, 192
rekursiv 27, 30, 46, 55
Rekursivität 59, 159, 184
Renault-Nissan-Allianz 112
Repräsentation 21
Reputation 37
Resilienz 116
Ressourcen 29, 30, 190, 192, 246
Ressourcen der Herrschaft 26
ressourcenbasierte Ansätze 239
Revitalisierung 228
Reziprozität 42, 47, 85, 112, 127

Rigidität 201
Risiko 106, 129, 188
Risikoneigung 140
Rollen 21, 23, 37
Rollenverhalten 64, 65
Rotes Kreuz 117
Routine 28, 164, 183, 193, 218
Routinisierung 25, 228
RSS-Netzwerk 56, 226
RTL 167, 230

S

SAS 14, 53
Schaltbrettunternehmung 29
Schnittstellenmanagement 212, 214
Schutzrechte 99
Sekundärorganisation 152
Selbstbewusstsein 140
Selektion 25, 161, 185, 205
SEMATECH 108
Sensemaking 245, 246
Shared Service Center 154
Shareholder Value-Ansatz 35
Siemens 121
Signifikation 26, 249, 250
Silicon Valley 225, 231
SkyTeam 54, 188, 213, 218
Smart 43, 148
SMH 156
Sourcing 153
soziale Einbettung 36, 86
soziale Praktiken 23
soziales Handeln 36
Sozialkapital 161
Sozialkapitalansatz 245
Sozialunternehmen 117
Spannungsverhältnis 180, 201, 203, 250, 257
Spartenorganisation 142
spezifische Investitionen 80
Spezifität 241
Spielregeln 193, 195
spieltheoretische Ansätze 239
stabiles Netzwerk 145
Stakeholder 35, 257
Stammhauskonzern 121
Standardisierungskartelle 93
Standards 40

StarAlliance 14, 45, 53, 94, 109, 114, 146, 152, 186, 193, 198, 204, 209, 213, 215, 219, 222, 250
StarAlliance Service GmbH 53, 114
Stärke der Beziehungen 229
Stellantis 169
Stockholder 35
Strategie 19
strategische Allianzen 109, 154
strategische Initiativen 144
strategisches Netzwerk 108, 109, 145, 165, 167, 232
stratification model of the agent 248
strength of weak ties 87
Strukturationstheorie 245, 256, 258
Stückmeistersystem 128
Subunternehmen 105, 131
sunk costs 36
Supply Chain 29
Swiss 54, 95
System interner Kontrakte 127
System- und Diskurstheorie 245
Systeminteresse 250
Systemrationalität 19

T

TAM 205, 207
TAP 209
Tausch 81
Team 49, 52
Technologie 100
Technologieallianzen 46
Technologieentwicklung 233
Technologiepark 222, 225
Technologiepolitik 137
Teleheimarbeit 132
Temporalität 256
Thai Airways 14, 53
The Gap 37
Theorie 238, 253, 258
Topmanagement 22
Total Cost of Ownership 196
Toyota 147, 155, 232
Tradition 138, 139
Transaktion 36, 77, 88, 240
Transaktionskosten 84, 106, 161, 240
Transaktionskostenansatz 252
Transaktionskostentheorie 239
transnationale Unternehmen 141

Tri-Clusterallianz 235

U

Uber 174, 175
Übernahme 42, 118
Umwelt 19
UNESCO 115
United 205
United Airlines 14, 53, 188
Unsicherheit 138, 188, 229, 241
Unterbewusstsein 25
unternehmensinterne Märkte 142
Unternehmenskooperation 29
Unternehmensnetzwerke 144, 152, 165, 167
Unternehmensverfassung 35
Unternehmer 22, 103
Unternehmertum 142
Unternehmung 168
Unterordnungskonzern 120, 166
upstream 30
US Airways 191, 206

V

VARIG 196, 204, 209
Verantwortlichkeit 190
Verband 46, 96
Verband der Verkehrsflughäfen 210
Verband Deutscher Fernsehproduzenten 230
Verbund 98
Verein 96
Verfügungsrechte 39, 240, 241
Verhandlung 42, 157, 190
Verhandlungen 211
Verlagssystem 126, 129
Verleger 129
Verrichtungsprinzip 142
Verriegelung 162
Verschachtelung von Vorstands- und Aufsichtsratsmandaten 119
Verschmelzung 123
Versicherung 54
Verstehen 239
vertikale Beziehung 30

vertikale, horizontale und laterale Kooperation 109
Vertrag 41, 76, 157, 193, 203, 244
Vertragshändler 167
Vertragskonzern 119
Vertrauen 15, 38, 42, 46, 47, 85, 87, 112, 157, 160, 186, 198, 205, 243
Vertriebsvorstand 23
Vielfalt 29, 89, 198
virtuelle Organisation 145, 151, 255
Vodafone 172
voice 41
Vorsteuerpotenzial 189, 205

W

Wandel 244
WDR 230
Weisung 40, 119
Wertaneignung 180
Wertketten-Analyse 196
Wertschaffung 180
Wertschöpfungskette 30, 232
Wertschöpfungspartnerschaft 29, 154
Wettbewerb 39, 90, 104, 137, 144, 182, 188, 191, 195, 206
Wettbewerber 21, 34
Wettbewerbspolitik 215
Wettbewerbsrecht 215
Wettbewerbsvorteil 29, 217
Wiederholungskauf 39
Wissen 99, 134, 217
Wissensgesellschaft 133
Wissenstransfer 233
WWF 115

Z

Zaibatsu 59
Zentralbereiche 121
Zentralisation 155
Zentralisationsgrad 147
Zentralität 208
Ziele 17
Zünfte 130
Zuständigkeit 190
Zwischenmeister 128, 131